John R. Wooden
PRACTICAL MODERN BASKETBALL

ジョン・ウドゥン
UCLA バスケットボール

武井光彦
[監訳]

内山治樹 他
[訳]

大修館書店

PRACTICAL MODERN BASKETBALL, THIRD EDITION

by JOHN R. WOODEN

Copyright © 1988 Macmillan Publishing Co.

Japanese translation rights
arranged with Allyn & Bacon
through Japan UNI Agency, Inc., Tokyo.

Taishukan Publishing Co., Ltd.,
Tokyo, Japan, 2000

ジョン・R.・ウドゥン氏について

　ジョン・R.・ウドゥン氏は、選り抜きのバスケットボール関係者の中でも、プレーヤーとコーチの両方に秀でることで最も際立った成功を収めた人物である。事実、彼は"ネイスミス記念バスケットボール殿堂*1"においてプレーヤーとコーチの2部門にまつられている唯一の人物である。

　ウドゥン氏は、高校時代にはインディアナ州選出の全米高校オール・アメリカンとなり、パデュー大学時代には3度全米大学オール・アメリカンに選出されている。また、1932年の全米大学年間最優秀選手でもある。大学卒業後、彼が指導したインディアナ州の高校や大学は最高のバスケットボール・チームとして讃えられ、また、ヘルムス競技財団*2から最高の大学チームとして表彰されている。

　高校(11年)と小さな大学(2年)で非常に素晴らしい成績を収めた後*3、ウドゥン氏は27年間にわたり、UCLA *4(カリフォルニア大学ロサンゼルス校)を指導しコーチした。その間、彼と彼のチームは数々の記録を打ち立てた。それらの記録は、決して今後も破られることはないであろう。

　以下に、バスケットボール史上、最も偉大なコーチとして彼が広く認知された記録の幾つかを紹介する。

- NCAA *5全米大学選手権大会通算10回優勝(第2番目のチームの記録は4回)
- NCAA全米大学選手権大会7連覇(第2番目のチームの記録は2連覇)
- NCAA全米大学選手権大会38連勝(第2番目のチームの記録は12連勝)
- 公式ゲーム88連勝(第2番目のチームの記録は60連勝)
- 無敗のシーズン4回(第2番目のチームの記録は1回)
- カンファレンスでの無敗のシーズン8回(第2番目のチームの記録は0回)

　卓越したファンダメンタルの行使、見事なコンディション作り、そして利己的に走ることのないチームワーク、これらは常に彼のチームのトレードマークであった。

　英語を専攻し、教育学修士の学位を持つ優秀な学生であったウドゥン氏は、プレーヤーや教師、そしてコーチとしての膨大な経験をもとに本書を執筆している。それゆえ、本書は、バスケットボールという競技に関心があるすべての人々を大いに魅了し、また、この競技の楽しさを十二分に提供するものである。そして、このような意味からも、本書は、すべてのコーチにとって必読書と言えるものである。

推薦文

　29年も昔のことである。当時16歳で、カリフォルニア・メイサ高校の下級生だった私は、ルイス・アルシンダーの最後のホームゲームに立ち会うために、UCLAのポーリー・パビリオンに初めて足を踏み入れた。そして、その日が類希なる人物との関係の始まりだった。その人物は、私の両親のみならず他のいかなる人たちよりも私の人生に強い衝撃を与えることになる。その人物とは、コーチ、ジョン・ウドゥンである。

　1950年代から60年代にかけての少年期において、私は、ウドゥン・コーチのバスケットボール・スタイル、すなわち、チームワーク、ファンダメンタル、フィジカル・フィットネス、攻撃的なマンツーマン・ディフェンス、相手に息もつかせぬファストブレイクを信奉するコーチたちのもとでプレーしてきた。それゆえ、1970年の秋にUCLAに入学するころまでに、ファンダメンタルの大切さや、有名な殿堂入りコーチであるウドゥン・コーチのプレーのやり方を十分理解していたし、身につけてもいた。しかし、入学後にウドゥン・コーチから求められたプレーのレベルは想像以上のものであったことを覚えている。

　ところで、私の育った家庭はスポーツ好きとは言えず、両親は、音楽、文学、芸術、そして教育に関心があった。しかしそれにもかかわらず、私はバスケットボールやスポーツで競い合う道を選んだのである。そのきっかけを作ってくれたのが、少年時代に初めてスポーツ専門書として読んだ、ウドゥン・コーチによるこの『UCLAバスケットボール（PRACTICAL MODERN BASKETBALL）』である。それ以来、私がこの名著を読み返すときはいつでも、その深遠さ、完璧さ、正確さ、率直さ、そして構成に感銘を受けている。私は今でも暇を見つけてはこの名著を読み返し、目を閉じて、ポーリー・パビリオンのコートやウドゥン・コーチのオフィスにいる自分の姿を思い起こしている。

　ウドゥン・コーチは紛れもなく教師である。そして、彼が手がけたテーマがたまたまバスケットボールであったのである。彼はこれまで3冊の本を著しているが[*1]、本書はその最初のものである。そこには、バスケットボールに対する考え方、理論、戦略、プレーヤーあるいは人間としての向上の仕方など、彼が生涯を通じてバスケットボールから得た知識がふんだんにちりばめられている。さらに彼は、完璧なゲームを目指すには信じ難い努力と献身を求めているのであるが、それが実際のゲームでどのような現実として現われるのかを理解させてくれるはずである。

　本書は、ウドゥン・コーチのバスケットボールをそのまま言葉にしたもので

ある。彼はめったに戦術を語らなかったし、勝敗を口にすることもなかった。彼が常に強調したのは、人生で成功を収めるために必須となる人間の価値と資質であった。彼は教師として、すべてのプレーヤーに、人間として最低限やるべきことから教え始め、ゲームでの細かな部分からゲームの核心に至るまでを詳しく解説し、さらに完璧なバスケットボール・プレーヤーになるにはどのようにすべきかを示してくれた。そして、それ以上に、物事の学び方や考え方を教えてくれたのであった。そのような彼から与えられた言葉は、われわれが人生を生きる上での土台となっているのである。

　ウドゥン・コーチが常に思っていたのは、バスケットボールは人生の一部に過ぎず、宗教（神を信ずる心）と家族が最優先事項であるということだった。そして、ウドゥン・コーチはそれをわれわれに身をもって教えてくれた。彼の言動は、日々われわれを刺激し、やる気を起こさせた。彼の語る言葉には、いつでも逸話と詩が含まれていた。それらはいつでも絶妙のタイミングですらすらと彼の口から流れ出たものである。例えば、以下のような詩はその一例である。

> 言葉を綴らなくても、何も語らなくても、
> 若者に為すべきことを教えることができる。
> 棚の上に一冊も本がなくても、
> 若者に為すべきことを教えることができる。
> それが教師というものである。　　　　　　（作者不詳）

　ウドゥン・コーチは、決して自分を誇張したり、過大評価させようとする人物ではなかったし、一度たりとも利己的になることはなかった。いつでも他人を敬い、自分の人生を改善しようとしていた。世間にシニシズムや不信が溢れている今日において、ウドゥン・コーチのような人間が存在するのは信じ難いことである。

　ウドゥン・コーチの果てしない才能と彼が行った数々の貢献を理解するには、彼のすべてを見るべきである。彼は何か一つの事実で語れるような人物ではないのである。彼は、常に次の段階を考え、より高いレベルを目指していた。UCLAでの27年間のコーチ生活において、彼のもとでプレーした168名のプレーヤーのために創り出した環境は、彼の才気の結晶であり、彼がかけた魔法であった。そして、その27年間は完璧であった。1974年にUCLAを卒業してからの私の人生は、ウドゥン・コーチとわれわれが共有したものを繰り返すことに費やされたと言っても過言ではない。

ウドゥン・コーチは常にスキルの向上を目指して反復することを求めた。彼は決して多くは語らなかったが、彼が話をするときは、われわれは決して座らず、彼の話に集中した。毎日2時間の練習では、彼の教育理念がわれわれに休むことなく浴びせかけられた。彼は常に前向きであり、常に将来のことを語ってくれた。練習は、身体的な限界を求める最も過酷なものであったが、練習中、われわれは決して動きを止めなかった。しかし彼は、どのくらいまで無理が要求できるのかを、プレーヤー一人ひとりについて正確に知っていたし、また彼は、われわれが知る必要のあることすべてを教えてくれた。

　本書は、どのように学び、どのように向上すれば良いかを読者に示してくれる。自分の人生やバスケットボールを向上させようとする者すべてにとって参考となる不朽の一冊と言えるだろう。ウドゥン・コーチは、何かを行き当たりばったりに行うことは決してない。それだけに本書は、徹底的に考え抜かれ、慎重に計画され、適確に内容が構成され、見事な文章で書かれている。そして、初版を上梓して以来32年たった今でも、バスケットボールばかりかその他のすべてのことに適用できるのである。

　この32年の間、バスケットボールにおける動き、プレー、戦略にはほとんど変化は見られない。現在はある技術だけを得意とする"スペシャリスト"が多いが、ウドゥン・コーチはプレーヤーの身体的な属性に関係なく、全員に同じことを教えた。そして彼が一貫して求めたのは、質の高い人間になることであった。良いバスケットボール・プレーヤーになる前に、人間として素晴らしくなければならないと彼は思っていたのである。

　バスケットボール界は、幾つかの新しい趣向をこらしてきている。大学や高校のオフェンスの時間制限、3ポイント・ショット、あるいは女子プロ・チームの結成などである。しかしウドゥン・コーチは、そのような動きに押し流されることなく、一つの理想に基づいたバスケットボールを追い求めた。それは、スピード、美しさ、チームワーク、そして優雅さである。そしてそれらを身につけたバスケットボールは、あたかもダンスの如き趣を呈していた。そのような理想像を追い求めることが、常にウドゥン・コーチに与えられた使命だったのである。チームがそのような理想像のレベルに近づいたとき、プレーヤーは創造性と想像力を最大限に許容しながら、コートの上で自由に振る舞うことができるようになったのである。

　UCLAでウドゥン・コーチのためにプレーすることは特権であったし、楽しい経験であった。また、将来に向けた前向きの幸福な日々であった。だからこそ、プレーヤーたちは卒業後も彼のもとに戻り、誰もが過ぎ去りし素晴らし

い日々を回顧し、彼に感謝の意を表すのである。

　われわれは定期的にUCLAバスケットボール同窓会を開いている。ハザード、グッドリッチ、エリクソン、アルシンダー、ウォーレン、アレン、ウィックス、ロー、ウィルクス、メイヤース、ジョンソンのようなスーパースターだけではない。さほどゲームには出なかった控えのプレーヤーたちも、名声と栄光を獲得した者たちと同じように、ウドゥン・コーチに対して愛情を込めた同じ思いを今も抱いている。

　本書で、ウドゥン・コーチは、学習と訓練の喜びを教えてくれている。そして、彼がわれわれに悟らせてくれるのは、究極の勝者とは自分自身の心に克つ者であるということであり、体を訓練するのと同じように心を訓練しなければならないということである。また、彼は、人と競い合うことや一生懸命練習することは楽しいことであり、やりがいのあることであることを教えてくれている。ウドゥン・コーチの特に大好きだった格言がある。それは「愛すべき人が自ら考えて行動する前に、こちらから決して手をさしのべてはならない（コーチのやるべきことは、プレーヤーができること、やるべきことを自分自身で考えさせることである。決して口出ししてはならない）」というものである。

　UCLAのバスケットボール・プレーヤー全員が自分たちの人生をウドゥン・コーチと楽しんだように、本書を楽しんでいただきたい。本書を読めば、読者諸氏が少数の選ばれた一人として、まるでチームの一員であるかのように感じることになろう。ウドゥン・コーチのチームの一員になること――それは、次のような詩がいつまでも心に響き続ける、という特権に他ならない。

　　　ベルはあなたが鳴らすまでベルではない。
　　　歌はあなたが歌うまで歌ではない。
　　　愛もまた、心に留めておいてはいけない。
　　　愛とは惜しみなく与えなくては愛ではない。　　　（作者不詳）

1998年9月
ビル・ウォルトン
（UCLA 1970-1974）

まえがき

　本書は、バスケットボールという素晴らしいスポーツのティーチングとコーチングに関する私の数々のアイディアを紹介するものである。したがって、本書には、私が考えるファンダメンタルやチーム・プレーのスタイルが網羅されている。

　この改訂版では、多くを変更することなく改訂前と同様のことが記されている。もちろん、私は、初版を上梓して以来数多くの新たな経験を重ねてきた。それゆえに、この改訂版には、それらの経験をもとに今日のコーチたちやプレーヤーたちに役立つかもしれない事柄が含まれている。その中でも最も重要な追加事項は、優秀なプレーヤーたちへの対応に関する論議である。私はそれを「ジ・アルシンダー（ジャバー）・アジャストメント」と名付け、第2章の「コーチングに関する諸問題」に含めることにした。また、その章にはアシスタントコーチやマネジャーなどのスタッフとの協働に関する事柄も追加した。更に、改訂前に比べいくつかの新しいプレーが加えられることで、数多くの項目は洗練されたものとなっている。加えて、多くの友人たちの薦めに応じて、私のお気に入りの、あるいは優勝した歴代のチームについて若干のコメントを本書の巻末に記した。

　写真も幾つかは新しいものを加えたが、ほとんどはそのまま用いた。それらは時代遅れのように見えるかも知れないが、写真によって示される諸々の技術は不変である。それらの写真は、私の考えでは、いつの時代にも応用することができる技術を適切に描写しているのである。

　本書に述べられているアイディアは、単にプレーヤーやコーチとしての私の経験だけに留まるものではない。私が提供している種々のアイディアは、プレーやコーチングに関する出版物、数多くのコーチング・クリニックに出席して見聞したこと、そして、多くのプレーヤーやコーチたちとのバスケットボールについての議論など、有りとあらゆることの研究によるものである。それら出版物の著者たちや私と共に貴重な時間を過ごしてくれた多くの人々に対し謝意を表したい。

　また、私がコーチをした多数の素晴らしい若者たち、対戦したチームのプレーヤーやコーチ仲間、学校関係者、労を惜しまず協力してくれた事務関係者、そして、私がプレーヤーとしてコートに立っていた時代のチームメイトにも謝意を表したい。とりわけ、私が人間として、また、コーチとして成長し、向上するのに最も影響を与えてくれた4人を挙げたい。そして、この4人と、高校

時代から私に対して最も忠節を誓い献身的に応援をし続けてくれた愛妻ネリーに、本書を捧げるものである。以下、私の人生に影響を与えたその4人を順に列挙する。

ジョシュア・ヒュー・ウドゥン、私の父である。父は他人に対して決して不親切な口の利き方をするような人ではなかったし、他人に対してその評判よりも人柄に興味を示す人であった。父は何度も不運に見舞われたが、不平不満を言わず、幸運に恵まれた人びとと自分を比較することは決してなかった。私の考えでは、父は「黄金律」[*1]という哲学に誰よりも忠実に生きた人物であった。

アール・W・ワリナー、故郷の小学校の校長であり、教師であり、また、バスケットボールのコーチである。「スター・プレーヤー」や特技を持った者などは眼中になく、誰をも公平に取り扱った。彼は、安易な妥協をすることもなく、自分と異なる意見を受け入れ、自分に非があるときは、言い訳をせずにそれを認める人であった。

グレン・M・カーチス、私の高校時代のコーチである。彼は素晴らしい教師であったし、心理学者であったし、青少年の指導に優れた人であった。また、個人やチームをより高い目標に向かって育て上げる大変な才能を持った人であった。彼は戦術の達人で、実戦におけるコーチングも一流で、ファンダメンタルの指導においては素晴らしい先生であった。

ワード・L・"ピギー"・ランバート、私の母校パデュー大学時代のコーチである。バスケットボール史上、真の偉大なコーチの一人である。彼は高校と大学の両方で素晴らしい成功を収め、現在はスプリングフィールドのバスケットボールの殿堂とインディアナ州の殿堂の両方にまつられている。彼は、闘志を前面に出すような激しいコーチであったが、その一方で非常に高潔な人であり、個人的な利益や名声、あるいは栄光を考えず、正しいと思ったことをやり抜く人間であった。また彼も、ファンダメンタルとその細かな部分の指導に精通した人だった。

ネリー（リリー）・ウドゥンは1985年3月21日に亡くなるまで、およそ53年もの間私の妻であったし、約60年間にわたって私の恋人であり続けた。彼女は、夫婦として過ごした間ずっと、素晴らしい妻や母親、そして良き理解者であっただけでない。高校時代や大学時代を通じても、あらゆる困難を乗り越えるための励ましを与えてくれたし、私の支えとなってくれた。

　　　　　　　　　　　　1987年　カリフォルニア州ロサンゼルスにて
　　　　　　　　　　　　　　　　　　　　ジョン・R・ウドゥン

目 次

ジョン・R・ウドゥン氏について ———————————————————— i
推薦文 ————————————————————————————————— iii
まえがき ———————————————————————————————— vii

第1章　私のコーチング・フィロソフィー

1. イントロダクション ———————————————————————— *2*
2. 最善をつくすこと ————————————————————————— *2*
3. 教師としてのコーチ ———————————————————————— *3*
4. リーダーとしてのコーチ ——————————————————————— *5*
5. プレーのスタイルとシステム ————————————————————— *6*
6. ファストブレイク —————————————————————————— *7*
7. 指導の原則 ———————————————————————————— *8*
8. コーチとして必須の資質 ——————————————————————— *11*
9. 成功のピラミッド —————————————————————————— *13*

第2章　コーチングに関する諸問題

1. コーチングの方法 ————————————————————————— *20*
2. プレーヤーとの関係 ————————————————————————— *21*
3. 周囲の人びととの関係 ———————————————————————— *22*
4. アシスタント・コーチの任務 ————————————————————— *24*
5. マネジャーの任務 ————————————————————————— *28*
6. 練習 ——————————————————————————————— *31*
7. コンディショニングとトレーニング ——————————————————— *41*
8. ゲームに向けての準備 ———————————————————————— *46*
9. ゲームへの取り組み ————————————————————————— *50*
10. プレーヤーのセレクション —————————————————————— *54*
11. スカウティング —————————————————————————— *56*
12. 戦略 —————————————————————————————— *60*

13. 遠征	75
14. 用具・備品について	79
15. 表彰	81
16. プレーヤーへの手紙	83

第3章　個人のオフェンス

1. ボディ・バランス	88
2. フェイクとフットワーク	89
3. ボール・ハンドリング	93
4. ストップ、ターン、ピボット	94
5. ドリブル	99
6. パスとレシーブ	104
7. ショット	116
8. ポジション別の動き	142
9. ボールを持っていないときのオフェンス	144
10. まとめ	145

第4章　チーム・オフェンス

1. 一般的な考え方	150
2. UCLAのオフェンスの原則	152
3. UCLAのファストブレイク	153
4. UCLAのセット・オフェンス	170
5. いろいろな状況に対応したオフェンス	187
6. その他のオフェンス	212

第5章　ボールの獲得

1. リバウンドによるボールの獲得	236
2. 相手のショットが成功した後のスローイン	242
3. フリースローのときのポジショニング	244
4. ジャンプボールによるボールの獲得	245
5. ルーズボールによるボールの獲得	248
6. インターセプトによるボールの獲得	248
7. アウト・オブ・バウンズによるボールの獲得	249

第6章　個人のディフェンス

1. イントロダクション ——————————————— 252
2. 個人のファンダメンタル ————————————— 255
3. マークマンがボールを保持する前のディフェンス ——— 260
4. いろいろな状況における個人のディフェンス ————— 261
5. ディフェンスのコンビネーション ————————— 273
6. アウトナンバー時のディフェンス ————————— 275

第7章　チーム・ディフェンス

1. 一般的見解 ——————————————————— 280
2. 3つの主要なディフェンス ———————————— 281
3. マンツーマン・ディフェンスのスタイル —————— 284
4. ゾーン・ディフェンスのスタイル ————————— 286
5. プレス・ディフェンスのスタイル ————————— 290
6. UCLAのセット・ディフェンス —————————— 298
7. UCLAのゾーン・プレス ————————————— 306
8. UCLAにおけるその他のディフェンス ——————— 313
9. プレッシング・ディフェンスについての見解 ———— 318

第8章　ドリル

1. イントロダクション ——————————————— 322
2. 練習の主な構成 ————————————————— 323
[ドリル] ——————————————————————— 328
　●リバウンディング・ドリル／329　●コンディショニング・ドリル／335　●パス・アンド・レシーブ・ドリル／347　●シューティング・ドリル／362　●フリースロー・ドリル／378　●ドリブル・ドリル／380　●ストップ・ターン・ピボット・ドリル／386　●ディフェンス・ドリル／390　●ファストブレイク・ドリル／403　●スクリメージング／405　●スリー・ポイント・ゴール／406

付録

1. 私のお気に入りチーム —————————————— 408
2. UCLAの歴代チャンピオン10チーム ———————— 412

訳注	420
ドリル一覧	428
インデックス	432
監訳者あとがき	436

ジョン・ウドゥン
UCLA バスケットボール

第 1 章
私のコーチング・フィロソフィー

1 イントロダクション　INTRODUCTION

　ウェブスター辞典[*1]によると、哲学者とは、自分に有利であろうとなかろうと、泰然自若としてあらゆる物事に対処する人物である、と記されている。さらにその中では、元来哲学とは、知恵や知識を愛することであり、人間の思考や行為の決定プロセスを研究することであり、また、人間の知識や行動分野の一般的な原理・原則であり、そして、人間のモラル、品性、振舞いを研究することである、と定義されている。この定義は、コーチという職業を全うしようとするなら、コーチは多少なりとも哲学者的でなければならず、また、自分自身の哲学を持つ必要があるということを示している。

　ところで、精神科医によると、"自分が偉大である"または"自分が迫害されている"と思い込むことは、精神障害の兆候であるという。チームがときどき不可能と思えたことを達成するかもしれないとき、コーチはさも自分が偉大であるかのような妄想にとりつかれることがある。また、あらゆる危機や失態が自分に降りかかってくるように思えるとき、迫害にあっているという妄想にとりつかれることがある。コーチは、だからこそ泰然自若としてその事態を受け入れ、揺らぐことのない良識をもって決断し続ける、という哲学者的な姿勢をもたなければならないのである。

　コーチはまた、自チームのプレーヤー、観客、相手チームのプレーヤー、その他のゲームの進行に関心を持つすべての人びととの予測しがたいような感情的な反応に対しても、哲学者的に対処できなければならない。そもそもコーチは、その職が公衆の面前にさらされていることや、ときには不当な批判や不相応な誉め言葉を受けることを認識していなければならず、そのいずれにも過度に影響されてはならない。さらに、コーチの仕事の大部分は、人格的に成熟しきっていない多くの人びとが興奮し感情的になるような状況の下で行われる、ということも自覚しておかなければならないのである。

　私のコーチング・フィロソフィーを明確に説明することは非常に難しいかもしれないが、その一部分をこれから紹介していく。

2 最善をつくすこと　ON DOING YOUR BEST

　コーチは、何よりもまず最善をつくすことができなければならない。そして、そのことは自分自身に対してだけでなく、コーチとして採用してくれた人たち

や自分の監督下に置かれている青少年たちに対しての義務でもある。もし本当に最善をつくすことができるなら、それを知るのが自分だけであろうと、それで成功なのであり、勝とうが負けようが実際の得点は取るに足らないのである。しかし、最善をつくさないで終わるときは、たとえゲームで勝利を収めたとしても失敗なのである。

　このことは、勝つためにコーチをするべきではない、という意味ではない。勝つためにプレーし、勝つためにあらゆる努力をすることは、プレーヤーとしての倫理であり、プレーヤーとしてあるべき姿であると教え込まなければならない。私は、勝利への飽くなき意欲を持たないプレーヤーや、その目標を達成するのに一生懸命でもなく積極的でもないプレーヤーを必要としない。最善をつくすことはそれだけで勝利なのであり、少なくとも敗北ではない、ということを私自身も信じたいし、プレーヤーたちにもそう思ってもらいたいのである。

　私がこれまでに成し遂げた、あるいはこれから成し遂げるであろう成功は、最善をつくす、という考えをプレーヤーたちにどれだけ教え込めるかだけでなく、私自身もそれをどれだけ実践できるかにかかっている。

　だからこそ、私はプレーヤーたちに、絶えず練習やゲームでベストをつくせ、と力説するのである。彼らは自分たちが成り得る最高のプレーヤーになることを心から望まなければならない。私がプレーヤーたちに説いているのは、勝利や個人的な目標達成だけに喜びを得るのではなく、チーム全員が最善をつくすことで最高の満足感を得る、ということなのである。私が願っているのは、ゲーム後の彼らの行動や振舞いが勝利や敗北に左右されてほしくないということなのである。得点のいかんに関わらず、最善をつくしたならば胸を張るべきであり、勝利に浮かれたり、敗戦に意気消沈したりすべきではない。

　最善をつくす喜びを知る者には、自分の能力と同等かそれ以上の結果が試合のスコアとなって現れてくるものと私は固く信じている。

3　教師としてのコーチ　　THE COACH AS A TEACHER

　ゲームでの実際のプレーに関してコーチが負うべき最も重要な責任は、ゲームにおける様ざまなファンダメンタルを適切に効果的に行えるようにプレーヤーを指導することである。そのためにはコーチは、まず第一に教師でなければならない。

　事実、どのような教科を教えようとも、教師は学習の法則に周到に従うことが必要である。とりわけこのことは、バスケットボールではファンダメンタル

の指導に当てはまる。コーチはファンダメンタルの説明とともにその示範ができなければならない。正しい示範をプレーヤーに模倣させ、それに対して前向きに批判したり修正を加えたりして、正しいやり方が習慣として身につくまでそのサイクルを繰り返さなければならない。

仮にコーチが第一に教師であるなら、著名な教育学者であり、私の卒業論文の指導教官であったジョン・R・シャノンによる以下の考えはコーチにも適用できる。"教師"という言葉を"コーチ"に置き換えたが、考えそのものは基本的に変更していない。

「教師（コーチ）は教室（コート）に立ち、生徒を見渡し（プレーヤーを分析し）、生徒の心を摑まなければならない（プレーヤーの動きを正さなければならない）。教師（コーチ）は、他人を向上させるために常に自分を向上させようと努めるべきであり、それに役立つものや人をすべて受け入れるべきである。"知らずば人に問え"というモットーを忘れないことである。」

以下に記した10項目に及ぶ基準は教師にとって有用な指針であるが、バスケットボールのコーチにも援用できるであろう。

1. 自分の教科（バスケットボール）に対する知識
2. 一般的教養
3. 指導技術

4. 職業人としての心構え
5. 規律
6. 学級（チーム）経営
7. 学校と地域社会との関係
8. 教師と生徒（コーチとプレーヤー）との関係
9. 温厚な人柄と他人への配慮
10. 向上心

4 リーダーとしてのコーチ　　THE COACH AS A LEADER

　コーチは、自分が単なる権力者ではなく、リーダーであることを決して忘れてはならない。コーチの監督下にある青少年は、バスケットボールのプレーに関することだけにとどまらず、あらゆる点でコーチから適切な指導を受けることになるからである。

　若いプレーヤーにとって、コーチは両親に次いでいっしょに過ごす時間が長く、他の誰よりもコーチから大きな影響を受けることになる。その意味で、コーチは最も影響を与える教師なのである。それだけに、心してこのような責任を痛感し、それを果たしていくことは、コーチの職業上の義務であるばかりか、道徳的な義務なのである。人格形成途上の成長期の若者が、ゆるぎない信頼をおけるような強い影響力を発揮できなければならないのである。

　ウィルフェルト・A・ピーターセンは、『リーダーシップの方法』というエッセーの中で、リーダーシップに関する重要な考えを述べている。以下は、そこからの抜粋である。

　　リーダーは奉仕者である。主なるキリストは、「誰が汝の長であろうと、その人間を汝の奉仕者とせよ」と述べている。
　　リーダーはフォロアーたちの目を通して物事を見る。
　　リーダーは「やれ！」と言うよりも、「やろう！」と言って先導する。
　　リーダーにとってフォロアーは彼に従う者ではなく、彼とともに働く者である。リーダーはフォロアーたちが報酬を分け合うことを知ることで、そのチームスピリットを褒め称える。
　　リーダーは人を育てる役割を負っている。リーダーがフォロアーたちを訓練すればするほど、自分自身も含め組織はますます強化される。
　　リーダーは人びとに忠実である。リーダーは人びとを信頼し、信用し、それゆえ彼らの最善を引き出す。
　　リーダーは頭と同時に心も使う。頭で真実を考えた後に、心でもそれを見る。
　　リーダーは計画を立て、それを行動に移す。リーダーは思索の人であると同様に行動の人

である。

　リーダーはユーモアのセンスをもつ。リーダーは気取り屋ではない。謙虚な心をもち、自分を見て笑うことができる人である。

　リーダーは人に従うことも辞さない。自分の方法だけに興味を示さず、最善の方法を見つけだす。リーダーは広い心をもっている。

　リーダーは高い目標に目を向けている。リーダーはフォロアーばかりか自分自身に対しても、人間性を高めること、より豊かな人生を送ること、あらゆる点で向上すること、そういったことに力を貸せるよう努力する。

　このような考えと理想に従って、誠実にかつ固く決心して努力するコーチは、リーダーシップの資質を向上させ、チームの成功の可能性を大きくすることになるであろう。リーダーシップのないチームは、目的もなくさまよい、同じところをぐるぐると回り続け、どことも知れぬところへと行き着いてしまう、まるで舵のない船みたいなものである。もちろん、コーチがリーダーシップを発揮するには、ゲームに精通していなければならないし、プレーヤーのことを知っていなければならない。しかし、彼は、そのための責任を自覚し、それを受け入れ、それを負わなければならないのである。

5　プレーのスタイルとシステム　　STYLE OR SYSTEM OF PLAY

　コーチは、信念を持って指導することができるならば、自分が採用する基本的なオフェンスとディフェンスのシステムに確固たる自信を持ち、それを信頼することが重要である。しかし、その一方で、最も重要なのはスタイルやシステムではない、ということをわきまえておかなければならない。優れたシステムはいくつも存在する。大切なことは、オフェンス、ディフェンスどちらのシステムにおいても、常にフロアバランスを保った、しっかりした原則に基づいたものにする、ということである。また、オフェンスのシステムは、動きを止めず、さまざまな角度からゴールに向かってドライブできるようなものでなければならない。その上で、以下のことを信念として持つことが必要となる。

1. 何を行うかではなく、しっかりとした原則に基づいていることをどのように行うかが問題となる。また、ゲームで隠し立てをすることは意味がない。

2. システムがうまくいかないのは、プレーヤーがファンダメンタルを十分に身につけておらず、また、それらを本能的に身につけているものであるかのように適切に素早く実行できないときである。どんなシステムにしろ、それが成功するのは、十分に指導され、フロアバランスを的確に保って積極的に動くときであり、また、ファンダメンタルや体力を十分に身につけ、感情をコントロ

ールできる意欲的なプレーヤーに用いられるときである。
3. オフェンスとディフェンスのどちらの観点から見ても、チームプレーというものは、プレーヤー一人ひとりをうまく統合することから生じる。そのためには、一人ひとりのプレーヤーは、ファンダメンタルをスムーズに実行し、かつそれらを的確に結び付けることを習得し、心身ともに万全なコンディショニングでなくてはならない。

6 ファストブレイク　　THE FASTBREAK MINDED COACH

　ここでは、他のコーチたちにファストブレイクについての考えを売り込むのではなく、ファストブレイクが私のオフェンスの考えの中では真っ先に扱われる、というその理由を説明する。

　まず私は、大勢のコーチたちが述べている、機会があるからファストブレイクを出す、という考えには賛成しない。もしファストブレイクを好むのであれば、その機会をいつでも作り出そうとすべきなのである。そのチャンスの大部分はバックコートで生じる。それゆえ、常にその重要性を強調し、ファストブレイクの反復練習を行うのである。ディフェンスからオフェンスへと素早く切り替えたファストブレイクから、高い確率のショットを打つことができないときに、初めてセット・オフェンスを用いるのである。ファストブレイクを主体にしたゲームの価値を認める私の主だった理由は以下の通りである。

1. 観客を満足させるために

　私の印象では、観客は素晴らしいプレーと同様に動きが激しいプレーの観戦を好むし、そのようなプレーを観客に見せるべきである。われわれが認めようが認めまいが、観客がいなければバスケットボールの試合も成り立たない。ゲームの成功は観客の人気に直接結び付いているし、季候が良く、他の娯楽があったり、他のスポーツに人気が集まるような地域では、特にそのことが言えるであろう。それゆえ、観客たちがチームのゲームを見に来なくなったら、深刻な問題となる。

　ボールをコントロールしたり時間を稼ぐようなゲームは、もしかしたら最高のバスケットボールであるかもしれないが、そのスタイルをすべてのチームが採用したとなれば、次第に、しかも確実に、バスケットボールは人気を失っていくと私は確信している。シーズン中にバスケットボールと競合するスポーツがさほどない地域ではすぐさまそのような事態が生じることはないであろうが、必ず不人気が訪れることになろう。

プロ・バスケットボールは、その存在が観客の関心・興味に大きく左右されていることは公然のことであり、そのためプレーをできる限り激しいものにする努力が続けられてきた。このことは、バスケットボールだけに留まらず、プロ・スポーツすべてについても言える。

　地方の観客たちは、通常は地元のチームを応援する。特に、地元のチームがチャンピオンをねらっていたり、常勝チームならばなおさらである。しかし、いくら常勝チームであっても、観客たちはボール・コントロールを志向するチームよりもファストブレイクを志向するチームのほうを応援する。低迷しているチームや平均的なチームであればなおさら、ボール・コントロールを志向するよりも、激しく動きまわるほうを応援するであろう。

　いろいろなプレーのスタイルがあることは、ゲームにとって重要であるし、ゲームのためにも良いことである。しかし、決して忘れてならないのは、バスケットボールの人気というのは、ゲームでの素早い動きから生じているということである。

2. プレーヤーを満足させるために

　私は、プレーヤーが好むゲームのスタイルを知るために、プレーヤーにアンケートを採ったことがある。その結果、大多数のプレーヤーがファストブレイクのスタイルのほうをボール・コントロール・スタイルよりも好んでいることが分かった。

　これは、ファストブレイク・スタイルのみをプレーしたプレーヤー、ボール・コントロール・スタイルのみをプレーしたプレーヤー、そのどちらもプレーしたことのあるプレーヤーを、強豪チーム、弱小チーム、平均的チームから同数ずつ選んでアンケートを採った結果である。

　用いられたシステムやチームの勝敗に関わらず、ファストブレイクのスタイルはどのグループでも大多数のプレーヤーに好感を持たれていたのである。

3. 多くのプレーヤーが参加するために

　概して、プレーヤーはファストブレイクのスタイルのゲームではより多くのプレー機会を獲得する。多くのプレーヤーがプレーできることのおかげで、プレーヤー本人はもとより、両親、親族、そして友人たちは多くの満足を得ることができる。プレーヤーがファストブレイクに参加するとき、日頃からスキンシップや友情を通じてプレーヤー本人に対し個人的な関心・興味を抱いている人びとがよりいっそう喜びを表わすのは当然である。

7　指導の原則　　　　　　　　　　　　　　BASIC PRINCIPLE

　青少年たちにバスケットボールのゲームを指導しようとしたり、彼らとの関係をスムーズに機能させようとする場合に、考えなければならない重要ないくつかの原則がある。正確に選択することは難しいが、私はそれらを5つの事柄に分類している。これから述べる5つの事柄は、私自身の考えを強固にするために考案した成功のピラミッドの土台であり、その中核を形成しているものである。

指導の5原則

❶勤勉さ

　努力に代わるものはない。コーチとそのプレーヤーは、一生懸命に努力すべきである。やりがいのある目標すべては用意周到な計画とハードワークによって達成される。完全の域には決して達しないが、しかし、それが目標であることには違いなく、断固として追求されなければならない。中途半端や安易なやり方を求めては、目標に達することなど不可能である。

❷熱意

　コーチとそのプレーヤーたちは、バスケットボールに熱意をもっていなければならない。そうでないなら、コーチは他の職業を探し求めるべきであるし、プレーヤーは他の分野で活動すべきである。熱意はそれに触れた人びとの心に残り、熱意ある人は周りの人間を奮い立たせてくれたり励ましたりしてくれるものである。よりいっそう向上したいという気持ちがあるならば、自分のすることに熱意をもって取り組まなければならない。

❸精神的、道徳的、および身体的コンディション

　プレーヤーの精神や道徳に関するコンディションは非常に重要である。プレーヤーが熱意をもって努力するのであれば、身体的コンディションは精神的および道徳的コンディションに左右されるからである。精神面や道徳面で不健全なプレーヤーが身体的コンディションをしっかり整えることなどあり得ない。たとえ整えようとしても、崩れてしまうのである。コーチが示す精神や道徳上の手本は、プレーヤーの行動様式、さらには人格形成にも強い影響力を及ぼす。コーチが忘れてはならないのは、そのようにしてコーチのもとから巣立った青少年が、後に他人を指導し始めるようになるということである。

❹ファンダメンタル

　コーチの指導を通じてプレーヤーは、ゲームに関する十分な知識とゲームで

現出するファンダメンタルを適切に実行する能力を習得しなければならない。プレーヤーは戸惑ったり躊躇したりしないで適切に反応することを教わり、自分でどうするべきかを考えなければならない。バスケットボールにおいて"躊躇する者は負ける"のである。確実なプレーは、基礎となるファンダメンタルを速やかに実行できるかどうかにかかっている。プレーのスタイルがしっかりしていなくても、ファンダメンタルをきっちりと実行できればその埋め合わせをすることができる。しかし、どんなに洗練されたスタイルを使っても、ファンダメンタルのいい加減さを埋め合わせることはできない。コーチはファンダメンタルの練習時間を割いてまで、複雑なシステムに熱中することが決してないように、十分心しなければならない。

❺チームスピリット

コーチはチームスピリットを向上させるために、心理学を初めとするあらゆる方策を必要に応じて用いなければならない。利己主義に走らないチームワークをことあるごとに奨励すべきである。たとえ望まなくとも、プレーヤー一人ひとりがチームの利益のために個人的な栄光を犠牲にできなければならないのである。利己主義、羨望、自己中心、他人への批判は、チームスピリットを打ち砕き、チームの将来への可能性を破壊する。コーチはこのことに留意し、トラブルが広がる前にそのような危機を回避するために常に注意を払わなければならない。

その他の原則

1. バスケットボールは習慣のゲームである。しかし、悪い習慣を打ち破り、適切な習慣を身につけるためには時間と忍耐力がいる。コーチになりたてのほとんどの者が犯す重大な過ちの一つは、忍耐力の欠如である。プレーヤーには、練習では決して手を抜いてはならない、と言い聞かせておかなければならない。練習で手を抜いてしまうとゲームでも疎かなプレーが出てしまう。常に目標を持ち、プレーに集中させることが大切である。

2. コーチとプレーヤーは決して満足せず、常に向上するように努めなければならない。達成することができなくとも、あくまで"完璧"を目指すことである。

3. 何をするかではなく、いかにうまく行うかが大切である。したがって、プレーヤーがさほどうまくできそうにもないことをたくさん行わせるよりも、確実にできることをいくつかに絞って教えることである。プレーヤーにあまりに多くの事柄を与えてはならない。

4. 自分で考え、決断してプレーできるようになるためにも、プレーヤーを縛りつけ過ぎないことである。コートではある程度自由にプレーさせたほうが良

い。あるプレーヤーが自由なプレーを行ったら、チームメイトがそれに合わせてフロアバランスを保つような動きができるよう教えることである。

5. バランスのとれたオフェンスを工夫すること。それは、得点する機会を各ポジションに均等に与えることを意味している。しかし、そのためにコーチが自分の知識を盛り込み、オフェンスを複雑にし過ぎてプレーヤーを混乱させることがあってはならない。

6. ほんの小さな事柄も見逃さないようにすること。小さなことでも大きな意味を持つことがある。小さな事柄の積み上げが、ときとして勝者と敗者を分ける分岐点となる。

7. 勝つためには準備が必要である。しかし、コーチ自身の準備ができていなければ、その他のことにも手がまわらない。事前の準備としっかりしたコンディショニングによって自信が芽生えてくるのである。

8. チーム同士の力が均衡し、お互いにゲームの準備が整っているとき、心身のコンディションがしばしば勝敗の原因となることをプレーヤーに納得させなければならない。相手よりコンディショニングで勝っているチームが、その利点を活かそうと思うなら、試合の序盤から相手にプレッシャーをかけることである。そうすれば、試合の終盤に必ず差が現れることになる。疲労が増すにつれて、ファンダメンタル、心の平静、自信などが失われていく。そのような段階に、相手を先に追い込むのである。

9. ディフェンス、オフェンスにかかわらず、ゲーム中は自信を持ってアプローチし、プライドを持つ。相手チームのために事前に準備はするが、相手チームを恐れない。相手チームが自分たちを恐れるように仕向けるのである。

10. ボールを持っていないときのオフェンスと、マークマンがボールを受ける前のディフェンスを強調する。

11. ことあるごとにチームの攻撃を組み立てるプレーヤーやディフェンスを頑張るプレーヤーを賞賛する。得点能力に長けた者たちは、たくさんの喝采を浴びることで満足感を得られるが、その他の者たちが忘れられてはならない。

12. コーチはプレーヤーについていろいろと批評をするべきであるが、それは常に建設的なものでなくてはならない。プレーヤーがチームメイトを非難したり、嘲笑したり、馬鹿にしたりすることを許してはならない。

13. 得点者はその機会を与えてくれたパサーに感謝し、ナイスプレーをしたチームメイトをプレーヤー全員で賞賛するようにする。

14. コーチはプレーヤーだけでなく、常に自分も分析すること。そして、それらの分析結果によってチーム運営を決定すること。

8 コーチとして必須の資質　ESSENTIAL TRAITS AND ABILITIES

　コーチという職業を選び、その頂点に立ちたいと願う者が備えるべき資質は、以下のものである。

主要な資質

●**勤勉さ**　これについては前述している。

●**熱意**　これも前述している。しかし、注目しなければならないことは、熱意は自分の仕事に心血を注ぐことから生じる、ということである。

●**思いやり**　コーチは若者を心から愛さなければならない。また、彼らの欲求や気持ちを汲みとってやらなければならない。コーチは問題を抱えているプレーヤーが親しみを持って近づける存在であること。

●**判断力**　コーチは自分が下した判断について特に注意を注がなければならないし、すべての物事について常識に照らし合わせて考慮しなくてはならない。またコーチは、"ソロモンの知恵*2"に匹敵するほどの思慮分別と臨機応変の才を持たなければならない。人間、ゲーム、技術、トレーニングなどに関する価値観は、コーチにとって必須のものである。

●**自制心**　コーチはいつでも冷静に考えることができるように、自分の感情を抑制しなければならない。しかし同時に、強い闘争心を内に秘めていなければならない。そうすることで、常にプレーヤーと一体となって闘う姿勢を示すことができるのである。場合によっては、プレーヤーに厳しい試練を与えなければならないこともある。しかし、それを公平に行えば、恨まれることもなく、尊敬も失われることはないであろう。コーチは常に心の平静さを保たなければならないのである。

●**正直さ**　コーチは自分の仕事のあらゆる局面において誠実かつ正直でなければならない。知識や技術に多少欠けていてもどうにかやっていけるであろうが、正直さや誠実さを失うと、いずれ行き詰まってしまうであろう。

●**忍耐力**　コーチになりたての多くの者にとって最大の欠点は、おそらく忍耐力の欠如である。プレーヤーに過度の期待を押しつけてはならない。どんな物事でも、ゆっくりと進歩する。新しい習慣を形づくり、古い習慣を打ち壊すには、時間がかかるものである。

●**細部への注意深さ**　細部を完全なものにすることが勝敗を分けることになる。

●**公平さ**　プレーヤー全員に公平で均等なチャンスを与える努力をし、それを必ず実現させるようにする。プレーヤーの努力に応じたチャンスを与えること。

●**高潔さ**　人間的に健全ではなく、正直でもないコーチは、若者を成長させるに相応しくない。

副次的資質

●**優しさ**　コーチは親しみがあり、心の温かい人間でなければならない。
●**服装**　清潔でこぎれいな服装を保つこと。コーチは大学に勤める他の人びとと同様に服装を洗練させるべきである。
●**話し方**　人に自分の話をしっかり聞いてもらうために、はっきりかつしっかりと話せるようになること。
●**順応性**　自分を取り巻く状況や好機に十分に順応できる柔軟さを持っていること。
●**協調性**　コーチは大学、行政、体育局、チーム、そして地域社会と調和してともに活動できなければならない。
●**主張**　自分の考えを主張するのは構わないが、「頑固」であってはならない。
●**正確さ**　コーチは、人選、判断、処置、緊急時の対応において間違いを犯してはならない。
●**油断の無さ**　相手チーム、および自分のプレーヤーに関する長所と短所の両方に注意を払うこと。また、調整が必要になったときに、素早く的確に対応すること。
●**信頼性**　コーチは、プレーヤーだけでなく、同僚や友人たちにとっても、頼りになる存在でなければならない。
●**楽天的気質**　物事を否定的に考えるより肯定的に考えること。真摯な楽天主義は自信や勇気を培う。
●**臨機応変さ**　プレーヤー個人、あるいはチームはそれぞれ異なる問題を抱えている。精神面、モラル、身体、社会性、スピリットなどに関しての問題である。それらのいずれにも適切に対処しなければならない。
●**先見性**　プレーヤーに現実的で、実現可能な動機づけを与えなければならない。

9 成功のピラミッド　　THE PYRAMID OF SUCCESS

　この成功のピラミッドを考案する際のアイディアは、高校時代に知り合うことのできた2人の人物からの影響によるものである。
　最初の一人は、私の担任だったL．J．シドラーである。あるとき彼は、クラス全員に人生の成功について質問した。そのとき私は、その答えを書き留め

る係であった。数日後シドラーは、成功についての考え方が私たち生徒と彼との間で多少食い違っていると説明した。彼は、クラス全員がウェブスター辞典の定義に賛同し、物質的財産の蓄財および権力と名声を得る地位への到達、このどちらかで成功を定義していると語った。彼は、ウェブスター辞典によるそれらの定義は大いに賞賛に値するし、成功と呼ぶに相応しい内容かもしれないが、それらが真の成功であるとは思っていないと述べたのである。彼の考えでは、成功とは、心の平静さからのみ生じ得るものであり、また、自分が成り得る最上のものとなるために、力の及ぶ範囲ですべてを出しつくしたと自覚する満足感によってのみ手にすることができる、というものであった。

　この考えを支持するもう一人の人物は、高校時代のコーチであったグレン・M・カーチスである。彼はチームのプレーヤーを上達させるため、一つの発奮の試みとして「成功への道」と名づけた方法を採用した。そこで用いられた7項目の内の5項目を、私は「成功のピラミッド」に採り入れることとなった。

　教師とコーチの職に就いた後も、私は自分自身の目標を模索していた。それと併せて、担当する英語のクラスの生徒が学業で「A」を取ろうとか、指導しているチームのプレーヤーが相手チームに勝利したいと躍起になっている中で、彼らにそれらのことよりも意義あるものを発見させようとしていた。その中で思い起こしたのが、前述した私の高校時代の担任とコーチのアイディアだったのである。

　もちろん、学業で「A」を取るために努力し、ゲームで勝利を望むことは悪いことではない。しかし、われわれは、誰もが精神的、身体的に同じ能力を有しているわけではないし、誰もが同じ環境の中で育つわけではない。また、学業や身体能力においてすべての人に等しい土台が与えられているわけではないし、働くにしてもすべての人が同じ職場環境にあるわけではない。

　もし成功や満足がクラスで最高点を取ることやゲームで勝つことだけでしか手に入れられないとしたら、生徒の大半は満足できないであろう。なぜなら、引き分けがないとしても、得点だけを考える限り、どのゲームにも勝者と敗者が存在し、ゲームに参加した者たちの半数は不幸になるからである。

　このような指摘が道理に合わないとか説得力がないと思われようとも、このような問題に対する考えから、最終的に成功のピラミッドは創られたのである。

　さらに、この成功のピラミッドの構造を検討する前に、その構造は、以下に示されるバスケットボールのコーチングとゲームでのプレーに関する私の成功の定義に基づいていることが理解されなければならない。

成功とは

　コーチングやプレー上での成功は、勝ちゲームの数に基づくものではない。むしろそれは、個人の諸能力、練習施設、相手チームの力量、ゲーム会場、その他の事柄を考慮に入れ、自分自身の能力との関係や他人との比較の中で、それぞれが何を行ったかに基づいて考えるべきである。

　真の成功とは、己が達し得る最高点に達するために、能力の限界内ですべてを出しつくしたと自覚する満足感を通してのみ手にすることができる。それだけに、最終的に自分の成功について正しい決定を下すことができるのは、自分自身だけである。一時的に他人を騙すことはできても、本当に自分自身を欺くことはできないのである。

　完全の域に達するのは不可能である。しかし、それを最終目標とすべきである。目標に向かってあらゆる面で100％の努力をしなければ、たとえ個人的に賞をいくつ取ろうがゲームに勝とうが、それは成功ではない。

　われわれは、必ずしも同一の能力を有していたり同等の立場に置かれているとは限らない。他チームのプレーヤーのほうが能力があったり、身体が大きかったり、スピードがあったり、力強かったり、高く跳べたり、また、その他の身体的特質に秀でているかもしれない。だからこそ、自チームのプレーヤーには、チームスピリット、熱意、勤勉さ、協調性、忠誠心、決意、正直さ、誠実さ、信頼性、高潔さといった非常に重要な特性で勝ってもらいたいのである。

　私が考案した成功のピラミッドは、自明のことながらこれら諸特性を含んでいる。以下で説明する事柄は、ピラミッドを構成する各々の要素の中でも強調しておきたい重要な考えである。

　いかなる構造物も堅固な土台の上に築き上げられなければならないし、その土台の基礎になる部分は最も重要である。成功のピラミッドでは、勤勉さと熱意がそれに当たる。なお、この2つの事柄については前述したので、ここでは割愛する。

　一方、人間の身体で心臓は最も重要な器官である。また、周知のように、建築家が建物を建てるときに、重要なのはその中心部である。成功のピラミッドにおいて私が中心に選んだのは、コンディション、技術、チームスピリットという3つの傑出した本質的要素である。なお、この3点も、既に5つの基本的原則の項目で述べたので、内容は割愛する。

　ピラミッドにおけるその他の個々の要素について詳しく説明するとなれば、かなり長い文章を書かなければならなくなるが、各項目の下に付けられた簡単なコメントによって、私の考えの要点が理解していただけるであろう。

最後に、説明を終える前にピラミッドの頂点について指摘しておきたい。その頂点には成功ということが掲げられているが、それは前述の私の定義によることを思い起こしてもらいたい。

　さらに、成功を手にすることは容易ではない。このことは頂上に結び付けられている要素が、信念と忍耐で示されていることからも分かる。やりがいのあるすべての目標は時間がかかる、ということに耐えなければならないし、それを自覚しなければならない。概して、苦もなく成し遂げられる物事はさほど意味がない。耐えていくためには信念がなければならないのである。成功を求めるなら、絶えず逆境に負けない心構えを持つことが必要であり、目標に到達したいなら、信念を持たなければならないのである。

　また、平静さと自信が並列されているが、それらは卓越した闘争心を基礎づけるものであるがゆえに、頂上へ達する過程に織り込まれている。自信と平静さの両方は、誰にも負けない競技者になろうという闘争心から生まれる。また、素晴らしい競技者になるためにそれらは不可欠である。自信のない者は平静さに欠けることになるし、逆境に出会うと押しつぶされてしまうからである。プレッシャーのないときに良いプレーをするプレーヤーはいくらでもいるが、コーチは誰でも、ここ一番のプレーのときに闘争心に抜きんでるプレーヤーを常に捜し求めているのである。

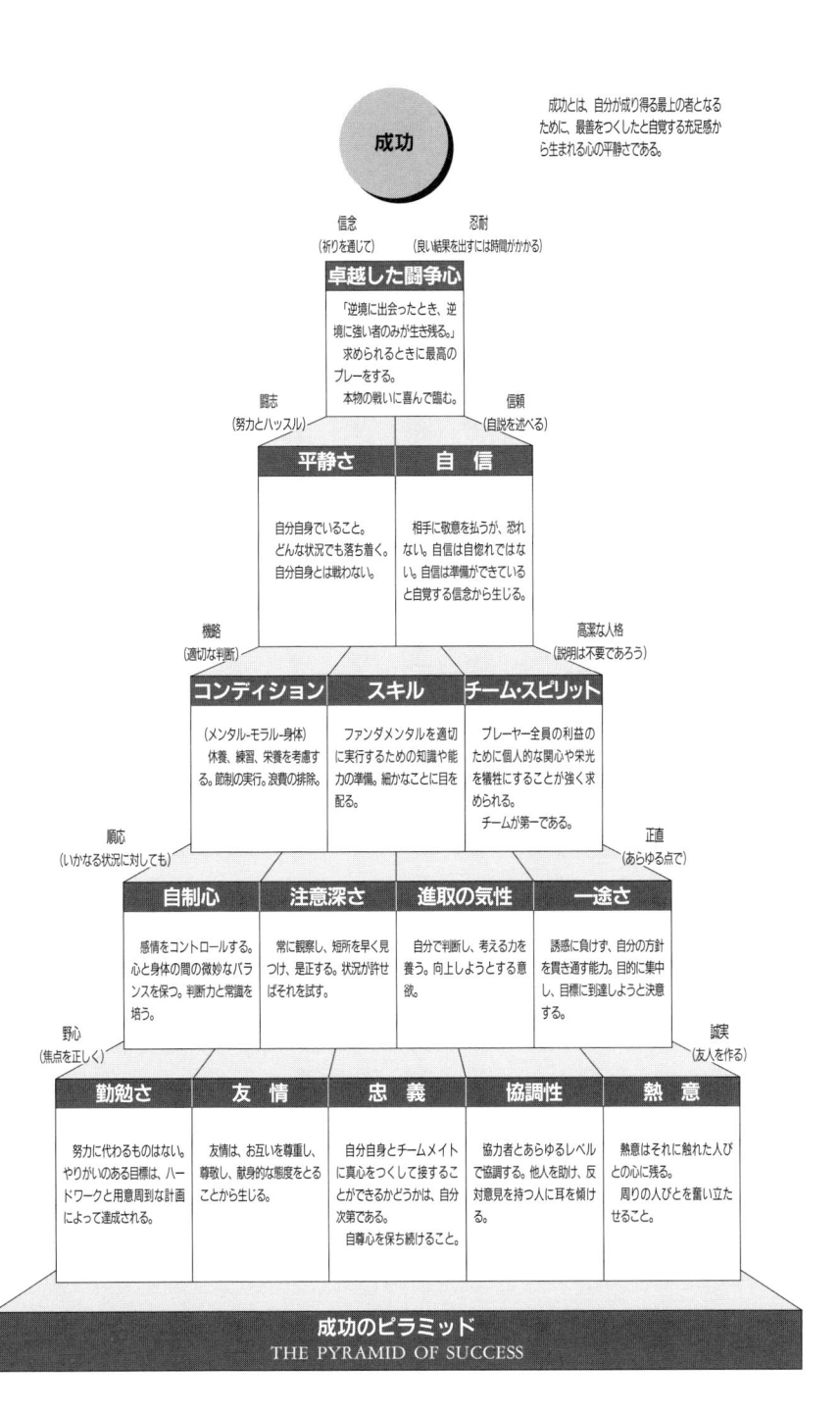

成功のピラミッド
THE PYRAMID OF SUCCESS

成功
成功とは、自分が成り得る最上の者となるために、最善をつくしたと自覚する充足感から生まれる心の平静さである。

信念（祈りを通じて）　*忍耐*（良い結果を出すには時間がかかる）

卓越した闘争心
「逆境に出会ったとき、逆境に強い者のみが生き残る。」求められるときに最高のプレーをする。本物の戦いに喜んで臨む。

闘志（努力とハッスル）　*信頼*（自説を述べる）

平静さ
自分自身でいること。どんな状況でも落ち着く。自分自身とは戦わない。

自信
相手に敬意を払うが、恐れない。自信は自惚れではない。自信は準備ができていると自覚する信念から生じる。

機略（適切な判断）　*高潔な人格*（説明は不要であろう）

コンディション
（メンタル-モラル-身体）休養、練習、栄養を考慮する。節制の実行。浪費の排除。

スキル
ファンダメンタルを適切に実行するための知識や能力の準備。細かなことに目を配る。

チーム・スピリット
プレーヤー全員の利益のために個人的な関心や栄光を犠牲にすることが強く求められる。チームが第一である。

順応（いかなる状況に対しても）　*正直*（あらゆる点で）

自制心
感情をコントロールする。心と身体の間の微妙なバランスを保つ。判断力と常識を培う。

注意深さ
常に観察し、短所を早く見つけ、是正する。状況が許せばそれを試す。

進取の気性
自分で判断し、考える力を養う。向上しようとする意欲。

一途さ
誘惑に負けず、自分の方針を貫き通す能力。目的に集中し、目標に到達しようと決意する。

野心（焦点を正しく）　*誠実*（友人を作る）

勤勉さ
努力に代わるものはない。やりがいのある目標は、ハードワークと用意周到な計画によって達成される。

友情
友情は、お互いを尊重し、尊敬し、献身的な態度をとることから生じる。

忠義
自分自身とチームメイトに真心をつくして接することができるかどうかは、自分次第である。自尊心を保ち続けること。

協調性
協力者とあらゆるレベルで協調する。他人を助け、反対意見を持つ人に耳を傾ける。

熱意
熱意はそれに触れた人びとの心に残る。周りの人びとを奮い立たせること。

第 2 章
コーチングに関する諸問題

1 コーチングの方法　　IMPORTANT COACHING METHOD

1. コーチは、指導の際に役に立つすべての手立てを利用しなければならない。また、指導に役立ちそうなものを常に探し求めなければならない。毎日の練習の補足を適切に行うためには次のようなものを有効に利用する。

- 映画　● 写真　● 図表　● 提案書や資料　● 掲示板　● スカル・セッション[*1]　● ルールについての討議　● ゲーム前後のミーティング　● プレーヤーとの個人面談　● プレーに関する記録および統計資料
- 各メディアからもたらされる情報

2. コーチは心理学をこころえ、その探求の成果やプレーヤーから学んだ知恵を常に利用しなければならない。プレーヤーはそれぞれ、個別で多様な問題を抱えている。それらの状況の類似点を見つけ出して研究することは非常に有意義なことであり、多くの問題を効果的に解決するのに役立つものである。

3. 道理にかない、しかもチームスピリットに適合するすべてのことを行うことによって、コーチはプレーヤーに救いの手を差し伸べなければならない。自分のスタイルを貫くために安易な方法を採り、プレーヤーを犠牲にすることがあってはならない。プレーヤーの精神力や品性は、強い願い、固い決意、そしてハードワークにより問題を克服することで培われていく。これが私の見解である。プレーヤーには、チームを向上させる最善の方法はプレーヤー自身が向上することである、と説いている。この原則はコーチにも当てはまることを忘れてはならない。

4. 非難するときには同時に誉めることも忘れてはならない。人前では厳しい非難をしないよう注意する。また、厳しく叱った後に誉めたり励ましたりしてやれば、叱った効果を失うことなくプレーヤーの心を和らげることができるであろう。そのためにもコーチはプレーヤーのことを知らなければならない。

5. 練習やミーティング、また、その他の機会において時間を厳守し、それに相応しい服装であることを守らせる。しかし、プレーヤーの事情も考慮すること。また、極端に厳しい要求をしてもいけない。

6. プレーヤーが得点したがるのは当然である。私はどのプレーヤーにも得点をねらって欲しいと願っているが、チームメイトやチームを犠牲にしてまで、そのように思って欲しくはない。あるプレーヤーが「私は得点することが好きではなく、それよりもプレーを組み立てたり、ディフェンスするほうが好きです」と言ったとする。私はすかさず「それは本心ではない、あるいは考え方がおか

しい」とそのプレーヤーに言うであろう。やたらに得点したがるプレーヤーも、全く得点したがらないプレーヤーも、私のチームには必要ないのである。チームプレーヤーと呼ばれることの快感を楽しみ、ディフェンスをすることで喜びを得て欲しいのは確かである。しかし、それが得点を上げることよりも面白いというのは偽りの謙譲であり、それは美徳ではない、というのが私の考えである。

2 プレーヤーとの関係　　WORKING WITH YOUR PLAYERS

　チームの各プレーヤーといっしょに活動するための方策や彼らの心理状態の把握は、コーチがなさなければならない仕事の中で、おそらく最も難しくかつ最も重要な事柄の一つである。どのプレーヤーも一人として他のプレーヤーと同じ性向を持つ者はいない。だからこそ、すべての点でそれぞれに異なる扱い方が必要である。一方、チームのモラルやチームスピリットは、個人を最大限に利用するものである。したがって、それらは、チームを構成する各個人を理解し、彼らと正しく協働するコーチの能力によってその度合いが大きく決定される。実際のところ、チームをコーチする際に行われることすべてにおいて、プレーヤーの適切な扱い方には、注意深い考慮を要する。

　私が行う最初の一つは、「なぜプレーヤーはチームのために一生懸命であるべきなのか」ということを彼らに考えさせることである。チームに参加してプレーヤーが得ることができるのは、個人的な楽しみと喜びのはずである。しかし、強調すべきことは、自分自身を向上させたりチームを助けたりして、最善をつくしたことを知ることで得られる最大の満足なのである。

　私がプレーヤーたちに切に求めるのは、個人的には素晴らしいバスケットボールのプレーヤーになることであり、同時にチームの一員としてチームに属することに誇りを持つことである。多くのプレーヤーは次のように思うようである。それは、チームプレーヤーはいくらすばらしくても個人的に目立つプレーヤーのように賞賛を得ることができず、逆に、個人的に目立つプレーヤーはなかなかチームプレーヤーとして認識してもらえない、ということである。しかし、プレーヤーはオフェンスとディフェンスの両面において、また、個人としてもあるいはチームの一員としても優れたプレーヤーになるように努力しなければならない。

プレーヤーとの関係において重要な考え方

1. プレーヤーに対し偏見を持たず、また、特定のプレーヤーを特別扱いしてはならない。誰ひとりとして同じ人間はいないのであり、個性に応じて各人に

接しなければならないことを忘れてはならない。

2. コーチはプレーヤーにとって近づきやすい存在でなければならない。また、彼らの個人的な問題やうまくいったこと、あるいはうまくいかなかったことについて親身にならなければならない。

3. メンバー全員が各々の役割を果たすのがチームである。プレーヤーをレギュラーとサブや、その他のことでも区別してはならない。実際のプレー時間がほとんどないプレーヤーも、チーム全体から見ると非常に大切なことがある。そういった者は求められるときはいつでもゲームに出られるような心構えでいなければならない。

4. プレーヤーを人前で叱りつけるときは十分に注意すべきである。厳しく叱った後は、一言励ましたり、そのプレーヤーの良いところを誉めてやったりする。やる気を起こさせるのは、誉め言葉なのである。

5. ディフェンスの良いプレーヤーやプレー・メイカーが新聞などで一面に取り上げられることはない。しかし、彼らが賞賛されたり賞をもらったりできるように、マスメディアに協力を求めるべきである。

6. チームメイト同士の非難や嘲笑を禁止すべきである。プレーヤーはお互いに助け合わなければならない。

7. 嫉妬、わがまま、そして自分本位な態度は回避されなければならない。

8. プレーヤーの尊敬と信頼を得る。

9. プレーヤーの個性を尊重し、考慮する。

10. 忠誠心、正直さ、他人の権利の尊重、そして責任感を教えること。

3 周囲の人びととの関係 PUBLIC RELATIONS

●**学校管理者** コーチがなすべきすべてのことを達成しようとするなら、学校管理者たちの協力を得なければならない。これらの人びとに誠実に接しさえすれば、彼らは応えてくれるであろう。ほんの少しの誠実さをもって接するだけで、その何倍も応えてくれるということを胆に銘じるべきである。コーチの仕事の成否は学校管理者たちの態度に反映される。彼らの協力なしにコーチとして成功することは不可能である。

●**学部の同僚** 仮にコーチが学部のその他の人びとと同等の立場を希望するならば、コーチはそのような特権に見合う努力をしなければならない。しかし、これまで多くのコーチたちがその努力を払おうとせず、そのためコーチという職業の価値がおとしめられることになった。コーチは学部の他のメンバーより

も勝っているのでもなければ、劣っているのでもない。しかし、コーチという職業は、常に公衆の面前にさらされることになる。学部の同僚たちと友情を育むことができれば、彼らは計り知れない援助をしてくれるであろう。

●他のコーチ仲間　他のコーチ仲間から高く評価されることほど、コーチにとって光栄なことはない。誰からも有益なことが学べるが、特にコーチ仲間からは学ぶところが大きい。派閥を作らないことは重要なことであるが、コーチ仲間との交流や友情を通じて多くの楽しみや満足感が得られることは確かである。

●プレーヤーの両親　プレーヤーの両親を知れば知るほど、プレーヤーをよりいっそう理解し援助できるようになる。また、両親の協力はコーチにとって大きな助けに成り得る。両親も、プレーヤーの成績に非常に興味を持っていることを忘れてはならない。注意すべきことは、プレーヤーと同様に、その両親を特別扱いしてはならないことである。

●報道関係者ースポーツライターとスポーツキャスター　報道関係者に協力することは有益なことになるはずである。彼らの信頼を得るように働きかければ、彼らも信頼を寄せてくれる。大学管理者、プレーヤー、アシスタント・コーチ、それらすべての人びとが報道関係者に対して自分の役目を果さなければならない。しかし、それを監督するのはコーチの責任である。中には、信頼を裏切る記者がいるかもしれないが、報道関係者すべてに対する信頼を失ってはならない。コーチも間違いを犯す。たった一人のミスから、その集団全体を判断すべきではない。

●その他の人びと　コーチは、その地位において最善の仕事を遂行するために雇われているに過ぎない、ということを忘れてはならない。しかし、その他の職業とは異なり、コーチは大衆の面前にさらされているため、それに相応しく行動しなければならない。コーチはその他の人びとを受け入れたり他人と交流することによって、計り知れないくらいの援助を受けることもあれば、深く傷つくこともあるのである。

＊

　大学管理者、学部の同僚、コーチ仲間、両親、報道関係者に加えて、秘書や守衛、あるいは学校やプレーヤーや自分自身に興味を示す町の人びとと、コーチは多くの点で密接に関係しているし、彼らの世話になっている。コーチが周囲の人びととの関係をうまく保つことができれば、自分の進歩の機会を拡げるだけにとどまらず、お互いに利益を得ることになるであろう。

　尊敬は、それが与えられるに相応しいところにもたらされる。また、評価は、それが与えられるに相応しいときに認められる。しかし、「尊敬され、評価を

受けることによって特権が発生する」という考えをもつとしたら、若者の人格形成に寄与すべきコーチにとって好ましいものではない、と私は考える。

4 アシスタント・コーチ　　ASSISTANT COACHES

　アシスタント・コーチは、その肩書きの意味を正確に把握すべきである。アシスタント・コーチは、年間を通してできる限りの援助（アシスト）を用意すべきであり、また、そうすることを心から望むべきである。

　そもそもアシスタント・コーチの役割は非常に難しいものでありながら、彼らが表舞台に立って賞賛されることは滅多にない。ヘッド・コーチはその事情を十分わきまえた上で、彼らとともに仕事をしていかなければならないのである。アシスタント・コーチはヘッド・コーチのために働いているのではなく、ヘッド・コーチといっしょに働いている、と思っているはずである。それゆえ、ヘッド・コーチは、アシスタント・コーチからの提案を望み、それを受け入れる心構えがなければならない。ヘッド・コーチとアシスタント・コーチの意見がいつも一致するとは限らないが、ヘッド・コーチはアシスタント・コーチの意見に常に耳を傾け、自分と違う意見であっても頭ごなしに否定しないことが必要である。提案すべてを分析し、正しい判断を下すことである。

　仮にアシスタント・コーチが提案をためらったり恐れたりするならば、アシスタントとしての意味をなさなくなってしまう。ヘッド・コーチは、自尊心をくすぐる「イエス」マンではなく、いろいろな提案をしてくれる人を求めているのである。もちろん、アシスタント・コーチたちは、最終決定をヘッド・コーチが下すことや、それが自分たちの提案に反していても覆されるべきではないことだけは自覚しなければならない。決定を下す者は孤独であり、提案を行う者よりもはるかに困難な立場に置かれている。ヘッド・コーチと称する人びとが常に心に留めておくべきことは、プレーヤーであれアシスタント・コーチであれ、あるいはそれ以外のいかなる人びとであれ、他人に自分の意見を聞かせたいと思うならば、彼らが言っていることにも耳を傾けなければならない、ということである。

アシスタント・コーチに望まれる資質

　第1章の「コーチとして必須の資質」と題した項目で言及された事柄に加えて、以下の事柄はアシスタント・コーチに望まれる資質である。

●**楽天的性格**　積極的、楽天的、しかも現実主義的なアプローチは、意欲的で自信に満ちたチームに必要であり、アシスタント・コーチたちはそのようなア

プローチをする際のリーダーでなければならない。自分にはどうにもならないことについて悩んで時間を無駄にしてはならない。対処できる当面の問題の改善に全力を注ぐべきである。

●**忠誠心** アシスタント・コーチはヘッド・コーチと意見が合わないかもしれないが、決して忠誠心を欠いてはならない。団体行動において忠誠心が欠如していれば、どれだけ能力があってもそれは失敗に繋がることになる。能力が足りないことは許されるが、忠誠心の欠如は決して許されるものではない。

●**勤勉さと熱意** この2つの事柄は、私が提示した成功のピラミッドの土台であるが、それらはアシスタント・コーチにとって不可欠なものでもある。ピラミッドで論議されたすべてのことを身につけることは望ましいだけでなく、必要欠くべからざるものである。

●**配偶者との意思の疎通** かつて何人もの前途有望なコーチたちが、配偶者との意思の疎通が欠如していたせいで仕事に支障を来たし、コーチをやめることとなった。家族は最優先すべきなのであるが、意欲的なコーチはおそらく他の職業の人たちよりも家を留守にすることが多い。だからこそ、配偶者の理解が重要になってくる。コーチは配偶者が抱えることになるであろう問題をわきまえ、配偶者との理解ある関係を持続していくことが必要となる。

●**知識** 仮にアシスタント・コーチが自分の仕事を心得ていなければ、プレーヤーから尊敬されず、望ましい結果を得ることなど不可能である。日々の練習で顔を合わせるのに、今日の利発な若者をたぶらかしてうまく乗り切ることなどできないのである。

●**陽気な人柄** アシスタント・コーチは、プレーヤーに加えて学校や地域と密接に接触することになる。それゆえ、これらの人びとすべてがチームのプログラムに引き込まれたり興味を示してくれたりして、協力してくれるよう心が温かくて陽気でなければならない。

●**時間厳守** アシスタント・コーチは、次のような習慣を身につけなければならない。それは、時間を守ることであり、手紙や支払いすべての約束の期日を守ることであり、それらをうまく処理することである。

●**身だしなみの良さと礼儀正しさ** こぎれいで清潔な服装と礼儀正しい振舞いは不可欠である。これらのことが欠けていると、教職員や大学当局やマスメディアや父兄、並びにその他の協力者との関係に非常に有害となる。「礼儀正しさは、他人の善意と好意に報いる小さな代価」である。

●**野心** アシスタント・コーチは、自分たちの立場の改善を望むべきであるし、彼らの努力に対しては見返りが与えられるべきである。そうでなければ、仕事

はなおざりになり、自分たちの最善がつくせなくなるであろう。そして、向上心のない自己満足の世界に埋没してしまうのである。

●**向上心** アシスタント・コーチが努力を払うべきことは、成功を収めた人びとを研究すること、ゲームの諸々の技術について情報を得ること、リーダーとフォロアー両者との協働に関する心理学的なことについて学習すること、個々のプレーヤーおよびチームのシステムの長所と短所を分析すること、ファンダメンタルを上手に指導すること、そして、人として自分自身を改善すること、である。

●**模範** アシスタント・コーチは若者たちにあれこれと口出しするのではなく、若者たちに相応しい模範を示すために努力すべきである。「文書や言葉を用いなくとも、また、本も一切顧みなくとも、どのような人間になるべきかを若者に教えることはできる。その答えは、教師たち自身なのである」という言葉の意味することをアシスタント・コーチは理解すべきである。

　もちろん、これらは、アシスタント・コーチに求められる資質すべてを言い表しているものではない。しかし、これらは、最も重要で望まれる資質である。

アシスタント・コーチの責任

　これは状況によって変化することになろう。高校は大学とは違うし、地域、規模、予算、大会、そしてその他のいろいろな状況がこのことに関わってくる。しかしながら、そのような状況のいかんにかかわらず、ヘッド・コーチは、アシスタント・コーチの義務や責任を決定し、それをアシスタント・コーチと慎重に話し合わなければならない。そして、それらの義務や責任は文章として記述されるべきである。以下のことは、高校、大学のいずれのアシスタント・コーチにも当てはまるに違いない。

1. 可能ならば、どのようなことでもヘッド・コーチと協働する。必要に応じて手助けしたり先導したりする。

2. 日々の練習プログラムの計画作成を手助けする。このことは、毎日決められた時間に行われるべきである。

3. 日々の練習を手助けする。練習計画の中でそれぞれの責任を割り当てるべきである。

4. 卒業ができるようにプレーヤー全員の単位取得のための計画に助言する。プレーヤー全員の単位の取得状況についての情報を十分に持っていなければならない。必要であれば、家庭教師や補習などの手はずを整える。バスケットボールから離れてもプレーヤー全員に誠実な関心を示すようにする。

5. プレーヤーからの個人的な相談や要求等を取り扱う。

6. 1年生や2軍のコーチングを行い、それらの組織を監督し、管理する。
7. 相手チームのスカウティングを行い、情報を揃える。
8. リクルーティングを行う。すべての有望なプレーヤーについて、学年、年齢、身長・体重、学業成績、人柄、彼ら自身が送付してきた手紙、競争相手の他チームのコーチからの手紙、家族背景、そして、彼らのチームへの個人的興味・関心といった必要な情報を収集し保存する。適切な時期にキャンパス訪問の手はずを整える。可能ならば実際にプレーしているフィルムやその他の情報を手に入れる。できれば実際にプレーを見るようにする。そして、推薦に値するときはヘッド・コーチが実際にプレーを見る手はずを整える。常に考えておくことは、地元のプレーヤーをリクルートするのが望ましいということである。したがって、州外の有望なプレーヤーにこちらから接触するのは避けたい。他の州の有望なプレーヤーが、自分からこちらに来たいと思うようになるのが理想的である。しかしながら、アシスタント・コーチの努力不足で、競争相手に地元の「有望選手」を奪われてはならない。同じ立場にいる他のアシスタント・コーチよりも行動の迅速さが求められる。しかし、それは慎重に行われなければならない。人柄が良くてチームを第一に考えるプレーヤーが求められる。素行が悪いとか学業不良の者に貴重な時間を費やしてはならない。
9. シーズン中の休日にはプレーヤー用の食事と部屋を用意する。
10. 夏休みのアルバイトが必要な者に仕事を世話する。雇い主たちに関する最新のファイルを持ち、彼らと良好な関係を維持する。
11. できるだけ多くの高校のコーチたちと接触する。良いプレーヤーが獲得できるかどうかは、それに懸かっている。
12. 競争相手全員に自分のスケジュールを送り、代わりに彼らのスケジュールを手に入れ、相手をスカウティングする手はずを整える。
13. オフィスの仕事を常に把握しておく。
14. プレーヤーや自分にとってためになるなら、規則や約束事の範囲内で可能な限り彼らを援助する。
15. 自分のフィルム・ライブラリーを作り、新しい記録を加えていく。プロジェクターやフィルムの手入れをしておく。
16. ボールボーイおよび新しいマネジャーを選ぶために、それを決定する委員会やヘッド・マネジャーと協働すること。
17. 秋学期のミーティングと身体測定の期日を提案すること。
18. 来るべきコーチング・クリニックや新しく上梓された出版物全体に関する最新のファイルを準備しておく。

19. マネジャーが訪問者への準備をし、彼らの責任を果たしていることを確かめる。
20. 必要ならば、新学期に迎え入れるプレーヤーの住居を用意する手助けをする。寮の情報を把握し、入居前に部屋を整えておく。
21. 体育局長、秘書、他種目のコーチやプレーヤー、守衛、訪問者といった体育局の人びとと協力的で非常に親しい関係となるように一生懸命努力する。

5　マネジャー　　THE MANAGERIAL STAFF

　コーチにとって大変役に立つのは、おそらく自分流のやり方を創り上げた4年生の経験豊かなヘッド・マネジャーである。また、彼によって指揮されるその他の有能なマネジャーたちである。しかしながら、彼らをいっそう効果的に活用するためにコーチがプレーヤーに理解させておかなければならないのは、マネジャーたちはプレーヤーとコーチの手助けをする者ではあるが、使い走りや後片づけをする召使いではない、ということである。コーチ、プレーヤー、マネジャーは、お互いに要求し合うのではなく、協力し合いながらいっしょに仕事をしなければならない。

　できることなら、ヘッド・マネジャーは3人の1年生と2人の2年生、そして1人の3年生を彼の監督下に置くべきである。ヘッド・マネジャーはスタッフを組織すべきであり、そのスタッフに特別な義務と責任を与えるべきである。また、必要なときはいつでも引き継げるように次にヘッドとなる3年生のマネジャーを訓練すべきである。

マネジャーの義務と責任

●練習前
　(1) コートを掃除し、体育館の明かりをつけ、プレーヤーが現れる時間までに部外者をコートから出す。
　(2) プレーヤーの着替えに必要な支度をする。
　(3) 空気が入ったきれいなボール、スクリメージ用のリバーシブルのシャツ、タオル、予備の靴ひも、テーピング用テープ、スクリメージ用の図表、予備の笛、フリースロー用の記録表、そして、練習で用いられる道具の予備を準備しておく。

●練習中
　(1) フリースローの記録表を日々つける。
　(2) 見学者をプレーヤーから遠ざける。

(3)必要なときにボールを配ったり、ボールを集めたりする。
(4)スクリメージ用のシャツをすぐに使えるようにしておく。
(5)必要とされるときに備えて、記録を取るための図表と記録係を用意しておく。
(6)練習スケジュールを知っておき、いつでもそれを実施できるように準備しておく。
(7)必要なとき配れるように、スウェットスーツの準備をしておき、練習後にそれを集める。
(8)コーチやプレーヤーの要求を聞き、それを満たすための心構えをしておく。

● 練習後
(1)練習で用いた用具すべてを集めて保管する。
(2)水分補給のための手はずを整える。
(3)コーチに記録表を返却する。
(4)シャワールーム、ロッカールーム、そして、ロッカーを点検する。
(5)タオルや汚れた練習着を洗濯室へと運ぶ。
(6)体育館の明かりを消して鍵を閉める。

● ホームゲーム
(1)相手チームの練習の世話をするために2人のマネジャーを割り当てる。
(2)両チームのボールケースや更衣室に状態の良いウォームアップ・ボールを6つ用意する。
(3)ユニフォーム、ソックス、サポーター、その他の必要な備品や用具を使えるように準備する。
(4)ゲーム中はもちろん、ゲームの前後にも、用具すべてを確実に管理し、世話をする。
(5)練習やゲームに必要なすべてのことを用意するために、相手チームのマネジャーと打ち合わせをする。
(6)プレーヤーにその日のスケジュールを知らせる。
(7)オフィシャルの控え室にゲームで使用するボールとタオルを持って行き、ゲーム後にそれらを回収しに行く。
(8)ハーフタイムやゲーム終了後、できる限り早くコーチに記録表のコピーを渡す。
(9)用具、移動、記録表、送迎、士気、食事、休息、ミーティング、そして、ゲームや相手チームに関するその他のことがスムーズに運ぶように、すべ

ての方面に予め手配し、手伝う。
(10)もし前座のゲームがあるなら、すべてのことを必ず準備する。

● ロードゲーム

ホームゲームに適用したことに、以下を加えればよい。
(1)移動するプレーヤーやマネジャーすべての荷造りをする。
(2)移動のすべてを記した日程計画書を配る。
(3)やむを得ず計画を変更する場合には、コーチやトレーナーたちと密接に相談する。
(4)帳簿をつけるために会計係を決める。
(5)練習やゲームに関わるすべてのことを準備するために、相手チームのマネジャーと相談する。
(6)使用した控え室を最高の状態にする。
(7)帰途につくときは、用具を集め、それをきちんと保管する。

● プレ・シーズンとポスト・シーズン

(1)練習の初日に用意すべきものやミーティングの日時の指示を受けるために、学校が始まってすぐにコーチと打ち合わせをする。
(2)最初のミーティングで配るための資料を用意し、練習の初日にすぐに使用する備品すべてを用意する。
(3)プレーヤー、マネジャー、コーチ、トレーナー、チーム・ドクター、そして、プレーヤーやマネジャーの両親の最新の住所録と電話番号を、いつでもすぐに使えるようにしておく。
(4)ヘッド・マネジャーは、学校が始まってすぐに見込みのある１年生のマネジャーたちに特に目をかけなければならない。また、昨シーズンのすべての記録を記したスタッツの一覧表と来シーズン用の新しいスタッツ表を用意した上でミーティングを計画しなければならない。
(5)シーズンが終了したら、直ちに備品一つひとつの状況を完全に記録した明細目録を作成する。また、それらをきれいにした上で保管する。

6 練習

THE PRACTICE SESSION

練習計画の作成

　コーチには毎日あるいは長期にわたる適切な練習計画を作成する能力が必要とされる。と同時に、最大限の効果を得るためのドリルを考案する能力も求められる。そして、これらの能力は成功への可能性を限りなく増大させるものである。

　時間と期間は多くの要因に左右される。しかし、コーチは、常に、練習にとって代わるものはなく、成功は安易な方法では得られない、ということを肝に銘じておかなければならない。また、コーチがプレーヤーにこのような考え方を理解させることも重要なことである。

　学習の効果は、身体、精神、感情によってもたらされる疲労と密接に関係している。それゆえ、明らかに疲労しているのに練習を継続することは賢明ではない。このことが特に当てはまるのは、各プレーヤーの身体的なコンディションが十分ではない場合である。シーズンの初め（アーリー・シーズン）の練習では、プレーヤーが身体的にも精神的にも感情的にも疲労しきっているときに、数分間のコンディショニング・ドリルを行うのは、むしろ良い効果を生むことになる。しかし、限界点を超えているのに、何かを教えようと試みてはならない。

　コーチはその日までに成し遂げておきたいことを良く考えて、慎重に練習計画を作成しなければならない。そうすることによって、無計画な練習を長時間行うようなことはなくなり、同じ目標も短時間で達成することが可能となるであろう。もちろん、プレーヤーは練習時間の長さに関係なく、終始一生懸命に練習しなければならない。

　コーチは教えるために練習に参加するのであり、その義務を果たすことに集中しなければならない。コーチがいろいろなことに気が散っていれば、プレーヤーが集中してコーチの話を聞くことなどできないであろう。それゆえ、コーチやプレーヤーのお互いにとって気が散るようなことは避けるべきである。

練習計画
- **●シーズンプラン**　シーズンを通じての一般的なアウトラインや練習計画を立てることは重要である。その際に考慮するのは次のようなことである。対戦相手、チームの詳細な日程、体育館の使用日時、プレーヤー（体格、スピード、力強さ、欠点、経験）、そして、その他の重要と思われる要因、である。

これらは、適切なスケジュールを計画する上で非常に役に立つことになる。そればかりか、次のシーズンに関係する要因を再検討し、バスケットボールのことを考え続ける上でも役に立つものである。

●**週間計画**　最初の練習を行う前に1週間の練習計画を準備する。ただし、この計画は多少柔軟でなければならない。プレーヤーやチームの進行状況や、前週に起きたことによって日々変化するかもしれないからである。

●**1日の練習計画**　1日の練習計画を作成し、それに従うべきである。もしプログラムの中の1項目をやり過ごしてしまうと、それは他の多くのことに影響する。もし計画が不十分であれば、次の日に修正することである。しかし、いったん練習を開始したなら、ある特定の日のプログラムと入れ替えてはならない。また、時間を延長してまで練習してはならない。それはコーチ自身やプレーヤーにとって不愉快であり、避けるべき事態である。練習日は意気盛んに終わるようにしたい。そうすることによって、コーチとプレーヤーは次の日を楽しみに待つようになるのである。

練習プログラムに関する重要な考え方

1.　コーチは、練習の準備がすべてできているかどうかを確かめるために、早めにフロアへ行くようにする。私はマネジャーにチェックリストを持たせて練習で使う備品等があるかどうかチェックさせる。しかし、それをコーチ自らが確かめなければならない。チェックリストの項目をいくつか挙げる。これらは過去の経験から予測して準備される。

- フロアは清潔か
- 練習に必要なだけのボールはそろっているか
- それらは磨かれていて空気が入っているか
- スクリメージ*2用のシャツは準備されているか
- 予備の靴紐や救急用品は手近なところに備えられているか
- スタッツをとるための用紙はすぐに使えるようにしてあるか
- タオルやテーピング用のテープはあるか
- 練習をスムーズに行うのに必要なものはすべて用意されているか

2.　プレーヤーは出席を報告したら、自主的に軽いランニングやストレッチングなどのウォームアップを始める。その後、コーチと確認した自分の弱点を一人であるいはペアを組んで練習し、あるいはペアになってショットの練習やフリースローをする。この間、コーチはそれぞれ異なる課題を持ったプレーヤー一人ひとりを指導する。

3.　「ふざけながら練習をすること」を許さない。バスケットボールを楽しく

プレーするのは良いが、ふざけてプレーしてはいけない。練習の習慣は実際のゲームに出てしまうものなので、プレーヤーに正しい習慣を身につけさせなければならない。

4. 注意深くあることを強調する。指示が与えられているときや、説明や修正やデモンストレーションが行われているときには集中して話を聞くよう要求する。聞いていなかったとか何か他のことをやっていたという理由で、プレーヤーはコーチに何度も同じことを言わせたり、させたりしてはならない。

5. プレーヤー一人ひとりを個人的に指導する機会を持つ。練習中に弱点を指摘したプレーヤーを、一人であるいはチームメイトとペアになって練習させ、個人的に教える時間を持つようにする。

6. コーチがチーム練習の始まりを告げる笛を吹いたならば、プレーヤーは直ちにシューティングなどをやめて、ボールを予め決められたところに静かに転がし、コーチが指示した場所へ素早く走るべきである。

7. ウォームアップ・ドリルでチーム練習を始める。

8. チーム・ドリルでチーム練習を終わる。

9. 単調さを避けるために、その日のあるいは日々のドリルを変える。

10. 最高の結果を得るために、ドリルに参加するプレーヤーの数を慎重に計画し組織する。ときどき、プレーするポジションやチームにおけるポジションに応じて、あるいは単にプレーヤー数が均等となるように、3つのバスケットにグループを分ける。この3つのグループに同じ練習をさせるかもしれないし、互いに異なるファンダメンタルの練習をさせる場合もある。しかし、いずれの場合であっても、また、コーチが特定のグループに張り付いて指導しようが、プレーヤーには一生懸命練習する、という責任を自覚させなければならない。

11. 最初にドリル一つひとつの最終的な目的を説明し、次に詳細を強調する。プレーヤーは目標がはっきりすれば、いっそう反応するし、よりやる気が出る。まず、全体を考え、次に部分を考えることが望ましい。

12. 同じドリルをあまり長く続けてはならない。もしドリルを変更するならば、プレーヤーを次のポジションに素早く移動させる。

13. 身体的・精神的観点から見れば、難しいドリルはやさしいドリルの次に行うようにする。また、その逆もしかりである。ただし、その決定はプレーヤーの状況に拠らなければならないことに留意する。

14. 競争を含んだドリルを数多く用いる。また、できる限りゲームの状況に近づける。

15. 新規のドリルを導入する場合、プレーヤーがウォームアップを終えた練習

の初期の段階に実施する。これはプレーヤーの気持ちが新鮮で、練習の諸過程の中で最も鋭敏に集中することが可能な時間帯だからである。そして、できるようになるまで毎日繰り返すこと。ただし、いくつかの新しい事柄をやらせる前に、1日前か2日前にコーチが説明してデモンストレーションし、次にプレーヤーにその考えを理解させるために、一、二度彼らに実際にやらせてみせるのが良い。そうすれば、1日か2日後に指導するのは極めて容易になる。

16. 1回限りのドリルであっても、必ずある特定のファンダメンタルを強調する。しかし、そのとき用いているその他のファンダメンタルも見落としてはならない。シューティング・ドリルの間、プレーヤーはパスに無頓着になることがある。これでは、あるファンダメンタルを習得している間に、他のファンダメンタルを駄目にしているようなものである。コーチはこのことを認識しなければならず、また、それを防がなければならない。進歩が見られたとしても、他の部分をなおざりにしてはならない。

17. シーズン当初は、ファンダメンタル・ドリルをチーム・ドリルよりも優先する。シーズンが深まるとチーム・ドリルに割かれる時間は多くなるが、当然のこととして個人のファンダメンタルを忘れたり無視してはならない。

18. 1日おきにオフェンスとディフェンスを強調する。ボール・ハンドリングが含まれるオフェンスはディフェンスよりも時間を要するが、オフェンスとディフェンスがどちらも同じくらい重要であることを教わらなければならない。プレーヤーはこの両面を向上させるように努力しなければならない。

19. 一般に、毎日の練習は楽しく、積極的な気持ちで終わるのが良い。望まれるのは、コーチとプレーヤーが心から次の日の練習を楽しみにできることである。仮に練習が気まずい雰囲気で終わると、コーチやプレーヤーは落ち込み、ストレスがたまり、悲観的になり、気持ちが消極的になるであろう。そして次の日の練習を待ちわびることなどできなくなるであろう。このような状況の下で練習を始めることは、是非とも避けるべきである。

練習に関する留意事項

●**練習の分析**　コーチは次の日の練習を計画するため、練習の記憶がまだ新しいうちに、日々の練習を念入りに分析すべきである。私は練習が終わってシャワーを浴びる前に、アシスタント・コーチといっしょの椅子に座って、その日の練習を簡潔に分析し、討論するようにしている。そのとき、私は翌朝にその日の練習を計画するときの参考とするために、ノートをとっている。そのノートを詳細かつ丁寧に記述することさえできれば、練習後の分析と翌朝の練習計画作成は、1人でもスムーズに行えるはずである。

●**運動強度の漸進性**　シーズン初めの練習は、プレーヤーが身体的に良いコンディションに到達するまで、運動強度は少しずつ増すべきである。開始早々の練習では脚の炎症を起こさないように注意しなければならない。バスケットボール・プレーヤーにとって、脚は何物にも代え難いものだからである。

●**練習計画書のファイリング**　練習記録は貴重な財産である。私の場合、過去17年間の練習スケジュールを正確に紐解くことができる。ハードカバーで、3つの穴のあいたルーズリーフノートに、今シーズンの毎日の練習プログラムの記録と過去2シーズンの完全な記録が保管されている。もし過去の練習ノートに今日の練習プログラムと同じものがファイルされていれば、それに沿ってコメントや提案をすることができる。

●**練習スケジュールに関する留意事項**　その日の練習スケジュールに忠実に従うために、私とアシスタント・コーチはカードにその日の練習スケジュールを記し、そのコピーを体育館まで持って行くことにしている。また、常時というわけではないが、ときどきプレーヤーにその日の練習計画を知ってもらうために、練習スケジュールのコピーを郵送することも行っている。さらに、ヘッド・マネジャーに日々の練習スケジュールのコピーを持たせている。そうすることで、マネジャーたちは時間を無駄にすることなく、次になすべきことや必要な用具を準備することを正確に知るようになる。

シーズン中の練習

　もしチームのメンタルとモラルについてのコンディションが十分に強調されているならば、毎日の練習は主にプレーヤーの身体面のコンディションを条件づけることになろう。シーズン開幕後のゲーム・スケジュール*3は、通常、毎週金曜日と土曜日に予定されている。したがって、月曜日と木曜日は軽く練習を行い、逆に、最もハードなのが火曜日と水曜日となる。開幕戦前のシーズン初めの練習が、シーズン中の練習よりも長時間になるのは当然である。毎日の練習では、1つや2つの特定されたことをこなすため、パターン化された以下の練習が行われるのが一般的である。

●**月曜日**　前週のゲームのミスを検討する。良かったところ、悪かったところ、また、次の対戦チームや個々のプレーヤーの対策を話し合う。練習の主なテーマは、週末に行われたゲームを建設的に批評することと、次のゲームに何を期待するか、また、何ができるのかをビデオで見せることである。また、シューティング、ボール・ハンドリング、ランニングなどのファンダメンタル・ドリルを中心に軽めに行い、身体接触のあるドリルはほとんど行わない。ゲームであまり出場の機会のなかったプレーヤーにはスクリメージをさせるが、主力の

プレーヤーにはあまり参加させない。スクリメージが行われている間に、主力のプレーヤーはなるべく多くのフリースローを行うことになる。練習時間は30分短縮される。

●**火曜日と水曜日** この両日はハードな練習を実施する重要な練習日である。個人のオフェンスとディフェンスの両方のファンダメンタル、および次の対戦相手に備えるため、オフェンスとディフェンスの両方のハーフコート・スクリメージを多く行う。また、ゲームのあらゆる局面でのプレーをよりいっそう完璧にするための練習を行う。それは、ファンダメンタル、最もよく使うオフェンスとディフェンス、プレス、プレスに対するカウンター、ゾーン・アタック、リード・プロテクション*4のゲーム展開、ファストブレイク、ジャンプボール、特別なシチュエーション、フリースロー時の役割、アウト・オブ・バウンズ・プレーやその他のスペシャル・プレーである。

●**木曜日** 火曜日や水曜日よりも30分短縮した練習となる。この日の練習での主な強調点は、金曜日または土曜日に対戦する相手チームのオフェンスとディフェンスに関して予想される可能性すべてを検討し、自チームのオフェンスとディフェンスの組み立てや戦略に磨きをかけることである。また、各種のショット、リード・プロテクションのゲーム展開、自分たちのプレーの確認、身体接触のない数多くのランニング・ドリル、チーム・プレーの習熟、といった練習を行う。この日の練習は、相手チームを侮ることなく、自分たちに自信を持った精神状態で終わらせたい。さらに、この日は早く就寝するように告げ、チームメイトとのバスケットボールについての話を最小限にとどめるようにプレーヤーには指示する。

スクリメージ

プレーヤー全員はおそらく他のどんな練習よりもスクリメージを好むであろう。それゆえ、コーチは練習の中にスクリメージをどのように取り入れるかを十分に考える必要がある。この練習は、規則をしっかり規定できるほど簡単なものではなく、柔軟な性質を有している。身体的な観点から多くのスクリメージを必要とするチームもあれば、心理学的な観点からより多くのスクリメージを必要とするチームもある。コンディション、経験、体格、個人の性格やその他の多くの事柄がスクリメージをどれくらい行うかを決める要因となる。

通常は、練習を始めて6週目の週末に最初の公式戦が行われる。また、シーズンが終了するまで週末の休日はほとんどない。それを踏まえた上で、スクリメージのプログラムは、次のような考え方に基づいて行う。

スクリメージの考え方

1. 練習を開始した当初の2週間は、チームを離れていたすべてのプレーヤーが毎日20分間は最低でもゲーム形式のスクリメージを実施するように、日々の練習計画を作成する。私はどのプレーヤーも同じ条件の下で同じ時間スクリメージができることを望んでいる。それゆえ、プレーヤー各人は、弱いチーム、平均的なチーム、強いチームのそれぞれに偏ることなく属し、偏ることなく対戦するようにする。そうすると2週間の練習期間の終わりまでに、どのプレーヤーも同じような条件の下で、味方になったり敵になったりしてスクリメージを行うことになるはずである。そのことはプレーヤーを評価するのに役立ち、また、そのことによって、プレーヤー個々人に関する各種のデータを持つことにもなるのである。プレーヤーを比較するのに正当な根拠のある基準を持っていることは重要である。

2. 3、4週目の練習は、グループがより少人数になり、月、水、金曜日に40分のゲーム形式のスクリメージが実施される。火、木曜日は40分のハーフコートのスクリメージが行われる。その場合、最初の2週間と同じ条件でスクリメージを行うようにしている。

3. 5週目の練習は、月曜日にプレーヤー全員のためのスクリメージが40分実施される。火、水、木曜日は30分のハーフコートのスクリメージが行われる。金曜日は、正式なオフィシャルと観客を前に、ドレスリハーサルと言われるタイプの紅白戦を行う。

4. 公式戦第1戦の2日前には、40分のオールコートを使ったスクリメージが行われる。その際、建設的な批評をするためにそれは何度も中断される。このスクリメージには正式のオフィシャルをつけるが、ゲーム・ユニフォームの着用と観客の入場は認めない。

5. シーズンが開幕した後は、たいてい30分から40分のハーフコートのスクリメージを毎日行う。その際、ゲームに多くの時間出場するプレーヤーのためのオールコートのスクリメージはほとんど行わない。しかしながら、月曜日には、先週末のゲームであまり出番のなかったプレーヤーのために、40分のゲーム形式のスクリメージを必ず行うようにしている。

UCLAにおける実際の練習メニュー（1961-62）

▼練習第1日

3:00-3:25 プレーヤーの自主練習に対し個人的に注意を与える。特に、未確認のものについて注意を払う。

3:25-3:35 コートの縦を使って3列でウォームアップ。その際、軽いランニング、ターン、チェンジ・オブ・ペースとディレクション、ディフェンシブ・スライディング・ステップ、1対1（カッター）、1対1（ドリブラー）、種々のジャンプ、仮想リバウンディングを行う。

3:35-3:45 4グループに分かれて、ドリブル、クィック・ストップとターン。

3:45-3:55 4グループに分かれて、リバウンディング、コンビネーション・パッシング。

3:55-4:10 3人1組で、コートを縦に使って3メン、2メン、ピボット、タイトなクリスクロス、ノーマルなクリスクロス、フロントとサイド、ロング・パス。

4:10-4:20 4グループでシューティング。代わる代わるポストに入ってのショット、サイド・ポストへのパスとカット。

4:20-4:30 同時に5人で、セット・オフェンス、ガードからポストへのエントリー、ウィーク・サイド・ポスト。

4:30-4:40 マンツーマン・ディフェンスの基本原則とフロアバランスの練習。

4:40-5:40 10分間のスクリメージ。次に、6人1チームで1対2、3対4、1対3、2対4、1対4、2対3を交代しながら行う。

5:40-5:45 短距離のダッシュ。エンドラインからセンターラインまでダッシュし、そこから逆サイドのエンドラインまでは軽く走る。これを逆サイドから同じやり方で、計5分間続ける。

▼第4週の中頃の通常練習

3:00-3:30 5つのバスケットを使って1人5本のフリースローを行う。その間、プレーヤーには個人的な注意を与える。スローターとワックスマンには実戦的なリバウンディング、カニングハムとブラックマンには特別なショット、グリーンとハザードにはサイド・ポストでの動きとディフェンスのポジショニング、ロスヴァルとヒックスにはスチュワートへのパスとカットのいくつかのオプション、ミルフォルンとゴーワーには1対1の習熟、ヒルシュとミラーにはシューティング・レンジの拡大、そして、ハギンスとグガートにはディフェンスのポジショニング。

3:30-3:40 コートの縦を軽くランニング。チェンジ・オブ・ペースとディレクション。ディフェンシブ・スライディング・ステップ。1対1（カッター）、1対1（ドリブル）。パスを受けてのインサイド・ターン。ボールを持っていることを仮想してのリバース・ターンとドライブ。ジャンプ。

3:40-3:45 5人でリバウンディングとパッシング。

3:45-3:50 5人でドリブルとピボット。

3:50-4:00　5人で交代しながらポストへのパスとカット・オプション。
4:00-4:15　ディフェンスへと1人、2人が交代する3メン。2メン。ピボット。フロントとサイド。
4:15-4:25　フォワード、ガード、センターに分かれてのポジション別シューティング。フリーになってパスを受けるためのフットワーク。ドライブあるいはドライブのフェイクからノーマークになるためのフットワーク。ショット時のフットワーク。
4:25-4:35　ストロング・サイド・ディフェンス。
4:35-4:40　ボール・ハンドリング。ショットなしのウィーク・サイド・ポスト・アタック。
4:40-4:50　オフェンシブ・パターン。ストロング・サイド・オプションのためのガードからポスト、ガードからフォワードという各エントリー。
4:50-4:55　コンディショニングとしての3対2。
4:55-5:10　チーム・ファストブレイク。1対1のディフェンス。
5:10-5:25　ハーフ・コート・スクリメージ。スターターはディフェンスし、次にファストブレイク。
5:25-5:40　ハーフ・コート・スクリメージ。スターターがオフェンス。
5:40-5:45　6つのバスケットを使ってのフリースロー。

▼週末の公式戦前の練習
3:00-3:30　5つのバスケットを使って1人5本のフリースローを行う。その間、個人的な注意として、スローターにキーエリアでのショット、カニングハムとブロックマンにカット・バックと「重要な」ブロック・ショット、グリーンとハザードにディフェンシブ・スライディングと積極的なプレッシャー、ワックスマンにディフェンス・リバウンディングなどを練習させる。
3:30-3:40　インサイド・ターン。インサイド・ターンとフリーになるためのリバース。ボールを仮想してのリバース。ガードはボールを持ち、リバース、スクリーン、ロールをフォワードやセンターとともに行う。
3:40-3:50　ショットあり、またはなしのウィーク・サイド・ポスト・オプション。
3:50-4:00　「バックドア」のディフェンスとウィーク・サイドに対するセンターのディフェンス。
4:00-4:10　シューティング。フェイクしてのドライブとセット。フェイクを入れたセットとジャンプしてくるディフェンスに対するドライブ。3グループで競争。
4:10-4:25　すべてのディフェンス・プランの重要なポイントの確認と強調。
4:25-4:40　オフェンス・パターン。得点後のクィック・プレス（ディフェンスはつけない）
4:40-4:50　スペシャル・シチュエーション・プレーとアウト・オブ・バウンズプレーの確認。
4:50-5:00　チーム・ファストブレイク。
5:00-　　　1チームに1つのバスケットを用いてフリースロー。2本ずつショット

を打って交代。連続10本成功したら練習終了。シャワーを浴びた後、プレーヤー全員はトレーニング・ルームにこの日の夜とゲーム当日のための指示を受けるために集合。

▼公式戦の次の月曜日

3:00-3:30 5つのバスケットで1人5本のフリースロー。スローターとスチュワートは回数、本数を多くする。良いプレーには個人的に賞賛しなければならないが、ミスを犯したときは注意を喚起する。そして、週末のゲームで望んでいることをアドバイスする。

3:30-3:35 5人のオールコートのクリスクロスとチーム・リバウンド・バランス。3チームで行う。

3:35-3:45 ウィーク・サイド・ポスト・アタック。私が合図するまでショットなしでボールをインとアウトに動かし続ける。ボール・ハンドリングと鋭いカッティング。

3:45-3:55 シューティング。ヘッド・フェイク後のレイ・アップ、フック、レイバック、リーチ・バック、クィック・ストップとフェード・アウェイを3グループで、コートの各サイドから前後に行う。

3:55-4:05 チーム・オフェンスを全グループが交代しながらいっしょに行う。最初のパスがフォワードに入ったらオプションを混ぜる。

4:05-4:15 チーム・ファストブレイク。

4:15-5:00 週末にさほどプレーしなかったプレーヤー全員でスクリメージ。カニングハム、ブラックマン、グリーンは一切行わない。スローターはかなり、ハザードは少し行う。スクリメージを行わない者たちは、フリースローと自主練習。

▼シーズン中盤での普通の水曜日

3:00-3:25 身体をほぐしながら、いつものようにフリースロー。また、スローターにキーエリアからの動きとショット、ワックスマンにディフェンスのチェックとハンズアップの徹底、ハザードとグリーンにミルホルンとハギンスを使ってのカリフォルニア大のプレッシャーをかわす練習、カニングハムとブラックマンにカリフォルニア大のディフェンスのためのスペシャル・ショット。

3:25-3:35 3列になってコートの縦を軽くランニング。チェンジ・オブ・ペースとディレクション。ディフェンシブ・スライディング。1対1のバリエーション。ノーマークになるためのリバース・フットワーク。仮想のボールでのリバース・ドライブ。

3:35-3:45 チーム・ボールハンドリング。ウィーク・サイド・ポスト。5分間ボールなしで。

3:45-3:55 3メン。フロントとサイド、ロング・パス。ディフェンスに変化をつけて。

3:55-4:05 ストロング・サイド・ディフェンス。

4:05-4:15 3対3。センターラインから始める。ディフェンスがボールを保持したときはオールコート・ブレイク。それに対してオールコート・プレス。

4:15-4:25	クィック・シューティング。セットとジャンプ。2個のボールと2人のリバウンダーをつけて3チームで競争。
4:25-4:35	フリースロー。チーム形式で競争。連続10本成功するまで。
4:35-4:45	火曜日と同様に、カリフォルニア大のオフェンスに対するディフェンス。
4:45-4:55	オフェンス・パターンにディフェンスをつけて。
4:55-5:05	チーム・ファストブレイク対2-1-2もしくは2-2-1ディフェンス。
5:05-5:20	ダミー・スクリメージ。スターターはディフェンス。ボールの所有権を獲得したならファストブレイク。
5:20-5:35	ダミー・スクリメージ。スターターはオフェンス。ボールの所有権を失ったならプレス。
5:35-	フリースローのために整列。連続2本成功したらエンドラインに出る。

7 コンディショニングとトレーニング

コンディショニング

　バスケットボールは激しいゲームであるので、プレーヤーが己の最善をつくすつもりならば、身体、精神、モラルの各々のコンディションに優れていなければならない。バスケットボールほど激しい競技があるとは思えない。なぜなら、素早いストップやスタート、方向やペースの突然の変化、最大限のジャンプ、連続ジャンプなどが要求され、さらに、堅い床の上を走り、その上に投げ出されることはもちろん、避けがたいかなりの身体接触があるからである。加えて、プレーヤーは自分を保護する用具は一切身に着けていないのである。

　したがって、コーチは、プレーヤーがバスケットボールに相応しい身体を有しているか、また、それは健康を害せずにトレーニングに耐えられるものなのかを見極めなければならない。コンディションに優れていることがプレーヤー個人とチームの成功のチャンスを大いに増すと言われているが、プレーヤーのコンディショニングを見極めることは、コーチにとって道義的な義務であり、非常に重要なのである。特に、ファンダメンタルと心の平静さのレベルは、身体的なコンディションに正比例するものである。他のことが同じならば、大抵は最高のコンディションを有するチームが勝利することになる。なぜなら、コンディションに勝るチームは、その効果を発揮する機会が与えられることで、相手より優位に立ってプレッシャーをかけ続けられるからである。

コンディショニングに関して考慮すべき事柄

❶健康診断
- プレーヤーは全員、最初の練習が始まる前に徹底した身体検査を受けるべきである。
- 各プレーヤーは、ヘルニア、心臓、肺、耳、鼻、喉、歯、血圧、目、脚のチェックを受けるべきである。

❷風邪の予防　他のどんな理由よりも、ありふれた風邪が原因で多くの練習時間は失われる。地域ごとの気候によって、いろいろ違った予防策や治療法が必要となるが、考慮し実践すべき事柄は、以下のことである。
- シーズンの開始と同時に、風邪の予防接種を受けさせ、毎日ビタミン剤を与える。
- 適切な衣服を着るように指導する。
- シャワーを浴びた後は身体を勢い良くマッサージし、髪を良く乾かすことを指導する。
- 果物や野菜をたっぷり摂取させ、水や野菜ジュースをたくさん飲ませる。
- 暖かいところにいるときには、特に、すきま風に当たらないようにさせる。
- 激しい練習をした後は、しばらくは軽い動きを続けさせる。
- 常に周到な健康管理をさせる。もし風邪の初期症状が見られるときは、過度に疲れさせたりしないで、抵抗力を弱めないようにする。

❸脚　脚は、オフェンスとディフェンスの素早い動きが堅い床の上でなされることによって必然的に酷使されている。したがって、注意深く観察されなければならない。
- シューズが適切にフィットしていることや前述したように靴紐が正しく結ばれていることを確かめる。
- ソックスは毎日履き替えられるべきであるし、常に慎重に履かれるべきである。皺があってはならない。
- シャワーの後、足はきれいに乾かしておくべきであり、上質のパウダーをはたいておくべきである。また、指の間も乾かしておくように注意すべきである。
- 病気にかからないように注意すべきであり、そのために練習開始の初期から改善すべきである。ターフスキンという薬品や、タンニン酸、フット・パウダーを用いる。
- 水虫を防ぐ最善の方法は、シャワールームやロッカールームを清潔に殺菌消毒させることであり、足を清潔にし乾かしておかせることである。最も効果的な治療方法は、患部の拡大を予防するために10％のサルチル酸水溶液と治療用の軟膏を毎日用いることである。

❹擦り傷
- 殺菌消毒することと清潔さを強調する。
- できる限り患部を外気に触れさせる。そして、治療用の軟膏を塗り、染色材に触れるのを避けるため殺菌したパッドを当てる。

❺まめ
- ばい菌が入っている場合を除き、それほど圧迫を受ける部分にできたのでなければ、針などで穴をあけない。どうしても仕方ない場合は、水疱の外側から穴をあける。
- まめがつぶれたときは、皮をすべて取り除き、消毒し、できるだけ外気にさらす。
- つぶれないときは、軟膏を塗り、小さなパッドを当てる。

❻足首
- テープが適切に巻かれていれば、捻挫の防止に役立つ。それは時間と労力を費やす価値がある。
- ひどい捻挫をした後は、残りのシーズンのために毎日テーピングすること。
- 捻挫をしたときは直ちに冷湿布し、氷があれば氷で約30分冷やし、腫れを防ぐためにテープを巻いて圧迫する。テープは毎日取り替え、できる範囲で身体を動かす。また、痛みがなくなったら、椅子に座るときにはテープをほどいて関節の可動域を拡げるために足首を回させる。
- 捻挫をしたら、万が一のため医者へ行きX線検査を受けさせる。

❼シン・スプリント（向こうずねの疲労骨折ないし腱鞘炎）
- 最善の治療方法は、暖めて安静にすることである。
- すね当て用のパッドやテーピングを用いることも役に立つ。

❽体重
練習の前後にプレーヤーの体重を毎日チェックした表を作成する。一度、適切なコンディションが身についてしまえば、体重は毎日のコンディションを測るバロメーターとなる。何人かのプレーヤーは、他の者たちよりも練習後体重の減り方が激しいことがある。しかし、その体重が一定である限り、何等問題はない。もし通常の変化と違う場合は検査を受けさせるべきである。

❾ストレス―精神的なもの、身体的なもの
- 覇気のなさ、神経過敏、食欲不振、スタミナ不足、過度の注意力散漫、憔悴した表情、ファンダメンタルの実行力低下などが主な症状である。
- 原因としては、睡眠不足、身体機能の不調、勉強のし過ぎ、心配事、不規則な食事と栄養不足、家庭内のトラブル、悩み事、競争心の欠如、あるいは過度なチーム内の競争などが考えられる。

- 実現可能な治療法としては次のようなことが考えられる。練習を一日休ませる、練習の制限、食生活の改善、睡眠を多くとらせる、練習と勉強時間の再調整をさせる、悩み事を打ち明けさせる、励ます、毎日の練習に変化を持たせる、緊張をほぐさせる、など。

コンディショニングについての提言

1. 成功は良いコンディションによって築かれる。ファンダメンタルやフォームは、そのコンディションが崩れ始めるときに失われて行く。できる限り誠実に種々のルールに従うこと。自分自身に正直であり、自分を信頼しているすべての人に誠実であること。

2. ケガや疲れにくよくよしないこと。もし疲れたときは、相手チームがどれくらい「へとへと」になっているかを想像すること。

3. へとへとになった後に練習するのはつらいものである。しかし、それがコンディションを向上させる。もし疲れたら自分自身を奮い立たせること。

4. 対戦するであろういかなる相手側のプレーヤーよりも、良いコンディションになることを個人の目標とすること。

5. コンディションはコートの内・外での行いによって獲得される。

6. 一生懸命にやるならば、精神的なコンディションやモラル的なコンディションが身体的なコンディションを決定するであろう。

トレーニング

　筋肉は細く強靱であって欲しいが、ウェイト・トレーニングは筋肉を必要以上に膨張させると考えていたので、プレーヤーには必要ないと思っていた。しかし近年、慎重に計画・管理されたウェイト・トレーニング・プログラムは非常に良い結果を導くことができる、と確信するようになった。このプログラムは、バスケットボールの真の美しさを作り出す体力や機動力を阻害しないように立案されなければならない。

　コーチはこの分野の専門家にアドバイスを求めるべきであり、特に発達させたい部位についての説明を受けるべきである。ときどきプレーヤーは、自分の能力を向上させるためのトレーニングよりも、「見た目を重視した身体」を作るためのトレーニングにより興味を示すかもしれない。適切なプログラムを考案し、それを実施するのがコーチの責務である。

*

　私は、ファンダメンタルやゲームの仕方は練習や実際にプレーすることで学ぶものだと思っている。それゆえ、私はその他のトレーニングをあまり多く利

用しない。私は、プレーヤーが自分の自由時間を利用して、縄跳び、特定の場面を想定したジャンプやランニング、階段昇降、様ざまな反射神経や敏捷性のテストの受講、プログラムされたウェイト・トレーニングの処方、バレーボール、そして、プレーヤーにとって何か役立つその他諸々のことを行うことは薦めるが、それを普段の練習の中で行おうとは思わない。

トレーニング・ルール

　コーチが独断的に提示する厳しいトレーニング・ルールは、そこから良い結果を生み出しているコーチがいるとしても、問題がある。独断的で厳しいトレーニング・ルールは、種々の情報がある大都会より、狭小な地域社会において、より実用的で避けられないものであるかもしれない。しかしながら、良いトレーニング・ルールとは、要求されることが少なく、常識的で理に適ったものであるべきである。

　私は、プレーヤーに自分たちでトレーニング・リストを作成させている。私の経験では、プレーヤーは私が彼らに課したいと思っているもの以上に、より限定したルールを作成する傾向があるが、プレーヤーが提案したルールのいくつかを削除すること、できないとかやりたくないと感じているルールを削除する機会を彼らに与えることで、プレーヤーから威信を獲得することもできるのである。しかし、プレーヤーの尊敬を維持するために、コーチはプレーヤーによって同意されたルールを厳格に実施しなければならない。

　以下は、プレーヤーの意見を採り入れて作成したトレーニング・ルールである。それらは、最終メンバーが決定し、チームの方針について合意がなされた後で、掲示板に張られ、プレーヤー一人ひとりに配られるものである。各プレーヤーはこれを認めなければならず、できない者は罰としてチームの一員としての特権を剥奪される。

●トレーニングへの提言

(1) 少なくとも毎晩8時間の睡眠をとる。
(2) ゲーム前夜は午後10時30分までに就寝する。
(3) 次の夜にもゲームがあるときは、ゲーム後なるべく早く就寝する。
(4) 栄養のバランスのとれた食事を規則的に摂る。
(5) 水、牛乳、フルーツジュースを十分に摂る。
(6) 食事後はしばらくの間、リラックスする。
(7) 健康に気を配る――精神的にも、士気的にも、身体的にも。
(8) コンディションを向上させるために、疲れたときほど練習を一生懸命続ける。

(9)コンディションに自信と誇りを持つ。
(10)常に正しい判断に基づいて無理のない練習をする。

● 同意事項

(1)あらゆる種類のアルコール、ドラッグ、ステロイドの飲食禁止。
(2)禁煙。
(3)不躾な言葉の使用禁止。
(4)紳士であること。
(5)時間厳守。

8 ゲームに向けての準備　　　　PREPARING THE TEAM

ゲームに向けての精神的準備

　チームとして成し得る最善のことができる段階に近づいたら、そのチームは適切な心構えでゲームに臨めるに違いない。その際に、私がプレーヤーに求めているのは、どんな相手でも侮らず、恐れるな、ということである。また、自信を持ってゲームに望んでもらいたいが、その自信は事前に準備した知識と良いコンディションからのみ生まれるのである。しかし、自惚れや過信があってはならない。ただし、相手を恐れ、自信を失っているよりは、少々過信しているくらいのほうが良いかもしれない。私はプレーヤーに、相手チームについて心配するのではなく、われわれ自身が何をするべきかを考えなければならない、と繰り返し言い聞かせている。また、ゲームが終わる度毎に、準備に最善をつくし、ゲームで最善をつくすことができればそれで良い、と説いている。

＊

　ゲームに備えて、相手がどのようなオフェンスやディフェンスのスタイルを用いているかを検討する。われわれに対する相手の強さと弱さは何であり、長所にどのように対応し、短所をどのように克服したら良いかが決定される。そして、必要とされるオフェンスとディフェンスの準備がなされる。私が強調するのは、どのようにゲームをコントロールすべきかということと、どのようなゲームの進め方が相手に対して効果があるかということである。また、ゲームの初めにいろいろなことがうまくいかないときに、パニックに陥らないよう焦らずにゲームに望む心構えを強く言い聞かせる。相手がわれわれを打ち負かすことに腐心しなければならないように仕向け、われわれは自分たちのゲームに集中する、というのが私の考えである。換言すれば、プレーヤーには積極的な

アプローチを奨励するのであり、消極的な考え方はして欲しくないということである。

*

プレーヤーはいつでも相手にプレッシャーをかけ続けられるようにコンディショニングされている必要がある。私はプレーヤーに、どんな対戦相手よりも良いコンディションであると感じて欲しいと願っている。もしそれができていれば、ゲームの第3クォーターまでに敵をくたくたにさせることができるであろうし、その結果、重要な最後のクォーターにコンディションの優劣が勝敗を左右することになるのである。

*

私は、メンタルや感情や身体的なコンディションには波があると信じている。それゆえ、コーチはいかに重要なゲームであってもプレーヤーの気持ちをむやみに高ぶらせるべきではない。ゲームに臨むこと自体が、プレーヤーの気持ちを鼓舞する。コーチが不自然にプレーヤーの気持ちを高ぶらせれば、プラスの効果どころか、逆にマイナスの効果を招きかねない。プレーヤーの気持ちを特別に高ぶらせることに努力するよりも、気持ちの波を避けようと努力することのほうが、プレーヤーの能力レベルを向上させることになる、というのが私の考えである。その上に、プレーヤーがレギュラー・シーズン中無理に気持ちを高ぶらせることが多すぎた場合、シーズン終盤のトーナメントで彼らの気持ちをうまくピークに持って行くことは難しくなろう。連続して何ゲームも張りつめた気持ちで戦わなければならない1回勝負のトーナメントでは気持ちが低迷することは許されないのである。

*

前述したように、月曜日にはゲームにあまり出なかったプレーヤーのためにスクリメージを行うが、それを除いて、シーズンが始まったらフルコートや実戦形式でのスクリメージはほとんど行わない。私は、ゲームとゲームの間にあまりにも競争意識が強いスクリメージを実施すると、本当に闘志が必要なときに、それをそいでしまう結果になると感じている。プレーヤーに切望することは、メンタル、モラル、そして身体的なコンディションの備えを十分にし、実際のゲームでそれらを最大限発揮することである。

私は、いつでも可能な限り決められた練習メニューにそって練習するようにしている。それは、ゲームの進め方を不自然にわざとらしく強調し過ぎたくないからである。ゲームの進め方は、プレーヤーに自然に教えるべきであり、コーチが過剰に強調したりせっついたりする性格のものではない。

ゲーム前の一連の手続き

●**食事**　コーチによっては、いつ、何を食べるかについて意見が異なる。それゆえ、私は何が一番良いのかに関してはっきりした答えを持っていない。しかし、私は、ゲーム開始の4時間前に十分な食事を摂らせることで満足できる結果を得ている。

食事の内容は、10～12オンスのミディアムステーキ、同量の脂質の少ないローストビーフ、少量のベイクドポテト、緑黄色野菜、セロリ3切れ、トースト4枚、蜂蜜、紅茶、フルーツカクテル（数種類の果物を小さな角切りにしてシェリーやシロップを注いだもの）である。

ときどき、私はプレーヤーが自分で適当だと思う食事を摂らせている。

●**休息**　食後、プレーヤーには10分間の散歩をさせたい。その後はゲームが始まるまで体を休めさせることにしている。そのためには、薄暗くした部屋で横になって睡眠をとり、ゲームのことを忘れるようにすることである。眠れないときでもその部屋にいるべきである。本を読んだり勉強したりテレビを見たりするような目にストレスを与えるようなことは一切すべきではない。ルームメイト以外、誰も部屋に入れて欲しくない。

ゲーム前の食事に集まる前に、プレーヤーは自分で自分の健康管理をするべきである。できる限り身体を休ませ、10時にはたっぷりとした朝食を摂ることである。私の印象では、ゲーム当日はこの朝食とゲーム開始4時間前の食事で十分である。また、ゲーム当日は食べ過ぎよりも少な目のほうが良いと確信している。

●**ゲーム前の集合時間**　プレーヤーは、必要な部位にテーピングをし、ゲーム開始40分前に着替えて更衣室に集合すべきである。ただし、その時間よりも前に集まる必要はない。むしろ、ゲームが始まるまで休息をとって欲しい。

ホームゲームの場合、時間通りに集合すれば、前座のゲームの前半残り10分あたりでアリーナに着くことになる。その時は、前半の残りを観戦しても良いが、もし前座のゲームの進行が早くハーフタイムに入っているようなら、プレーヤーを更衣室に直行させる。

私は、プレーヤーに静かに着替えをし、ミーティング・ルームへ行ったらすぐに身体を休ませてもらいたいと思っている。この間、部屋の照明は暗くし、軽音楽を流しておく。しかし、私がゲーム前の指示をしに部屋に入ったらすぐに、音楽のスイッチを切るようにしている。また、私はチーム全体に話をする前に、プレーヤー一人ひとりと話をすることを心がけている。

プレーヤーは私のチームへの話が始まる前にトイレを済ませておくべきである。浮かれ過ぎていてもいけないし、陰気な雰囲気であってもならない。私が望んでいるのはてきぱきとして真剣な雰囲気であり、厳格で粗暴で気難しいものではない。

●ゲーム前の話　コートに出る前の10分間、ゲームプラン全体を復習し、プレーヤーの質問に答える。事前に、個人的な役割について特定のプレーヤーと話をしておく。

ディフェンスの役割を繰り返し、簡単に質疑応答を行う。ゲーム開始のジャンプボールやアウト・オブ・バウンズ時の動き方を確認する。また、審判の決定を適切な態度で受け入れることや、ファウルがコールされたら手を挙げることについて念を入れて話をする。ベンチの言動についても、チームメイトを終始元気づけることや交代のときのためにゲームを観察することについて話をする。ウォームアップのやり方も復習する。そして、私が期待することはゲーム終了時に自分の役割に対し責任を負うことができることである、とプレーヤーに入念に話す。

こういったことは、喧嘩腰の話や説教とは全く違う。ゲームのための建設的なブリーフィング（ゲーム開始前の簡潔な状況説明または任務内容指令を与えること）である。われわれはコートの掃除が終わるまで部屋にいて、コートの準備ができたら騒がず無駄口はたたかず、冷静かつ沈着にして素早くコートへと飛び出して行くことになる。

●ウォームアップ

(1) 3人グループになり、ボールの感触を確かめるために2分間パスをする。初めはゆっくりと、そして最後は素早く行う。
(2) 指定されたカッティング・ドリルを始める。このドリルは両サイドからパスとカットを繰り返し、正面で素早いショットを打つものである。その後、いろいろなジャンプ・ショットを行う。
(3) 両サイドからドリブルし、ジャンプ・ショットを行う。
(4) 2人のスターターがフリースローラインに立ち、1人はショットを行い、もう1人はリバウンドを行う。他の者たちはポジション毎にペアを組み、ゲームで使うタイプのショットを練習する。

これらのことを行った後にフリースローを打つ。シューターは自分のリズムをつかみ自信が持てたら、他の者と交代する。スターターたちとその次にゲームに出る者たちが、まず行うことになる。

1つのボールを3人以上で使わないこと。できれば2人でボール1つが良い。

また、全員がユニフォームに着替えてウォーミングアップを開始するまでは、誰1人としてボールを持つべきではない。

通常はゲーム開始前にコートを出てはならない。ゲーム開始直前の3・4分の間は、スターターたちと次に交代する者1人がショットを打つ。このときには、各プレーヤーが1つずつボールを持つことになる。

9 ゲームへの取り組み　　　　　　　　　GAME ORGANIZATION

ゲーム中に考慮すべきこと

コーチは、個人のプレーがチーム・プレーの中でうまく機能するように、必要なアドバイスを与え、修正すべき事項について抜け目なく気を配らなければならない。言葉や行動で絶えずチームを勇気づけるべきであるが、審判や対戦相手に文句を言うのは控えるべきである。冷静さを保ちながらも、常に闘志がプレーヤーに伝わるようにしなければならない。

プレーヤーの能力をできる限り効率的に発揮させようとするならば、ゲームの進行中考慮しなければならない数多くの事柄がある。賢明なコーチは、これらのことを十分考慮しているに違いない。

ゲーム中の態度

●**審判に対して**　コーチおよびプレーヤーは、自チームに対する特別扱いを審判に期待してはならないし、また求めてもならない。しかし、権利は主張すべきであり、そのために戦うべきである。そのためには競技規則は熟知しておかなければならないが、不確かなことについて異議を唱えたり文句を言ったりしてはならない。そのようなときには、尋ねることを恥ずかしがらず、事実を知ることである。いつでも「狼が来た」と叫んでいたイソップ童話の教訓を思い出すが良い。審判の決定を疑っていたのでは、何も得ることはできない。

●**控えのプレーヤー**　控えのプレーヤーは、状況に応じてチームメイトを励まし、勇気づけ、指示をし、注意を与え、アドバイスするように指導されなければならない。しかし、彼らは審判、対戦相手、観衆に対し、発言することを控えなければならない。彼らはゲームを研究すべきである。また、自分がディフェンスし、あるいはディフェンスされることになりそうなプレーヤーに特に注意を払うべきである。このように、プレーヤーはあらゆる状況について先取りした知識があれば、交代がコールされても良い働きができる。彼らは観客ではない。彼らはゲームを学んでいる学生である。

交代

　無計画に交代を行ってはならない。コーチは、どのような目的でプレーヤーを交代させるかが分かっていなければならない。ゲームに出るプレーヤーには自信を与えるべきである。しかし、ベンチから出てくるプレーヤーは身体が冷えているので、ショットの前に一度ボールに触るように、と話すべきである。また、交代させられた者はコーチの隣に座らせ、交代の理由を説明し、納得させることである。

　交代を必要とする要因は以下の事柄である。

1. ある特定のプレーヤーに指示を与えるため
2. 疲労しているプレーヤーを休ませるため
3. 負傷したプレーヤーと入れ替わるため
4. 活躍している相手プレーヤーに対するディフェンスを改善するため
5. うまくプレーできていないプレーヤーを入れ替えるため
6. 控えのプレーヤーを進歩させるため
7. 「ピンチヒッター」や特別な能力を持った者が必要とされるとき
8. 明らかに差のついたゲームでチームの士気を高揚し、プレーヤー全員にプレーのチャンスを与えるため（レギュラーは一度に1人か2人ずつベンチに下げる）
9. 必要に応じて、ディフェンス、オフェンス、リバウンド、ボール・コントロール、プレスに関してベストのチームを編成するため
10. 規律のため
11. 交代して出てきた相手チームのプレーヤーと同等の力のプレーヤーを出したり、相手の交代パターンに対抗するような交代をしたり、相手が不意をつかれるような交代をするため
12. 反則退場の危険があるプレーヤーを救うため

タイムアウト

　タイムアウトは以下の理由、状況でとるようにしている。

1. 対戦相手の連続得点を止めるため
2. プレーヤーに指示をするため
3. 特定のプレーヤーを休ませるため
4. プレーヤーが負傷したとき

　タイムアウト中のプレーヤーの位置についてはいろいろなアイディアもあろう。しかし、通常私はコートに出ていた5人に半円を作らせ、私の前に膝に手をつかせて立たせる。トレーナーは、プレーヤーの首の後ろの汗を湿ったタオ

ルで拭き取る。マネジャーはシューズの底をきれいにする。他のプレーヤーはこの5人の後ろに半円を作る。

　プレーヤーには私の話に集中することを求めている。ときどき、私はコートに出ていた5人をベンチに座らせることもある。この場合、他のプレーヤーはベンチの後ろに立ち、私は彼らの正面に立って話をする。

　アシスタントは、私の隣に座って、ゲームの進行に従って私の言うことをメモし、両チームのプレーヤーのファウル数やタイムアウトの回数を記録する。このときのメモは、タイムアウトやハーフタイム時に用いられたり、後の参考のために用いられる。

ハーフタイムの処置

●**コートから更衣室へと戻るとき**　プレーヤーは素早くコートから更衣室へと戻らなければならないが、途中でトイレを済ませても良い。コーチは、前半のスタッツに目を通し、更衣室に入る前に後半のゲームプランを検討する。マネジャーはハーフタイムに必要なものを揃え、プレーヤーに先立ってドアを開け、プレーヤーのためにオレンジを用意する。

●**休息**　更衣室に入ったらすぐ、プレーヤーは横になるか楽な姿勢をとる。マネジャーは、トレーナーがプレーヤーの世話をしている間に、オレンジを手渡す。そして、ケガ人がいないかをチェックし、乾いたタオルで汗を拭き取り、プレーヤーの脚、腕、肩、首、背中をマッサージする。プレーヤーは前半に有効だったプレーなどについて静かに話し合っても良いが、必要以上に会話することを慎むべきである。また、いかなる部外者も更衣室には入れない。

●**修正**　コーチとアシスタントは、プレーヤーに個人的に相談し、修正や提案が必要ならば行う。非建設的な批評は行わない。アシスタントが、後半に必要となるプレーをボードで図示することもある。

●**ゲームプラン**　ハーフタイムの間、コーチはチーム全員に話しかけ、前半のゲームプランの修正、提案、批評を行う。また、コーチは前半に良かったことを称える。コーチは、あまり多くのことを話すのではなく、むしろ確実に適切なことを話すべきである。最後に、後半のスターターを発表する。

●**後半への準備**　コーチが確認することは、スターター全員がオフィシャル席のスコアラーに報告されたかどうかの確認と、対戦相手の後半のスターターのチェックである。そして、スターター一人ひとりにディフェンスの役割を伝える。

●**コーチの態度**　コーチはハーフタイムでやたらに怒ったり怒鳴ったりするべきではない。落ち着いた態度をとり、前半のプレーについて建設的な批評を行い、後半のプレーのためのプランを伝えなければならない。それらは喧嘩腰で

話されるものではない。コーチがプレーヤーの士気を鼓舞するのは更衣室ではなく、後半開始のティップオフの直前である。またコーチは、自分の批評が建設的であることに確信を持ち、誉めるべき活躍をしたプレーヤーを必ず誉めるべきである。

ゲーム後の処置

1. もしゲームに負けたならば、対戦相手のコーチのほうへ歩み寄り、礼儀正しく祝福する。一方、勝ったときには、相手側の祝福を好意的に受け入れる。
2. プレーヤーとしばらく会話を交わす。状況に応じて彼らを励ますか落ち着かせるようにする。また、ケガ人がいないかチェックする。報道陣に会うために席を外す間は、アシスタントに更衣室の管理を任せる。
3. 報道陣に会ったら、誠心誠意彼らに協力する。記者たちは締め切りが迫っているので、場合によってはプレーヤーに会う前にコーチは記者たちに会わなければならない。しかし、たとえ短時間であっても、コーチはできるならばプレーヤーと最初に会うべきであると思う。それがコーチの第一の責任なのである。その一方で、コーチの義務ではないからといって報道陣に協力することに時間を割かないようであれば、プレーヤーに不義理を働くことと同じになろう。
4. 負けたことで、相手を恨んだり、批判したり、皮肉っぽい態度をとることは許されない。また、勝ったからといってその言動が横柄な態度であったり、自惚れや傲慢さがあったりしてはならない。
5. 報道陣の質問に対してコーチは、自分自身が確認している事実と知識に従って答える。彼らが期待したり、望んだりするような"ウケ"をねらった受け答えをすべきではない。すべての質問に正直に答えるならば、後日後悔するような結果にはならないであろう。コーチはありのままの自分をさらすべきであり、コメディアンになってはならない。
6. プレーヤーがシャワーを浴びて着替えを済ませた後に、私は彼らと短時間のミーティングを行う。そこでは、その日の夜の過ごし方や、次に集まるまでに知っておくべきことについての指示がなされる。これらの指示の内容は、次の日のゲームや授業の有無、また、他の同様な事柄等々、様ざまである。
7. プレーヤーにいくつかの注意を与えることはあっても、その日のゲームを振り返るような話はしない。
8. 私はチームに常に同じ態度や振舞いをするよう求めている。彼らの言動を見た者が、その日のゲームに勝ったか負けたかを言い当てられるようであってはならない。最善をつくしたのならば、負けたからといって頭を抱える必要は

ない。また、勝ったからといって、大喜びする必要もない。私は常にプレーヤーが胸を張っていて欲しいのである。

9. 私は部外者がゲームの前後に更衣室に入ることを禁じている。報道関係者がプレーヤーを取材するのは、彼らがシャワーを浴びて着替えを終えた後である。

10. ゲーム後、プレーヤーを更衣室にしばらく留めておくその他の理由は、ファンたちを解散させたり、髪の毛を乾かしたりする時間を与えたり、その他必要な事柄がないか確認するためである。

11. プレーヤーが食事を摂ったのはゲーム開始の5、6時間前であり、当然お腹をすかせているので、サンドイッチ、オレンジ、リンゴ、牛乳や冷たい飲み物を与える。しかし、これらのものはプレーヤーがシャワーを浴びたり着替えたりする前に与えないようにする。これらの軽い食事を摂れば、プレーヤーの空腹もおさまり、早く睡眠をとれるであろう。

12. もしロードに出ていて、翌日のゲームのためにホテルに滞在するならば、ホテルに帰ってから正規の食事（スープ、ステーキ、サンドイッチ、オレンジジュース、フルーツカクテル、アイスクリーム、牛乳、ホットチョコレート）を摂るようにする。

13. ホームゲームでホテルに泊まっていない場合、プレーヤーに自分たちで食事を摂るようにお金を渡している。ただし、ロードに出ているときは決して1人で食事には行かせない。また、就寝時間も予め決めることにしている。プレーヤーは、たとえ眠れなくとも消灯時間にはベッドに入らなければならない。

10 プレーヤーのセレクション　SELECTING THE SQUAD

セレクションの手順

最終的なセレクションをする前に考えなければならない多くの事柄がある。しかし、私は、次の5つの手順を踏むことが重要であると考えている。

1. チームのメンバーになる候補者たちの中から最高のプレーヤーを選ぶ。
2. プレーヤー一人ひとりの適切なポジションを決める。
3. 最強の布陣を作り上げるため、プレーヤーのコンビネーションを決定する。
4. 控えプレーヤーを決定する。控えのプレーヤーを使うときにも、チーム力を落とさないため、必要に応じてポジションの再編成を考える。
5. 最善の結果を得るために、必要なプレーヤーとその人数を決定する。

考慮すべき個人的特性

これは、コーチのプレー・システムにかなり左右される。しかし、次のよう

な個人的特性に配慮することは常に重要である。
1. 同じポジションのプレーヤーたちのクィックネスとスピード。私は、自由自在にクィックネスを操ることは、いかなる競技者であろうと最も重要な身体的資質である、と考えている。
2. 体格とジャンプ力。どのくらい背が高いかではなく、どのくらい高いところでプレーするか、である。
3. バランス良く動く能力。
4. 経験。
5. 闘争心、決断力、勇気、意欲。
6. ボール・ハンドリング能力とシューティング能力。
7. 勤勉さ。
8. 熱意。
9. 協調性とチームの一員としての心構え。
10. 自制心。
11. 臨機応変であること。
12. 学業を疎かにしないこと。現在を犠牲にすることなく将来に備えなければならない。

セレクションの際の留意点

1. コーチは公平でなければならず、また、どのプレーヤーにも努力に応じた機会を提供しなければならない。
2. チームスピリットとモラルを重んじること。5人のベスト・プレーヤーを揃えることがそのまま最高のチームづくりに繋がることは希である。
3. できるだけ多くのプレーヤーを対象とすること。プレーヤーが少なすぎても多すぎてもハンディキャップとなり得る。
4. プレッシャーを受けることで上手にプレーする者とプレッシャーに潰されてしまう者がいる。誰がそのようなタイプなのかを把握しておくこと。
5. トラブルメーカーになりそうなプレーヤーに注意し、十分に時間をかけても矯正できないならば、他のプレーヤーが影響される前にそのプレーヤーを選考からはずすこと。

セレクションの方法

　最終的なセレクションはコーチの責任で行わなければならない。しかし、それが正しいものであるためには、コーチはあらゆる可能性を持った方法を探るべきである。有用な情報源からの情報を得ずに、情報がなくとも大丈夫だと勝手に思い込むようなことをしてはならない。前述した種々の項目や特性を考慮した上で、私は次のような方法が加えられることも期待している。
1. すべてのスクリメージにおいてスタッツをとり、チャートを完成させ、それらを比較・分析する。
2. アシスタント・コーチとすべてのチーム・メンバーの候補者についての議論を重ねる。
3. プレーヤーの高校時代のコーチたちからできる限りの情報を集める。
4. 他のチーム・メンバーと比較することで、お互いに、また、自分たち自身に評価させる。そして、プレーヤーの自己評価表からいろいろな要素を含む評価表を作成し、私自身の作った評価表やアシスタント・コーチのそれと比較する。プレーヤーの自己評価表を編集する上では、明らかに極端な評価を除き、平均的なものを採用する。

11 スカウティング　　　　　SCOUTING

スカウティングの考え方

　私は、相手チームのスカウティングは最小限に留めている。おそらくアメリカ国内のいかなる大学チームのコーチよりもスカウティングしないコーチであ

ろうし、同じカンファレンスの中では、確実に最もスカウティングをしないコーチだと言い切れる。それゆえ、他のコーチとはスカウティングに関して多少意見が異なることになろう。

　私は、対戦するチームの最近のスカウティング・レポートを手に入れたいと望んでいる。しかしその一方で、シーズン中は幾度となく自分のチームのスカウティング・レポートも手に入れたいと思っている。このレポートは、友人や知人からのものではなく、チームに関わりのない人びとからのものでなければならない。そのレポートに期待しているのは、偏見のなさと公平さだからである。

　偏見を持ってスカウティングすると、偏見のない者には明らかな多くの事柄を見過ごす可能性が大きい。あまりにも親密すぎるがゆえに、「木を見て森を見ず」という事態に陥ってしまうものである。このような事態はどのチームについても起こり得ることである。しかし、偏見のないレポートによってそれは修正することができる。

　スカウティングには、単に対戦相手のプレー・スタイルや個々のプレーに関する情報を得ること以上の意味がある。自分のチームに及ぼす効果に関係する情報を分析する、という意味もあるのである。もちろん、役に立つ情報を豊富

に持つことは可能だが、それら情報を使用する際には論理的に分析する能力を有していなければならない。

　私は、オフェンスであれディフェンスであれ、対戦しそうなコーチたちがよく用いるプレー・スタイルを記録しておくようにしている。そして、毎年、主に新しく加わったプレーヤーに関する情報をそれに加える。もちろん、チームのプレー・スタイルは年毎に若干変化するかもしれないことも考慮している。大部分のコーチはゲーム毎に少しずつ変化を加えているようであるが、私はあるとき、あるチームのスタイルが10年前とは大きく異なっていても、1～2年ではさほど変化しない、ということに気づいた。

　私は、カンファレンス内の対戦を第一に考えており、同一カンファレンスのゲームは何度も見ることになるため、各チームの最新の記録を手に入れるのは比較的簡単と言える。そんな理由から、私はそれほど熱心にスカウティングしないのである。

　都合がつけば、事前にカンファレンスの対戦相手のゲームを観戦するようにしている。しかし、それができないときには、私がスカウティングしたいゲームが行われている地域の専門業者や高校のコーチにスカウティングを依頼している。一般に、私は高校のコーチは大学のコーチよりも良い仕事をすると信じて疑わない。私は、原則として、高校のコーチは大学のコーチよりコーチとしての仕事ぶりは優れていると信じているし、それゆえに、スカウティングにも優れていると思っている。

スカウティングに必要な情報

　私が関心を示すのは、長くて複雑なレポートよりも、2～3の特別な事項である。私は、数多くの事項に対してよりも、いくつかの適切な事項をチームに準備させるために時間を費やすことを望んでいる。対戦相手を完璧に網羅したものよりも、良く用いられるプレー・スタイルや何人かのプレーヤーの癖に対して、自分のチームのプレーを完璧にしようと試みるほうが良いと思っている。

　独立校や同一カンファレンスのチームに対して、シーズン初めは以下のような情報で十分である。

チーム・オフェンス
1. ファストブレイク主体のチームか。
2. 常にファストブレイクをねらうチームなのか、チャンスがあるときにファストブレイクを出そうとしているチームなのか。
3. ファストブレイクを出す時に、どんなスタートと終わり方をするチームか。

4. セット・オフェンスをどのように組み立てるのか。
5. セット・オフェンスの長所はどうか。
6. セット・オフェンスで良く用いられるスタイルの簡潔な記述。
7. セット・オフェンスのバリエーション。

チーム・ディフェンス
1. マンツーマンなのかゾーンなのか。
2. マンツーマンならば、どこが強くてどこが弱いのか。
3. ゾーンならば、どんなタイプのものか、どの程度まで拡げるのか。
4. プレスならば、どんなタイプのものか、その意図するところは何か。

チーム全般
1. ガードたちはプレッシャーに強いか。
2. オフェンス時に好んでプレーするサイドがあるのか。
3. フリーランス*5でプレーするのか、レギュラー・オフェンスでプレーするのか。
4. オフェンスのポジション
5. セット・プレーとアウト・オブ・バウンズ・プレー
6. ディフェンスのポジション

プレーヤー一人ひとりの個人的特性
1. 名前、背番号、身長、体重、ポジション、スピードの有無、コンディションの状況、気質、利き腕、どの程度冷静にプレーできるか。
2. その他の特性
   - 最も多く得点するのはどのポジションからか。ショットのタイプは。どのようにノーマークになるのか。
   - ドライブ・インとアウトサイド・ショット、どちらのプレーが危険か。
   - コートの決まったサイドからドライブ・インするのか、それともそれ以外のところからか。
   - どのようにリバウンドするのか。
   - フェイクはできるのか。
   - プレスはかけられるのか。
   - 得意とする動きや、長所・短所を検討する。
   - センター・プレーヤーとその動きについて検討する。
   - 対戦相手が自分たちを逆転できる力はあるのか、あるいは自分たちに彼らを逆転する力があるのか。
   - その他に対戦相手のプレーに関して特別に注目すべきこと。

12 戦略　　　　　　　　　　　　　　　　　　　　　　　　　　　STRATEGY

戦略における3つの原理

　自分は対戦相手よりも知恵があるとか、戦略の大家であり、戦略によって勝利を手にすることができると信じているコーチは、思い違いをしている。能力のあるプレーヤーが十分にいるとしても、代替できない3つの必要な要素がある。くり返し述べているように、それらは、ファンダメンタルの正しい実行であり、良いコンディションであり、然るべきチームスピリットである。

　しかしながら、ゲームでのコンディションや状況は絶えず変化する。したがって、戦略を変化させることによってそれらに適切に対応しなければならない。私は多くのコーチたちが、次の3つの原理について語っているのを聞いたことがある。ジョン・バーンも、その著書『バスケットボールの方法』[*6]の中で次の3つのポイントを挙げている。

❶相手のペースでプレーさせない(自チームのペースを強いる)
❷相手がやって欲しくないと思っていることをする
❸どのような状況の変化にも対応できるように準備しておく

　私が思うに、いかなる状況にも対応する準備ができている、という3番目の原理をコーチが実践できたら、心配は全く要らない。もちろん、準備するだけでなく、何等かの事態が生じたら、すぐに正しい対応ができなければならない。ただし、いつでもそうすることは不可能である。しかし、それを目指すことは大変立派な目標である。とはいえ、あらゆる状況に対応できるように準備をする前に、コーチがまず考えるべきことはファンダメンタルであり、それをもとに独自の柔軟なシステムの中でチームプレーが育てられて行くべきである。

　上記の3つのポイントすべてを首尾良く達成するための時間を与えられたチームはないだろうが、プレーヤーは冷静さを維持しパニックを回避するために、新しい状況に対してどのように攻撃したり防御したりするか、ということについての知識を持っていなければならないのである。

UCLAの戦略

　われわれはボール所有権を獲得する度にファストブレイクを仕掛ける。ファストブレイクが止められたとき、通常はシングル・ポスト・オフェンスを組む。そのオフェンスは、スクリーンの多用よりも、パスとカット、あるいはチェン

ジ・オブ・ディレクションとチェンジ・オブ・ペースを用いたものである。一方、われわれが用いるディフェンスは、ボールにプレッシャーをかけ続け、かつ、ゾーンの原則をも有するマンツーマン・ディフェンスである。加えて、マンツーマンとゾーン・プレスをミックスしたものもある。

われわれが用いる戦略

1. 以下のようなチームに対してはプレス・ディフェンスを行う。
   - 大きくて動きの遅いチーム。
   - ボール・コントロールを志向し、特定のオフェンス・パターンをやり通す機械的なシステムのチーム。
   - コンディションの良くないチーム。
   - ゾーン・プレスはドリブルでボールを運ぶのが好きなチームに用いる。
   - ゲーム経験が乏しく、ボール・ハンドリングに劣るガードを擁するチーム。
2. 特別なセット・プレーはタイムアウト後やプレーが中断する度毎に用いる。
3. フェイス・ガードやタイトなマンツーマンでディフェンスしてくるチームに対して、スクリーンを用いる。
4. ポストの強いチームに対して、ハイ・ポスト近辺をゾーンで守る。
5. ドライブ・インを志向するチームに対しては深めにフロート[*7]する。アウトサイドからのショットを好むか、また、そのプレーができるチームには、タイトなディフェンスを用いる。
6. ポイントゲッターにはコート全域にわたりぴったりマークする。
7. チームとしてはもちろん、個人的にも自分と相手の長所と短所を考えてプレーする。
8. ときには、ディフェンスを数分間別のタイプのものに変えたり、オフェンスをダブル・ポストに変えたりする。
9. われわれに最も適したゲーム・スタイルでプレーする。その際、行っていることについて十分な知識が与えられていること。

相手がわれわれに用いてくるであろう戦略

1. 上記の戦術の内、われわれに通用する戦術。
2. ゲームのテンポを遅くし、われわれのファストブレイクをコントロールするための意図的にゆっくりとしたボール・コントロール・ゲーム。
3. チャージングの反則を誘おうと、ファストブレイクのときにブラインド・サイドからレシーバーの走るコースに出る。
4. ファストブレイクのアウトレット・パスを止めようとして、ディフェンス・リバウンドのときにわれわれを欺くような動きを仕掛ける。

5. ファストブレイクに対処するために、2人のセーフティ*8を残す。
6. マンツーマン・ディフェンスに対抗するために、ウィーブ*9や多くのスクリーンを用いる。

アルシンダー(ジャバー)・アジャストメント

ルイス・アルシンダー(カリーム・アブドゥル・ジャバー)がUCLAへの入学を決めたとき*10、私は以下のようなことを確信した。

1. アルシンダーは類まれなる身体能力を有していたので、彼の才能を最大限活用し、それによってチームメイトの最善のプレーを引き出せるようにオフェンスを作り上げれば、他のチームがわれわれを打ち負かすことは非常に難しいであろう。私はそれまで彼ほど並外れた高さと才能を備えたビックマンを持ったことがなかったので、ビックマンの指導には不慣れであった。しかしながら、1年生は1軍のゲームに出場することが(当時のNCAAの規則では)認められていなかったので、アルシンダーが1年生の間にいろいろなことを試すことによってそれを克服できることは分かっていた。

2. 勝利を収めても私が賞賛されることはなく、負けようものなら、すさまじい批判を浴びることになる。しかし私は、そのことについて不満はなかった。聖書にもあるように「多くのものを与えられた者には、多くの期待がかけられ

る」からである。

3. 私は次のような事実を十分に承知していた。カンザス大学は、チェンバレン*11が入学し、NCAA選手権大会を確実に3連覇すると期待されながら、一度たりとも優勝できなかった。ジェリー・ルーカス、ジョン・ハーヴリーチェク、メル・ノウエル、およびその他にも素晴らしいプレーヤーを擁したオハイオ州立大学もやはり、3連覇が期待されながらたった1度覇者となっただけであった。そして、デュポール大学は、今世紀前半の最も偉大なプレーヤーとして挙げられるジョージ・マイカン*12がいても勝てなかった。USF（サンフランシスコ大学）は、その時代の最高のプレーヤーであったビル・ラッセル*13と彼をサポートする素晴らしいチームメイトがいても、たった2度しか優勝できなかった。これらの事実から私が悟ったことは、期待されたことを成し遂げるためには、多くの障害を克服しなければならない、ということであった。

4. 対戦相手は必ず、インサイドを徹底的に固めたゾーン・ディフェンスやストール・オフェンス*14を行ってくるので、それに対して準備をしなければならない。そこで、多くの時間をかけて議論した後に決定したのは、ハイ・ロー・ポスト（ワン・スリー・ワン）というわれわれのオフェンスは変化させず、できる限り我慢強くプレーし、それらの種々のオプションを適切に利用することであった。さらに、ストール・オフェンスに対抗するために、いくつものバリエーションを有する3-1-1トラップ・ディフェンスを用いることも決めた。

5. チームのモラルについては、アルシンダーがあまりにも傑出したプレーヤーだったので、他のプレーヤーが彼と比較されることでやる気を無くさないように、注意深く培わなければならなかった。確かにアルシンダーは衆人の注目を集めたし、記者たちのほとんどは彼にインタビューを求めた。アルシンダーはこのようなことにうまく対応ができると思われたが、チームメイト全員がそうできるかどうかは分からなかった。

6. 練習ではアルシンダーと身体をぶつけ合ってくれるパワフルなプレーヤーが必要とされた。高校時代と違い、大学でのプレーは身体接触が激しいからである。アルシンダーは、知性的ではあるが非常に繊細な人間であるという評判だったので、このことは慎重に計画された。この役目を担当したのは、大学院に入学してきたジェイ・カーティであった。オレゴン州立大学出身の彼は、上背があり、強くて逞しい身体を持ち、知性あるプレーヤーであった。毎日の練習で彼がアルシンダーと競い合うための特別なドリルを、われわれは、いくつも苦心して作り上げた。このことは、計り知れないほどの価値をもたらしたと確信している。

7. アシスタント・コーチであったジェリー・ノーマン、1965-1966年のシーズンに1年生のコーチであったゲリー・カニングハム、そして私の3人は、この偉大なプレーヤーの潜在能力を引き出す最善の方法を模索し、また彼とチームメイトにとっての最善のオフェンスとディフェンスは何かを追い求めた。そしてそのための議論やプラニングや研究に膨大な時間を費やしたのである。

8. 1962年から1975年までの間で、唯一1965-1966年のシーズンは、カンファレンスの勝者になれなかった。関係者の中には、アルシンダーを擁する次の3年間に賭けるために、その年のプレーヤーをないがしろにしたと思った人もいた。このような批判に対して多少弁明もできるのであるが、私が知ってもらいたいのは、記録を見ても分かるが、UCLAでの27年間の中でこの年ほどキーとなるプレーヤーに病人とケガ人が続出した危機的シーズンはなかった、ということなのである。

3-1-1トラップ・ディフェンス

　私は、あくまでマンツーマン・ディフェンスで戦い抜こうと思っていた。しかし、相手がストール・オフェンスを使ってきた場合には、かつてUSFのフィル・ウールパートがビル・ラッセルを率いて成功を収めたように、アルシンダーをゴールの近くに置いて、他のプレーヤーにはギャンブルをさせるトラップ・ディフェンスを採用することにした。

　様ざまな試みの後にわれわれが決定したのは、「3-1-1」というバリエーションであった。アルシンダーはゴールドのX1のセーフティ・ポジションに位置する。フォワードのX2はフリースロー・サークルの真ん中より少し外側に位置する。X3、X4、X5の3人はハッシュマーク*15の間をコートを横切るように等しい間隔をおいて一列に位置する。[図2-1] [図2-2]

　このディフェンスの目標は、両コーナーを空けて、そのうちの一つのコーナーへとボールを追い込むことである。各プレーヤーの役割は次のようになる。

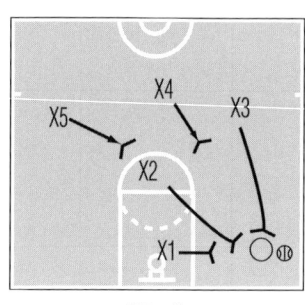

[図2-1] 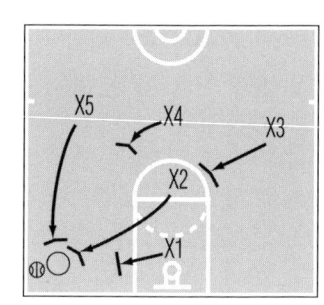　　　　　　　　　　[図2-2]

- X1はゴールを守る（アルシンダー）。
- X2はフリースロー・サークルに位置してインサイドへのパスを阻止し、ボールがコーナーに落ちたときに「トラッパー*16」となる。
- X4はいずれのコーナーであっても、トラップが実施されたときに常に「インターセプター*17」となってスティールをねらう。
- X3、X5は、ボールが自分サイドのコーナーに落ちたときにX2とダブルチームを仕掛ける「トラッパー」になる。また、彼はボールが逆サイドのコーナーに振られたときには「インターセプター」になる。

トラップがはずされ、ボールがうまく外にパスされても、慌ててボールマンを追いかけず、冷静に体制を立て直し、再びコーナーへとボールをパスさせる。このディフェンスが適切に行われたとき、インターセプトから簡単に得点することができた。ただ、忘れてならないのは、このディフェンスは、敵が「ストール」タイプのゲームを行うときやコーナーからのショットを好まないときにのみ用いられる、ということである。このディフェンスはまた、フォーコーナー・オフェンス*18やリード・プロテクション・オフェンスにも効果的であった。

ハイ・ロー・ポスト・オフェンス

このオフェンスは、ゾーン・ディフェンスやマンツーマン・ディフェンスに対し、アルシンダーを活用するためのものであった。私はこのオフェンスにあまり満足していなかった。しかし、アルシンダーをゴールの近くに置くことで彼をヘルプするために誰かがノーマークになった。また、そのおかげで、チームメイトの長所を利用することができた。そして、それは非常にシンプルであったのでタイミングもより簡単にとることができたし、相手がどんなタイプのディフェンスを用いようとも、大幅な調整は必要なかった。

アルシンダーはプロになってからずっと次のように言われた。UCLAのオフェンスは彼にアウトサイドからショットを打たせなかったため、彼はプロのスタイルのほうをより好んだ、と。このことを聞く度に私は、あるレポーターとのやり取りを思い出す。もしアルシンダーが素晴らしいアウトサイドのシューターだったなら、という質問に対し、私は、「小さいプレーヤー（ウォーレン178cm、シャクルフォード193cm）がアウトサイドのショットを打ち、長身者たちがリバウンドする、という考え以上のものがあるとは思わないし、それ以外の方法を考えようとも思わない」と答えたのである。

状況によっては他のバリエーションが用いられることもあるが、以下に示されているのは、ハイ・ロー・ポスト・オフェンス（ワン・スリー・ワン・オフェンス）の基本的なオプションである。

ハイ・ロー・ポスト・オフェンス#1

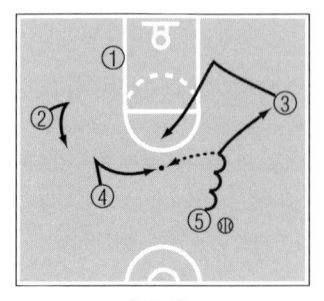

[図2-3]

●ノーマル・セットアップ

　これは、ツーガード・フロントの形からどのようにワン・スリー・ワンに移行するかを示している。⑤が④にパスをしたとき、③はゴールへとカットし、次にチェンジ・オブ・ペースとチェンジ・オブ・ディレクションを使ってキー・エリアへと動く。④はフェイクをして、⑤からボールを受ける。これはいずれのサイドからも始めることができる。もし②がキー・エリアへと進むならば、①が反対サイドへと移動することになる。

ハイ・ロー・ポスト・オフェンス#2

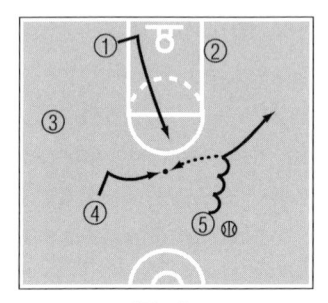

[図2-4]

●その他のセットアップ

　ロー・ポストに2人のポストマンを配置することもある。この場合、ボールが⑤から④へとパスされたら、①がキー・エリアへ進む。

ハイ・ロー・ポスト・オフェンス#3

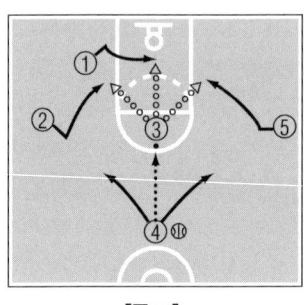

[図2-5]

●ハイ・ポストへのパス

　④が③にパスをし、キーのどちらかのサイドへと移動する。パスをした後に④は、じっとしていてはならない。③は最初にロー・ポストにいる①へのパスをねらう。次に、ギャップ*19へカットしてくる②や⑤へのパスをねらい、それが駄目なら④にボールを返す。もちろん、③はノーマークならば、素早くドライブするか、ショットをねらっても良い。

ハイ・ロー・ポスト・オフェンス#4

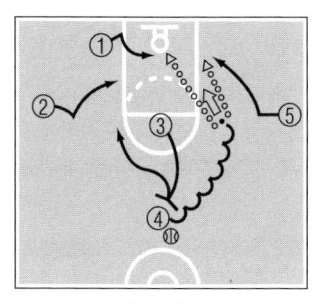

[図2-6]

●ハイ・ポスト・スクリーン

もしディフェンスが④から離れて守り、③へパスをすることが難しいならば、③は④にバック・スクリーンをセットした後、セーフティになる。そして、④はジャンプ・ショットを行うか、①や⑤や②へパスをねらうか、③へパスを戻す。

ハイ・ロー・ポスト・オフェンス#5

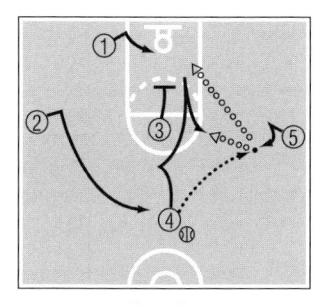

[図2-7]

●右ウィングへのパスとポストを利用したカット

④は⑤にパスをし、⑤からのリターン・パスを受けるために③のスクリーンを利用する。⑤にパスが通ったら、③はカットダウンして④にスクリーンをセットし、④をフリーにする。このタイプのスクリーンはファウルを回避するのに役立つし、カッターにスクリーンをより的確に使わせることになる。

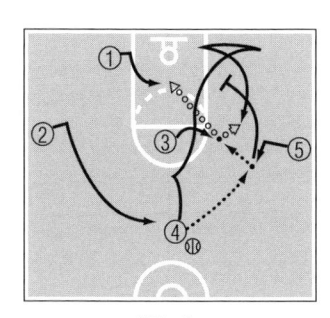

[図2-8]

●右ウィングへのパスからポストへのパス

④は⑤にパスをしカットする。しかし、リターン・パスは受けない。⑤は③にパスをするが、その際③は右足を一端外に踏み出しフェイクをかけ、⑤④と正対しパスを受ける。⑤④は③にパスをした後、リターン・パスを待ち受けながらゴールへとカットし、④にダウン・スクリーンをセットする。③は最初に①へのパスをねらう。その次に③はスクリーンによってフリーになる④へのパスをねらう。

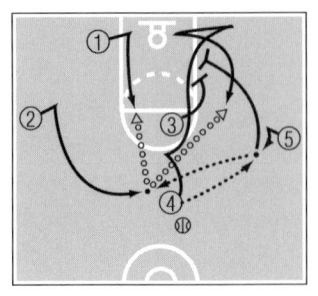

[図2-9]

●右ウィングからセーフティへのパス

図2-7や図2-8と同じように始める。しかし、⑤は逆サイドのウィングからトップに移動してくる②へパスを戻す。②は2対2をするためにサイド・ポストに移動している①にパスをしても良い。また、③と⑤のダブル・スクリーンによってフリーになる④にパスをしても良い。あるいは、初めのパスがもらえなかった①にもう一度パスをしても良い。

ハイ・ロー・ポスト・オフェンス#6

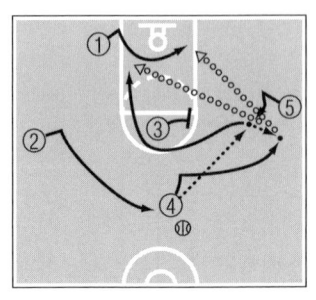

[図2-10]

●右ウィングへのパスからアウトサイドへのカット

④は⑤にパスをし、アウトサイドにカットし、リターン・パスを受ける。⑤はパスした後、レーンを横切って③のスクリーンを利用してゴールへカットする。②はセーフティとして移動する。④はまず逆サイドのロー・ポストから移動してくる1へのパスをねらう。次に、③のスクリーンを利用してバスケットへとカットする⑤へのロブ・パスをねらう（②が③をスクリーンに利用してカットし、⑤が外に出てくることもある）。もしどこもノーマークでないならば、④はハイ・ポストにいる③へのパスをねらったり、②へパスを出し、②がそこからポスト・エリアに入ってくる⑤にボールを入れるようにする形もある。

[図2-11]

●右ウィングへのパスからアウトサイドへのカット

④は⑤にパスをし、アウトサイドにカットする。しかし、リターン・パスは受けずに、ショートコーナーへとカットする。⑤は③にパスをし、下から上がってくる④のためにスクリーンをセットする。③はまずロー・ポストの①へのパスをねらい、次に④へのパスをねらう。

ハイ・ロー・ポスト・オフェンス#7

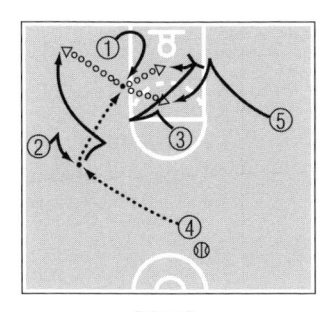

[図2-12]

●左ウィングへのパスからロー・ポストへのパス

④は②にパスをし、②はロー・ポストの①にパスをする。①は左にターンしてフック・ショットをねらうか、右にターンしてボードを使ったショットをねらう。あるいは、フェイクをしてベースラインに向かっている②にパスを返す。また、③のスクリーンによって上がってくる⑤や、⑤にスクリーンをセットした後にカットアウェイしている③にパスする。

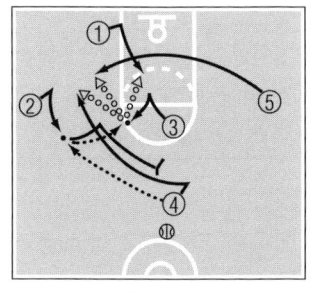

[図2-13]

●左ウィングへのパスからハイ・ポストへのパス

④からパスを受けた②は③にパスをし、バスケットの方向にフェイクし、④にスクリーンをセットする。③はロー・ポストの①へのパスをねらったり、①のスクリーンを利用する⑤へのパスをねらったり、②のスクリーンによってフリーになる④へのパスをねらう。もしいずれにもパスできないときは②にボールを返す。

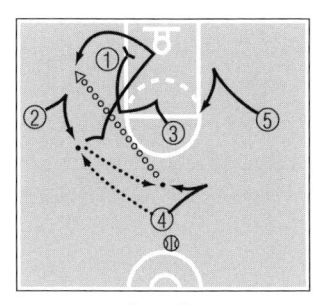

[図2-14]

●左ウィングへのパスからリターン・パス

②は④にリターン・パスをする。その際、④は右サイドで⑤と2対2を行う。あるいは、パスをした後カットダウンし、③と①によるダブル・スクリーンを利用してくる②にパスをする。

●左ウィングへのパスからロー・ポスト・スクリーンを利用したドライブ

①は②のためにカットアウトし、スクリーンをかけ、そしてゴールへとカットアウェイする。②は①のスクリーンを利用してドライブし、①へのパスをねらう。また、ゴールへと向かっている③や、その③のスクリーンを利用してくる⑤へのパスをねらう。

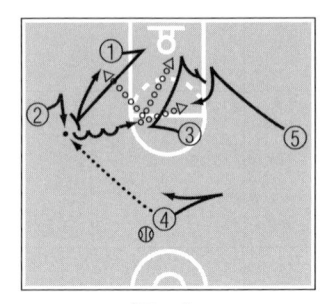

[図2-15]

●左ウィングへのパスからハイ・ポスト・スクリーンを利用したドライブ

②に③がスクリーンをかけるのを除いて[図2-15]と同じである。ただし、①はそのままリバース[20]し、⑤のスクリーンを利用してもう一度インサイドに動く。

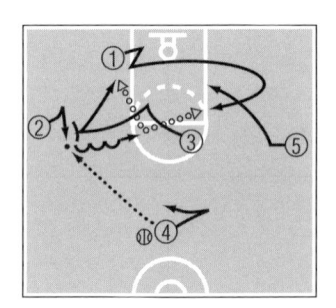

[図2-16]

ハイ・ロー・ポスト・オフェンス#8

●リバース

④は⑤のポジションに向かって激しくドリブルする。⑤はゴールへとカットし、ロー・ポストでポストアップする。次に、④が②へパスを戻すときに、①と③のダブル・スクリーンを利用して⑤がノーマークとなる。②は右サイドのポストにいる④へのパスをねらい、次に①と③のダブル・スクリーンを利用してくる⑤へのパスをねらう。もし⑤にパスが入らないときは、もう一度④にパスを戻す。

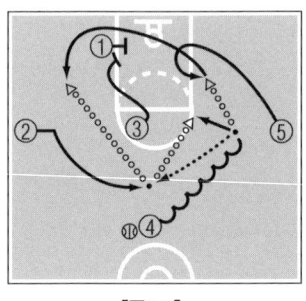

[図2-17]

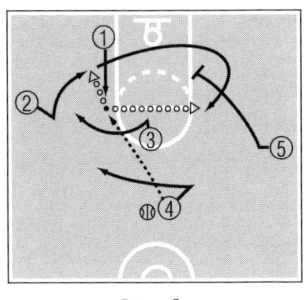

ハイ・ロー・ポスト・オフェンス #9

[図2-18]

●バックドア・スペシャル

①は素早くハイ・ポストへとカットアップし、④からのパスを受ける。②は①からのパスを受けるためにバックドア・カットする。パスが入らなければ、反対サイドへ移動するが、その際に⑤のスクリーンを利用する。③は④がアウトサイドでフェイクしたり動いたりしている間に、サイド・ポストの近くで①とプレーを行う。

ハイ・ロー・ポスト・オフェンス #10

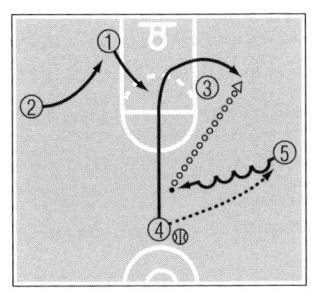

[図2-19]

●コール「ディープ」・スペシャル

④によって「ディープ」がコールされると同時に、①と③はロー・ポストに位置する。④は⑤(または②)にパスをし、中央へとカットダウンし③(または①)のスクリーンを利用する。⑤(または②)はトップに向かってドリブルをしながら移動し、スクリーンを利用してノーマークになっている④にパスをする。

*

　アルシンダーに率いられたチームは、NCAAトーナメントで3連覇を達成し、その間88勝2敗という成績を記録した。彼と過ごした3年間で私が感じたことは、われわれの用意周到さが完璧に近い結果を生み出した、ということであった。しかし、われわれは期待された結果を出しただけである。期待されたことをやり遂げることは大変難しいことには違いないが、期待されなかったことをやり遂げた際にもたらされる大きな満足にかなうものではない。したがって、アルシンダーが卒業した次のシーズンでは、負けてはならない、という重荷を背負うことなく、単に最善をつくそう、という考えに戻れるのはむしろ良いことであった。

　アルシンダーは類まれなる上背と身体能力を有していた。しかし、特筆すべ

きことは、彼は私の長い指導歴の中でも、最も利己的でなく、最もインテリジェンスに溢れ、最も一生懸命に練習するプレーヤーの一人であったということである。また、素晴らしい学生であったし、私が知っている限りでは、最も自立し、要求することが最も少ないスーパースターであったということである。

ヒューストン大学に対するダイヤモンド・ワン・ディフェンス

5万5千人以上の熱狂した観客を前にして、アストロドームで行われたヒューストン大学との記念すべきゲームに負けた（71-69）後、われわれはさすがにがっかりした。しかし、そのゲーム後にわれわれが本当に願ったことは、この年の終わりのNCAAトーナメントで、彼らともう一度対戦することであった。そして、それが実現する可能性は高かった。この2チームが大学のトップに位置することは疑いのないことであったし、アストロドームで対戦する前までは、両チームは1敗もしていなかったのである。実際のところ、ヒューストン大学に負けるまで、われわれは47連勝していたのである。

ヒューストン大学はエルヴィン・ヘイズ*21がチームを引っ張っていた。アストロドームのゲームでは、彼は私がこれまで見た中でも最も素晴らしいパフォーマンスを見せてくれた。その上、ヒューストン大学は彼一人ではなかった。チーニィやスペインなど、他に数多くの傑出したプレーヤーがいた。

しかし、彼らのこの日の勝利を「上辺だけ」のものに思う者もいたようである。なぜなら、そのゲームでは、アルシンダーは目にケガを負って1週間もの間暗い病室にいたため、そのゲームでは上下のものが二重になって見える症状のままプレーし、そのため彼のショットはわがチームで戦った88ゲームの中でも断然低い確率（4/18）だったからである。

もしわれわれがNCAAトーナメントでヒューストン大学と対戦するならば、彼らはこの日の勝利が価値のあるものだと知らしめる決意で戦いに臨んでくることは分かっていた。彼らはわれわれよりも良いチームであるという自信があった。そして、そのことを証明してみせるために、もう一度その機会を望んでいたと思う。

もしもう一度対戦したならば、私は必ず彼らを打ち負かせると思っていた。しかし、プレーヤーがあまりにも緊張していなかったので、その確信は持てなかった。そこで、私が求めていたのは、プレーヤーを良い意味で緊張するように動機づける何かであった。

一方、われわれの敗北とは何等関係がないが、私のコーチング歴の中でも最も失望したことの一つがこのゲームの結果から生じた。それは、傑出したプレーヤーであり、素晴らしい若者であったエドガー・レーシーがチームを去って

いったことである。その原因は、誤解や私の言葉が足りなかったこと、あるいはコミュニケーションの欠如であった。たとえこのことが逆にチームの結束を促し、そのおかげでわれわれがすべての大学チームの中で最も素晴らしいチームと見なされることになったとしても、それは私個人にとっては、大きなショックであったし、失望であった。

私はこのことについて弁明するつもりはない。しかし、もっと真摯な態度で向かい合えば、彼がチームを去る事態は避けられたかもしれない。私はこの素晴らしい若者の心の内をもっとより深く理解すれば良かったと思っている。

さて、アシスタント・コーチであったジェリー・ノーマンは、ヒューストン大学との再戦の際に「ボックス・アンド・ワン」の使用を提案した。私はゾーン・ディフェンスは好まなかったし、「ボックス・アンド・ワン」はアルシンダーをゴールから遠ざける、という理由からその提案にきっぱり反対した。しかしながら、議論を続けた結果、結局は「ダイヤモンド・ワン」に同意した。

私は、アルシンダーのコンディションが良ければ、二度とヒューストン大学には負けることはないと思っていた。しかし、このディフェンスの採用を私が決心したのは、私が求めていたプレーヤーを動機づける「仕掛け」にはもってこいである、という理由からであった。

われわれは、図2-20に示すように、「ダイヤモンド・アンド・ワン・ディフェンス」の体形をとり、スタートのプレーヤーを配置した。アルシンダー（218cm）は常にゴール近くのダイヤモンドの最深部に位置した。そして、彼の役割はドライブを威嚇することであった。

マイク・ウォーレン（178cm）はダイヤモンドの最前部を担当した。われわれはチーニィのアウトサイドからのショットは怖くなかったので、ウォーレンにはポストへのパスを邪魔する役割が与えられた。チーニィは多分ポストへのパスを出す役割だったし、スペインがポストエリアで頻繁にボールを受けるの

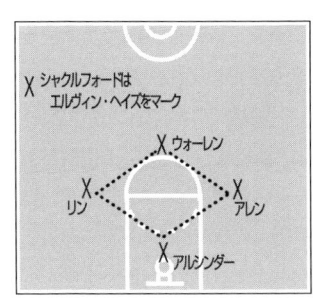

［図2-20］

を邪魔したかったからである。

　ルシアス・アレン（188cm）は、ダイヤモンドの右側を受け持った。彼の役割は、ヘイズがそのサイドにいるときはヘルプに出ることであった。

　マイク・リン（193cm）はダイヤモンドの左サイドを受け持った。彼の役割は、ポストをヘルプすることであり、強固なディフェンスとリバウンドが期待されていた。

　リン・シャクルフォード（193cm）は、われわれのチームでも最もディフェンスに難があるプレーヤーだった。しかし、彼には最も難しい任務を与えた。それは、常にエルヴィン・ヘイズを「追い回し」、ヘイズにパスを受けさせないようにすることであった。また、ヘイズがボールを保持したときは、非常にタイトにヘイズをマークし、彼に攻める余裕を与えないことだった。ヘイズがベースラインに向かってシャクルフォードを抜いたとしても、彼の前にアルシンダーが立ちはだかることになる。あるいはヘイズがキーエリアへと動いても、われわれの３人のディフェンスの誰か１人に、あるいは３人全員に苦しめられることになる。これは、ヘイズのパスがあまりうまくないと仮定したギャンブル的戦術だった。

　われわれはトーナメント前の約１ヶ月間、毎日数分間このディフェンスを練習した。そして、カンファレンスのゲームが終了した後は、毎日多くの時間をこのディフェンスの練習に充てた。NCAAトーナメントの準決勝戦でヒューストン大学と対戦することが分かっていたからである。

　この戦術は、われわれの予想を遥かに超えて素晴らしい成果を上げた。シャクルフォードはそれまでにない活躍ぶりでヘイズに対して素晴らしいプレーをしたし、アルシンダーに至っては、それまで見たことがなかったくらいに「発奮」した。ウォーレンやアレン、そしてリンは、全員が見事な働きをした。そして、拮抗した素晴らしいゲームになる、という大方の予想は覆され、われわれの一方的な勝利に終わった。

　最終のスコアは101-69であった。しかも、「ダイヤモンド・アンド・ワン・ディフェンス」をやめる前までは、最大で44点もの差がついた。それは正にチームが勝ち取った偉大な勝利であった。そして、そのことはディフェンスのみならず、スターターの５人が14点から19点までを記録したオフェンスによるものでもあった。翌晩のノース・カロライナ大との決勝戦はあっけなかった。われわれは冷静さを保ち、大いに余裕を持って勝利を収めた。

13 遠征

TRIP ORGANIZATION

事前の準備

　初めての遠征に出かける前にチーム全員とミーティングを開き、これから行われるすべての遠征で何が期待されるのかについて指導する。後日、プレーヤーに繰り返して話す必要がないように、また、プレーヤー自身の不適切な行動によって、その話が再び持ち出されないようにしたい。
　ミーティング時にプレーヤーに話す内容は、以下の通りである。

●個人の振舞い
　(1) プレーヤーは学校の代表である。学校はプレーヤーのプレーよりも、彼らの振舞いによって評価されることになる。だからこそ、プレーヤーはいついかなるときでも紳士として振舞うべきである。
　(2) プレーヤーには有意義な時間を過ごし、遠征を楽しむことを勧める。しかし、はしゃいだり、大声を上げたり、叫んだり、礼儀作法を失したり、他の旅行者やホテル滞在者の迷惑になるような行いや、学校の名前を傷つけるような振舞いは慎むべきである。
　(3) プレーヤーに期待されるのは、遠征でいっしょになった人たちや、ホテルの給仕たち、エレベーター係たち、ウェイトレスたち、その他のホテル従業員や旅行会社の関係者たちなどに礼儀正しく振舞うことである。

●服装
　プレーヤーは清潔で、気象条件に合った服装をするように指導される。遠征時には、シャツ、ネクタイ、スーツあるいはスポーツジャケット、スラックスの着用を義務づけた時代があった。しかし、これは1960年代には変わることとなった。

●その他の持ち物
　(1) タオル、食器、灰皿など、ホテルの備品を持ち去ることがないように注意する。プレーヤーは単に記念の品であると考えるかもしれないが、それは実際には盗みであり、そういったことが起こってはならない。
　(2) プレーヤーは、ホテルやレストランが所有する物や、対戦校の施設・用具等を自分たちのものであるように扱わなければならない。それらの物を傷つけたり、損害を与える程に手荒な扱いをしてはならない。

●集合時間

プレーヤーは、バスの発車時刻、食事やミーティングの時間、その他のチームとして集合したり、個人として集合する時間に遅れてはならない。遅れないために少し早めに到着するように計画すべきである。

●食事
(1)プレーヤーは十分な食事を摂らなければならないし、コーチやトレーナーのチェックなしに間食をしてはならない。
(2)パン、バター、セロリやその他の食べ物が一つの皿に盛られているときには、自分が食べるに相応しい量を摂るべきであり、また、卑しく「早い者勝ち」的な行動をとってはならない。

●用具・備品
(1)プレーヤー各人は自分の持ち物に細心の注意を払わなければならない。シャワーを浴びている間、衣服はしかるべきところに掛けておくべきであり、床の上に放り出されていてはならない。シャワーを浴びた後に、それらをきちんとたたんでバックの中に詰め込み、ホテルの自分の部屋に戻ってから拡げて乾かすべきである。
(2)プレーヤーはゲームに出場している間を除き、自分の持ち物に責任を持たなければならない。マネジャーはコーチやトレーナーの手助けをする者であって、プレーヤー個人の召使いではない。プレーヤー自身が自分の持ち物に気をつけていないとそれらを紛失することが良くある。しかし、注意していればそういうことはほとんど起こらないのである。

●更衣室
(1)来たときよりも、きれいで清潔にして立ち去るように、プレーヤーはマ

ネジャーやコーチを手伝うこと。
(2)シャワーはちゃんと止めてあるか、石鹸は所定の位置に戻されているか、トイレはちゃんと流してあるか、部屋に置かれていた物は片づけられているか、紙屑、テープ、オレンジの皮、その他のゴミが床に落ちていないか等々を確かめる。

●休息と協力
(1)トレーナー、コーチ、マネジャーの指示に全面的に協力すること。もしそうしない何がしかの理由があるなら、コーチに相談すべきである。
(2)休息しなければならないときは、誰も部屋の中に招き入れない。

●学業
(1)遠征に出かける前に、授業を欠席する場合は担当の教授に報告し、受講できない授業について十分な手はずを整えなければならない。これらのことは事前に行うこと。担当の教授への報告を遠征から戻ってくるまで持ち越してはならない。
(2)何冊かの教科書を持って遠征に出かけること。遠征中でも勉強に充てる時間はあるはずである。
(3)バスケットボールは課外活動であることを忘れてはならない。たとえ将来バスケットボールが生活の糧となるかもしれないとしても、学業こそが学生たる所以であることを肝に銘じておく。

●全般的諸注意
(1)いかなる時でもポーカーなど、ギャンブルを禁止する。
(2)見知らぬ人を訪ねてはならない。また、外出するときは最低1人のチームメイトと行動を共にする。
(3)電話をかけることは、それが部屋からであろうが外からであろうが禁止する。また、外部からかかってくる電話はすべてコーチを通さなければならない。

●コーチの責務
(1)遠征に出発する前日までに、各プレーヤーに日程を細部に至るまで完全に知らせておくこと。プレーヤーに出発の時間と場所を確実に理解させること。
(2)プレーヤーを統率し、できるだけ精神状態を安定させる。ただし、自由時間を与えることも必要である。あまりに統率を厳しくすると、退屈と不満を招きかねない。コーチはプレーヤーを信頼し、信用しなければならない。
(3)頃合を見計らって、適切な娯楽を与え、リラックスさせる。

(4) プレーヤーにかかってきたり、彼らがかける電話を把握する。
(5) 服装、振舞い、マナーなどに関してプレーヤーの模範となるリーダーでなければならない。
(6) 最善の部屋割りをすること。そのためにコーチは、プレーヤーの人間関係を知っておくべきである。誰と誰をいっしょにしたほうが良いか、あるいは別々にすべきか、ということを知っておくべきである。たびたびルームメイトを取り替えることは、チーム内に派閥ができるのを防ぐことになる。

一日の行動

ゲーム前日

ゲーム前日の午後の早い時間にホテルへ着いたならば、プレーヤーには次のような行動をとらせることにしている。

1. 直ちに部屋に行き、くつろぐ。
2. 練習に出発するためにロビーに集合する時間まで、部屋にいる。
3. 体育館へ行き、1時間練習する。その内容は、シューティング、ランニングやドリブルの種々のドリルを行うことでフロアの感じをつかむこと、ファストブレイクやセット・オフェンスのタイミングやチームワークの復習である。
4. ホテルに戻ってからは、夕食の時間まで部屋にいる。
5. 夕食後、軽い散歩や、見るに値する映画があれば見に出かける。もしプレーヤーが勉強するほうを望むならば、ホテルに残っても良い。しかし、彼らが勝手に出かけたり、自分たちの部屋に訪問者を招き入れることは禁止する。
6. 散歩や映画の後は、ホテルに戻り、直ちにベッドに入る。

ゲーム当日

ゲームが午後8時開始と仮定すると、次のことが考えられる。

1. プレーヤーを午前9時15分に起床させる。
2. 午前9時55分にプレーヤーをきちんとした服装でロビーに集める。10時に朝食を摂るために食堂に行く。朝食のメニューは、オレンジジュースを大きなコップに一杯、ミルクとクリームを半分ずつ入れた穀物(オートミールが望ましい)、ベーコンとハムを下地にした卵2つのハムエッグ、ジャムを添えたバタートースト3枚、そして、コーヒー、紅茶、ホットココア、ミルクのいずれかである。
3. 朝食後、プレーヤーは午後0時30分まで自由となる。ただ、この間はプレーヤーは常にチームメイトの誰かといっしょにいなければならない。
4. 午後0時30分から午後3時30分まで、プレーヤーは部屋で休息する。午

後3時30分にロビーに集合し、食堂へと移動する。そして、ゲーム開始4時間前の食事を摂ることになる。

これ以後のゲーム当日の行動やゲーム前の食事については、既にこの章で述べているので繰り返す必要はなかろう。

14 用具・備品について　　　　　　　　　EQUIPMENT

最高の結果を期待するならば、コーチは予算内でできるだけ最高の用具・備品を揃える責任がある。また、コーチは、プレーヤーが用具・備品を丁重に扱い、適切な服装をするよう教え込まれているかどうか監督する責任もある。ほとんどの用具・備品の外見や耐久性は、プレーヤーがほんの少し努力し協力すれば、大きく改善される。しかし、このことのためにコーチは、模範を示さなければならないし、率先して指導しなければならない。

もしコーチがこれらの点に責任を請け負わないと、数多くのプレーヤーがだらしない服装をし、自分の意見に無頓着になってしまう。ソックスの皺はきちんと伸ばしておかなければならないし、シューズの紐はきつすぎることなくちゃんと結んでおかなければならない。シャツの裾は中に入れておかなければならないし、サポーターはでこぼこがないようにしなければならない。髪や爪は短くしておかなければならないし、用具・備品は使わないときはきちんと吊しておかなければならない。シューズも使わないときは紐を弛めて拡げ外気にさらして乾かしておかなければならない。また、ボールは勝手に持ち出されたりしないようにちゃんと保管していなければならない。

個人の練習用具

スタイル、状態、色に関する限り全員が同じであるべきであり、それらは清潔で手触りがよく柔軟性があるべきである。毎日、清潔なソックスやサポーターやタオルが提供され、できればパンツやシャツもそうあるべきである。われわれがプレーヤーに好ましいと思って与えているのは、以下のような物である。
●パンツ　ウェストは弾力性があり、腿が自由に動かせるほどにゆったりした良質のコットンパンツ。
●シャツ　汗が吸収できて長持ちする袖なしの良質のコットンシャツ。その形はゲーム用のユニフォームと大体同じものが良いと思われる。
●サポーター　メッシュで伸縮性に優れた物。
●ソックス　プレーヤーにウール50％の良質なソックスを2枚重ねてはかせる。これは、シューズの次に最も重要な個人の装具である。プレーヤーには、皺に

ならないように履くための正しい方法が指示されるべきである。

●**シューズ**　素早いスタート、ストップ、方向転換やペース転換に耐え得る最高の品質の物が望まれる。それは、土踏まずのアーチが適度にあって、インナーソールも足にやさしく、締め付ける感じがなく、履き心地が良く、そして、できるだけ軽くて長持ちするような物である。急ストップの時、足がシューズの中でずれたりしないように、日常履く靴より少し小さめの物を薦めている。用具の中でも、シューズは素早く動いたり足の状態を良好に保つための土台であり、最も重要な用具であるのは疑う余地がないと言えよう。

●**スエット・シャツ**　われわれはプレーヤー一人ひとりに、良質のコットンのスエット・シャツを支給している。しかし、練習以外でそれを着ることは望まない。それを着た時はいつも、練習に備えて身体やその他のコンディションが整ったことを決心して欲しいからである。

練習のための一般的な用具・備品

1.　良質で、きれいで、適切に空気の入ったボールを豊富に支給すること。それらボールはよく手入れをし、できるだけ新品同様に保管されなければならない。また、スクリメージやハーフコートのダミー・スクリメージでときどき新しいボールを与えること。日によってはボールを使用した練習が短時間になろうとも、練習には12個の良質のボールを用意しておくこと。

2.　ビジター用のユニフォームと同色のスクリメージ用ベスト12枚と、カンファレンスで対戦する相手のチームカラーのベスト8枚を用意すること。もちろん、これらベストは清潔にしておくこと。

3.　更衣室には、個人用の大きなロッカーときれいなシャワー設備やトイレがぜひとも望まれる。

4.　プレーヤーには毎日きれいなタオルが与えられるべきである。

ゲーム用具

　こぎれいで魅力的なユニフォームは、プレーヤーのプライドを高揚させるのにプラスと成り得る。それはけばけばしくない程度にカラフルであるべきである。さえない色のユニフォームはプレーを不活発にする、というコーチもいるほどである。これは必ずしも正しいとは言えないが、魅力的で十分にフィットした物を着ると、人は足取りが軽くなるようである。

●**ゲーム・パンツ**　私が好むのは、ベルトが付いて後部に弾力性のある綾織りの高品質の物である。カットが十分にしてあり、締め付けられず、それでいてぴったりフィットした物でなければならない。脚の太股のところにVカットを入れると、筋肉の発達したプレーヤーが動きやすくなる。私が好んでいるのは、

ウェストと裾、そしてサイドに対照的な色を配したデザインの物である。

●**ゲーム・シャツ**　良質のしっかりしたレーヨン製の生地の物が他の物よりも良いと思われる。私が好きなのは、首と袖周りに二重の縁取りがある物である。番号や学校名などの文字はパンツの素材と同じ物であるべきである。また、できれば、ガードは20から25番、センターは30から35番、フォワードは50から55番とし、必要があれば40から45番を使う。ただし、21、31、41、51番は使わない。大きさは、背番号は8インチ、胸番号は6インチが好ましい。

●**ゲーム用のウォームアップ・シャツ**　この素材はゲームを最も多く行う体育館の室温によって決まるであろう。また、一般に、素材は次のような細かなことに対処するべきである。すなわち、暖かくて軽くて柔軟性があること。耐久性があること。裏地は肌がかゆくならない物であること。人を魅了するような物であること。私が好むパンツは、ウェストに伸縮性があり、すぐ脱げるようにジッパーが付いている物である。また、私が好むジャケットは、一般に前がボタンでパチンと締まる物である。また、襟と袖口に対照的なストライプが織り込まれた物である。パンツは縦に対照的な色のストライプの入った物を好んでいる。ジャケットの後ろに名前や背番号を、そして、胸に校章を入れるのは、ファンや相手チームに対する礼儀である。

●**ゲーム用のウォームアップ・ボール**　シーズンの初めに2個のボールバックにそれぞれ6個の新しいボールを用意する。そして、1年を通じて、それらを自分たちとビジター用にゲームのウォームアップ・ボールとして使用する。この12個のボールは、シーズン中、ゲームのウォームアップ以外には使用しない。それらは翌年には、練習用のボールとなる。

●**ゲーム用のボール**　通常、ゲーム用の新しいボールは大体3試合使用され、その後は毎日の練習に用いられる。

15　表彰　　　　　　　　　　　　　　　　　　AWARDS

　コーチは、活躍したプレーヤーに賞を与える、という重要で難しい仕事を行い、監督しなければならない。このような表彰が若者にとって重大な意味を持つことを見逃してはならない。このことが正しいかどうかは別にしても、学校社会の若者の間では、スポーツ活動で表彰されることで、運動選手にある種の信望をもたらすことになる。

　表彰の制度を作り管理する中で、コーチは慎重に、公平に、そして偏見なくそれを実施することが義務づけられる。また、プレーヤーに表彰についての正

しい価値を認識させなければならない。誇りを持ちつつも控えめな態度でその賞を受け取ることを教えなければならない。

　プレーヤーには、表彰されることは何の特権も伴わない、と理解させることが必要である。表彰それ自体は、仕事が十分に為されたことの具体的な証拠に過ぎない。それだけに、すべてのプレーヤーは彼ら自身が享受する喜びのためにゲームに参加すべきなのである。決して、自分たち自身が何者であるかを立証する賞を得るためにプレーすべきではない。

　運動部の一員になることは、一つの特権であり、義務ではない。それゆえ、プレーヤーは人から強いられるからではなく、運動部の一員になれる素質があると見込まれているからこそ、トライアウト（入部テスト）に参加できるのだと自覚しなければならない。もしプレーヤーにとって、チームの一員であるための第一の理由が社会、両親、コーチによるものであったり、あるいは自分自身に課したプレッシャーからのものであれば、ゲームから得られる満足感は決して本物には成り得ない。参加することで得られる個人としての喜びや満足感からプレーしたいという願望がないのならば、いかなる賞を受けようとも他の課外活動を探すべきである。

　以下の種々の提案は、受賞者を選考する際に参考となろう。

賞状やモノグラムでの表彰

1. 内容を規定した表彰システムを明記し、それを遵守すること。

2. そのシステムには、チームに在籍したが、必要とされるゲームの出場時間を満たさなかった４年生にも何等かの賞を受けるチャンスが与えられているべきである。

3. そのシステムには、どの賞であろうとも、必要とされるゲームの出場時間数が記されるべきである。

4. そのシステムには、特別な事態が生じたときにそれを考慮する余地が残されているべきである。

5. コーチは主観的な性質を持つあらゆる要因を排除し、首尾一貫した態度をとらなければならない。

6. 主要な表彰を大事にし、その価値を減ずることになるあらゆる可能性を避ける。

特別賞

　この賞が慎重に管理されないならば、善意ある友人たちや卒業生たちの諸々の信用や努力を無駄にしてしまうことになる。これらは単なるアイディアであって、他に良いものがないとか、これらすべてが用いられなければならない、

という意味ではない。
1. コーチはアドバイザー的な資格はあるが、この賞の人選には加わるべきではない。
2. この賞の受賞者選出のための具体的で客観的な方法がなければ、プレーヤーに人選のための強力な権限を与えるのも賢明なやり方である。少なくともプレーヤーの意見は決定要因の一つとなるべきである。私はプレーヤーに無記名で投票させるのが賢明であると思っている。
3. 得点だけでなく、その他の能力や努力でも表彰されるべきである。
4. 学校のロビーに陳列されるトロフィーに受賞者の名を刻み込むだけに留まらず、受賞者それぞれにトロフィーのレプリカなどが贈られるべきである。
5. 何等かのポジションに受賞の機会が限定されている賞は望ましくはない。
6. 考えられる受賞者は次のようなものである。すなわち、最優秀選手、最も利己的でなかったプレーヤー、ベスト・フリースロー・シューター（ただし、最低限の試投数が求められる）、ベスト・ディフェンシブ・プレーヤー、ベスト・ファースト・イヤー・プレーヤー（登録1年目に最も活躍したプレーヤー）、1年間で最も進歩し向上したプレーヤー、リバウンド王、攻守両面において最もチームメイトへの助力につくしたプレーヤー。

16 プレーヤーへの手紙　　LETTER TO RETURNING PLAYERS

　翌シーズン、チームに戻ってくるプレーヤー全員と連絡を取り合っておくことは、コーチにとって賢明なやり方だと思う。また、プレーヤーが卒業しようと、あるいは自分がもはや監督すべき立場ではなくなろうと、コーチは彼らとできるだけ親密な関係を維持するためにあらゆる努力をすべきである。どのような状況に置かれていようが、コーチはプレーヤーの将来のために良かれと思うことを伝えなければならないのである。

　どのシーズンも、いろいろな個性が発揮されるし、それによって様ざまな状況が生じる。そして、その度にコーチが直面しなければならない諸々の問題が現れる。したがって、コーチはその問題をプレーヤーとともに排除したり、せめて最小限度にとどめるための方法や手段に絶えず注意を払っていなければならない。

　決してプレーヤーたちのプライバシーを侵害しているとは思われたくなかったけれども、オフ・シーズンには、翌シーズンチームに戻ってくるプレーヤー全員と親密な関係を保っておくことを私は慣例としていた。また、私は、夏の

間にプレーヤーにチーム・レターを送った。

　チームが期待以上の好成績を収め、予想もしなかった全米優勝をしたとき、コーチはある種の満足感に浸る可能性がある。しかし、そのことをあまりあからさまにしないで、プレーヤーを動機づける方法を見つけることがコーチには必要である。

　私にとってその典型的なケースは、UCLAでの1970-1971のシーズンであった。われわれは、前年、ちょうど全米優勝を果たしていた。3連覇達成後、幾人かの素晴らしいプレーヤーは残っていたが、アルシンダーは卒業してしまっていた。だから、当然のことながら、その年はわれわれが再び全米優勝を果たすことなど全く期待されていなかった。しかし、1969-1970シーズンのチームは、良い意味でのプライドをもち、たとえアルシンダーがいなくとも勝てることを世間の人びとに示そうと決心していた。そして、プレーヤーがこの最も困難な仕事をやり終えたとき、彼らは自分たち自身に対して満足を感じたし、それが当たり前だったと言えるであろう。

　しかし、このような態度では、翌年も同じことを達成するには難しい、と私の目には映った。身体的な才能に害を与える最大の敵は、精神面での適切な態度の欠如なのである。そこで私は、直ちにそういった満足感に対抗するいくつもの方法を探し始めたのである。

　以下に示すものは、1970年7月7日に、翌シーズンに戻ってくるプレーヤー全員に送った手紙の一例である。

　　　　拝啓　親愛なるシドニーへ
　　　　　「人生を通じて次に述べることを心に留めていてもらいたい。
　　　　　　明日はもっとやることがある。
　　　　　　失敗は、その状況に満足する人びとすべてを待ち受けている。
　　　　　　昨日はうまくいったとしても、
　　　　　　明日はもう一度トライしなければならない。」
　　　　　授業が終わったのは少し前のことだが、バスケットボール・シーズンが終わってからは、すでに4ヶ月が経とうとしている。昨シーズンは本当に素晴らしいシーズンだった。しかし、それは今となっては昔のことであり、われわれは将来に目を向けなければならない。過去は来たるべき将来のことを変えることはできない。だからこそ、今この時間に行うことが、君の将来を左右することになる。私が君に心から願うことは、1970-1971のシーズンも同じような成功を収められるように心掛けてくれることである。また、君が心からその目標を達成するために

[16] プレーヤーへの手紙

84

自分を犠牲にしてくれることである。達成をすべて価値あるものにするために必要なのは、自己犠牲とハードワークなのだ。

 真のリーダーというものは、自分自身の方法を押し通すよりも、あることを達成するために最善の方法を発見することに常に興味を持つ、と言われている。私もこの種のリーダーに属することを望んでいる。もし失敗を考えずに自分たちが有する能力を最大限発揮しようとするならば、われわれは手を取り合って協働しなければならない。

 しかしながら、どのチームにおいても、監督とリーダーシップを発揮するプレーヤーがいなければならない。また、われわれ全員の、あるいは大多数の努力も、足を引っ張る者が出てくれば水の泡になってしまう。たとえコーチの考えに同意できないときがあっても、君が自分を律してチームの向上に貢献しようと努めれば、多くのことが達成されるだろう。そのような心がなければ失敗が待っている。

 歴史が記録するところを紐解くと、どの文明もそれが衰退した第1の理由や原因は内部崩壊によるものであるとされている。そして、私が痛感しているのは、潜在的な可能性を持った偉大なチームのほとんどが、達成可能でありどう考えても当然であると思えた成績を残せなかったのは、チーム内の軋轢のせいであった、ということである。われわれはそのような内部分裂で苦しまないようにしたい。

 長年にわたる私のティーチングとコーチングの経験から、ある事柄に関して私が独断的になることは仕方のないことだろう。しかし、経験のない者から見れば、経験を積むということは、ときには厳しいが良き教師であるはずである。コーチはプレーヤー一人ひとりよりも、チーム全体が幸福になることのほうにずっと関心がなければならない。したがって、メンバーの選定やプレーヤーの適切な使い方に関する決定は、できる限り正確でなければならない。そのような判断を誤った場合、最も傷つくのはコーチ自身なのである。また、君を含めてプレーヤーたちは私の決定に同意しないこともあろう。しかし、コーチとの意見の相違が悪化し、自分の努力に悪影響を及ぼすようなことがあってはならない。たとえ君が同意できないことがあっても、それに対して腹を立ててはならない。

 私は一人の人間として、君たち一人ひとりに強い関心を抱いている。しかし、現在のことであろうが将来のことであろうが、私はチームの最大の利益に基づいて行動しなければならない。私がプレーヤーを判断する際、人種や宗教は問題としない。そのプレーヤーが、私のチーム・プレーという哲学のためにどれだけの能力を発揮し、どれだけ役に立つかが判断の基準となる。その上、私の道徳的基準に照らした君の個人的な振舞いもまた、それが意識的であれ無意識的であれ、私の判断の物差しとなる。

 また、すべてのプレーヤーを完全に同じように扱うことはできない。だから、誰かをひいきしていると思われるかもしれない。しかしながら、私はチームにとって最大の利益を生み出すことを考え、その考えに従って然るべき接し方を各人に行っている。自分がチームにとって重要なプレーヤーの1人であり、チームに積極的な貢献をもたらすことができると思うならば、君は相応しい態度でこのこ

とを受け入れなければならない。もし君の能力がチームに貢献すると思えないならば、私は君自身のために、もっと何か実りあることで自分の時間を過ごすことを望むことになろう。

　われわれは練習を開始する約2週間前に、チームのメンバー全員とミーティングを持つことになろう。そして、そのときには数多くのことが論議されよう。10月14日には記者会見があり、10月15日から練習が始まる。その日までに、君が準備しておくべきことは以下の通りである。

1. ケガの危険がない強靱な足腰を作っておくこと。
2. 髭を剃っておくこと。もみあげを整えておくこと。髪の毛を適切な長さに切っておくこと。
3. UCLAを代表している学生であることを忘れないこと。君の身なりや立ち振舞いが、君自身や他の学生たちにとって不名誉なことになってはならない。清潔さ、きちんとした身なり、そしてマナーの良さを身につけ、若者たちの模範になるよう努めること。
4. 君には、君自身およびチーム関係者からの期待がかけられている。その期待に応えようとする決意を持つこと。

　良ければいつでも、私のオフィスを訪ねて私と話をして構わない。ただし、君やチーム内の他のプレーヤーが置かれている状況に私が同意しなくとも、そのことはコミュニケーションの欠如に繋がるとは限らない、ということを忘れないでおいて欲しい。私はいつでも君が抱えている問題を気にかけている。けれども、人は自分の個人的な問題の解決を他人に委ねることなどできない、と思って欲しい。しかしながら、もしお互いが誠意を持って話し合えば、それは諸々の問題を解決するのに役に立つこととなろう。困ったときは神に祈ることだ。たとえ自分の望む答えが得られなくとも、神はその祈りを聞き、答えてくれるはずだ。

楽しく、実りある夏を

敬具

コーチ　ウドゥン

第 3 章
個人のオフェンス

勝利を収めるために絶対必要なことは、ゲームに関する十分な知識を身につけ、様ざまなファンダメンタルを素早く適確に行う能力である。もちろん、ファンダメンタルを適切に行使する能力は、疲労、自制心、そしてチームスピリットに正比例することに注意を払わなければならない。

　個人のファンダメンタルが確実に行われなければ、システム全体が効果的になることなどあり得ない。もしファンダメンタルさえしっかりと身についていれば、大切なのは、何を行うかではなく、いかにうまく行うか、ということになる。したがって、練習時間の大部分は、個人的なファンダメンタルの改善と完成のために費やされなければならない。練習で見過ごされてはならないものがあるとしたら、それは個人のファンダメンタルである。

1 ボディ・バランス　　　　　　BODY BALANCE

　ボディ・バランスをコントロールしているのは身体の末端部（頭、足、手）と関節であるが、身体をコントロールしているのは精神と感情である。

　ボディ・バランスは、個人がファンダメンタルを最大限に行使できるために不可欠である。ときにはバランスを崩しても効果的なプレーができるかもしれないが、それはごく希である。しかしながら、あるファンダメンタルについてバランスが悪いように見えても、それが必ずしも他のファンダメンタルに悪い影響を与えるとは限らないことをコーチはわきまえていなければならない。したがって、コーチはプレーヤー個人を注意深く観察し、プレーヤーにとってあるファンダメンタルが自然でうまく機能しているのであれば、多少標準的なスタイルからはずれていても気にしなくても良い。［写真3-1］

1. 頭は両足を結んだ線の中心点の真上にもってくる。頭の重さによってバラ

▶**ボディ・バランス**［写真3-1］

両手は腰の上で構え、顎を上げ、足を肩幅に拡げ、関節をリラックスさせる。頭は両足を結んだ線の中心点の真上にもってくる。

ンスを崩すことのないようにするためである。また、顎を上げ、上体は曲げないようにする。
2. 両手は腰の上で構え、上体から離さない。指はしっかりと開いて、手の平はボールに向ける。ボールを持つときには肘を外側に拡げ、胸の近くで保持する。リバウンドを獲るときには、両手を肩よりも高く構え、指先を上に向け、手の平は前方に向ける。
3. わずかにかがんだ姿勢を維持する。その際、あらゆる関節をリラックスさせて、急な動きや変化に備える。
4. 体重は両方の足裏全体に均等にかける。両足の母趾球方向に体重をかける場合もあるが、踵やつま先に体重をかけてなならない。
5. 両足の幅は狭すぎても広すぎてもいけない。通常は肩幅くらいで、楽な姿勢がとれるように拡げる。

2 フェイクとフットワーク　　　FAKING AND FOOTWORK

フェイク

　何かをしそうだとか、次にはまた別の何か違うことをするのではないか、ということを相手に思い込ませる能力は、ゲームでの最も重要なファンダメンタルの一つである。

　この能力を発揮するには卓越したフットワークが要求される。しかし、忘れてならないことは、まず頭で考えなければ足は動かないということである。何かを行うチャンスはほんの短い間しか訪れない。それゆえ、様ざまなチャンスに対して瞬時に反応することは欠かせないのである。「立ち止まり、考え」なければならないような反応の鈍いプレーヤーは、バスケットボールのような素早い反応を求められるゲームでは全く成功を収められない。チャンスがチームの誰かのせいで失われることになれば、それはチームの損失になるのである。

　一般に、フェイクとフェイントは、本来はオフェンスで用いられると思われている。しかし、そのような動きは、ディフェンス・プレーヤーにとっても必要であり、非常に有用なものである。また、オフェンスでは、フェイクとフェイントは、ボール保持者とボール非保持者の両者に当てはまる。そして、良いフェイクとは、いつでも何種類かの素早い動き、つまり、パス、ショット、ステップ・バック、ターン、スクリーン、ドリブル、ピボット、その他のフェイク、カット、あるいはその他の有益な動きにつながるのである。

私は、ボールによるフェイクももちろんであるが、それよりも頭、身体、肩、足、そして目を使ったフェイクを強調したい。その理由は、後者はボールの保持に関係なく使うことができるからである。しかしながら、ボールでのフェイクを行うときは、ボール・ハンドリングの原則に留意し、両肘を身体に寄せ、しなやかに素早く手首を使ってフェイクすることが望まれる。このフェイクを使うと、ボールが身体から大きく離れることはないので、次の動きに素早く移ることができる。

　これらのフェイクをいろいろ組み合わせて使うことによって、相手の判断を誤らせたり、相手を有利なポジションから外に引き出したり、あるいは相手の身体のバランスを崩したりすることができる。どのようなフェイクを用いるかは次のような事柄によって決まってくる。

- コートでの自分のポジションはどこか
- 自分がボールを保持しているかどうか
- 自分がボールを保持していないとき、ボールはどこにあるのか
- ボール保持者のパスとショットの能力はどの程度か
- 自分が得意とすること（能力）は何か
- 自分のオフェンス力、ディフェンス力はどの程度か
- 自分をマークしているディフェンスの能力はどの程度か
- 自分にスイッチしてくる相手の能力はどの程度か

　例えば、ビル・ラッセルが制限区域でディフェンスしている場合、オフェンスは多くの事柄を考慮しなければならなくなってくるのである。

　プレーヤーは全員が、絶えず自分が対戦するプレーヤーや、相手チームの一般的なディフェンスの原則を研究すべきである。そうすれば、個人の習慣、長所と短所、あるいは自分に有利に作用する癖を発見することができる。

▶チェンジ・オブ・ディレクション［写真3-2］

クィックネス

　私が繰り返し指摘してきたのは、バスケットボールはメンタルなスポーツであり、クィックネスはプレーヤーが有することのできる最も重要な身体的財産であり、そして、これらの特性は互いに協調しているということである。つまり、自分のクィックネスを実行に移すためには頃合を見計らったメンタル面での機敏さが必要となるのである。身体の動きは、すべて脳によって命令されるに違いない。また、もしクィックネスが最大限利用されるならば、良い判断が必要となる。良い判断がなければ、相手を出し抜くことは不可能なのである。とにかく、自分の動きが目的を持ったものかどうかを確かめるべきである。何の目的も持たない、素早いだけの単なる動きは、無用であり、何の値打ちもないのである。

　プレーヤーは思考と行動においてクィックネスを備えていなければならない。バスケットボールは、習慣と反応のスポーツである。それゆえ、状況に瞬時に反応できなければ、数多くのチャンスを逃してしまうことになる。もちろん、良い判断は必要である。しかし、躊躇することは不注意を犯すと同様に、バスケットボールでは重い罪となる。つまり、間違えることを恐れて何もしないことは、間違ったことをすることよりも、はるかにいけないことなのである。何もしないことを埋め合わせることはできないが、間違いをしてもその後に反応すれば、それを償うことができるからである。

チェンジ・オブ・ペースとチェンジ・オブ・ディレクション

　チェンジ・オブ・ペースとチェンジ・オブ・ディレクションは、ボールを保持しているかどうかにかかわらず、プレーヤーが有することのできる最も素晴

左足で床を蹴り、素早く逆方向に向かってインサイド・ターンをしてノーマークになる。

らしい財産である。しかし、クィックネスが伴っていなければそれは何の役にも立たない。私は次のようなことを習慣づけることによって、それを磨き上げるようにしている。

- 両足の膝から下を軽やかに動かす
- あらゆる関節を柔軟にかつリラックスさせ、やや前屈みの姿勢をとる
- 両手を拡げて腰より上に置く
- ボールを保持していないときはボールから目を離さない
- ペースと方向をしばしば変える
- 弧を描くのではなく鋭角的に動く

歩幅は、個人や状況によって様ざまである。しかし、細かくて変速が自由にできるステップを用いたほうが、素早く加速するためには有利である。

私が指導しているチェンジ・オブ・ディレクションを説明する。右足の方向に進むときは、まず、左足で床を蹴りながら右足を小さく踏み出し、次に左腕を振り出しながら左足を大きく素早く踏み出すやり方である。言い換えると、左へ行くためには右足を出し、右へ行くには左足を出すのである [写真3-2]。このとき、頭を進行方向に鋭く動かすことも忘れてはならない。

チェンジ・オブ・ペースは、チェンジ・オブ・ディレクションと同じ要領で行うが、ペースを換えるために、一瞬間をおいたり、ヘッド・フェイクを（頭の動きによるフェイク）使ったり、あるいは後ろ足の素早い踏み出しを使ったりする。

*

フェイクと正しいフットワークは、われわれの用いる個人やチームのドリルすべての中で強調されている。ファンダメンタルのこうした細かい事柄を絶えず強調することによって、私は、それらを無意識に行わせたい、と願っている。プレーヤーは、ドリルを変えたりコート上の様ざまなポジションから練習することで、いろいろなフェイクやフットワークのタイプを習得していくことになる。結果として、プレーヤーは、パス、ショット、ピボット、ドリブル、ファストブレイク、フォーメーション練習、セット・プレー、ディフェンス、そしてその他のあらゆるドリルを行っている間中も、フェイクと正しいフットワークについて指導を受けるのである。おそらくプレーヤーは、練習中にそれらを強調した時間と正比例して、習熟して行くであろう。

ファンダメンタルという個人技術は、細かいことに気を配らなくとも良いほどまでにしっかり理解されなければならない。もしそうなったならば、私は、限られたドリルの数の中で、あるいは、実際のゲーム状況に似せて、また、単

[2] フェイクとフットワーク

調にならないためにドリルに種々の変化をつけて、できる限り数多くのファンダメンタルを組み合わせるようにしている。

3 ボール・ハンドリング　　BALL HANDLING

すべてのオフェンスは、ボールを巧みにハンドリングすることに基づいている。ショット、パス、レシーブ、ドリブル、ピボット、急激なストップやターン、ボールを用いてのフェイク、そしてリバウンドなどは、すべて何らかの形でボールをハンドリングすることなのである。

1. ボールの保持やチームメイトとのパスのやりとりが正確にできなければならない。ショットを打たずしてボールを失うことは、バスケットボールでは重大な過失である。

2. クィックネスが正確さの次に強調されなければならない。私は、常に最大限のクィックネスを発揮する中での正確さを求めている。

3. ボールは腰よりも高い位置で扱われ、身体に近づけてキープしなければならない。パス、ドリブル、ショットは、ディフェンスが接近した状況で行われることが多いのである［写真3-3］。

4. 神経が最も発達しているのは指先である。ボールはその指先（指の先端から第1関節まで）でコントロールするのがよい。手の平やその付け根がボールに触れることはあっても、その部分をべったりとボールにつけてはならない。指先で扱えば、ボールはコントロールしやすく、素早く動かすことができるはずである。

5. 常に強調されるのは、手首と指の動き、すなわちスナップである。指は拡げ、リラックスさせながら、しっかりとボールがつかめるようにする。

▶ボール・ハンドリング［写真3-3］

ボールは腰よりも高い位置で扱い、パス、ドライブ、ショットができる状態で身体に近づけてキープする。

6. 肘はリラックスさせて、身体に引きつけておく。ボールをプロテクトするときは身体からボールを離すのではなく、手首や指の位置を動かすことによって行う。

7. ボールを保持してフェイクをするときは、ボールを身体に引きつけたまま、手首をスナップさせたり、手首から先を動かしたりして行う。また、ヘッド・フェイクも使うようにする。

8. 膝や腰など、各々の関節をリラックスさせ、過度に緊張することがないようにする。しかし、いい加減なプレーに繋がるほどルーズであってはならない。

9. バランスを保ちながら視野を拡げるために、顎は上げておくこと。

10. 派手なプレーをしようとか、人目を引くようなプレーをしようとするのではなく、常にクィックネスと賢さを求めるようにする。

4 ストップ、ターン、ピボット
STOPS AND TURNS OR(AND) PIVOTS

　フットワークはオフェンスでもディフェンスでもすべての動きの土台となるべき要素である。多分、フットワークはあらゆるファンダメンタルの中でも最も重要な要素である。それはボディ・バランスのために不可欠であり、そのバランスが欠けていて何事かを達成することなど至難の業だからである。

ストップ

❶ジャンプ・ストップ

　ピボットやターンを行う前に、うまくストップすることが必要である。ほとんどのケースで私が好ましいと思っているのは、両足を平行にして行うジャンプ・ストップである。進行方向に向かって、肩幅かそれよりわずかに広く両足を開き、シューズの底全面で床に触れるようにして両足同時に着地する。両足の前方に最も体重がかかる。両膝と腰はショックを和らげるためにリラックスさせておかなければならない。

　両足でのジャンプ・ストップは、ディフェンスに非常に接近されてプレッシャーがかけられ、ストップした直後にターンをしなければならないときに用いる。

❷ストライド・ストップ

　片方の足を前に出すストライド・ストップでは、先に床に着いた足（後ろ足）が軸足（ピボット・フット）となり、もう片方の足（前足）が続いて床に着く。右利きのプレーヤーは左足を軸にして右足を前に出し、左利きのプレー

ヤーは右足を軸にして左足を前に出すことが望ましい。

　ストライド・ストップは、ジャンプ・ショットを行うことができるエリアで、ディフェンスのプレッシャーがさほどなく、ストップ後に十分にターンやショットができる余裕があるときに用いる。

＊

　どちらのストップでも、良いバランスを保つには、重心を低くすることが非常に大切である。それには、腰を低くし、両膝を曲げ、頭を上げることである。そうすれば、ボールを身体の近くで保持でき、ディフェンスからそれをプロテクトすることができる。顎と目を上げて背筋を伸ばし、頭は両足を結ぶ線の中心点の上に保つことである。

ターン

　ストップ後のターン、あるいはストップ後のピボットは、次のようなときに必要となる。

- ボール保持者がディフェンスによってゴールに向かうラインから遠ざけられ、前方にパスできないとき
- ボール保持者がディフェンスによってサイドラインまたはコーナーへと追い詰められ、前方にパスできないとき
- ボール保持者がディフェンスによってコートの中央でストップを強いられたとき

このような事実を考慮して、それぞれの状況における特定のストップとターンの練習に全力を注いできた。コーチによって使用する専門用語が異なるので、ここでは私が使用している独自の用語で説明する。すなわち、プレーヤーがドリブルを終えてストップしたときに用いるのが"ターン"であり、プレーヤーにまだドリブルが残っているときに用いるのが"ピボット"である。

❶インサイド・ターン

　このターンは、ディフェンスがコートの中央から当たってきており、ストップし終わった直後にクィック・ターンをせざるを得ない状況で用いる。

　まず、ディフェンスから離れている側の腰の位置にボールを密着させて両足でのジャンプ・ストップを行う。次に、インサイド・フットを軸足(ピボット・フット)とし、アウトサイド・フットを後方にスイングさせながら身体も後方へとターンする。インサイド・ターンをし終えたときには、攻める方向とは反対のゴールに正対することになる。両足を十分に拡げ、身体のバランスをしっかり保ち、ディフェンスから遠いほうの腰の位置にボールを密着させる。

ターンが完了して両足が再び床に着くと、すぐにディフェンスのほうに体重をわずかに移動させる。ディフェンスとの衝突でバランスが崩れるのを回避し、トラベリングをしないためである。

❷アウトサイド・ターン

　まず、両足でのジャンプ・ストップを行う。アウトサイド・フットを軸足とし、インサイド・フットをサイドラインのほうにクロスオーバーさせる。インサイド・ターンと同じように、ターンをし終えたときには攻める方向とは反対のゴールに正対し、両足は十分に拡げてエンドラインと平行になるようにする。体重移動、バランス、その他のファンダメンタル上の詳細はインサイド・ターンと同様である。

　このターンは、サイドラインのすぐそばでストップしたときには、決して使ってはならない。このターンをよく使うのは、ディフェンス・リバウンドを獲ったプレーヤーが、アウトレット・パスを出すためにノーマークになろうとするときである。

❸リバース・ターン[*1]

　ストライド・ストップは、良いジャンプ・ショットを行う目的で用いられるが、ディフェンスが迫ってきてショットが邪魔され、前方にパスをする味方がいないときにこのターンを使う。前足を素早く後方にスイングさせ、背中をディフェンスのほうに向けるようにして行うターンである。

ピボット

❶ポストまたはサイド・ポストでのピボット

　ポスト、またはサイド・ポストでボールをレシーブしたときは、軸足と反対の足を後方に素早くスイングさせることによるピボット［写真3-4］、または軸足と反対の足をクロスオーバーさせことによるピボット［写真3-5］によってゴールに正対する。右利きのプレーヤーは左足を、左利きのプレーヤーは右足を軸足にすることが望ましい。すなわち、右利きのプレーヤーは左足を軸足とし、右足を後方にスイング、またはクロスオーバーさせることによってピボットし、ゴールに正対する。

❷フォワード・ポジションでのピボット

●ディフェンスがタイトについているとき

　サイドのノーマル・ポジションでレシーブしようとしているときにマークマンが密着している場合は、インサイド・フットを軸足としてアウトサイド・フットを後方に素早くスイングさせることによってピボットし、ゴールのほうに

正対する。

●ディフェンスがルーズについているとき

　サイドのノーマル・ポジションでレシーブしようとしているときにマークマンがルーズについて近寄ってこない場合もピボットしてゴールに正対するが、右利きのプレーヤーは左足を、左利きのプレーヤーは右足を軸足にすることが望ましい。すなわち、右利きのプレーヤーがコートの右サイド（ゴールに向かって）でパスをレシーブしたときは、左足を軸にして右足を後方にスイングさせることによってピボットし、ゴールに正対する［写真3-6］。右利きのプレーヤーがコートの左サイドでパスをレシーブしたときは、左足を軸にして右足をクロスオーバーさせることによってピボットし、ゴールに正対する［写真3-7］。左利きのプレーヤーは逆の動きを行う。

ストップ、ターン、ピボットのポイント

1.　実践でターンやピボットが生じるのは、ドリブル・ドライブが終わったと

▶ポストでのピボット［写真3-4］

▶サイド・ポストでのピボット［写真3-5］

97

き（ターン）、あるいはドリブル・ドライブを開始するとき（ピボット）のいずれかである。それゆえ、ターンやピボットのファンダメンタルを強調しながら、それらを組み合わせたドリルは不可欠である。

2. ボールを身体に引き寄せ、ボールとディフェンスの間に身体を置くようにする。

3. 両足を拡げ、両膝を曲げ、腰を下げて低い姿勢をとる。しかし、顎、頭、目は上げておく。

4. 頭を両足の中間点の真上に置き、体重を均等に両足にかける。しかし、おそらくディフェンスのプレッシャーがかかっている側に少し余分に体重をかけたほうが、良いバランスが保てる。ただし、両足を広く拡げておくことが重要である。

5. ストップするとき、頭を前方または横に傾けてしまうとバランスを崩し、トラベリングにつながる。

6. いったんフォームが固まったならば、ドリブルとショットのドリルを組み

▶コートの右サイドでのピボット（右利きのフォワード）［写真3-6］

▶コートの左サイドでのピボット（右利きのフォワード）［写真3-7］

［4］ストップ、ターン、ピボット

合わせる。
7. ドリブラーがドリブルを止め、ストップやターンを素早く行った後のハンドオフ・パスを受けるために、いつでもドリブラーのそばを通過するトレーラーを準備しておく。そのためには上手にタイミングを合わせることが必要であり、その練習を欠かさないように行う。
8. しっかりとストップするためには、シューズの底全面を使う。
9. サイドラインまたはコーナーに向かってドライブし終えた後は、ストップしてターンする。
10. ストップが完全に終わらないうちに、ターンし始めてはならない。
11. ドリブルを終えてターンをした後は、できる限り素早くボールを離す。

5 ドリブル DRIBBLING

　このファンダメンタルは、非常に重要な武器である。しかし、これまでいつでもあまりにも乱用され、誤用され、そして、過度に用いられてきている。ドリブルの使用が適切に行われれば、どんなチームであろうとも大きな意味を持つことになるが、もし誤って用いられた場合は、モラルの上でも技術的な面でも間違いなくチームを瓦解させてしまうことになる。

　実際、数多くのプレーヤーは単にボールをバウンドさせているだけなのに、自分自身が一流のドリブラーであると錯覚する傾向にある。しかし、素晴らしいドリブラーとは、ボールを巧みにコントロールすることができるばかりでなく、機敏で機転が利き、いつも頭を上げてすぐにパスを出すことができる。さらに広い視野を持ち、ボールを見ないでコート全体が見渡せるのである。

　10秒ルール*2が採用される以前は、時間を稼ぐことを念頭においたストール・ゲームにおいて、ドリブル専門のプレーヤーによってうまくボールを保持し続けることができた。チームメイトが十分なスペースをとって大きくフロアに拡がっていたので、ドリブラーがトラブルに陥っても、パスをまわしてボールを保持することができたのである。しかし、今日のゲームでは、そのようなことはますます難しくなってきている。現在のルールでは、10人のプレーヤーはハーフコートにいなければならず、必然的に攻めなければならなくなったからである。しかし、そうではあっても、ゲームにおいて「時間を稼ぐ」目的で適切に用いられたならば、他のオフェンスと同様に、非常に重要な役割を果たしてくれるのである。

ドリブルの効果的な使用

1. ノーマークの状態で、ゴール近辺のポジションからドライブするとき。
2. ディフェンスがもどり、チームメイトがカバーされている状態で、ボールを前に進めるとき。
3. パスをインターセプトして素早く攻撃に転じるとき。
4. ノーマークになるためにフェイクやピボットと組み合わせて使用するとき。
5. ディフェンスに極端にマークされないように、オフェンス側の武器の一つとして使用するとき。
6. ファストブレイク時に前方にノーマークの味方がいないとき。
7. マンツーマン・プレッシャー・ディフェンスから逃れるとき。
8. ディフェンスに囲まれたり、オフェンスとディフェンスが密集しているところからボールを出すとき。
9. スクリーンを利用してノーマークになろうとするとき。
10. ストール・ゲームの展開で、時間をつぶしたりボールをコントロールしようとするとき。

コントロールとスピード

❶ロー・ドリブルまたはコントロール・ドリブル

このドリブルは、プレーヤーが密集してパスができないエリアからボールを外に出そうとするとき、ディフェンス・プレーヤーに密着された状態でゴールへとドライブするとき、あるいはボールを前進させるときに用いる。

指を十分に拡げ、各指の関節をわずかに曲げてリラックスさせ、手をややお椀状にする［写真3-8］。肘を身体にほとんど接触させた状態を保ち、前腕は床と平行にする。ボールは手首と指によって押し離し、また、最もプロテクト

▶コントロール・ドリブル［写真3-8］

しやすい側の身体の少し前で扱う。膝を曲げて、身体は前屈みの姿勢になるが、背筋は真っすぐに伸ばす。頭は前に向け、両足を結んだ線の中心点の上にくるようにする。

コントロール・ドリブルでは、ボールの高さが膝よりも上になってはならない。場合によっては、膝までの半分の高さよりも上になってはならないときもある。ディフェンスが近づけば近づくほど、ドリブルはより低くしなければならない。しかしそのときも、常に頭を上げてパスの準備をしておかなければならない。ディフェンスがボールを奪おうと手を伸ばしてきたときは、とくに低いドリブルを用いることである。

ディフェンスの脇を素早くドライブするときは、ディフェンスに近い側の腕と足を先に出し、チェンジ・オブ・ペースとチェンジ・オブ・ディレクションのできる低いドリブルを用いる。

頭と肩によるフェイクは、ディフェンスを動かす最初の動きとしてはボールによるフェイクよりも有効である。しかしながら、ボールによるフェイクも練習しなければならない。そのためには、両肘が身体と接触した状態を保ちながら、手首と指でボールを素早く動かすことである。

❷ハイ・ドリブルまたはスピード・ドリブル

ハイ（腰の高さでの）・ドリブルは、次のようなときに用いれば最大の効果を発揮するであろう。[写真3-9]

- ディフェンスを追い抜くとき
- ノーマークの状態でディフェンスに追いつかれないようにゴールへ向かってドライブするとき
- パスできる味方が自分の前にいない状況で、ディフェンスが接近してくるまでボールを前進させるとき

▶スピード・ドリブル [写真3-9]

このドリブルは、前屈みにならず、上体を起こして走っている状態で行う。いつでもノーマークの味方へのパスができ、必要に応じてコントロール・ドリブルに素早く切り換えることができなければならない。前進するスピードを得るために、ボールは前方の身体から離れた遠いところへ押し出す。また、ボールは、コントロール・ドリブルの場合よりもずっと大きい角度で床に弾ませるようにする。スピードを出すときには、身体の正面よりも外側で、手、前腕、肘を使ってボールを前方へ押し離すようにする。ボールのバウンドが高すぎたり低すぎたりするとスピードが落ちてしまい、バイオレーションを犯したり、このドリブルの利点を失うことになる。

ドリブル・チェンジ

❶クロスオーバー・ドリブル

このドリブルは、コントロール・ドリブルやスピード・ドリブルのいずれかと組み合わせ、チェンジ・オブ・ペースやチェンジ・オブ・ディレクションによって、ディフェンスをかわしたり、ディフェンスよりも良いポジションを確保するために用いる。

ドリブルをしている手から逆側の手に向けて、ボールのやや外側の側面を押しながらはじき出し、そのまま逆側の手でドリブルを続ける。ボールをはじき出すとき、ボールをプロテクトするために同じ側の足をクロスオーバーさせて前に出すが、そのとき、はじき出す手が足を先導することになる。

ドリブルをしているときに動きの速いディフェンスに追い越され、速いドリブルからのクロスオーバーを行うときは、高いバウンドで行う。また、ディフェンスよりも優位になるために、フェイクからのクイック・スタートでクロスオーバー・ドリブルを行うときは、コントロール・ドリブルやロー・ドリブルを用いる。そのとき、ディフェンスを出し抜くことができれば、こんどはハイ・ドリブルを使う。ディフェンスがドリブラーの邪魔をしようとしているときは、ハイ・ドリブルでのクロスオーバーを使用してはならない。その状況は、ロー・ドリブルで回避すべきである。

❷ビハインド・ザ・バック・ドリブル

身体の前からパスできるときにビハインド・ザ・バック・パスをするべきではないのと同様に、クロスオーバー・ドリブルが使えるときにビハインド・ザ・バック・ドリブルを使用すべきではない。とはいえ、このドリブルを有効に使うことのできる状況もある。しかも、このドリブルを使うことで、物理的な利点だけでなく、心理的効果を得ることもできる。したがって、このドリブ

ルを適切に使用できるようにするために、わずかでもよいから練習時間を割くべきである。

プレーヤーが通常のドリルから解放されて休憩を楽しむような、練習中のちょっとした時間がある。この時間をこのようなパスやドリブルを練習することで有効に活用することができる。プレーヤーは大変楽しんで練習するものである。しかし、このドリブルが用いられるのは特別な場合であり、ただ単に見せびらかすためだけに行ってはならないことを徹底しなければならない。

このドリブルでは、ドリブルをしていた同じ側の足が前方に動くとき、ボールが腿の後ろを横切って膝の後ろに素早くはじき出される。ボールが床に触れるとき、ドリブルをしていた側の足が邪魔になってはならない。逆側に出てきたボールを反対側の手で捕らえ、ドリブルが続けられる。

❸オフ・ハンド・ドリブル

ドリブルをするとき、利き手（ストロング・ハンド）を使うことができるのに非利き手（オフ・ハンド）を使うことは良いとは思わない。しかし、ビハインド・ザ・バック・ドリブルを除くすべてのドリブルにおいて、非利き手を使えるようにしておくことは極めて重要であると考えている。

利き手と同様に非利き手のドリブルも習熟させることは可能である。非利き手でのドリブルはどのポジションでも極めて有用であるが、センターよりもフォワード、フォワードよりもガードにとってその価値がより大きくなる。ゲームではどのポジションにおいても非利き手でのドリブルが重要であることを忘れてはならない。非利き手でのドリブルを無視することはできないのである。

ドリブルの使用に関するポイント

1. ドリブルのし過ぎは利己的な考えの現れであり、チーム・プレーとモラルを損なう原因となる。

2. まず状況を見て、ドリブルをするかどうかを判断する。ドリブルとパスの両方ができそうなときは、いつでもパスが優先する。

3. ドリブルは総じて、ドライブやプレーを新しく作り出すという目的で用いるべきである。単にボールをバウンドさせているようなドリブルであってはならない。そのような無目的なドリブルは大きな罪である。

4. ボールは強く叩きつけるのではなく、手首と指でしっかりとかつ素早く押し返す。

5. 頭を常に上げて、ボールは身体に近づけてコントロールする。

6. 両膝を曲げて身体を前屈みにすべきである。また、頭は両足を結ぶ線の中

心点の上にくるようにすべきである。

7. サイドライン沿いやコーナーに行ってはならない。これらのエリアへドライブさせられたときはストップした後ターンし、パスを素早く行う。

8. ドリブラーがターンをさせられるような状況のとき、トレーラーが自分のそばをよいタイミングで通れるようにしておくべきである。そのとき、トレーラーの来るのが早すぎたり遅すぎたりしてはならない。

9. ドリブラーはドリブルを終えたときは、常に、適切で素早いパスやショット、あるいはストップとターンからのパスができるようにする。ドリブルをし終わったならば、すぐにボールを手放さなければならない。

10. プレーヤーが密集しているところにいるときは、身体の近くの低い位置でドリブルする。肘は身体に接触させ、前腕は床と平行にし、もう一方の手でボールをプロテクトする。前方にディフェンスがいないノーマークの状況やスピードが求められるときは、腰の高さで、身体から離れた位置からボールを押し放すようにしてドリブルする。

11. ドリブルで非常に重要なことは、チェンジ・オブ・ディレクションとチェンジ・オブ・ペースである。

12. パスができなければ、ドリブルもできない。

13. 左右のいずれの手でもボールのコントロールができるようにする。また、トラベリングにならないようなクロスオーバー・ドリブルを練習する。しかし、どちらの手でもドリブルできる場合は、利き手を使うことが最善である。

6 パスとレシーブ　　PASSING AND RECEIVING

　パスは、個人のあらゆるオフェンス・ファンダメンタルの中でもおそらく最も重要な部分であり、また、レシーブは、ある意味でパスの延長とも言えるものである。ショットが最も重要であると言うコーチもいるが、私はショットもバスケットへのパスだと考えている。ショットの大部分はパスが連続して生じるのであり、うまくパスをつなげることによって初めて確率の高いショットが生まれるのである。いかなるオフェンスにおいても、その基本的な考えは、ボールを保持したときはいつでも良いショットを打つということである。一般に、ゲームの主導権を失っている場合やボールをコントロールするタイプのオフェンスでない限りは、パスによる攻撃に長けたチームはより確率の高いショットを打つことができ、より多くの得点を上げることができるであろう。

ショットがうまくないチームがオフェンスを改善しようとするならば、より高い成功率のショットを求めてボールをまわす練習を行い、そのようなパッシング・ゲームを完全にするために多くの時間を費やすべきである。そうすれば、ショットの能力も同時に向上させることができるであろう。ボールをうまくハンドリングして確率の高いショットにつなげることができなければ、ショットの能力があったとしても何にもならないのである。

　コーチは、パッシング・ゲームはパッシングとレシービングという2つの部分から成り立っていることを常に強調しなければならない。したがって、プレーヤーには、適切なレシービング技術とパスを受けるためにノーマークになる技術、さらには、ノーマークの味方を見つけ、そこに正確なパスをすることが教えられなければならないのである。

＊

　ボール保持者は、ボールを手にしたらすぐに、そしてボールを保持しているときは常に、良いポジションにいるチームメイトへのパスのチャンスを窺っていなければならない。また、それは、程良いスピンがかかった強くて素早いパスでなければならない。緩いパスや高く投げ上げられたパスはインターセプトされやすく、また強すぎたりスピンがかかりすぎたりするパスはファンブルしやすい。パスの上達を目指すには、歯切れの良いパス、すなわち強くて素早いパスを心掛けるように努力する。パスを強くすればインターセプトが減り、素早くすればディフェンスにプレッシャーを与えることになる。

　ディフェンスを欺くこととパスのタイミングは、パッシングにとって非常に大切な局面である。ディフェンスに、いつ、どこにパスを出すのかを見破られてはならない。ディフェンスに読まれることなく、パスを素早く正確に出せる能力を向上させなければならない。パスを受けようとするレシーバーを凝視することなく視野に入れられるようにすることが大切である。

＊

　コーチはプレーヤーにパッシングの自信をつけさせるためにあらゆる努力をしなければならない。そして、得点を上げたプレーヤー全員が、得点に繋がるパスをしてくれたパサーに頷いたり、微笑んだり、ウィンクしたり、賞賛の言葉をかけることによって、謝意を表わすことを奨励しなければならない。

パス

　完成されたプレーヤーを目指すなら、様ざまなタイプのパスを習得しなければならない。プレーヤーは、自分がプレーする特定のポジションで最も使用頻

度の多いパスを最初に習得すべきであるが、他のパスも同様に使えるようにしなければならない。今日のオフェンスは非常に変化に富んでおり、何年も昔のようにあるプレーヤーがある特定のポジションをこなせれば良いというものではない。プレーヤーは、いかなる状況であろうと、素早く最善の方法でボールを移動させることができなければならないのである。

　バスケットボールは、動きの中で行われるゲームであり、ゲーム中は常にプレーヤーが動き続けている。そして、大多数のパスは、動いているプレーヤーから動いているプレーヤーに行われるが、少なくともパサーかレシーバーのいずれかが動いている状況で行われる。それだけに、一度パスの正しい技術が確立されたならば、練習はできるだけゲーム状況に合わせて工夫するべきである。

❶ストレート・パス

　このパスは、ボールを床と平行に、強く素早く投げることによって行い、レシーバーのディフェンスから遠い側の腰から肩までの範囲をターゲットとする。このパスの有利なところは、片手と両手のいずれでも投げることができ、コートのどんな位置からでも使うことができることである。このパスは、ディフェンス・リバウンドから攻めに転じてボールを前に進めるとき、プレス・ディフェンス、ゾーン・ディフェンスなどの状況で用いる。最も素早いパスなので、可能なときは必ずこのパスを使う。その他、セット・オフェンスやファストブレイクなどのどんな状況においても応用することができるパスである。

❷バウンス・パス

　このパスは、両手か片手のプッシュ動作で行い、レシーバーとの距離の3分の2の位置でバウンドさせ、レシーバーの膝から腰までの範囲をターゲットとする。バウンス・パスは、レシーバーのターゲットに正確に届きさえすれば、床がショックを和らげてくれるので強くパスするべきである。

　リバース・スピンをかけたバウンス・パスは、長いリード・パスのときに効果的である。レシーバーより前に大きくパスを出してもパスの勢いが弱まるので、レシーバーがキャッチしやすい状態で受け取ることができるからである。また、フォワード・スピンをかけたバウンス・パスは、狭い空間を通してノーマークのプレーヤーに素早いパスを出すときに有効である。このフォワード・スピンによるバウンス・パスには、より高い精度が求められるが、その技術を磨くだけの価値は十分にある。

　バウンス・パスは、次のような状況で使うと非常に効果的である。

- ファストブレイクでゴールに向かっているカッターへパスをするとき
- ディフェンスの足もとにパスを通すとき

- リバースをしたカッターにパスをするとき
- ポストマンにパスを入れるとき
- ディフェンスに囲まれているポストマンからカッターにパスをするとき
- ゾーン・ディフェンスのインサイドへパスをするとき
- アウト・オブ・バウンズ・プレー時にカッターへパスをするとき

バウンス・パスを受け取るときには、左右いずれかの上になっている手でバウンドして跳ね上がってくるボールを受け止め、下になっている手で包み込む。ボールを受け止めたとき、上になった手の指先は前方に向け、手の平は下に向ける。下になった手の指先は前方に向け、手の平は上に向ける。

❸ロブ・パス

このパスには危険がつきものである。レシーバーに到達するまでに時間を要するので、ディフェンスにインターセプトされたり、レシーバーを邪魔するような位置にディフェンスが移動してしまうからである。さらに、このパスを正確に行うのは少々難しいからである。

しかしこのパスは、例えば、ポストマンが遠くからミートしに近づいてくるとき、ディフェンスに前に立たれたポストマンの裏にパスを入れるとき、リバースしてノーマークになったプレーヤーにパスを出すときなどに効力を発揮する。また、ファストブレイク時のリード・パスとしても用いる。さらに、アウト・オブ・バウンズ・プレーでボールをコートに入れる際にも用いる。

このパスは、たいてい片手か両手のいずれかで行う。ときにはベースボール・パスやフック・パスのフォームから行うこともある。

❹フリップ・あるいはハンドオフ

このパスは、通常、素早いストップやターンを行ったプレーヤーないしポストマンが、彼らに近づいてくるカッターにボールを渡すのに用いる。

フリップあるいはハンドオフするときには、ボールにはスピンをかけずにレシーバーの腰の高さに出す。レシーバーにボールを投げ上げたり、レシーバーの足もとにボールを落としてはならない。パサーは直接レシーバーの両手の中へ手渡しするように素早くボールを離さなければならない。レシーバーがボールをつかみ取るのではなく、パサーがボールを手渡してすぐに手を引っ込めるのである。ボールを持たない手や腕はボールをプロテクトするのに役立てる。手首と指はフォロースルーとして伸ばすが、腕は伸ばしてはならない。ディフェンスがハンドオフに対応してくることもあるので、パサーはボールをしっかりと持ち、あまり早いタイミングでパスをせず、必要ならばフェイクをかけ、カッターにワン・タイミングはずしてパスを出せる準備をしておく。

近づいてくるカッターとぴったり呼吸を合わせるための効果的な方法が2つある。1つは、ヘッド・フェイクとボールをわずかに下げるフェイク・ダウンから、片手あるいは両手のフリップ・パスを出すことである。2つ目は、ヘッド・フェイクとボールをわずかに上げるフェイク・アップから、ディフェンスの足下を通す素早いフリップ・バウンス・パスである。一般的な原則として、ボールを上げるフェイクは、フェイクしたサイドへの素早く低いフリップ・パスや、逆サイドへの高いパスに繋げる。一方、ボールを下げるフェイクは、同じサイドへのディフェンスの肩越しの素早いフリップ・パスや、逆サイドへのディフェンスの足下へのバウンス・パスとなる。肩越しのフリップ・パスは、レシーバーの肩の高さに投げるべきである。

ポストマンは、カッターへのパスの出し方やハンドオフの様ざまな方法を身につける練習を数多くこなさなければならない。しかし、他のプレーヤーもこのパスを練習してもらいたい。その理由は、プレーヤーの中でも特にガードは、しばしば急ストップやターンをして、トレーラーへハンドオフをすることがあるからである。また、われわれのチームでは、セット・オフェンスでのウィーク・サイド攻撃を、フォワードやときにはガードがサイド・ポストに上がってきてポストマンになり、プレーすることもあるのである。

❺プッシュ・パス―片手と両手

このパスは、今も昔も、バスケットボールにおいてボールを前に運んだり、セット・オフェンスを始めたり、ポスト以外のポジションからカッターへボールを渡すために最も多く用いられてきた。ほとんどのプレーヤーは、6ｍくらいまでの距離はこのパスを出せる能力を発達させることができる。また、コートのどの地点からもこのパスを使えなければならない。[写真3-10]

両手のプッシュ・パスは、両方の手の指を開き、両親指を投げる方向の真後

▶**クイック・プッシュ・パス** [写真3-10]

ろよりややボールの頂点のほうへ向けた方向に置き、胸の高さでボールを保持する。両肘は身体に引きつけておき、手首、肘、指の素早いスナップ動作でボールをリリースする。両腕を前方に軽く伸ばすときに大切なのは、素早さとスナップの2点である。手首と指のスナップ動作によってボールには自然な回転を与えるべきであり、過度の回転を与えるべきではない。

　パスを出すとき、身体はわずかに前方に屈んだ状態になる。右利きの者は普通パスを投げる方向へ右足を踏み出し、左足で床を蹴ることになる。逆に、左利きの者は左足を前に踏み出し、右足で床を蹴る。

　このパスは、強く素早いストレート・パスとして行うべきである。また、バウンス・パスとしても用いる。

　片手のプッシュ・パスは、ボールを片手で素早くリリースし、ボールを持たないほうの手でプロテクトしておくという以外は、両手と同じやり方である。身体の正面からは両手のパスを行い、身体のいずれかのサイドからリリースされるときは片手のパスを行う。

❻ツー・ハンド・オーバーヘッド・パス

　このパスの長所は、セット・オフェンスのときにどのポジションからも出すことができるという点である。例えば、ガードがポストマンにパスを入れるとき、フォワードがポストマンやポストマンのスクリーンを利用してカットしてくるガードへパスを入れるとき、そして、ポストマンがハイ・ポストでパスを受けゴールに正対した後などに使用すると有効である。このパスは、長身プレーヤーや高いパスをちょうど受けたばかりのプレーヤーによってしばしば用いられる。そのときには、ターンやパスの素早さが求められる。[写真3-11]

　両手でボールの後ろを両側から包み込み、指先を上に向けて、親指が互いに内側を向いた状態にする。また、両手は上方にまっすぐ挙げ、頭の後ろに引い

▶**クィック・オーバーヘッド・パス** [写真3-11]

てはならない。両肘はほんの少し曲げる。そして、ボールのリリースには、手首と指を使っての素早いスナップ動作を用い、その際には、通常、利き腕側の足をわずかに踏み出すようにする。

❼ショルダー・パス―片手と両手

このパスは、その特徴や用い方が前述のツー・ハンド・オーバーヘッド・パスに似ている。違っているのは、左右いずれかの耳の付近でボールを構え、肩の上から片手もしくは両手で投げる点である。

ボールは一般に次のようなやり方で保持される。身体の右側にボールがある場合は、右手がボールの後方に置かれ、手の平は前方を、指は上方に向けられ、右耳の近くに親指がくる。左手はボールの前方に添え、手の平は右手の手の平よりもわずかに下にし、指は上方に向け、親指は右頬付近にくる。身体の左側にボールがあるときはこの逆になる。

身体のいずれの側でボールを保持するにせよ、また、両手であろうが片手であろうが、手首と指の素早いスナップ動作によってボールをリリースする。

このパスは、特別な状況でのフリップ・パスはもちろん、ストレート、バウンス、ロブといったすべてのパスに用いる。

❽ヒップ・パス―片手と両手

ショルダー・パスの原理がこのパスにも適用される。

ボールは腰の近くで保持する。その時、両肘は曲げ、手首と指の素早いスナップ動作でボールのリリースを行う。ボールが肩と肩を結ぶ線よりも後ろにあってはならない。両手の手の平を向かい合わせ、両サイドからはさむようにしてボールを持つ。指は下に向けられ、両親指は外側に向けられる。右からパスするときは右手、左からパスするときは左手がボールの後ろにくる。ボールがリリースされるときは、片手、両手を問わず、両方の手が重要な働きをする。

このパスは、他のパスに比べてそれほど多くは用いられないが、全く練習しなくても良いわけではない。ガードからフォワード、フォワードからガード、そして特にガード同士でこのパスが用いられる局面があるからである。

❾ベースボール・パス―右手と左手

ウィーク・ハンド（非利き手）の練習をしても構わないが、実際には、このパスはストロング・ハンド（利き腕）で行うことが多い。

ボールは頭の横の高い位置に構える。パスするほうの手はボールの後方に、もう一方の手はボールの前方の少し下に添える。両手の指は上方を指し、両親指は頭よりも上の位置で内側に向けることになる。パスをしないほうのウィーク・ハンドは、ボールのコントロールやバランス保持、素早い投球動作のため

に大変重要である。

このパスは、ディフェンス・リバウンドを獲った後、カッターへの素早いロング・リード・パスを出すときに有効である。このパスを行うときには腕の動きも使うが、大切なのは素早い手首と指のスナップ動作である。ロング・リード・パスでは、場合によっては、カッターに合わせるためにリバース・スピンのかかったバウンス・パスを使うことがある。

⓾フック・パス―右手と左手

このパスは、パサーがコート上の片方のサイドでディフェンスに囲まれたとき、逆サイドにプレッシャーがかかっていない場合に用いると効果的である。また、長身プレーヤーがゴール下でリバウンドを獲り、ピボットした後に用いても効果的である。ファストブレイクでロング・パスを用いて攻撃をする際には、ベースボール・パスよりもこのパスのほうが効果的な場合もある。

本当のフック・パスとは、肘を比較的まっすぐに伸ばして腕を振る動作（スウィーピング・モーション）で行われる。しかし、われわれは、野球の２塁手がダブルプレーをねらって１塁に送球するような、肘を曲げたものも含めている。

このパスは、通常はディフェンスのプレッシャーから逃れるために、クロスオーバー・ステップから、ジャンプ、ターン、フック動作を経て行う。そして、パスをした方向に向きながら着地する。着地の際には、両足は拡げてリラックスさせ、膝を曲げて腰を低くし、素早く動けるように構える。

ボールは手首と指のスナップを使って頭上の高い位置でリリースする。その際、指はパスをする目標へ向けられていなければならない。ボールを持たないもう一方の手は、ボールをプロテクトしてバランスをとりながら、身体の各部位の力がうまく伝わるようにボールを導く役目を果たさなければならない。

⓫ティップ・パス―片手と両手

このパスは、ボールをキャッチすることなく、ねらった方向に手ではじくものである。他のパスと比べて使用頻度は多くないが、適切な状況で正しく使用すれば、素早いボールのやり取りが生じて得点に結び付くことがある。

手の平は、片手であれ両手であれ、指先をしっかり拡げてボールに向ける。指にボールが触れたときに手首や指を使ってレシーバーの方向にボールをはじいてパスをする。

⓬ロール・パス（ボールをころがしたパス）―右手と左手

このパスも使用頻度はさほど多くないが、ときには有効なパスとなるので、用いる状況を想定して練習するとよい。このパスの練習を通して、低いパスを

受けるときの前傾姿勢やボール・ハンドリング、あるいは適切なボディ・バランスの維持や修復を学ばせることができる。具体的には、ガードがディフェンスのついているポストやフォワードにボールを入れるときや、激しいプレッシャーを受けているレシーバーにボールを渡すときにこのパスを使う。

両手は、ヒップ・パスの場合と同じ位置に構えられる。そして、肘を伸ばし手首と指の素早いスナップ動作でボールをリリースする。レシーバーは、野球の内野手がゴロをさばくように、ボールの勢いを止め、包み込むようにボールを受ける。

⓭ビハインド・ザ・バック・パス

私がこのタイプのパスの使用を認めているのは、ある特別な状況下にプレーヤーが置かれたときだけである。もし他の種類のパスで間に合うならば、このタイプのパスを行うべきではない。しかし、練習のマンネリ化を打破したり、プレーヤーの緊張をほぐすため、円陣を組んでビハインド・ザ・バック・パスでボールをまわす練習をしたり、ポストの前方を横切ってバウンドさせたビハインド・ザ・バック・パスをポストに出す練習を行っている。

このパスでは、指を下向きにして肘を曲げ、ボールを身体の近くに保持する。ボールをリリースするときは、他のパスと同様に手首と指の素早いスナップ動作で行う。

⓮ポストマンのパス

ポストマンには、これまで述べてきたすべてのパス、特にフリップあるいはハンドオフ・パスの他に、カッターに出すすべてのタイプのパスを練習させる。しかし、まずポストマンは、自分のディフェンスや自分の周りにいるディフェ

ンスからボールをプロテクトすることを学ばなければならない。また、ディフェンスに囲まれた状況下でカッターにボールを渡すことも学ばなければならない。ポストマンが用いるパスは、素早いフリップ・パスやバウンス・パス、上下のフェイク動作を伴う素早いパス、バックハンドのフリップ・パス、クロスオーバー・ステップを用いたものなど多種多様である。われわれはほとんど毎日、ポストマンにディフェンスに囲まれた状況下でいろいろなパスを練習させている。その際に、ポストマンの自主的な判断で、自分がその状況下で最適であると思ったパスを行わせている。ポストマンがパスを完璧に行うことができれば、パスの種類ややり方は問題ではない。

レシーブ

ボールを保持していないプレーヤーは常にパスを受けようとするレシーバーとみなすべきである。パスを受けようとするレシーバーは、適切な場所でタイミング良くノーマークになってパスを受けるために、自分のマークマンにフェイクをかけなければならない。また、自分のマークマンがボール保持者を「読む」ことができないように動き続けなければならない。

レシーバーは、ボールをいつも自分の視野の中に入れておかなければならない。手の中に収まるまでボールを目で追い、キャッチしたらできる限り目を前方へ向け、広い周辺視野を心掛けるようにする。

正しいレシーブをするために必要な手の使い方は、次の通りである。
- ボールに向かって両手を差し出す。
- ディフェンスから離れている側の手がボールを受け止める手（ブロッキング・ハンド）となる。
- ボールを受け止める際には、指を大きく拡げてリラックスさせ、野球における一塁手のグローブのように使う。
- 片手でボールを受け止めた後、もう一方の手でボールを包み込んでじょうごのような形を作り、衝撃を吸収する。
- 腰より高いパスは、受け止める側の手の指先を上に向け、手の平をボールに向ける。腰より低いものについては、指先を下に向け、手の平をボールに向ける。
- 腰より低いパスは、包み込む側の手の指先を下にし、手の平を内に向ける。腰より高いものについては、指先を前方に向け、手の平を上に向ける。

これらの技術を理解できたら、パッシング・ドリルの中で、動きながらのパス、急にストップしてからの動いているレシーバーへのパス、通常のオフェン

ス・ポジションに位置するレシーバーへのパスを練習する。

ファンブルの原因

1. レシーバーが自分に向かって飛んでくるボールを見ていないとき。
2. レシーバーが油断して、ボールの飛んでくるのを予測していないとき。
3. レシーバーが過度に緊張し、ボールが手につかないとき。
4. レシーバーが平静さや自制心をなくしているとき。
5. レシーバーが心身ともに疲れているとき。
6. レシーバーがボールを手にしていないのに、ショット、パス、ドリブル、ターンをしようと焦っているとき。
7. レシーバーがパスの判断を誤るとき。
8. レシーバーが両手を上げてキャッチの準備をしないとき。
9. レシーバーがバランスを失っているとき。
10. レシーバーの手首や指が身体的に弱いとき。
11. レシーバーがボールから遠ざかるとき。
12. パスが強すぎたり、弱すぎたり、回転をつけすぎたり、高すぎたり、低すぎたりするとき。また、レシーバーへのリード・パスが前すぎたり、短すぎたりするとき。また、レシーバーを驚かすようなパスをパサーがするとき。
13. レシーバーがちゃんとボールをキャッチしないとき。

パスとレシーブのポイント

1. われわれの目標は、完璧で正確なパスである。いい加減なパスはボールを失い、信頼を失い、ゲームをも失うことになる。どのパスもうまく行えるようにする。
2. パスは素早く行うが、正確さを犠牲にしてはならない。パスの前に大きな予備動作をしない。パスはディフェンスの脇を通すものであり、ディフェンスの頭越しやディフェンスをよけて行うものではない。
3. パスをする前にレシーバーを見るが、レシーバーを凝視してディフェンスに読まれないようにする。
4. 確実に行うのであって、決して軽率に行ってはならない。軽率さは重大な罪である。
5. レシーバーのスピードを判断し、的確にパスを通す。
6. パスをした後に、素早くカットしたり、フェイクしたり、スクリーンをかけたり、レシーバーから離れたりする。パスをした後に躊躇することは重大な誤りである。また、その場に突っ立ったままの状態でいてはならない。

7. パスは強く素早く行わなければならない。強すぎず、弱すぎず、スピンをかけ過ぎてもいけない。
8. レシーバーは、どんなときでもボールから目を逸らさず、パスに背を向けてはならない。
9. レシーバーはディフェンスと接していない側の手でボールを止め、その後、もう一方の手でボールを包み込むようにする。
10. 通常はサイドラインへと向かっている者や、自分から離れて行く者にはパスをしない。また、コーナーやサイドラインは「混乱する地域」であるのでパスをしない。
11. パサーとレシーバーはお互いにタイミングを計らなければならない。それは両者の責任である。
12. パスがうまく行われると、キャッチもしやすくなる。また、通常、パサーがターゲットとするのは、レシーバーの危険のないサイドである。
13. レシーバーがオーバープレーされているときは、そのレシーバーにフェイクし、レシーバーはノーマークになるためにリバース・ターンを素早く行う。
14. 正しいパスの習慣は、練習で培われる。
15. コートを横切るパスやロブ・パス、あるいは弱いパスは、インターセプトされやすい。
16. 自分が守っているゴール下を横切るパスは大変危険である。
17. パスと動きが素早いチームをディフェンスするのは、非常に難しい。
18. パスをインターセプトした後は、周囲を見渡し、ファストブレイクを仕掛け、パスかドリブルで素早く突進する。
19. 最高のオフェンス・ポジションに位置するプレーヤーに、できるだけ速くボールを渡す。
20. ディフェンスを欺き、視野を拡げるために目と頭を使う。
21. ボールを手にするまでパスはできない。また、身体のバランスが良ければ良いパスができる。
22. 思いつきではなく、よく考えて堅実なパスをする。堅実なパスは称賛に値するが、思いつきのパスは冷笑される。
23. 自分のパスに誇りを持つこと。あらゆるタイプのパスを完璧にするために一生懸命練習する。
24. 腰の上で両手を構え、指は拡げてリラックスさせる。また、ディフェンスのいない側の手の平をターゲットとして示す。
25. ボールを獲得するためにいろいろな努力をする。立ち止まってボールを呼

び求めてはならない。

26. 身体の右側からパスするときは、通常、左足を前に出す。左側はその逆となる。

27. パスがアウトサイドに返されるとき、直ちにウィーク・サイドをねらう。

28. 狭いところでは素早いフェイクやバウンス・パスを多用する。ただし、ボールをプロテクトすることを忘れないこと。

29. パサーは、レシーバーがディフェンスから有利なポジションでノーマークになろうとしていることをいつも予測すべきである。また、パスをレシーバーに合わせる準備も行わなければならない。その一方で、レシーバーになる可能性があるときはいつでも、ボールを受ける準備をしておく。

30. 軽率であっても慎重になり過ぎてもならない。恐怖心や不安感を抱くことなく、素早くパスを成功させる。しかし、ミスを経験しない者は、決して何事も成し遂げられない。

7 ショット　　　SHOOTING

　プレーヤーは自分のショットについて適切な判断を下す訓練をしなければならない。ショットをいつ打つべきかを知るのと同様に、いつ打つべきでないかを知ることも重要なのである。プレーヤーは自分のショット能力を率直に認識すべきである。自分が高い成功率のショットがねらえるエリアにいないとき、そしてチームメイトが高い成功率のショットがねらえるエリアにノーマークでいるときは、ショットを打ってはならない。成功率の高いエリアからしかショットを打ってはならないのではなく、ショットの際には適切な判断をしなければならないということなのである。また、相手チームのほうがリバウンドに優勢な場合は確率の高いショットしか打ってはならないが、自チームのほうが優勢な場合は確率の高いショットにこだわる必要はなくなる。しかし、もしかしたら入るかもしれないというようないい加減なショットを打ってはならない。つまり、ショットを成功させる自信を持っているエリアにいるとき、そしてチームメイトが確実にリバウンドしてくれる体勢を取っているときには、ためらわずショットを打って構わないということである。ただし、得点と残り時間によっては、いくら確率の高いショットであっても、ショットをするか否かは重要な判断となってくる。

　素晴らしいシューターになりたいのであれば、プレーヤーは自分のショットに自信を持たなければならない。チームメイトが自分よりも高い確率のショッ

トを打てる場所でノーマークになっているとき、あるいはチームがリードを守るために絶対に確実なショットだけを打つ作戦（リード・プロテクション）をとっているときを除けば、プレーヤーはショットを決める自信があるなら、いつでも遠慮なくショットを打つべきであると私は考えている。

*

比較的近距離からの非利き手（オフ・ハンド）のショットを習熟させ、その技術を向上させるために多少時間を費やすことは大切である。しかし、利き手（ストロング・ハンド）と同じくらい上達させることはほとんど不可能である。したがって、可能な限り常に利き手でショットを打つべきである。非利き手を使うのは、利き手を使うことができず、しかも非利き手でも確率の高いショットを打つことのできる十分な良いポジションにいる、といった希なケースのときだけである。

*

バランスを失ったときはショットを打つべきではない。しかし、ショットがバランスを失っているように見えても、プレーヤーによってはそれが良いバランスの場合もあることがわかった。ただし、それはそのプレーヤーにとってだけであり、その他のプレーヤーにとっては悪いショットとなる場合がほとんどである。したがって、各プレーヤーは個人個人で的確な判断を下さなければならない。コーチは、ショットの特性と各プレーヤーの能力を注意深く研究し、

それをプレーヤーにしっかりと伝えなければならない。さらに、あるプレーヤーに特異なショットを、他のプレーヤーが真似してはならない理由を理解させなければならない。

*

プレーヤーのショット能力に影響を及ぼす要因はたくさんある。コーチは各ショットのタイプごとの正しい技術を教えると同時に、絶えずその要因を分析し、修正しようとしなければならない。

心理的要因は次の通りである。すなわち、自信喪失、あがりと神経過敏、自制心の欠如、焦り、意欲と決断の欠如、不安、恐れ、迷信、自信過剰と自己満足、そそっかしさ、集中力不足、その他の似たような要因である。

生理的要因は次の通りである。すなわち、体調、誤ったウォームアップ、ケガ、睡眠不足、覇気のなさ、視力、疲労、技術や練習の不足、そして身体能力の欠如である。

物理的要因は次の通りである。すなわち、照明の悪さ、滑るボール、膨らみすぎたボール、換気の悪さ、背景の異様さ、長方形のバックボードから扇形のバックボードへの変化またはその逆、木製のバックボードからグラスファイバー製のバックボードへの変化またはその逆、ゴール下のスペースの狭さ、滑る床、そして自分をマークするディフェンスである。

*

バスケットボールはメンタルのゲームである。このことは、ファンダメンタルの中でもとくにショットにおいて明白に現れる。素晴らしいシューターは自信を持っているに違いないが、そのようなプレーヤーであってもときには不調に陥ることを知らなければならない。コーチはこのことを認識し、プレーヤーの自信を傷つけないようにしなければならない。そういったプレーヤーに必要なのは、徐々に少しずつ修正を行ないながら短い休息をとらせることと、励ましの言葉をかけることである。コーチは、シューターがすべて自信を持つことができるように努力すべきである。スムーズでプレーヤーに合った自然なスタイルがいったん選ばれたなら、それがプレーヤーに適しているかどうかを確かめるには及ばない。コーチの仕事は、行き詰まっているプレーヤーのために最善のタイプをまず発見してやることであり、次に、それを練習で正確に行わせることである。プレーヤーがかなりうまくショットを打てるようになり、自分のスタイルで長距離ショットを打つことができるようになったら、今度はスピードを増し、正確さを改善するように練習させれば良いのである。

セット・ショット

われわれが考えているセット・ショットの範囲は、7～9 mの距離である。もちろん、その数字は正確な距離を意味するものではない。ゴールからその距離以内の範囲ということである。

もしチームにアウトサイドからのショットの得意なシューターがいなければ、ディフェンスはゴール近くに固まって陣取るであろうから、その結果、オフェンスはゴールに近づいてショットを打つことが困難になる。ドライブの得意なプレーヤーがアウトサイドのショットの能力を備えていると、ディフェンスは簡単にショットを打たせないように広がってくるので、ドライブがより効果的になる。ドライブを効果的に用いると、ディフェンスが後ろに下がりがちになり、ジャンプ・ショットやセット・ショットの成功率が高くなる。アウトサイドからのショット成功率が高ければ、ドライブしやすくなる。また、アウトサイドからのショットが得意なプレーヤーは、ディフェンスを引きつけることになるので、簡単にはフロートやヘルプができなくなる。

ワンハンドかツーハンドか、どちらが良いのかということについて、これまでの数多くの経験から私が達した結論は、次のようなことである。それは、私がプレーヤーに望んでいる距離、すなわち7～9 mの距離のショットにはワンハンド・セット・ショットが適しているということである。それ以上の距離からのショットには、ツーハンドのほうが良いということである。しかし、このことは個人によって異なる。ワンハンド・ショットのほうが、ツーハンドよりも素早く打つことができるし、守るには困難であると考えている。

❶ボールを胸の位置に構えるツーハンド・セット・ショット

ボールを胸の近くで適切にかつしっかり保持する。顎の下にボールがあることで、パスやドリブルやショットをするには最適の構えとなる。指は十分に拡げて、ボールの両側の少し後ろに置く。手の大きさによっては若干異なるが、両親指は2～3 cm程離してお互いに向かい合うようにする。肘は身体へと近づけて、わずかに触れるくらいにする。顎を上げ、頭は両足を結んだ線の中心の真上に置く。両足は肩幅程度に拡げ、重心を少し前方にかけ、膝をわずかに曲げて、腰等の関節をリラックスさせる。私は、右利きのプレーヤーはわずかに右足を前にし、左利きは左足をわずかに前に出したほうが良いと思っている。このほうがより自然であるし、バランスが良くなり、フェイクや次の動きに移りやすいと考えられる。しかしながら、両足を平行にして、揃えてくっつけたほうが良いと言っているコーチも大勢いる。

ボールのリリースは、肘の素早い伸展と手首と指の素早いスナップ動作によって行う。両手の動作で強調されるのは、左右の人差し指である。両人差し指は、同じ高さで平行にしてゴールのほうに向け、両親指が触れるくらいにしてフォロースルーをする。また、方向を確定するために最後までボールに触れていることが大切である。その他の指と両親指は、ボール保持のバランスを取ったり、ボールに勢いをつける役割を果たす。

　重心は両足のつま先の上にあり、ショットを打つときには両足はフロアからわずかではあるが離しても良い。しかし、上方にジャンプするのであって、前方に飛び出してはならない。飛び上がった地点と同じところに必ず着地する。頭は上げてゴールのほうへ向ける。その際、バスケットへ自分の頭を投げ入れるイメージを描きながらショットを打つ。セット・ショットを打ったプレーヤーはゴールへと向かい、フリースロー・サークルのトップ近辺でロング・リバウンドをねらう。

❷頭上にボールを構えるツーハンド・セット・ショット

　このショットは、ポストマンがハイ・ポストでターンしてバスケットへと正対したとき、フォワードがコーナー、あるいはフロアのいずれかのサイドにいるとき、また、ガードがアウトサイドにいるときに効果的に用いられる。

　ボールの保持の仕方は、オーバーヘッド・パスと同様である。また、胸の位置にボールを構えるツーハンド・セット・ショットと同じ方法でリリースされる。したがって、教えることはさほど難しくはない。

　胸の位置にボールを構えるツーハンド・セット・ショットほどの距離はない。また、オーバーヘッド・パスや頭上の高い位置からのパスを行う場合は別にし

▶クィック・セット・ショット［写真 3-12］

て、頭上の高い位置からショットをねらうことは、パス・アンド・カットや素早いドライブを行う脅威をディフェンスに与えることはできない。

❸ワンハンド・セット・ショット

　胸の位置にボールを構えるツーハンド・セット・ショットの原理原則は、ワンハンド・セット・ショットにも当てはまる。ただし、ショットを打つ時にボールに推進力を与えるのは利き手であり、もう一方の手はコントロールとバランスを整えるためにだけ用いるという違いがある。[写真3-12]

　ボールは胸の近くで顎の下に保持する。ショットを打つ側の手、すなわちシューティング・ハンドは少し後ろに引いてボールの下に置く。もう一方の手は少し前に移動させ、お椀状にしてボールの下に置く。

　シューティング・ハンドの指は十分に拡げ、人差し指と中指との中間を通る線が、鼻か顔の中央を通るようにする。ボールをリリースするときは、両手の指を十分に拡げ、手の平がほとんど向かい合うようにする。また、シューティング・ハンド、前腕、肘は一直線に位置する。もし、肘が外側に張り出してしまうとボールの回転が変わり、ボールが曲がってしまう。また、リリースの前に、腕を上方ではなくバスケットに向かって伸ばしてしまうと、それはショットではなく、ボールをバスケットに向かって投げつけていることになる。これらのケースに陥ると、ショットの正確性が落ちてしまうことになる。

　ボールのリリースは、シューティング・ハンド側の肘の素早い伸展と、手首と指の素早いスナップ動作によって行う。手の甲は顔のほうを向き、手の平はゴールを向いている。指の第二関節は、手が上方に動くとき、鼻の近くを通ることになる。また、人差し指のボールへのタッチの感覚は他のどの指よりも優

れているので、人差し指が最後までボールに触れているべきである。そして、ボールをリリースした後は、手の平はわずかに外側に向けるようにする。

　身体は少しばかり前傾姿勢をとる。そのとき、膝をわずかに曲げて、関節をリラックスさせ、頭は上げて両足を結んだ中間点の真上に置く。重心は前足のつま先にかける。右利きのプレーヤーは右足を、左利きのプレーヤーは左足を前に出すべきである。こうすることによって、素早いピボットや素早いスタートに対応できる。また、シューティング・ハンド側の肩はバスケットに向け、逆の肩はわずかながら後ろに引くことになる。したがって、身体は少しばかり横を向くことになり、頭もシューティング・ハンド側の肩や腕のほうにわずかに向くことになる。ジャンプのときには、後ろ足を素早く上方へ押し上げて、両足はほんの少しコートから離すことになる。頭はショットを打ち終えても上げておき、ジャンプした地点よりも若干前方に着地する。

ジャンプ・ショット

　ジャンプ・ショットは、ワンハンド・セット・ショットと非常に似ているが、動きの後に行われる、あるいはクィック・ストップからの素早い動作から行われるという点で異なっている。ワンハンド・セット・ショットと同じようにボールを保持し、ショットを打つ位置に構えてリリースする。手、前腕、肘が一直線になることを忘れないようにする。

　ジャンプ・ショットについて、私を初めとして私の知り合いの多くのコーチが達した結論は、これまではジャンプの高さをあまりにも気にしすぎてきたということであった。つまり、ジャンプの高さを強調することで、ショットのた

▶クィック・ジャンプ・ショット［写真3-13］

めの適切なボール・コントロールや調和したリズムを維持するのが難しくなってしまうのである。緊張しすぎることなく、できる限り自然な高さのジャンプができれば良いと考えている。ジャンプ・ショットは、自分のディフェンスをかわして素早く行うものであり、ディフェンスを飛び越して打つものではない。シューターがジャンプするまで、ディフェンスはジャンプしたり、床から両足を離すことはできない。また、シューターがボールを身体の近くでプロテクトしながら素早くショットを打てば、ディフェンスはショットの邪魔をすることができないのである [写真3-13]。

　ほとんどのプレーヤーは、ジャンプの最高点か、またはその直前にボールをリリースすべきである。最高点を過ぎてからリリースするのではない。何人かのプレーヤーは、ジャンプの最高点で「空中に止まっている」ように見えるかもしれないが、実際はそのようなことはあり得ないのである。ボールは手首と指の素早いスナップ動作でリリースするが、人差し指は最後にボールから離すことになる。そのとき、肘は伸ばされ、手の平はほんの少し外側に向けられる。人差し指はゴールの方向を指し、頭も人差し指と同じゴールの方向に向ける。そして、両足を拡げてバランスを保って着地し、リバウンドやその他の必要な対応をするための準備をする。

　われわれが用いるジャンプ・ショットは、他のすべてのタイプを組み合わせたショットの種類よりも多くなる。なぜなら、ファストブレイクと鋭いカッティングを用いたセット・オフェンスを強調しているからである。それゆえ、結果的には、ポジション別に個々のプレーヤーが使う機会の多いタイプのジャンプ・ショットを、ゲーム状況に応じて工夫された数多くのドリルを使って練習

しなければならなくなる。

　私がすべてのワンハンド・ショットに関して繰り返して強調したいことは、ショットが放たれる直前まで、シューティング・ハンドの反対の手は、ボールのバランスをとったり、ボールをプロテクトしたり、ボールをコントロールしたりするために用いられるということである。ショットを成功させるためには、左右どちらの手も最後まで重要なのである。

ストライド・ストップからのジャンプ・ショット

　ジャンプ・ショットの踏み切り動作では、後ろ足を床から離し、前足の膝を上に持ち上げるが、ストライド・ストップからのジャンプ・ショットとして、次の2つの方法を練習している。

　ひとつは、ストライド・ストップを素早く行った後、前足を素早く後ろ足のほうに戻して軽くそろえ、そこからショットをするために跳び上がる方法である。この場合の前足は、右利きの場合は右足、左利きの場合は左足である。

　もうひとつは、同じように素早いストライド・ストップを行うのであるが、ロッカーモーションを用いるものである。すなわち、前足を後ろに下げないで単に頭と両肩を後ろに引き、その状態からショットをするために跳び上がる方法である。[写真3-14]

　この動きは、バスケットへのストレート・ドライブ、ベースラインからのドライブ、あるいは制限区域を横切るドライブが、ディフェンスの素早い動きによって止められたとき用いる。その場合のストライド・ステップから行われるショットでは、身体の向きを変え、頭をバスケットのほうに向けることが必要となってくる。また、ドライブの方向に勢いがついていても、ボールをリリー

▶**片足で踏み切るジャンプ・ショット** [写真3-14]

スするときは身体や頭がバスケットに向いていなければならない。もし頭をバスケットに正対させることができなければ、ショットを打つべきではないのである。

片足で踏み切るジャンプ・ショット *3

　踏み切りはシューティング・ハンドの反対の足で行う。フォロースルーをしてからのショットの終わり方は、高く空中にジャンプしているという点を除けばワンハンド・セット・ショットと同じである。プレーヤーは前ではなく、上に跳ぶようにする。しかし、高く跳ぼうとして不自然に力を入れてはならない。シューティング・ハンド側の膝は、ディフェンスに対してボールをプロテクトしたり、パワーを得たり、バランスをとるために素早く引き上げる。忘れてならないのは、身体の移動は上方ということであり、前方ではないということである。たとえ前方にいくらか動いているとしても、踏み切ったところからほんの少し前に着地すべきである。

バスケット下のショットとクローズイン・ショット

　プレーヤーは、クローズイン・ショット、すなわちバスケットの周辺でゴールに接近しながら打つショットを身につけ、うまくできなけばならない。そのショットにはいくつかのタイプがあるが、ほとんどの競技レベルのプレーヤーであれば、バスケット下がガラ空きならそのようなショットを決めることができるであろう。しかし、バスケット下でノーマークになることは極めて希である。したがって、次のようなあらゆる状況においてショットを入れる技術を学ばなければならない。

▶レイアップ・ショット
[写真 3-15]

- プレッシャーがかかった状況でのハード・ドライブから
- バスケットから少し離れたところから
- 正面やサイドから身体をひねりバランスが崩れた姿勢から
- 素早い動きによってクローズイン・ショットができるすべてのポジションから

　すべての短いショット、特にサイドからのものは、できる限りバックボードを使ったほうが良い。プレーヤーがノーマークの状態でフリースロー・ラインとバスケットの間にいるなら、私はそのプレーヤーにどちらかのサイド、できれば彼の得意とするサイドからバックボードを使った利き手でのショットを行わせている。その理由は、リングの正面からショットを打つよりは、このほうがより正確だからである。しかし、どちらかのサイドからプレッシャーをかけられたり押されたりしてやむを得ずバックボードが使えないときは、リングの前縁を越して直接バスケットの中にボールを入れるレイ・インというショットを行わせるようにしている。

　次のようなパス・レシーブの後、ゴール下へドライブして打つクローズイン・ショットのドリルを行っている。

- パス・アンド・カットしてからのリターン・パスのレシーブ
- ノーマル・カットからのパス・レシーブ
- ロング・パスのレシーブ

　その他、バスケット近辺の高い位置でパスをレシーブし、着地する前にショットを打つという練習もいくつか行っている。さらに、ハード・ドライブからゴール下で素早く止まり、顔やボールのフェイク・アップを使いながら素早いジャンプでショットを打つことも練習している。

　私は、ショットの後は正しく着地し、素早くプレーに戻ることを強調している。このことを強調すれば、以下の点で改善がみられるであろう。

- ショットの最後のステップで遠くにジャンプするよりも、高くジャンプするようになる
- バックボードにボールを一層ソフトに当てるようになる
- ディフェンスにすぐ戻るようになる
- ショットの後はいつも何かやることがあることを理解するようになる

❶通常の（オーディナリー）レイアップ

　踏切はシューティング・ハンドと反対の足で行い、ボールをゴールに向けて上方に押し上げる。ただし、ジャンプは幅跳びになってはならない。また、足をいつ床から離すかということについて正しく判断しなければならない［写真3-15］。

　ジャンプの最高点近くまでボールを離してはならないが、それは降下し始める前でなければならない。原則としてボールにはほとんどスピンをかけない。そうすれば、ボールをバックボードにソフトに当てることができ、ボールはリングに触れずにバスケットを通過するであろう。

　反対側の手は、ボールをリリースの位置まで持っていくときに、ボールをプロテクトしたりコントロールしたり、また、ボールの位置を調節したりする役目を果たす。われわれは、バスケットの両サイドからどちらの手でもショットを打てるように練習している。とはいえ、できる限りどちらのサイドからでも利き手を使わせたいと思っている。そして、ショットまでの間、ボールは身体のそばで保持するように指導している。

　シューティング・ハンドは指を拡げ、ボールの真後ろのやや下方（手の平は前方、指は上方に向ける）に置くか、ボールの真下（手の平は上方、指は前方に向ける）に置く。ボールは手首、指、肘によって素早く上方へはじき上げて（フリップ）、リリースする。これら両方のやり方を練習した上で、自信があるほうを使うように指導している。

このショットの練習では、ショットへと動き出す直前に、ショットの方向とは反対方向へ、頭とボールを使ってわずかのフェイク動作をするように指導している。こうすることによって、いくら素晴らしいディフェンス・プレーヤーであっても一瞬躊躇せざるを得なくなり、ショットの妨害をされないわずかな時間的なずれが生じるのである。

❷クィック・ストップ後のクローズイン・ショット

　このショットは、クィック・ストップ後のジャンプ・ショットと同じ要領で行う。違う点は、バスケットからの距離だけである。考え方としては、シューターがクィック・ストップした後、ディフェンスがリカバーする前にショットを打つということである。ストライド・ステップに続いてフェードアウェイやロッカー・ステップをし、その後にショットをしても良い。

　また、頭とボールを使ってほんの少しフェイクした後に、素早くショットを打つことも練習する。ジャンプ・ストップの後にこのフェイクを用いることが多いが、ストライド・ステップの後に用いても効果的である。

❸ショート・フック

　このショットは、プレーヤーがレーンを横切ったり、通常のレイアップを使うにはあまりにもバスケットから遠すぎるときに用いる。ジャンプの踏み切りやピボットに用いられるのは、シューティング・アーム側の足とは反対の足である。

　ショットを打つ際に用いられる腕の用い方は、２通りのフォームがある。ひとつは、肘を曲げてボールを高く持ち上げながら、胸をゴールに向けるように身体をターンさせ、頭の真上からボールを素早くリリースする方法である。シューターがさほど込み入っていないところにいるときはいつでも、この方法を

▶レイバック・ショット（右利き）［写真3-16］

薦めている。もうひとつは、身体をバスケットに向かって横向きにし、腕を真っすぐ伸ばして振り子のようにしてボールをリリースする方法である。
　最初の方法では、ボールがバックボードに当たってうまくバスケットの中に入っていくように、手首と指でボールに少し回転を与えながらリリースする。第2番目の方法、すなわち、腕を振り子のように用いる方法では、手首と指の自然なスナップ動作を用いてボールをソフトにゴールに向かってリリースする。
　腕を真っすぐ伸ばした方法の欠点は、バランス良く着地して、プレーに戻ることがかなり難しくなることである。また、ボールが身体の外側を通るので、後ろからくるディフェンスに邪魔されやすくなることである。しかしながら、この方法を使えば、シューターが目の前にいるディフェンスの頭上を越えてショットを打てるようになる。その反面、肘を曲げる方法は、ディフェンスに対するタイミングとクィックネスが重要になる。
　私は長距離のフック・ショットを禁止しているので、その練習も行わない。フック・ショットは長身プレーヤーのみが行うものと考えている。アウトサイドからショットを打ってリバウンドに入らないのは好ましくない。特に長身プレーヤーには、ゴール近くでプレーして欲しいのである。
　もし長距離のフック・ショットを習得したいのなら、私はすぐさま「ティッピー」ダイのところに赴くであろう。彼は、オハイオ州立大とワシントン大において長距離のフック・シューターを育て、大いに成功を収めた人物である。ワシントン大からは、ボブ・ハウブレグス、ブルーノ・ボイン、ダグ・スマートという3人の長距離フック・シューターが輩出され、彼の指揮するゲームは、われわれを大いに楽しませてくれた。

❹レイバック・ショット

　このショットは、利き腕でないほうのフック・ショットの習得が難しいプレーヤーが、ショート・フックの代わりとして用いる。しかしながら、非利き腕の能力に関わらず、このタイプのショットを好むプレーヤーもたくさんいる。

　このショットは、利き腕のエンドライン側の肩から素早く行う。言い換えれば、右利きのプレーヤーが右から左へとバスケットの下を横切るとき、左手のフック・ショット代わりにこのショットを使うことになる。逆に、左利きのプレーヤーが左から右へとバスケットの下を横切るときにこのショットを使うことになる。肩の線はバックボードの面とほぼ直角になるようにする。

　シューティング・ハンドの手の平はバスケットのほうに向け、指先は上に向けてしっかりと拡げる。また、親指はエンドラインのほうを向ける。指と手首の素早いスナップ動作によって、ボールに自然なリバース・スピンをかける。[写真3-16]

　踏み切りは、シューティング・ハンドと反対側の足で行う。シューティング・ハンドと同じ側の足で踏み切るプレーヤーもいるが、ショットの確率が高く、また、彼にとってそのほうが自然ならば別に構わないと思っている。

❺リーチバック・ショット

　このショットは、バックボードの裏側のエンドライン沿いに入ってしまい、フック・ショットもレイバックもできない位置にいるときに行う。この場合、右からのドライブには左手が用いられ、左からのドライブには右手が用いられる。

　シューティング・ハンドの手の平で下からボールを支え、親指はセンターラインのほうに向ける。そして、シューティング・ハンドをバックボードの裏か

▶**リーチバック・ショット（左利き）**［写真3-17］

ら伸ばし、バックボードの内側に向けて引き戻すように動かす。

　ボールをリリースするときには、親指を耳の後方に向けてひねりながら、手首と指を使って素早く外向きの回転をかける。こうすれば、ボールがバックボードの下部に当たってバスケットに入るようなしっかりとしたスピンを無理なくかけることができる。しかし、このスピンは強くかけすぎてもいけない。

　踏み切りは、シューティング・ハンドの反対側の足で行う。このとき、ピボット・フット（踏み切り足）と身体を素早く回転させる［写真3-17］。この回転によって着地では、身体はバスケットのほうを向くことになる。

　多くのプレーヤーにとっては、このショットは習得しにくいものである。しかし、私はこのショットは貴重な財産になると思っている。エンドラインはバックボードから約1.2ｍ離れており、ゲーム中にはこのショットを用いる機会は何度か訪れるであろう。このショットを習得したプレーヤーはボールへのタッチを向上させることができるし、ゴール裏から比較的簡単に得点することができるようになる。この特殊なショットを習得していないプレーヤーは、ゴール裏にいてもディフェンスに何の脅威も与えることができない。

❻ダンク

　つい数年前まで、私は「ダンク」の使用について、ビハインド・ザ・バック・パスの使用と同様に、眉をしかめてきた。しかし、現在では、過度に力を入れることなく、また、多大な労力を費やすことなく、簡単にダンクできるポジションにいるときには、どのプレーヤーにも「ダンク」ショットの使用を促している。力むことなくダンクできる高さまで到達できるプレーヤーにとって、それが最も確実であるというのが今の私の考えである。

フリースロー

　フリースローは、他のショットとは全く違う性質を持つショットである。ショットが行われる状況が他のショットと著しく異なっているからである。異なっているのは次のような状況である。
- ディフェンスによって妨げられない
- ブロックを恐れて急いで打つ必要がない
- いつも同じ距離で、同じ位置から行える
- 邪魔するようなかけ声がない

　両手のフリースロー（チェスト・パスのような要領のショット、あるいはアンダー・ハンド・ショット）は、今ではほとんど行われない。しかし、完全に廃れてしまったわけではなく、それを練習する何人かのプレーヤーによってうまく用いられている。

　フリースローは習慣化することが重要であり、ほとんど無意識な動作として行えようになるまで繰り返し練習すると良い。一度フリースロー・ラインに立てば、目をつぶってでも打つことができ、力むことなく自然な動作で行えるようにすべきである。

❶ワンハンド

　このショットでは、シューターは決して床から離れてはならないが、それ以外の要領はワンハンド・セット・ショットとほぼ同じである。必要なフォロースルーができるように、両方のつま先を結んだ線の中心点の上に頭が来るようにする。ショットの後は、身体を元どおりの姿勢に戻す。

❷ツーハンドのチェスト

　このショットもまた、床から離れないツーハンド・セット・ショットとほぼ同様である。

❸ツーハンドのアンダーハンド

　目下、ほとんどの大学プレーヤーはワンハンドを使用しているようであるが、私はこのショットを奨励している。しかし、従来ワンハンド・ショットを用いてきたプレーヤーをツーハンド・アンダーハンド・ショットに変えることは非常に難しいことがわかった。したがって、それまでプレーヤーが行ってきたショットが合理的であり、間違った技術を身につけているのでなければ、それを完全なものに上達させるだけで良いと思っている。

　しかしながら、もし私がもう一度高校のコーチをするなら、私が指導するプレーヤーは、もっぱらツーハンド・アンダーハンド・ショットを使うことにな

ったであろう。このスリースローを用いて高校のコーチをした7年間、私のチームには何人もの傑出したフリースローのシューターがいた。シーズンを通じての成功率は常に全米の高校のトップかそれに近い値であった。そして、その数値はほとんどの大学よりも良かったのである。これは、プレーヤーが決して他のスタイルを試みず、このやり方に自信を持っていたことの現れでもある、と私は思っている。

このショットでは、ボールを手でしっかりつかみ、肘をわずかに曲げてボールを腿の前で身体に近づけて構える。わずかな膝の屈伸を利用しながらボールを身体に沿って持ち上げ、両腕と両肘の素早い伸展、および手首と指のスナップによって、ちょうど目の前あたりでボールのリリースを行う。スナップによってバック・スピンあるいはリバース・スピンがかけられるが、それは最終的にボールから感触を得たり、ボールをコントロールするためには不可欠である。

バスケットの上方約90 cmのところでボールは高くもなく低くもないアーチを描くことになる。ただし、これには個人的なバラツキがあるので、高いアーチを好むプレーヤーもいれば、低い水平なアーチを好むプレーヤーもいるであろう。

重心は両つま先の少し先のところに置き、両方の踵は床から離す。ボールが両手から離れるとき、膝は十分に伸ばす。ボールが両手から離れた後は、ショット前のバランス状態に戻す。頭は前方に出さず、両方のつま先を結んだ線の中心点の上にくるようにする。

両足は肩幅くらいに拡げ、右利きのプレーヤーは左足をわずかに前に出す。左利きのプレーヤーはこの逆となる。両足が互いに平行になっているよりはこのほうがより良いバランスを生み出す、と私は思っている。

ボールは両サイドのほんの少し下から指を十分に拡げて保持する。また、両親指はボールの頂点の少し後ろに置き、前方を向くようにする。このショットが終わるとき、両人差し指は同じ高さでバスケットのほうを向き、両親指は互いに指し合っているようにする。

フリースローのポイント

1. ショットを打つ前にバスケットを凝視しない。ボールをもらったらラインへと歩み出て位置につき、次に初めてバスケットをちらっと見る。2、3回ボールを床にバウンドさせて、こんどはショットのために改めてバスケットを見るようにする。

2. ショットを打つ位置についたら、あまり多くの時間をかけない。もし納得いかなければ、いったん後ろに下がり、最初からやり直す。ショットを打つと

きはリラックスする。
3. 手首と指でボールをはじき上げたり、ボールを床にバウンドさせたりしてリラックスする。
4. ショットの目標はリングの前縁を少し越えた約3mの高さのところ（目では確認できない）に置き、その目標に注意を集中させる。
5. 頭は両方のつま先を結んだ線の中心点の上にくるようにする。両足は肩幅に開き、右利きのシューターの場合は右足を左足よりもわずかに前に出すようにする。左利きはこの逆となる。
6. ボールには自然なリバース・スピンをかけ、高すぎることもなく低すぎることもないアーチを描く。
7. ボールをリリースするとき、上体を前に傾ける反動を利用しない。ボールをリリースしたら身体を元の状態に戻し、リバウンドやディフェンスの体勢を整える。ボールのほうに手を伸ばしたり、身体を斜めに傾かせたり、横に動いたりしてはならない。
8. 気楽に考えて、また、自信を持って、落ち着きのあるリズミカルな動作を身につける。
9. ショット時の集中力を乱すいかなることにも動じない。シューターは何事にも悩まされてはならない。
10. ショットをミスしても悔やまない。ミスを気にしてショットを落とすのでなければ、確率的に考えて、ミスした後のショットは入る可能性が高いはずである。
11. プレーヤーはフリースローのときに他のことを試すべきではない。フリースローに真剣に臨み、一生懸命練習すべきである。
12. ゲームの記録と同様に、個人の毎日のフリースローの記録をつける。
13. シーズンを通してフリースローの最高成功率をマークしたプレーヤーに賞を与えることは、他のプレーヤーの刺激となる。その場合、受賞者の資格として、1ゲームにつき1本以上フリースローを打つという基準を設ける。

ショット全般に共通するポイント

1. でたらめなショット、打つべきときではないときに打つショット、あるいはもしかしたら入るかもしれないという偶然に任せたショットをしない。
2. ショットは自信を持って打つ。自信のない場合には打たない。
3. 最も多くショットを打つ地点から完璧に入るように練習する。
4. 注意力を乱してはならない。集中力が最大の鍵である。

5. ボールは自然なスピンがかけられ、道理に適ったアーチを描く。頭はバスケットのほうに向ける。
6. シーズンが進む中でフォームが固まってきたら、できる限りゲームと同じ状況下で練習する。
7. 競争的なドリルを行う。慌てて早く打つのではなく、素早く正確に打つことを練習する。
8. すべてのタイプのクローズイン・ショットを練習する。ドライブからゴール下でのショットや身体をひねってからのショットを上達させる。しかし、利き手でのショットができるのであれば、非利き手によるショットは行わない。
9. リバウンドの位置と角度を研究する。自分の打ったショットのリバウンドがどこへ飛んでいくのか、チームメイトがいつショットを打つのかを把握する。
10. 必要以上にあれこれとショットのフォームを試さない。自分自身にとって自然なフォームを見つけたら、それを習熟させるように練習する。練習では、すべてのショットに共通するリズムと身体各部位の協調を得ることに主眼を置くこと。
11. 自分のショットを分析し研究する。ショットの成否の原因を追求する。
12. 目線をリングの縁かバックボードのある地点に向け、その目標に向けてフォロースルーをする。フォロースルーを目標から逸らさないようにする。
13. ドライブからのジャンプ・ショットは、幅跳びでなく上に跳ぶようにする。しかし、ショットのリズムを失うほど無理やり高く跳ぶ必要はない。
14. ドライブからのショットはボールにさほどスピンをかけないで、やわらかくボードに当てる。技術的に難しいかもしれないが、ボードに当たった後は、リングの縁に触れないでバスケットを通過するのが好ましい。ショットが強すぎてもボールがリングに当たってバスケットを通過するかもしれないからである。
15. ボールは両肘の内側で胸の近くに保持する。こうすることで、ボールをプロテクトしながら、ディフェンスの頭上から素早くショットを打つことができる。
16. 正確さを兼ね備えたクィックネスを向上させるように練習する。ショットは正確に、しかも素早く行うことができなければならない。
17. 慌ててはならないが、良いショットのチャンスであれば、躊躇してはならない。自分がショットを打てる位置にいて、チームメイトが自分よりも良い位置でノーマークになっていなければ、自信を持ってショットを打つ。
18. 最初はクローズイン・ショットから練習し、正確にできるようになったら

徐々に距離を拡げる。

19. 調子の良いときはショットをたくさん打ち、不調のときはパスを増やす。

20. 利己的にならない。味方が自分にパスできるのにしないで、そのまま得点を上げたとしても、その味方には賞賛の声をかけるようにする。

21. シューターは断固とした姿勢でショットを行う。リラックスして緊張を解きほぐすように努める。

22. 素晴らしいシューターは、軽いボールでショットを打っているかのように見えるものである。

23. ボールは身体の近くで胸の高さに構え、パス、ドリブル、ショットのどれもができるように保持する。

24. いつバックボードを使うべきかを理解する。それは、ゴール下でショットをするときであり、バックボードに対して角度がある位置からショットをするときである。

25. 勇気、平静さ、自制心を保つ。そうすれば、何も邪魔するものはない。

ショットの練習

　他のすべてのことがうまく行えても、「ボールをゴールに通過させる」ことができなければ、それができるチームとのゲームには負けてしまうことになる。それだけに、ショットの練習は毎日行わなければならない。

1.　ショットの練習は、各プレーヤーがゲームで最もよく使うタイプのショットを練習するように、慎重に工夫されなければならない。各プレーヤーはすべてのタイプのショットの習得に努めなければならないが、チームのオフェンスによっては、おそらくそれぞれのポジションにおけるいくつかの決められたショットを打つことになる。その上、各プレーヤーはたいてい自分自身の動きを持っており、その動きからも決まったタイプのショットがあるはずである。これらのことは、チームでのショットの練習やその他の練習において考慮されなければならないことである。

2.　私が良いと思っているシューティング・ドリルは、小グループに分かれていくつものバスケットを使い、チーム全体が同じタイプのショットをいろいろ練習するものである。これらのドリルでは、それぞれのポジションにおける様ざまなタイプのショットがすべて扱われるが、それらのポジションで最も起こりそうなタイプのショットを練習しなければならない。そして、次に初めて、ガード、フォワード、センター毎に各々のポジションにとって必要なタイプのショットを別々に行うのが良い。一定のタイプのショットを練習するために費

やす時間は、ゲームで使われるタイプのショットの出現率に比例させるのが望ましい。ゲームでほとんど用いる機会のないショットに多くの時間を割くならば、ゲームで多く用いられるその他のいろいろなショットの練習時間を奪い去ってしまうことになる。

3. ショット練習はゴール下の地域から次第に遠ざかるのが良いと思っている。言い換えれば、最初はゴール近辺で用いるタイプのショットを教え、次に、ショットを打たなければならない最大限の距離までその範囲を徐々に拡げていくのである。

4. われわれは、7〜9 m を超える距離からのショットを特別に練習することはない。10 m の距離のショットをある程度正確に打つことのできるプレーヤーもいるかもしれない。しかし、われわれにはそのような遠距離からのショットは必要ない。何人かのプレーヤーは、フリーな時間を使って、7〜9 m を超える距離のショットを練習するであろう。しかし、通常の練習時間をそのために割くことはない。思いっきり力を入れて打たないとバスケットに届かせることができないようなアウトサイド・ショットは、その距離が長すぎるということである。このことは、セット・ショットやジャンプ・ショットのみならず、近距離からの「ダンク」を好むプレーヤーについても言えることである。

5. 今日、あらゆるショットの中で最も使用頻度の高いタイプは、ジャンプ・ショットである。したがって、ショットの練習は、ジャンプ・ショットの習熟と成功率の向上に費やされるべきであろう。

ガードのためのドリル

1. セット・ショットやジャンプ・ショットが行えるすべての位置からショットを行う。

2. ガードが通常位置する地点でセット・ショットのフェイクを行い、右か左にドライブし、ゴール下で様々なショットを行う。ドライブからクィック・ストップし、ジャンプ・ショットかフェードアウェイ・ショットを行う。

3. ドライブ・フェイクをし、踏み出した足を引いてセット・ショットを行う。あるいは、踏み出した足を引いてセット・ショットのフェイクをし、ドライブしてショットを打つ。

4. ガードまたはフォワードとクロス・スクリーンをし、素早いセット・ショットかジャンプ・ショットを行う。

5. サイド・ポストに上がってくるポストマンかフォワードにパスをし、リターン・パスを受けて素早いジャンプ・ショットか、ドライブからのショットを行う（写真 3-20）。あるいは、パスした後にカットのフェイクをし、踏み出し

た足を引いてリターン・パスを受けて、素早くジャンプ・ショットを行う。

6. ゴール下にドライブし、いろいろなタイプのショットを行う。また、フリースロー・サークルのトップでクィック・ストップを行い、ジャンプ・ショットをする。

7. サイド・ポストにパスをし、カット・オフをしてリターン・パスを受け、いろいろなショットを行う。［写真3-18］

8. サイド・ポストでパスをレシーブし、そのポジションで可能なショットを行う。

9. フリースロー。

フォワードのためのドリル

1. フロアのサイドでボールをレシーブし、ゴール下でショットを打つためにインサイドに素早くリバース・ドライブを行う。あるいは、素早いストライド・ストップをし、バスケットから約1.5～4.6m以内ならフェードアウェイ・ショットかジャンプ・ショットを行う。

2. フロアのサイドでボールをレシーブし、クロスオーバーかリバースのピボットをしてバスケットに正対する。そして、ポストマンと同じフェイクを用いて、同じタイプのショットを行う。例えば、ゴール下のショット、制限区域を横切ってからのショット、あるいはベースライン沿いをドライブしながらのショットである。

3. フロアのサイドでボールをレシーブし、ピボットしてバスケットに正対する。ボールを素早く頭上に持ち上げてポストマンにパスし、フリースロー・サークルを横切ってカットするか、ベースラインに向かいながらリターン・パスを受けてショットを打つ。

4. フロアのサイドでボールをレシーブし、セット・ショットのためにピボッ

▶サイド・ポストからリターン・パスを受けてからのプレー ［写真3-18］

トしてバスケットに正対する。ドライブ・フェイクをし、踏み出した足を引いてセット・ショットを行う。あるいは、セット・ショットのフェイクをし、ドライブする。
5. セット・ショットやジャンプ・ショットが行えるすべての位置からショットを行う。
6. フロアのサイドでパスを受けるためのフェイクをし、インサイドへの素早いリバース・ターンからパスを受けてショットを打つ。
7. サイド・ポストでパスをレシーブし、カッターへのリターン・パスのフェイクをする。クロスオーバーかリバースのピボットでバスケットに正対してからショットを打つ。
8. フリースロー。

ピボットマンあるいはポストマンのドリル
1. ポストでパスをレシーブし、バスケットに向かって右か左に片足を素早く踏み出す。そして、ゴール下でショットを打つためにドライブする。ドライブし始めるときはバスケットに向かって内側の手を突き出し、ボールをプロテクトする。
2. ポストでボールをレシーブする。片方のサイドにヘッド・フェイクを行いながら同じサイドの肩越しにボール・フェイクを行い、素早く反対サイドへピボットしてドライブする。踏み出す方向の腕と足が先導する。
3. ポストでボールをレシーブする。バスケットに向かって右か左に片足を素早く踏み出す。一瞬間をおいてその踏み出した足を後方へ引き戻し、すかさず同じ方向へとドライブする。このようなチェンジ・オブ・ペースによってノーマークになることができる。
4. ポストでボールをレシーブし、クロスオーバーのピボットかリバースのピ

ボトをしてバスケットに正対する。
- ドライブ・フェイクをし、踏み出した足を戻して、プッシュかセットかジャンプのいずれかのショットを行う。
- どちらかのサイドにドライブ・フェイクをし、一瞬間をおいた後に同じ方向へドライブする。
- どちらかのサイドにドライブ・フェイクをしてから、反対サイドへドライブする。
- どちらかのサイドにドライブ・フェイクをし、踏み出した足をいったん戻してセット・ショットのフェイクをしてから、どちらかのサイドにドライブする。
- ボールを頭上に持ち上げ、両手のオーバーヘッド・ショットをする。

5. ポストでボールをレシーブし、リバースのピボットをしてバスケットに正対し、クィック・ショットを行う。

6. ポストでボールをレシーブし、制限区域の外側もしくは左右いずれかのサイドからバスケットに向かってドライブし、フック・ショットを打つ。あるいは、素早くストライド・ストップし、踏み出した足を後方へ戻して素早くフェードアウェイ・ショットかジャンプ・ショットを行う。

7. ショットが期待されるすべての場所から、セット・ショットとジャンプ・ショットを行う。

8. ポストでガードのためにスクリーンをセットする。フォワードにパスしたガードがカットして通り過ぎた後、フェイクしてボールをレシーブし、ポストマンのプレーを行う［写真 3-19］

9. フリースロー。

フリースローのドリル

▶ガードにスクリーンをセットした後、フェイクしてボールをレシーブしてからのプレー［写真 3-19］

1. シーズンの初めは、プレーヤーは毎日最低 50 本のフリースローを行う。数多くのショットを連続して打つことで、リズムとフォームを改善させるのである。

2. シーズンが進行するにつれて、連続して打つ本数を減らす。最後は、連続して 2 本以上は打たないようにする。ただし、スランプに陥ったときは、元に戻るまで連続して打つ本数を増やすようにする。

3. プレーヤーをいくつかのグループに分けて、それぞれのバスケット毎に練習させる。各人が 2 本ずつ打ったら次のバスケットに移動する。シューター以外のプレーヤーは、レーンに沿って並び、シューターが交代する度に時計回りに移動する。

4. どこかのグループが指示された数のフリースローを連続して決めたら、直ちにすべてのグループがバスケットを変える。これは競争的要素を伴ったドリルである。プレーヤーは次のバスケットへ移動するときにはボールをそこに置いていく。フリースローの練習の間、同じボールは使わないようにする。

5. シューターはフリースロー・ラインへと移動する前に、サークルの後ろでボールをもらうようにする。サークルの後ろに並び、ボールをもらったら直ちにラインへと移動する。

6. 1 投目が成功したら、その場から続けて 2 投目を打つ。しかし、1 投目が失敗したときは、いったん後ろに下がり、再びラインに戻って 2 投目を打つ。1 投目のボールはチームメイトがリバウンドし、2 投目のために勇気づけの言葉をかけながらシューターにボールを渡す。

7. シーズンが進むにつれて、フリースローのドリルは、プレーヤーが疲れていないときや、逆に疲れ切っているときなど、練習中のいろいろな状態で行われるようにすべきである。

8. フリースローを練習するために最も適しているのは、練習時間の25〜30％を占め、練習の終わり近くに行われる5対5のときである。まず、5対5に参加しないプレーヤーが、予め指示されている数（6〜10本）のフリースローを連続して成功させる。成功させることができたら、プレーヤーは5対5のプレー中、ショットが決まったりファウルが起こるなどして中断したとき、予め定められたローテーションに従って交代し5対5に参加する。これを、このドリルが終了するまで続ける。

8 ポジション別の動き　　OFFENSIVE MOVES IN EACH POSITION

以下のリストは、各ポジションで心得ておくべき個人のオフェンスの動きである。このリストをもとに、プレーヤーはコーチに質問をしたり、自分で考えることができるようになるはずである。

ガードの動き

1. センター、フォワード、ガードへのパス、あるいはリターン・パスなど、レシーバーとなり得る味方プレーヤーにパスを出す。

2. 味方のもう一人のガードからパスをもらうためにノーマークになる。

3. センターまたはフォワードにパスした後、ノーマークになる。

4. ストロング・サイドまたはウィーク・サイドで、マークマンがヘルプに行けば自分がノーマークになるようなポジションを取り続け、自分のマークマンをかき回す。

5. ウィーク・サイドでフォワードがポスト・プレーを始めたとき、フォワードからのパスをレシーブするためにノーマークになる。

6. サイド・ポストマンと協力して次のようなプレーを行う。
- パス・アンド・カット
- スクリーンを利用してのドリブル
- スクリーンから離れてのドリブル
- ピック・アンド・ロール
- 反転してきての手渡しパス
- フェイクからのカット。

7. 自分のマークマンにスクリーンをかけてもらい、そのスクリーンを利用する。

8. ドリブル・ドライブでノーマークになり、ショット、ピボット、パスなどに繋げる。

9. センターまたはフォワードと協力してダブル・スクリーンをセットする。
10. マンツーマン・ディフェンスまたはゾーン・プレスに対してボールを運ぶ。
11. いろいろなカットを用いてウィーク・サイドでノーマークになる。

フォワードの動き

1. ノーマークになり、サイドまたはサイド・ポストでパスをレシーブする。
2. ポストへパスをした後、カットやスクリーンを行う。
3. カットするガードへパスした後、カットやスクリーンを行う。
4. セーフティとして備えているガードへパスしたり、センターと協力してダブル・スクリーンをセットする。
5. 自分のマークマンにスクリーンをセットしてもらい、そのスクリーンを利用してショットやパスをする。
6. サイドからサイドへの反転攻撃（ボールを保持しているとき、ボールを保持していないとき）
7. スクリーン・アンド・ロールを行い、パスを受ける。
8. サイド・ポストでガード・プレーヤーとのオプション・プレーを行う。
9. リバウンドのポジションを確保する。
10. サイドでパスをレシーブし、バスケットに正対する。
11. サイドのベースライン沿いのドライブや制限区域を横切るドライブでノーマークになり、ショット、パス、またはピボット・プレーを行う。
12. ストロング・サイドまたはウィーク・サイドで、マークマンがヘルプに行けば自分がノーマークになるようなポジションを取り続け、自分のマークマンをかき回す。

センターの動き

1. ハイ・ポストまたはロー・ポストでノーマークになり、ガードやフォワードからのパスをレシーブする。
2. ポストのポジションから、レシーバーになる可能性のある味方プレーヤーにパスを出す。
3. ノーマークになり、様ざまなショットを打つ。
4. ストロング・サイドやウィーク・サイドの両方でスクリーンを行う。
5. ガードまたはフォワードと協力してダブル・スクリーンをセットする。
6. 自分のマークマンにスクリーンをかけてもらい、そのスクリーンを利用する。
7. リバウンドのポジションを確保する。
8. ストロング・サイドまたはウィーク・サイドで、マークマンがヘルプに行

けば自分がノーマークになるようなポジションを取り続け、自分のマークマンをかき回す。

9 ボールを持っていないときのオフェンス　OFFENSE WITHOUT THE BALL

　オフェンスの最も重要な部分は、おそらくプレーヤーがボールを持っていないときに行うプレーであろう。ショット、パス、ドリブル、ピボット、リバウンドという能力の大切さを軽視するわけではない。それら個人のオフェンス技術は、一つひとつが重要なファンダメンタルであり、効果的なオフェンスを行うためには、プレーヤー一人ひとりがぜひとも習得しなければならないものである。

　しかしながら、攻撃する5人のプレーヤーの内、ボールを保持しているのは一人である。逆に考えると、80％のプレーヤーはいつでもボールを持たないでプレーしているのである。その上、ショットが打たれた状況においては、5人のプレーヤー全員がオフェンス・リバウンドの任務を果たさなければならない。誰もボールを持っていないが、少なくとも理論的にはなおオフェンスを行っていると考えられる。したがって、実際には、一人のプレーヤーがオフェンスの間にボールを持つ確率は5分の1以下になるのである。

　ボールを持たないオフェンスの責任は、以下の通りである。

1.　ノーマークになる。特に、ショット、ドリブル、パスの脅威を相手に与える有利なポジションでボールを受けなければならない。これらの内で1つもできない状況でパスを受けた場合、オフェンス力はそれだけ減少することになる。

2.　味方にスクリーンをかけ、ボールを保持するプレーヤーに良いポジションを取らせたり、他のチームメイトをノーマークにさせたり、有利な位置でパスを受けさせたりする。

3.　いつでもフェイクやフェイントを機敏に行って自分のディフェンスをスクリーンにぶつけられるようにしておく。

4.　自分をガードしているディフェンスが、ボールを持っている味方のプレーに背を向けざるを得ないようなポジション取りをする。そうすれば、自分のディフェンスがチームメイトを邪魔することも、チームメイトのパスをインターセプトすることもできない。

5.　ボールを持っている味方の急な動きに対して機敏に反応する。ボールを持たないプレーヤーの動きは、ボールを保持する味方やパスしたばかりの味方の

動きによって決まってくる。
6. ボールの保持が無くなったときは、どのような場合にもオフェンスからディフェンスに素早く切り替える。
7. ショットが打たれたときに、しかるべきリバウンディング・ポジションを取る。また、セーフティの役目のプレーヤーは、ディフェンスに戻る用意をする。
8. 常に自分のマークマンやその他のディフェンスの動きを分析する。ディフェンスは自分たちから動きを仕掛けてオフェンスを騙したり、罠を仕掛けたりすることもある。
9. 適切なコースを選択してファストブレイクを出すことができるように準備しておく。
10. アウト・オブ・バウンズ、ジャンプボール、フリースロー、奇襲としてのプレス、また、トレーラー、その他、チームの助けになる動きをするため常にあらゆる状況に機敏に対処できるようにしておく。

*

詰まるところ、相手にとって脅威となる位置でボールが保持できないならば、ボールを持ってどれだけ良いプレーができても何にもならない。さらに、それはチーム全員の努力がなければうまくいかないのである。チームはいつでも一つのまとまりとして機能しなければならず、その一方で、各プレーヤーは、チーム力を向上させるためには自分自身を向上させるのが最上の方法の一つだ、と肝に銘じておかなければならないのである。

10 まとめ　　　　　　　　　　　　　　　　　　　SUMMARY

　この章で私が強調してきたことは、個人のオフェンス技術とはゲームで実行する個人のオフェンス・ファンダメンタルの習得に他ならないということである。ファンダメンタルには、プレーするポジションにかかわらず個人が習得しなければならないファンダメンタルと、ポジションによって必ず習得しなければならない特有のファンダメンタルがある。言い換えると、センター、フォワード、ガードそれぞれのポジションには、他のポジションではそれほど重要ではなくても、そのポジションではとりわけうまく行えるように学習しなければならない特別なファンダメンタルがあるのである。しかしながら、今日のバスケットボールのオフェンスにおいては、ポジションを入れ替わることがますます頻繁に行われるようになってきている。したがって、ゲームの大部分の時間

をプレーすることになるポジションのファンダメンタルをより多く練習すべきであるのは言うまでもないが、どのポジションでもしっかりとこなすことができるようにファンダメンタルを習得しておくことが賢明なのである。

　それゆえ、シーズンが進むにつれて、ガード、フォワード、センターのそれぞれのポジションごとにグループをつくり、その中でプレーが機能するように練習する時間も設けるべきである。このことは、ガードとフォワードの連係、ガード、フォワード、センターの連係、あるいはフォワードとセンターの連係と同じくらい必要であると考えている。そして、そのようなすべての連係がうまくいくことによって、5つのすべてのポジションがチームとして機能するようになるのである。

＊

　コーチの第1の目的は、ゲームで行使するファンダメンタルを適切に実行させるために、プレーヤーを正しく指導することである。第2の目的は、これらファンダメンタルがゲームでスムーズに機能するように、プレーヤー一人ひとりをチームとして全体的にまとめることである。本来、バスケットボールはチームスポーツである。しかし、チームメイトにかかるプレッシャーを軽減するために、プレーヤー一人ひとりがオフェンスにおける脅威とならなければなら

ない。ゲームでは、プレーヤー一人ひとりがイニシアチブを発揮する機会が数多く訪れるからである。

*

個々のプレーヤーは、メンタルについて正しく理解して取り組まなければならない。プレーヤーは得点したいと思うのが自然であり、そう思うことについて批判されるべきではない。しかし、自分よりも得点しやすいポジションにチームメイトがいるのに、それを無視して得点を試みることは望ましくない。プレーヤーは利己的であってはならないのは当然であるが、チームメイト全員が活躍できることを望むようなプレーヤーであってほしい。私は「真の幸福は利己心が消え失せたときにやってくるものである」という言葉の真理をプレーヤー自らが経験を通して信じるようになってもらいたいのである。

*

すべてのプレーヤーは向上したいという強い欲求を持ってほしい。また、プレーヤーはいつでもさらなる向上を目指して研究し努力しなければならない。多くの場合、ただ単にうまいだけのプレーヤーと本物のスーパースターとを分け隔てているのは、ほんの小さなことやファンダメンタルを完璧に実施しているかどうかの違いである。この違いは偶然に生じるのではなく、決意、研究、勤勉さから生じるのである。

*

常に準備すること、それに代わるものはない。そして、その準備は、一心に研究し、一生懸命練習しようと決意することによってのみ手に入れることができる。こういった準備を心掛けるプレーヤーは、決して勇気や自信に欠けることはない。そのようなプレーヤーこそが紛れもない本物なのである。もちろん、「強がる」必要はなく、たとえゲームに負けても結果を後悔することはないであろう。

*

オフェンスやディフェンスに優れたプレーヤーは、いつでも自分の対戦相手を研究している。そのようなプレーヤーは無目的に動くことはなく、実戦的な目的に基づいて行動している。目的を達成するための戦術を決定するには、対戦相手の特性をつかむことが先決である。

*

私は、固定したパターンを数多く用いることでチームを縛り付けるようなことはしたくない。だからこそ、個人がイニシアチブを発揮することを認めている。個人のファンダメンタルや個人戦術を特に強調することは当然なのである

（このことは「チーム・オフェンス」の章で改めて検討する）。

＊

　私が繰り返し強調したいと思っているのは、いかなるファンダメンタルであれ、それらをうまく実行するために最も重要な身体的特性はクィックネスであるということである（それもあわてて急ぐという意味でのクィックネスではない）。だからこそ、あらゆるファンダメンタルの中でも以下のファンダメンタルを特に強調してきたのである。

- クィック・スタート
- クィック・ストップ
- チェンジ・オブ・ディレクションとチェンジ・オブ・ペース
- クィック・パス
- クィック・ショット
- クィック・ジャンプ
- ディフェンスからオフェンス、オフェンスからディフェンスへの素早い切り替え
- 状況への素早い対応

　つまり、できる限りの最高のクィックネスを発揮したファンダメンタルを実行すべきときに正しく実行すること、これこそが最も重要なのである。

＊

　多くの例が物語るように、ファンダメンタルは、それらが習慣化し無意識にできるようになるまで正しくかつ十分に教えられることは希である。そうなるには時間と忍耐を要するからである。しかし、どんなレベルのコーチもそうであるが、特にコーチに成り立ての者にとっては、ファンダメンタルを正しくかつ十分に教えることができれば、計りしれない意味を持つことになるのである。

第 4 章
チーム・オフェンス

1 一般的な考え方　　GENERAL IDEAS

　個人のオフェンスの章において、チーム・オフェンスとはファンダメンタルを十分身につけた個々のプレーヤーを一つにまとめることだと説明した。
　オフェンスには数多くのスタイルや理論がある。しかし、成功を収めるために大切なのは、どのようなオフェンスを採用するのかということではなく、いかに採用したオフェンスをうまく実行するかということである。もちろんこれには、以下に示すことが最低条件となる。

- オフェンスおよびディフェンスにおいてフロアバランスが適切に保たれていること
- プレーヤーのコンディションが良いこと
- プレーヤーが十分にファンダメンタルを訓練されていること
- 全員が利己的でない素晴らしいチームスピリットを有していること

また、次の項目も見過ごしてはならない。

- ストロング・サイド・カット*1やウィーク・サイド・カット*2
- カット・アクロス・ザ・トップ・オブ・ザ・キー
- ゴール下のリバウンドのトライアングル・ポジション
- フリースロー・サークル・エリア内のロング・リバウンドの確保
- セーフティ*3に残ることができるようなフロアバランス

*

　プレーヤーに自信をつけさせたいのであれば、まずコーチ自身が自らのオフェンス・スタイルに自信を持つ必要がある。コーチ、プレーヤーのどちらかが自信を失っていれば、オフェンスの成功はおぼつかなくなる。
　オフェンスをやたらに変化させることは弱さの証であり、プレーヤーの気持ちの中にも疑問が生じてくることになる。しかし、ゲーム中の変化に対応せずに何もしないのもそれと同じように誤りである。想定できるあらゆる状況に対して準備をし、ディフェンスの変化に対応しなければならない。チームが用いる主要なオフェンスは、相手がいかなるタイプのディフェンスを施してきても十分に対応できる柔軟性が備わっていなければならない。さらにそれは、異なった個性を持つプレーヤーの長所を活かすことができ、極端に変化することなく、バランスが整ったものでなければならない。しかし、必要があればいつでも小さな調整ができるよう準備をしておくべきである。

＊

　プレーヤーがあるパターンに従うことによって、個人の判断や自由な動きが極端に制限されるほど、オフェンスを型にはめすぎてはならない。敵のディフェンス・プレーヤーだけでなく自チームのコーチさえもが正確に予測できないような、豊富なオプションと自由な動きがなくてはならない。あまりにも機械的にプレーするオフェンスは簡単にディフェンスされてしまう。柔軟に動くことは不可欠である。

＊

　チームとしてのスムーズな動きを実行するためにきわめて重要な要素は、適切なタイミングでプレーすることである。プレーのタイミングは、個々人の身体能力やチームメイトの動きなどによって変化するので、仲間といっしょに十分に練習することによってのみ身につけることができる。すべてのプレーはタイミングに基づいており、そのためプレーヤー一人ひとりがお互いのプレーの癖に慣れなければならない。パスをもらうためにノーマークになること、カットすること、リバウンド・ポジションをとること、スクリーンのアドバンテージを得ることなど、すべてのオフェンスの動きはボールの位置とチームメイトの動きに合わせて正確にタイミングを計ることが要求される。

＊

　チームプレーでは、ウィーク・サイドにいるプレーヤー、もしくはボールから離れたところにいるプレーヤーの動きは、ストロング・サイドに位置するプレーヤーと同じくらい重要である。彼らの動きを軽視してはならない。ボールを持っていないプレーヤーが、自分はプレーには関係ないと思って"傍観者"になってしまうと、自分をマークしているディフェンスがフロートして、ストロング・サイドのオフェンスが効果的に機能しなくなってしまう。また、そのような状況に陥ると、ストロング・サイドのオフェンスが止められたときに、ウィーク・サイドにいるプレーヤーが機敏に対応できなくなってしまう。

＊

　個人のファンダメンタルの習得と同様、チーム・オフェンスの上達には多くの時間と忍耐力が要求される。上達のための最初のステップは、オフェンスに必要なファンダメンタル・ドリルを工夫することである。オフェンスの最終的な姿は、プレーヤーの心の中にしっかりと描かれていなければならないし、また、プレーヤーはドリルが最終的に何を目的として行われているのかを理解していなければならない。ドリルの内容は、フル・オフェンスを実行するにあたって5人全員が機能するように漸進的に行う。また、ドリルの人数も、2対2

から3対3、あるいは4対4、5対5へと、徐々に増やすように行う。例えば、ガードとフォワード、あるいはガードとセンターを2人1組で練習させることから始め、次にストロング・サイドのフォワードあるいはセンター、さらにウィーク・サイドのフォワード、最後にウィーク・サイドのガードが付け加えられる。つまり、個々のパート毎の練習を最初に行い、その後徐々にプレーヤーを増やしていき、最後に完全なチーム・オフェンスにもっていくのである。

2 UCLAのオフェンスの原則　　PRINCIPAL UCLA OFFENSE

　UCLAで用いているファストブレイクやセット・オフェンスの原則を説明する前に、私のコーチング・フィロソフィーにおいて重要な部分を占めるいくつかのことについて指摘しておく。

1.　ファストブレイクであれセット・オフェンスであれ、フロア上にいる5人がそれぞれチームにとって重要な役割を果たしていることを特に強調している。1人のプレーヤーが適切な動きができなければ、チームが得点の機会を失うということを理解させるようにしている。

2.　ウィーク・サイドにいるプレーヤーやセーフティには励ましの言葉をかけ、得点に直接かかわらなくてもそのプレーに貢献しているプレーヤーには敬意を表している。そうすることで、より高いレベルでのチームスピリットを教え込むようにしている。

3.　得点したプレーヤーは、自分にパスを出してくれたプレーヤーに敬意を表さなければならない。そしてすべてのプレーヤーは、スコアラーやパサー、素晴らしいディフェンスをしたプレーヤー、大事なリバウンドを取ったプレーヤーなど、価値あるプレーをしたチームメイトには敬意を表わすべきである。ただし、これらの気持ちを表わすには、派手な身振りは必要ではなく、頷きやほほえみ、ウィンク、ジェスチャー、あるいは親切な言葉がけなどで十分である。

4.　イージー・ショットのミス、悪いパス、ノーマーク・プレーヤーの見過ごし、ディフェンスの失敗、その他の似たようなミスが起こったとき、プレーヤーはチームメイトを非難したり、不快そうな表情を見せてはならない。逆に、再びそのようなことが起こらないようにミスしたプレーヤーを励ますべきである。プレーヤーどうしが非難し合ったり、相手を見下すような態度とったりしてチームに険悪なムードが漂わないように注意しなくてはならない。批判することはコーチの仕事であり、その批判は建設的なものでなくてはならない。

＊

われわれが採用しているファストブレイクとセット・オフェンスは、どのポジションにも等しく得点の機会を与えようとする考えに基づいている。個々のプレーヤーがバランス良く得点しているときはいつでも、チームスピリットやモラルが浸透し、チームが良い状態にあったと言える。例えば、カンファレンス優勝をさらったあるシーズンは、7人のプレーヤーが交互にスターターに抜擢されるようなチームであったが、7人それぞれの1ゲーム当たりの平均得点が8.96－9.91点と、ほぼ均衡していることが分かった。またあるシーズンは、8人のプレーヤーが1ゲーム当たり平均8.98－10.1点を挙げ、8人それぞれが少なくとも1度はリーディング・スコアラーになっていた。これらは極端な例であるにしても、わがチームの各プレーヤーの年間得点は、どの年も、他の多くのチームと比較して見ても、ずば抜けて良いバランスとなっている。

もしあるプレーヤーが、自分の得点機会を生み出す能力に優れていたり、ショットの能力や意欲が他のプレーヤーよりも傑出していた場合、そのプレーヤーが他のプレーヤーより多くの得点を挙げることがあるかもしれない。しかし、チームのオフェンスが全員に同等の得点機会を与えるものだと教えられていれば、高い得点を挙げるプレーヤーを妬んだり、そのプレーヤーに対して不愉快な思いを抱いたりすることはないであろう。すなわち、リーディング・スコアラーは自分で得点の機会を作り出しているのであって、特定のポジション、あるいは個人が得点できるように作られたオフェンスによって得点を稼いでいるのではないのである。

3 UCLAのファストブレイク　　UCLA FASTBREAK

ファストブレイクに対する基本的な考え方

ファストブレイクには、様ざまなスタイルやシステム、考え方があるが、ここでは、私が採用しているスタイルとそれを用いる理由を説明する。

スローブレイクやボールコントロール・ゲームに比べ、ファストブレイクは観客にとって大きな魅力であり、プレーヤーの心を惹きつけると言われている。そのようにプレーヤーや観客をできるだけ楽しませ、満足させることは、コーチの責務であると私は考えている。バスケットボールは本質的に素早い動きのゲームであり、ファストブレイクはその素早い動きや得点を生み出す最も良い手段なのである。

ファストブレイクを練習し、試合においても常に積極的にファストブレイクのチャンスを窺うことによって、次のような効果が期待できる。

- 観客やプレーヤーを惹きつけることができる
- 常に練習することが必要となるので、身体的に良いコンディションづくりに役立つ
- ファンダメンタルの実行に必要となるスピードやクィックネスを向上させることができる
- ある状況に素早く順応しなければならないときでも、良いバランスを保つことができるようになる
- プレーヤーが好み、かつ、多くのプレーヤーにゲーム参加の機会が与えられるので、モラルやチームスピリットを高めることができる

しかし、ファストブレイクはプレーのテンポが速くなるため、技術的および心理的なミスが起こりやすいことを心に留めておかなければならない。このことは、コーチが非常に忍耐強くなければならないことを示している。プレーヤーのミスは簡単にはなくなるものではないので、そのことでコーチが自制心を失ったりすると、成功は期待できないであろう。時間がかかってもうまくいくようになるまでは、プレーヤーには励ましの言葉と、前向きな批判を与えるべきである。

ファストブレイクの目的

　ファストブレイクのチャンスは、バックコートでボールの所有権を獲得すると同時に素早く反応することによって得られる。ファストブレイクは次のことを目的としている。

❶**ディフェンスに対して数的優位に立つ（アウトナンバー）**　素早い反応と素早いボール・ハンドリングでファストブレイクに転じ、ディフェンス・プレーヤーが戻ってきて十分なバランスを取り戻す前に素早く的確に動き、ディフェンスに対して数的優位の状況をつくる。

❷**スコアリング・エリアでノーマークをつくる（アウト・オブ・ポジション）**　適切なフットワークに基づいた様ざまなフェイク、フェイント、クロスオーバー・ステップを行い、最も有利なポジションにいる味方に的確に素早くボールを進め、ノーマークの状況をつくる。特に2対1や3対2の状況における的確なボールさばきが求められる。

❸**確率の高いショットを打つ（グッド・パーセンテージ・ショット）**　ファストブレイク特有のショット・エリア付近での素早いショットを行う。いい加減なショットではなく、確率の高いショットでファストブレイクを終わる。

ボールダウンからフィニッシュの過程

　ファストブレイクでは、2本のサイドラインの中間地点を通って、できる限り早くボールをフロントコートに運ぶことが大切である。確率の高いシューティング・エリアにプレーヤーが達したとき、2本のサイドラインの中間地点にボールがあることが望ましい。また、確率の高いシューティング・エリアにプレーヤーが達したとき、次のような状況にあることが望ましい。

- ボールマンの左右にカッターが走っており、一方はボールマンのわずか前方に、もう一方はわずか後方に位置している
- ミドルマンが素早いストップをしたり、あるいはピボットをしているとき、後方でトレーラー[*4]がチェンジ・オブ・ペースやチェンジ・オブ・ディレクションを使って準備している
- 5人目のプレーヤーが、プレーのバックアップの役割を担うセーフティとして準備している

　このようなファストブレイクでは、すべての角度からのショットが可能であり、またリバウンドにおいても適切なバランスを保つことができ、さらにはディフェンスに十分備えることもできる。

　ボールを前に進める方法を一つしか用いない場合、ディフェンス側は簡単にそれを止めることができるので、望ましいエリアにボールを素早く進めるためには、いくつかの異なるオプションを用意しなければならない。いつ、どのようにボールの所有権を得たかによって素早く対応でき、また、ディフェンス側が一つのパターンを止めた場合に理に適ったオプションに移れるよう、プレーヤーを十分にトレーニングすることが課題となる。もし、プレーヤーが十分に訓練されておらず、何をすべきかをためらうのであれば、多くのファストブレイクの機会を失うことになろう。しかし、ファストブレイクを止めるために相手チームにディフェンスを変えさせることができれば、相手に対して心理的に優位に立つことになる。その場合は、一気につけ込むことである。

　ファストブレイクを機能させる様々なパターンをこれから図解していくが、オフェンス・プレーヤーはディフェンス側がどのレーンを守ろうとしているのかを察知し、スピードを落とさずに素早く反応しなければならない。フロアバランスを維持しながら可能な限り左右どちらのサイドからもファストブレイクに走らなければならない。様々なディフェンスに対して十分に練習をすることだけが、プレーヤーがディフェンスに適応することを学ぶ唯一の方法である。

ファストブレイクのスタート

　ボールの所有権を得たときはいつでもファストブレイクを試みなければならない。ボールを得たらすぐにファストブレイクを仕掛け、相手を追い詰めるのである。ファストブレイクなど出せそうもないような状況でも、わずかな隙をねらって急に仕掛けると成功することが多い。まだ攻めてこないだろうと安心しながらディフェンスに戻っているところを急に攻めれば、裏をかくことができるからである。

　ボール所有権の獲得は、ほとんどの場合、ディフェンス・リバウンド、および相手の得点後のアウト・オブ・バウンズ（これはファストブレイクを出す方法としてはあまり好ましくない）によってなされる。したがって、その2つのボール獲得後の基本的なパターンについて解説していく。しかし、それ以外の方法（例えばインターセプト、バックコートでのジャンプボール、バックコートでのアウト・オブ・バウンズ、あるいはその他何らかの方法）でボールを獲得してファストブレイクをねらうときでも、基本的な考え方は同じである。すなわち、ボールを運ぶときのプレーヤーとボールの相対的な位置関係は同じなのである。

ファストブレイク#1

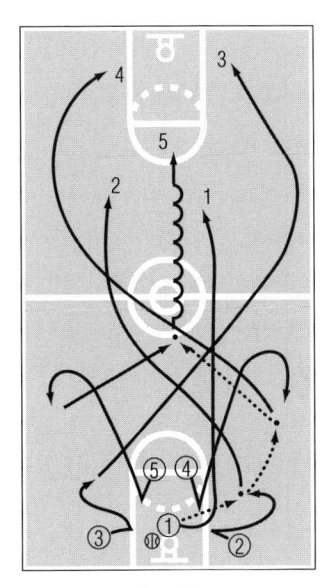

[図4-1]

●ゴール下のまん中(ディープ・ミドル)のプレーヤーがリバウンドを獲ったとき

①から②→④→⑤の順でボールをつなぎ、⑤がフロントコートのフリースロー・サークルの頂点までボールを運ぶ。

このとき、⑤は前方のレシーバーがノーマークであればパスを出し、ノーマークでなければドリブルで運ぶ。フリースロー・サークルの頂点までボールを運んだとき、両サイドにカッター(③④)が、後方にはトレーラー(②)とセーフティ(①)がいる状態が望ましい。

それぞれのパサーはパスをした相手の後ろを走る。しかし、自分が走ろうとしたレーンを他のプレーヤーが走っているときは、素早く対応して空いているレーンを満たすよう注意しなければならない。

もし①からの最初のパスが②の代わりに③に出されたとき、②と③の役割を交代し、同様に④と⑤の役割を交代することによってプレーを継続する。

ファストブレイク#2

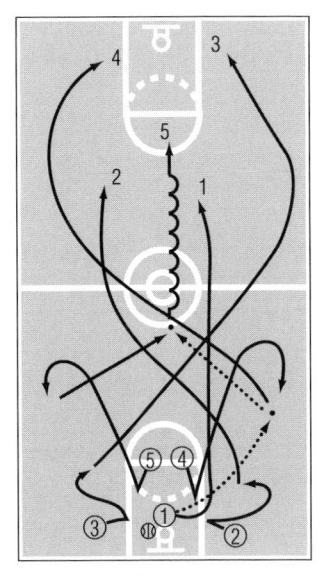

[図4-2]

●ゴール下のまん中のプレーヤーがリバウンドを獲ったとき

①から④→⑤の順にボールをつなぎ、⑤がフロントコートにボールを運ぶ。その後は#1と同じ要領でプレーを継続する。

ファストブレイク#3

●ゴール下のまん中のプレーヤーがリバウンドを獲ったとき

①がリバウンドを獲り、素早くターンしてドリブルでコート中央を直進してから④にパスを出し、④がフロントコートまでドリブルで運ぶ。もし①が④の代わりに⑤にパスを出したとしても、あるいは自分自身でそのままボールをフロントコートに運んだとしても、簡単に対応できる。

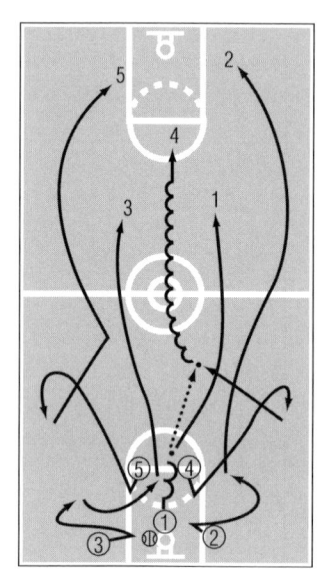

[図4-3]

ファストブレイク#4

●ゴール下のサイド(ディープ・サイド)のプレーヤーがリバウンドを獲ったとき(1)

②がリバウンドを獲り、②→④→⑤の順にボールをつなぎ、⑤がフロントコートにボールを運ぶ。もし③がリバウンドを獲ったら、②と③の役割を交代し、同様に④と⑤の役割を交代する。

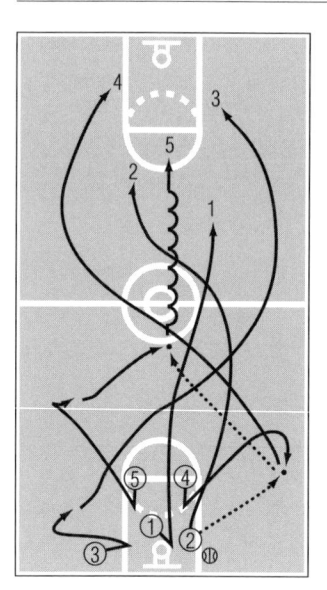

[図4-4]

ファストブレイク#5

●ゴール下のサイドのプレーヤーがリバウンドを獲ったとき(2)

②がリバウンドを獲り、②→④→③の順にボールをつなぎ、③がフロントコートにボールを運ぶ。もし③がリバウンドを獲ったときは②と③の役割を交代し、同様に④と⑤の役割を交代する。

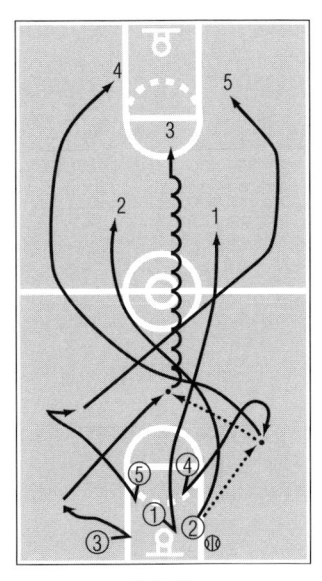

[図4-5]

ファストブレイク#6

●アウトレット・パスを止められたとき

②がリバウンドを獲り、②→③→⑤の順にボールをつなぐ(もし③がカバーされたときは直接⑤へパスすることもある)。パスを受けた⑤は最初に走り込んでいる④へのパスをねらいながら、フロントコートにボールを運ぶ。②の代わりに③からプレーが始まったときも同じ要領で対応をする。

このタイプは、ディフェンス側がサイドへのアウトレット・パスをディナイしたときに使用する。

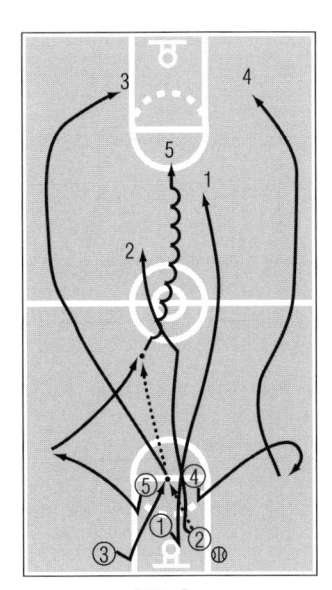

[図4-6]

ファストブレイク#7

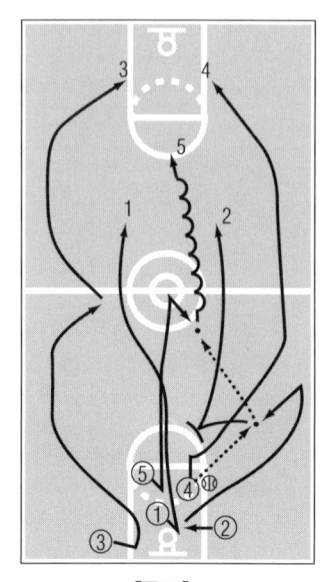

[図4-7]

●**フロントのプレーヤー（フロントマン）がリバウンドを獲ったとき(1)**

④がリバウンドを獲り、カットアウトした②へパスを出す。⑤はコート中央をまっすぐ走り、センター・サークルから引き返して②からパスを受けてボールを運ぶ。②は⑤にパスを出した後、④にスクリーンをセットする。⑤がリバウンドを獲ったときは④と⑤が役割を交代し、同様に②と③が役割を交代する。

ファストブレイク#8

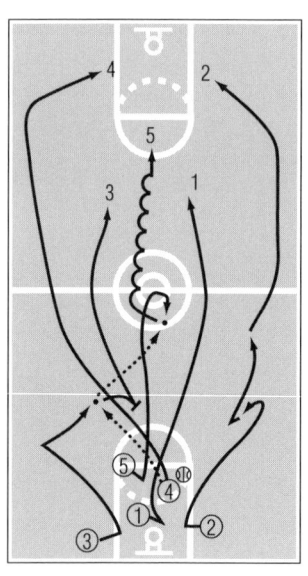

[図4-8]

●**フロントのプレーヤーがリバウンドを獲ったとき(2)**

④がリバウンドを獲り、こんどは②ではなく③へパスを出す。その後は反対サイドから継続されるだけで、その他は#7と同じ要領で行う。

ファストブレイク#9

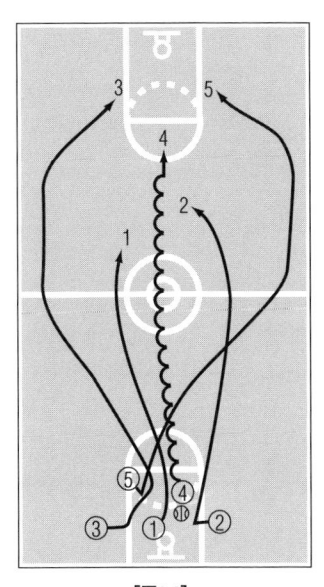

[図4-9]

●フロントのプレーヤーがリバウンドを獲ったとき(3)

④がリバウンドを獲り、素早くターンしてコート中央をドリブルで進む。他のプレーヤーは定められたレーンを全力で走り、フロントコートに入る。④の代わりに⑤からプレーが始まったときは②と③が役割を交代する。

ファストブレイク#10

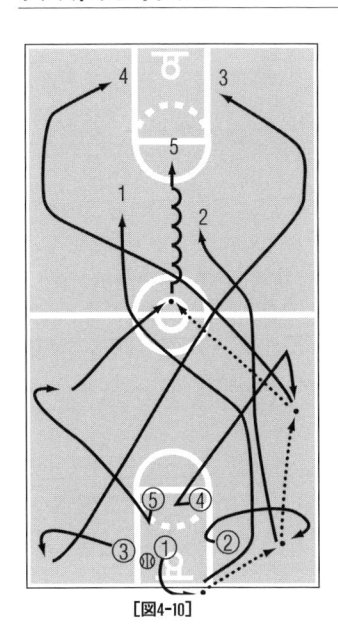

[図4-10]

●相手のフィールド・ゴールの後(1)

①(ボールに一番近いプレーヤー)がアウト・オブ・バウンズのボールを獲る。②はフェイクを使ってノーマークになり、①からパスを受ける。④はフェイクしてからストロング・サイドのセンターライン付近まで走り、ボールにミートするために鋭く戻って②からパスを受ける。⑤は逆サイドからコート中央へカットし、④からパスを受け、ドリブルでフロントコートにボールを運ぶ。そのときレーンは正しく満たされていなければならない。

もし①が②の代わりに③にパスを出した場合、②と③、④と⑤は役割を交代する。

ファストブレイク#11

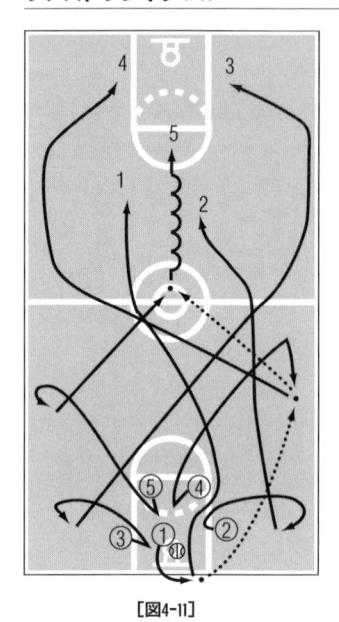

[図4-11]

●相手のフィールド・ゴールの後(2)

①がアウト・オブ・バウンズのボールを獲り、②をとばして④にパスを出す。④は⑤へボールをつなぎ、#10と同じようにボールを運ぶ。

反対サイドの⑤へスローインした場合も同じ要領で行う。

ファストブレイク#12

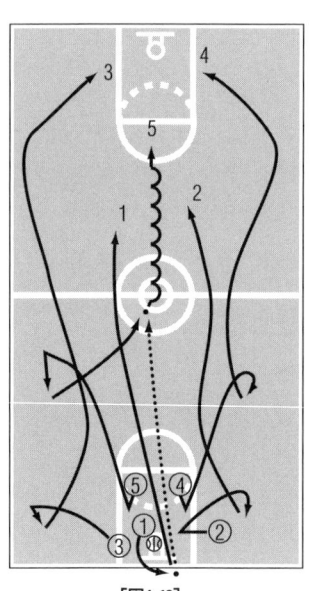

[図4-12]

●相手のフィールド・ゴールの後(3)

①がアウト・オブ・バウンズのボールを獲り、⑤にパスを出す。⑤はドリブルでフリースロー・サークルの頂点までボールを運ぶ。このとき③と④はアウトサイドのレーンを満たす。

反対サイドへスローインした場合も同じ要領で行う。

ファストブレイク#13

●相手のフリースローが成功した後(1)

フリースローの場合、センター・プレーヤー(②)は、常に相手の最も強力なリバウンダーの内側のポジションをとる。ショットが成功した後、①がボールを獲ってエンドからパスを出す。②は④のスクリーンを利用して全力でフロントコートに走り込む。③(または⑤)は、①からパスを受け、②へのパスをねらう。あるいは③は⑤へパスをつなぎ、⑤が②へのパスをねらってもよい。

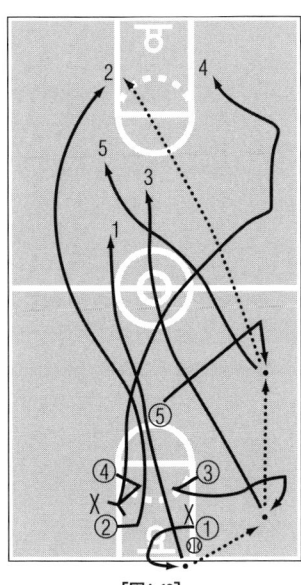

[図4-13]

ファストブレイク#14

●相手のフリースローが成功した後(2)

①がボールを獲ってエンドからパスを出す。③はボールにミートし、①からパスを受ける。⑤は③からパスを受けてからターンをし、④がノーマークであればパスを出し、そうでなければフリースロー・サークルの頂点までドリブルしてボールを運ぶ。

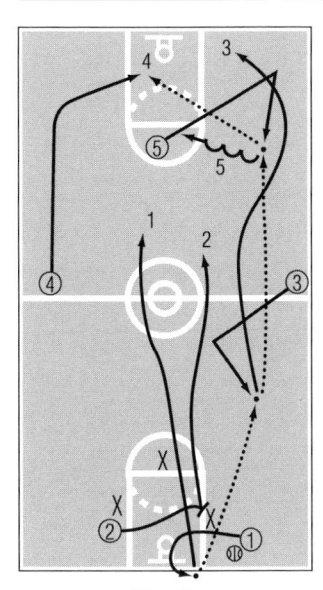

[図4-14]

ファストブレイク #15／#16

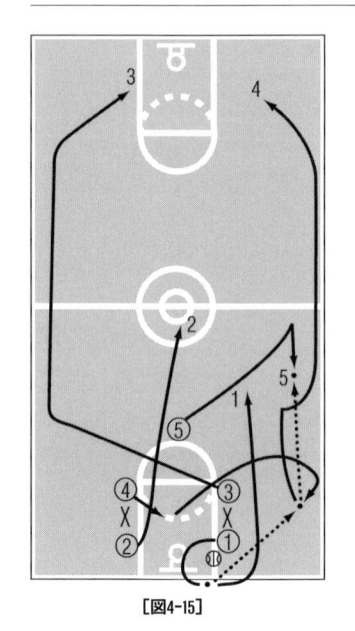

[図4-15]

●相手のフリースローが成功した後(3)

　フリースロー成功後のファストブレイクに変化を加え、ときとしてセンター・プレーヤーにエンドからのスローインをさせ、ファストブレイクを展開することがある。もちろん、各プレーヤーは常にボールをつなぐ準備をしていなければならない。

　図4-15では、④(背の低いプレーヤー)がリバウンドに入り、シューターをブロックした後反対サイドで①からパスを受ける。

　図4-16では、⑤(長身プレーヤー)がセンターライン付近まで走った後戻ってきて、①からのパスを受ける。

　どちらの場合でも、レシーバーは前方にいるノーマークのプレーヤーにパスしたりドリブルするためにコートのインサイドにターンする。

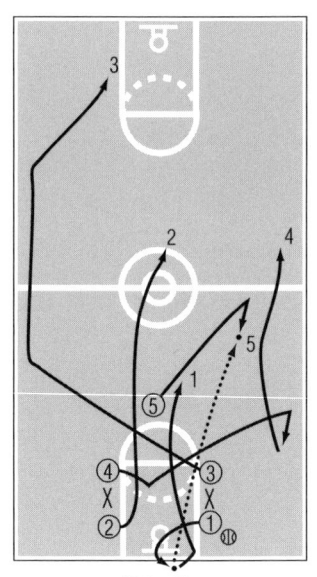

[図4-16]

ファストブレイクのフィニッシュ

　ここまで述べてきたファストブレイクの図の中で、トレーラーとして示されていたプレーヤーはトレーラーにもセーフティにも成り得るし、セーフティとして示されていたプレーヤーはセーフティにもトレーラーにも成り得る。しかし実際には、彼らのうちのどちらかはサイドからのカッターになることもあるし、カッターとして示されていたプレーヤーの1人はトレーラーやセーフティ、あるいはボールを持ったミドルマンとなるかもしれない。

　図示されたプレーが、実際のゲームでほとんどその通りにいかないことは周知の通りである。しかし、攻め方を模索し、ディフェンスなしでの動きを行い、そしてディフェンスがいるときの対応の方法を練習していかなければならない。図ではたくさんのドリブルを示しているが、通常は最初の2つのパスを行った後は、安全に前方やコート中央にパスができる場合は、ドリブルは使用しない。

　完全なレイアップ・ショットを打つ機会はあまりないことが分かっているので、実際のゲームで起こりやすいフィニッシュのタイプを練習することになる。

　適切なフロアバランスでフロントコートのキーの頂点までボールを持ち込んでからのフィニッシュは、以下の通りである。

ファストブレイクのフィニッシュ#1

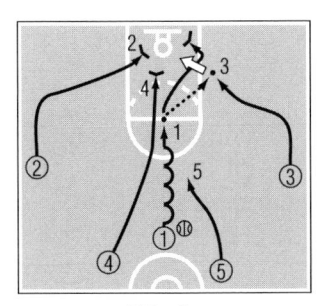

［図4-17］

●サイドのカッターの一方にパス(1)

　ミドルマン(①)はサイドのカッターの一方(②または③)にパスを出す。パスの後、①はリターン・パスを受けられるように、両手と顔を上げてレシーバーのほうに1歩踏み出す。もしカッターがドライブしてショットを打つなら、カッターの背後へまわり込んでリバウンドの準備をする。逆サイドのカッターはゴール下まで走り込まず、自分のサイドのリバウンドに入る。トレーラー(④)はゴールの正面のリバウンドに入る。5人目のプレーヤー(⑤)はフリースロー・サークルとセンター・サークルとの間に位置してセーフティとなる。シューターはできるだけ素早くプレーに戻る

ファストブレイクのフィニッシュ#2

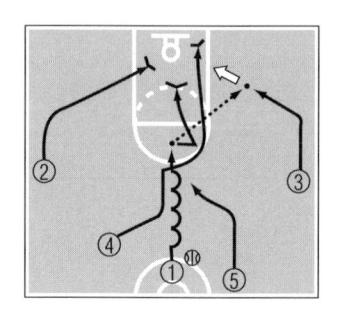

[図4-18]

●サイドのカッターの一方にパス(2)

ミドルマン(①)はゴールから約4.5m離れた位置でストップしたサイドのプレーヤー(③)にパスを出す。パスの後、①はストップし、ストロング・サイドをカットするトレーラー(④)にスクリーンをセットする。③はジャンプ・ショットをしても良いし、①がフリースロー・サークル・エリア内でショットができる状態のときはパスをしても良いし、セーフティ(⑤)にパスを返しても良い。逆サイドのカッター(②)はサイドのリバウンドに入る。サイドでジャンプ・ショットを打ったとき、シューターはフリースロー・ライン付近のリバウンドに入る。

ファストブレイクのフィニッシュ#3

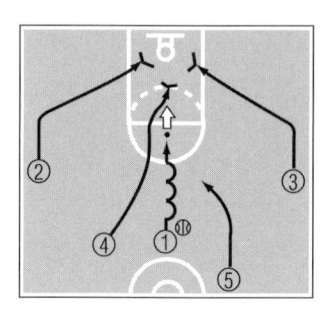

[図4-19]

●ミドルマンが自分でショット

ミドルマン(①)はフリースロー・サークル・エリアでジャンプ・ショット、あるいはクィック・ショットまたはフェード・アウェイ・ショットを打つ。このとき両サイドのカッター(②、③)は自分のサイドのリバウンドに入る。トレーラー(④)はゴール正面、シューターはフリースロー・サークル・エリアのリバウンドに入る。

ファストブレイクのフィニッシュ#4

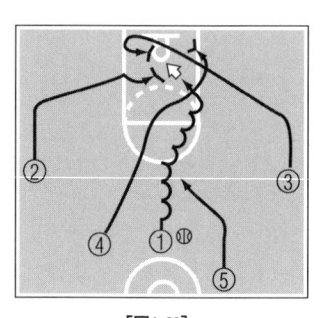

[図4-20]

●ミドルマンがどちらかのサイドにドライブ

ミドルマン(①)は巧みにフェイクをして、チェンジ・オブ・ペースやチェンジ・オブ・ディレクションを使いながら、レーンのどちらかのサイドにドライブする。ドライブ・サイドのカッター(③)は、①にスクリーンをセットして、そのサイドまたはレーンを横切って反対サイドのリバウンドに入る。ドライブとは反対サイドのカッター(②)はゴール正面のリバウンドに入る。トレーラー(④)はドライブ・サイドのリバウンドに入る。

ファストブレイクのフィニッシュ#5

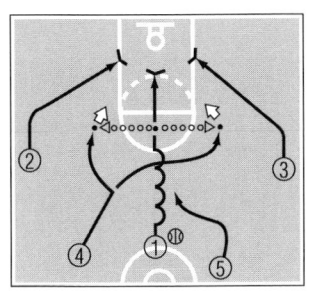

[図4-21]

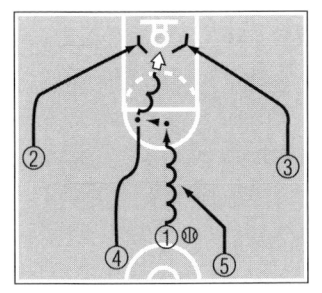

[図4-22]

●トレーラーのショット

　ミドルマン(①)はフリースロー・ライン付近でストップからのターンをして、カットしてくるトレーラーにタイミングよくパスを出す。トレーラー(④)はチェンジ・オブ・ペースやチェンジ・オブ・ディレクションを使いながらカットし、サイド・ポストでパスを受けてショットを打つ。[図4-21]

　同じようにしてトレーラー(④)はカットし、こんどは①からハンドオフ・パスを受けてドライブし、ゴール正面またはサイドからジャンプ・ショットを打つ。[図4-22]

　サイドのカッター(②③)は自分のサイドのリバウンドに入り、①は④がショットを打った場所に応じてリバウンドに入る。

ファストブレイクのフィニッシュ#6

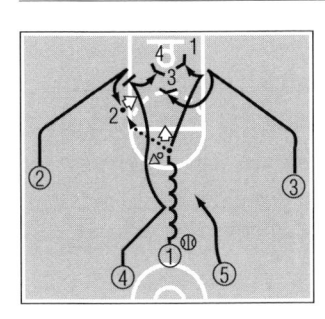

[図4-23]

●ミドルマンがハンドオフのパス・フェイクの後、自分でショットまたはカッターへパス

　ミドルマン(①)はフリースロー・ライン付近でストップからのターンをして、トレーラー(④)にハンドオフのパス・フェイクをした後(④は②にスクリーンをセットする)、ジャンプ・ショットを打つ。または、④のスクリーンを使ってカットしてくる②にパスを出しても良い。

　①がショットを打った場合、①はフリースロー・サークル・エリアでリバウンド・ポジションをとり、④はスクリーンをセットしたサイドに、②はゴールの正面に、逆サイドのカッターは自分のサイドにリバウンドに入る。

　②がショットを打った場合、②はフリースロー・サークル・エリア・ポジションをとり、①はゴール正面にリバウンドに入るか、またはパスをした反対サイドの③にスクリーンをセットし、リバウンド・ポジションを交代する。

ファストブレイクのフィニッシュ#7

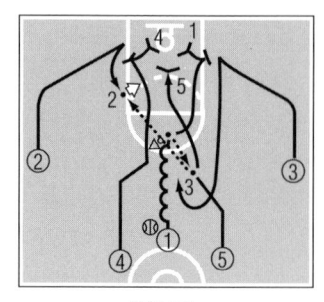

[図4-24]

● ミドルマンからパスを受けたセーフティがカッターへパス

　ミドルマン(①)はフリースロー・ライン付近でストップからのターンをして、トレーラー(④)にハンドオフのパス・フェイクをした後、セーフティ(⑤)にパスを出し、④の反対サイドにスクリーンをセットしに行く。ボールを受けた⑤は④のスクリーンを利用してノーマークになった②にパスを出し、ゴール正面のリバウンドに入る。スクリナー(④)はそのサイドのリバウンドに入り、パスをされなかった③はセーフティに戻る。

ファストブレイクに関する重要な提案

1. コーチは人並みはずれた忍耐力を備えていなければならない。ミスは起こるものであると覚悟し、練習を重ねることによってミスを最小限に減らすようにしていく。ファストブレイクを主体とするチームは、プレーヤーがゲーム中にアグレッシブにプレーするので相手チームよりもミスが多くなるが、それだけ多くのことを成し遂げるチャンスにも恵まれるのである。このことは「特にオフェンスにおいては、最も多くのミスを犯すチームがおそらく勝利するであろう」という言葉からも窺い知ることができる。この言葉は、パデュー大学を1920年代から1930年代まで指導した偉大なコーチ、ワード・ピギー・ランバートがしばしば口にしたと言われている。この言葉をよく嚙み砕き、表面的な意味ではなく、その裏側にある意味を理解しなければならない。

2. ファストブレイクを試みても確率の高いショットが打てないのであれば、流れを止めず、パスアウトしてからセットアップすべきである。プレーヤーが確率の高いショットを認識できず、いい加減なショットを打ってしまうと、ファストブレイクはただのがむしゃらな走り合いになってしまう。

3. 最近ではジャンプ・ショットの技術が向上し、一昔前なら打つはずもなかったような距離からでも、ショットを打つことが奨励されている。相手が所定の位置をしっかりと占めているセット・オフェンスに比べ、ファストブレイクは、オフェンス側とディフェンス側の両方がリバウンド・エリアに向かって動いているので、オフェンスリバウンドのチャンスがあると考えられているからである。

4. プレーヤーはバックコートでボールを獲得したときはいつでも、素早く積極的に反応できるよう教え込まれなければならない。ファストブレイクがねらえそうもない状況でも、常にファストブレイクをねらおうとするうちにチャンスは訪れる。ファストブレイクのチャンスは待っているのではなく、作り出すのである。すべてのプレーヤーは、各レーンや各エリアで必要なオプションを実行できるよう努力しなければならない。

5. ディフェンスが戻る前に良いショットを打つために、2対1、3対2、4対3の状況における練習に多くの時間を費やさなければならない。

6. 素早いショットや素早いボール・ハンドリングのドリルを数多く考案し、プレーヤーが素早く正確にできるようになるまでそれらを行わなければならない。スピードのために正確性を犠牲にしてはならないが、ボールをコントロールできる最大限のスピードを身につけることが望ましい。ディフェンスが接近してプレッシャーがかかった状況でも、力強いドリブル・ショットや素早いジャンプ・ショットが正確にできなければならない。

7. ディフェンス・リバウンドを獲得した後、素早くパスアウトすることが強調されなければならない。ディフェンス・リバウンドによってボールの所有権を獲得する場合が多いからである。また、相手に得点された後の素早いインバウンドも練習するべきである。相手はしばしば得点のあとは気を抜いているからである。たとえディフェンスが早く戻ってセットしていたとしても、ボールはフロントコートに素早く運ばなければならない。

8. 顔を上げ視野を広げた状態を保ち、フロントコートの最も優位なポジションにいるプレーヤーにできるだけ素早くボールを出すことを常に強調する。前方に味方がいて素早く安全にパスが出せるときはパスを出し、そうでない場合はドリブルで運ぶ。

9. サイドライン方向に素早く動いているプレーヤーやコーナーにとどまっているプレーヤーにパスを出してはならない。約束事として、ファストブレイクにおいては、レシーバーはサイドラインやコーナーからカットしてきてパスを受け取らなければならない。

10. 弧を描くようなカットをしてはならない。チェンジ・オブ・ペースとチェンジ・オブ・ディレクションをうまく使ってディフェンス・プレーヤーの逆をつき、鋭いカットを行う。これはノーマークを作るための最良の方法である。

11. ファストブレイクでは、カッティングやリバウンディングのことを頭に置き、ディフェンスの状況も考慮しなければならない。

4 UCLAのセット・オフェンス　　　SET OFFENSES

　いつも相手にプレッシャーをかけ続け、ボールの所有権を得たときは速やかに、ディフェンスが戻っているかどうかにかかわらず、ファストブレイクを出すほうが良いと考えている。しかし、ファストブレイクにおける確率の高いショットのチャンスは2回に1回くらいの割合でしか現れないので、攻めきれないときの良いセット・オフェンスを用意しておかなければならない。率直に言えば、ファストブレイクとセット・オフェンスを同じくらいの割合で持つことが望ましい。この両者はそれぞれが互いに補い合えるからである。
　最初に試みるファストブレイクは常に素早い反応と積極性が要求されるので、セット・オフェンスにも同じく積極性を求めるのが合理的な考え方であろう。

＊

　私は、どのポジションにおいても得点する機会が均等に与えられるようなシステムを考案した。それは、私が今まで目にし、経験してきたすべてのオフェンスの中から、私の基本的な考えに適応したものを基にしている。どのポジションにおいても得点する機会が均等に与えられるという考え方については昔から議論がなされてきたが、繰り返し議論することは理解を深めることになるので、ここではそのいくつかを改めて強調することにしたい。私の分析では、この考えを是とする理由は3つある。
　第1に、ディフェンス側が得点力のある1人ないし2人のプレーヤーに的を絞ることができなくなり、ディフェンスを完璧に実行することが難しくなってくるからである。
　第2に、自分で得点したいと思うことはすべてのプレーヤーにとって当然のことであるが、これによって、チームスピリットがより素晴らしい形となって現れてくるからである。プレーヤーの調子や相手のディフェンスの状況が異なるので、ゲームによってはバラツキがあるが、シーズンを通して見たときに得点する機会が均等に与えられているべきなのである。この考え方は、ショットのうまいプレーヤーや得点能力のあるプレーヤーのプレーを抑えつけようとするものではない。コーチが用いるシステムによって1人か2人のスコアリング・スターを生み出すべきではないということなのである。
　第3に、これによってストロング・サイドのプレーヤーだけでなく、5人のプレーヤー全員が常に自分の役割を果たすことが容易になる。とくにウィーク・サイドでのプレーは、ストロング・サイドのプレーヤーがフリーになるこ

とを助けるので、ストロング・サイドにいるときにはそれを求めればよい。また、ウィーク・サイドで効果的に動くことができれば、ストロング・サイドからボールが戻ったときに簡単にノーマークになることができ、直ちに攻撃に転じることができるのである。

*

　全員がカッティングをするなどして、常に動きが継続しているタイプのオフェンスが好ましい。各々のプレーヤーの動きをあまり細かく制限すべきではない。簡単に言うと、私が望んでいるのは、いろいろなオプションを持ったファイブメン・オフェンスであり、個人の創意を制限しないオフェンスである。とはいえ、ディフェンスを下がらせ、確率の高いジャンプ・ショットを打つことができるように、常にゴール方向へカットすることが望ましいと考えている。

　各々のプレーヤーには、チャンスがあればいつでも、自分の能力の範囲内で、パスやドライブ、ショットをする機会が与えられるべきである。すべてのプレーヤーの動きは、ボールを持っているプレーヤーの動き、あるいはボールを手放したばかりのプレーヤーの動きに合わせる。また、自分についているディフェンス・プレーヤーがボールに対してヘルプに出るのを妨げ、ディフェンス・プレーヤーの逆をつくように動き続けることも必要である。さらに、チームメイトをスクリナーとして利用し、自分のマークマンを引き離すこともできなければならない。ボールを持っていないときには、ディフェンス・プレーヤーが自分のほうに注意を向け、ボールに背を向けるように仕向けなければならない。そうすれば、ディフェンス・プレーヤーはヘルプもしにくくなり、また突然動くことによって簡単にそのディフェンス・プレーヤーをかわすことができる。

*

　この攻撃のスタイルには、まずファストブレイクをねらうという原則を保ちながら、素早い反応と素早い動きが要求される。

　フロアバランスとタイミングは常に重要である。ショットが打たれたとき、シューターはフリースロー・サークルのエリアをカバーし、ゴール下ではリバウンドのためのトライアングルを形成する。セーフティはセンター・サークルとフリースロー・サークルの間に位置するが、立ったままではなく、必要に応じて的確な動きを行い、また、ボールと自分たちが守るべきゴールを結んだ線上にいるようにしなければならない。ドライブからのショットがゴール近くで打たれた場合もゴール下でトライアングルを作るが、トライアングルの頂点のプレーヤー（フロントマン）はそれほどゴールに近づかず、シューターはできるだけ素早くプレーに戻る。セーフティは、常に自分のとるべきポジションに

位置しているか、あるいはそこに向かって移動していなければならない。

＊

　各ポジションに要求される特別なファンダメンタルを各々のプレーヤーに教えるために様ざまなドリルが考案されている。2メン・プレーのために2人で行うドリルが付け加えられ、3メン・プレー、4メン・プレー、最後には5人となるが、各々のポジションの役割をすべてのプレーヤーに教えることが望ましい。これは、プレーヤーがチームメイトの役割を少しでも理解することに役立つし、プレーヤーが普段とは違うポジションでプレーするときの準備をさせることにもなる。

　プレーヤーには「UCLAセット・オフェンスの可能性」というリストが与えられる。自分がやることになるかもしれない一つひとつのポジションの動きを覚えることが要求されるが、まず自分が最も多くプレーするであろうポジションに注意を向けるべきであろう。

UCLAシングルポスト

　私のチームでは通常、いろいろなバリエーションを伴ったシングルポストの攻撃を用いているが、特別な状況下での、単純化したダブルポスト・オフェンスも充分に使いこなせるように練習している。また、ゾーンやその他の特殊なディフェンスに対する攻撃もいくつか用意しており、それも後述する。

　毎年、プレーヤー一人ひとりの長所を考慮して、オフェンスのどのような部分に重点を置くかが変わってくる。したがって、一つのシーズンにすべてのプレーを用いるということはない。

　ここからはこれまでに説明した原則を基にして、私がチームで用いる基本的なセット・オフェンスを図解していく。ここで覚えておいてほしいことは、どのプレーも左右のサイドで同じ回数を練習することである。また、ポストマンがフリースロー・ライン付近にポジションをとる場合にも、そこでノーマークになるために、フリースロー・サークルのゴールに近い地点で動き続けなければならない、ということである。

シングルポスト#1

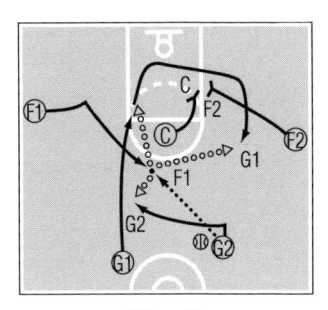

[図4-25A]

[図4-25B]

●オプションを伴ったバックドア

"バックドア"は、オフェンスを組み立てるときの最初のオプションとするべきである。プレーを組み立てる責任はボールを持っているオフ・フォワード（ガードの反対サイドにいるフォワード）にある。オフ・ガード（反対サイドにいるガード）のディフェンスがディナイしてパスできないときは、オフ・フォワードは自分がハイ・ポストへカットしていることをガードに知らせなければならない。

G2がF1にパスした場合、F1はゴール方向にカットしているG1、セカンド・カッターとしてのG2、そしてカットした後にCとF2のダブル・スクリーンを利用してくるG1のいずれかへのパスをねらう。[図4-25A]

ダブル・スクリーンを利用してF1からパスを受けたG1は、自分でショットをねらうか、逆サイドのレーンに向かってカットするF1、Cの後ろを通ってサイド・ポストに行くF2、ダウン・レーンにいるCのいずれかへのパスをねらう。G2はセーフティあるいはレシーバーとなる。[図4-25B]

シングルポスト#2

●3つのオプションを伴ったフォワード・リバース

ガードがフォワードのほうに向かってドリブルを始めると同時に、フォワードはボールにミートすると見せかけて前に出したアウトサイド・フットをゴールの方向に引き戻して、ボールを見失うことなくインサイドに向きを変え、ゴールに向かって素早くリバースする。センターはガードがストロング・サイドのフォワードのほうにドリブルをしたら、逆サイドへ移動し、ウィーク・サイドのフォワードとダブル・スクリーンを作る。ストロング・サイドのフォワードには、次の3つのオプションがある。

(1) ゴール下でノーマークになってパスを受ける
(2) ノーマークになれなければ、レーンで"ボタンフック・⁵"を行ってパスを受ける
(3) それでもボールがもらえないときは、レーンを横切り、センターとオフ・フォワードによって作られたダブル・スクリーンを利用してサイド・ポストでパスを受ける

ドリブルで移動しているストロング・サイドのガードには、次のオプションがある。

(1) 自らのジャンプ・ショットやドライブからのショット
(2) インサイドに向きを変え、ゴールに向かって動いているフォワードへのパス
(3) レーンでボタンフックをしているフォワードへのパス
(4) ノーマークのもう一人のガードにボールを返す(この場合、ゴールのほうにカットし、素早くサイド・ポストへ移動する)

各プレーヤーの役割やリバウンドの入り方は図を見れば容易に推測できるはずである。このプレーと次に説明するプレーが、通常われわれがよく使っているセットアップである。特にフォワードについているマークマンが高い位置でディフェンスしているときに最も効果的である。

[図4-26]

シングルポスト♯3

[図4-27]

● フォワードによるスクリーン・アンド・ロール後の3つのオプション

このプレーは♯2と同じ要領で行うが、ガードがフォワードに向かってドリブルをするとき、フォワードは逆サイドにリバースをする代わりに、ガードに近づいてスクリーン・アンド・ロールを行う点が異なる。

F2によるスクリーン・アンド・ロール後のオプションには次のようなものがある。
(1) G2がスクリーン・アンド・ロールの後、ゴールのほうにカットするF2へパスする
(2) G1が逆サイドのダブル・スクリーンを利用してくるF2へパスする
(3) G1がサイド・ポストに近づいてくるG2にパスし、セーフティとして戻ってきたF2とともに2メン・プレーをさせる

シングルポスト♯4

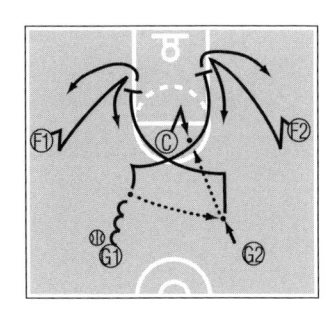

[図4-28]

● ガードからハイ・ポストへのパス(1)

ハイ・ポストのセンターにパスをした後、それぞれのガードは自分のサイドへのフェイクを行う。まず、パスしたガードが反対サイドへ向かい、それに続いてパスをしていないガードも反対サイドへ向かい、センターの前でクロスするようにカットする（パスをしていないガードはパスをしたガードの後ろを通る）。ガードがポストにパスを入れたときに両フォワードはセンターからのパスを受けようと鋭くリバースしてゴール下へ向かい、ガードによるスクリーンを利用してサイド・ポストへ移動する。センターはパスを受けたらターンをしてゴールに正対し、ノーマークのプレーヤーへのパスをねらうか、ショットをねらう。センターが右側のプレーヤーにパスをしたり、自分でショットを打ったのであれば、左側のフォワードはセーフティとなる（左側のフォワードにパスをしたならば、

右側のフォワードがセーフティとなる)。

もしガードのディフェンス・プレーヤーが"スイッチ"をコールしたら、パスをしていないガードはクロスせず、もう一人のガードと同じサイドにカットする。その場合、ガードはフォワードをスクリーンとして利用して(フォワードにスクリーンする代わりに)、アウトサイドに出る。

シングルポスト#5

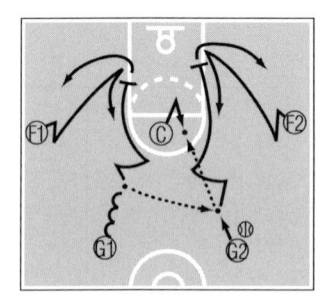

[図4-29]

●ガードからハイ・ポストへのパス(2)

ガードの2人はセンターの手前でクロスすると見せかけて、それぞれのサイドにカットし、その後は#4と同じ要領でプレーを行う。フォワードがお互いの役割に慣れてきたら、ゴール下でクロスさせ、反対サイドのガードとプレーをさせる。クロスするときは、衝突を避けるためにお互いの右側を通過するようにする。

G1(またはG2)はF1(またはF2)をスクリーンとして利用してアウトサイドに出る。

シングルポスト#6

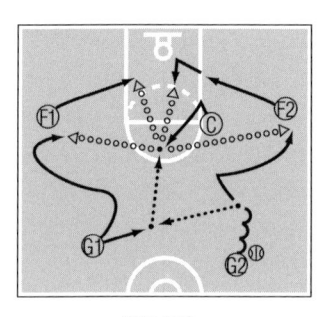

[図4-30A]

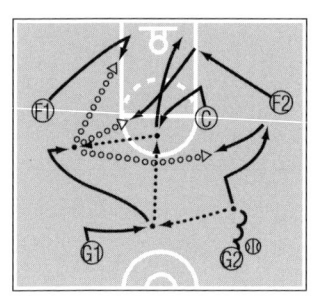

[図4-30B]

●ガードからハイ・ポストへのパス(3)

G2→G1→Cの順にボールをつなぐ。Cには次のオプションがある[図4-30A]。

(1)ゴール下へリバースしているF1へのパス
(2)ショート・ポストのF2へのパス
(3)ウィングのG1かG2へのパス

Cがウィングのガード(G1またはG2)のいずれかにパスをしたら、Cは逆サイドへとレーンを離れ、そのサイドのフォワードがCのスクリーンを利用してサイド・ポストへと上がってくる。Cからパスを受けたガード(G1またはG2)には次のオプションがある[図4-30B]。

(1)ストロング・サイドのディープ・ポスト[6]でノーマークになろうとしているフォワード(F1)へのパス
(2)ハイ・ポスト(C)へのパス
(3)もう1人のガードへのパス

もちろん、パスを受けようとしたときにディフェンスがオーバープレーをしてきたら、素早くレーンに向かってリバース・ドライブを行う。

[4] UCLAのセット・オフェンス

シングルポスト #7

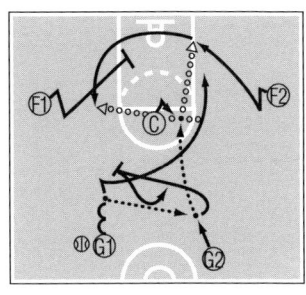

[図4-31]

ガード(G1またはG2)はハイ・ポスト(C)にパスを入れ、もう一人のガードにスクリーンをセットし、元のポジションに戻る。パスを受け、ターンしてゴールに正対したセンターには、次のオプションがある。

(1) 自分のプレー
(2) リバースしているフォワード(F2)へのパス
(3) スクリーンを利用してカットしているガード(G1)へのパス
(4) 反対サイドのフォワードのスクリーンを利用して上がってくるフォワード(F2)へのパス
(5) セーフティに戻っているガード(G2)へのパス

センターがセーフティにボールを戻したならば、センターはターンして下にいるガード(G1)にスクリーンをセットし、F2は引き返してF1にスクリーンをセットし、F1はそのスクリーンを利用して外に出る。なお、このプレーでは、センターにパスをしたガード(G2)のためにもう一方のガード(G1)がスクリーンをセットするというバリエーションもある。

シングルポスト #8

[図4-32]

ガード(G2)はフォワード(F2)にパスをし、そのフォワードの外側にカットする。フォワードはセンターにパスをし、次の動きを行う。

(1) ゴールに向かってフェイクをしてからセンターの前を横切るようにカット
(2) アウトサイドにフェイクをしてからインサイドへカットし、インサイドのガードがアウトサイドに出られるようにスクリーンをセットする

フォワードとセンターはパスを受けたらすぐにゴールに正対し、自分のプレーを試みる。

シングルポスト#9

[図4-33]

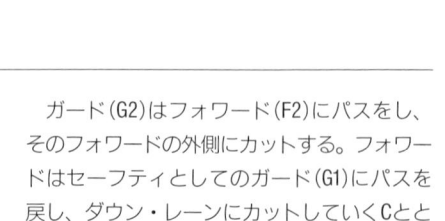

ガード(G2)はフォワード(F2)にパスをし、そのフォワードの外側にカットする。F2はダウン・レーン[7]にカットしていくCにパスをする。その後、F2はG2とともにスプリット・カット[8]を行う。

シングルポスト#10

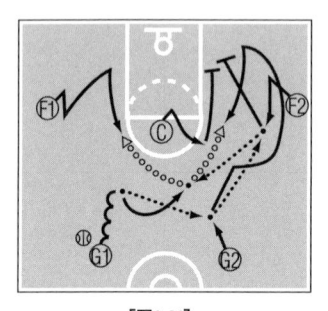

[図4-34]

ガード(G2)はフォワード(F2)にパスをし、そのフォワードの外側にカットする。フォワードはセーフティとしてのガード(G1)にパスを戻し、ダウン・レーンにカットしていくCとともにダブル・スクリーンをつくる。G1には次のオプションがある。
(1) ダブル・スクリーンを利用してくるG2へのパス
(2) セーフティとして戻ってくるF1の動きに合わせてゴールへカットするF2へのパス
(3) F1にパスしてF1とともに行うサイド・ポストでのプレー(このときは、G2がセーフティとなる)

シングルポスト#11

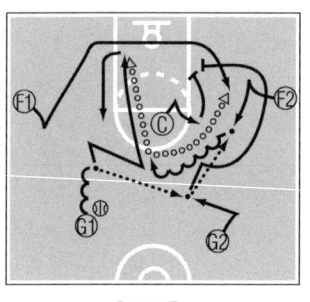

[図4-35]

ガード(G2)はフォワード(F2)にパスをし、そのフォワードの外側にカットする。フォワードはドリブルでトップに上がる。センターはG2とともに、レーンを下りてゴール下を横切ってくるF1に対しダブル・スクリーンをセットする。G1はゴールにカットした後にサイド・ポストに戻ってくる。F2には次のオプションがある。
(1) ダブル・スクリーンを利用してくるF1へのパス
(2) ゴールへとカットしていくG1へのパス
(3) G1が戻ってきた場合、サイド・ポストでのプレー

シングルポスト#12

ガード(G2)はフォワード(F2)にパスをし、フォワードのインサイドにスクリーンをセットしてロールする。[図4-36A]
または、フォワードのインサイドへのスクリーンと見せかけてゴールへとカットする。
[図4-36B]
ガードがフォワードの外側をカットしたときは、#6、#7、#8、#9と同様のプレーをする。

[図4-36A]

[図4-36B]

シングルポスト#13

ガード(G2)はフォワード(F2)にパスをし、ポストにいるセンター(C)のどちらかのサイド(ボール・サイドまたはブラインド・サイド)をカットする。G2がノーマークにならないとき、F2はセンター(C)にパスを出す。その後F2は、ゴール下のインサイドからコーナーに向かってカットしているG2にスクリーンをセットし、続けてゴールのほうへロールする。
Cには次のオプションがある。
(1) F2にパスをして、ゴールへ向かう
(2) G2にパスをしてゴールへ向かう
(3) チャンスがあれば自分でショットを打つ
(4) G1にパスをしてF1とともにウィーク・サイド・ポストでのプレーを行わせる(このときG2はセーフティに戻り、Cはレーンを下りて戻ってくるF1にスクリーンをセットする)

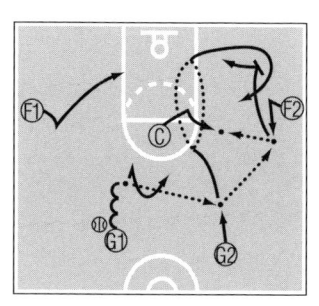

[図4-37]

179

シングルポスト #14

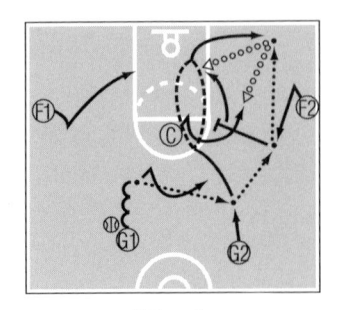

[図4-38]

ガード(G2)はフォワード(F2)にパスをし、ポストにいるセンター(C)のどちらかのサイド(ボール・サイドまたはブラインド・サイド)をカットする。F2はアウトサイドに出てきたG2にパスをした後、Cにスクリーンをセットし、ゴールへとロールする。

G2には次のオプションがある。
(1) F2やCへのパス
(2) 自分でショット

CがG2からパスを受けた場合、CはG1にパスし、F1とウィーク・サイド・ポストでのプレーを行わせることもある。このときCは元の位置に戻ってくるF2を利用してゴールへとカットし、G2はセーフティに戻る。

シングルポスト #15

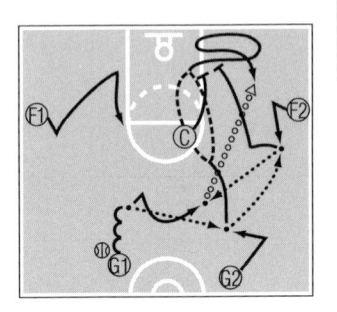

[図4-39]

ガード(G2)はフォワード(F2)にパスをし、#11や#12と同様に、ポストにいるセンター(C)のどちらかのサイドをカットする。F2はG1にボールを返した後、Cとともにダブル・スクリーンをセットする。G1はF1とのサイド・ポストでのオプションやダブル・スクリーンを利用するG2へのパスをねらう。

シングルポスト #16

[図4-40]

ガード(G2)はフォワード(F2)にパスをし、#13、#14、#15と同様にポストにいるセンター(C)のどちらかのサイドをカットする。F2はドリブルでトップに上がる。G1はゴールへ向かってカットし、F1にスクリーンをセットする。このときCは下がってG2にスクリーンをセットし、ゴールへとロールする。

シングルポスト#17

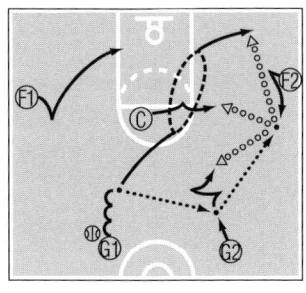

[図4-41]

ガード(G2)はフォワード(F2)にパスをする。G2はカットするふりをしてステップバックし、この場合は反対サイドのガード(G1)がセンター(C)のどちらかのサイドをカットする。G1は、#13、#14、#15、#16におけるG2のオプションを行う(つまり、G1とG2が入れ替わっただけである)。

F2には次のオプションがある。
(1) 自分でショット
(2) ノーマークになったG1へのパス
(3) CやG2へのパス
(4) ドリブルでトップへ移動

シングルポスト#18

[図4-42]

ガード(G2)はフォワード(F2)にパスをし、#13、#14、#15、#16と同様にポストにいるセンター(C)のどちらかのサイドをカットする。G2は、F2からパスをもらえなかったとき、反対サイドのF1にスクリーンをセットする。F1はG2のスクリーンを利用してレーンを横切る。

この形はG2とF1のポジションが入れ替わったことを除けば、#13から#16と同じセットアップである。F2はすべてのオプションを選択することができる。

シングルポスト#19

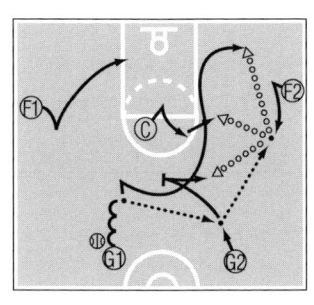

[図4-43]

#19から#22は、フォワード(F2)とセンター(C)が特定の相手に対して1対1をしやすいように、スペースを少しでも広く空けるために考え出されたものである。

G1とG2のポジションが入れ替わっただけで、#13、#14で利用されたすべてのオプションを選択することができる。

シングルポスト#20

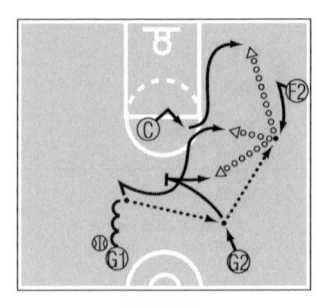

[図4-44]

ガード(G2)はフォワード(F2)にパスをし、もう一人のガード(G1)にスクリーンをセットする。センター(C)は素早くレーンを下りてF2からのパスを受けようとする。G1はポスト・ポジション(ハイ・ポスト)をとる。このとき、CはG2と、G1はCと、G2はG1とポジションを入れ替わっている。F2は#13ら#16で用いたオプションを選択することができる。

シングルポスト#21

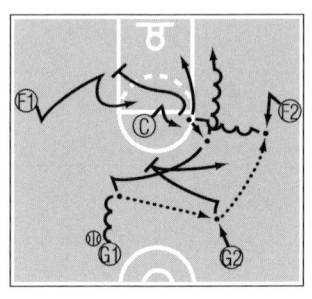

[図4-45]

ガード(G2)はフォワード(F2)にパスをし、もう一人のガード(G1)にスクリーンをセットする。F2はフリースロー・ラインに向かってドリブルをし、サイド・ポストでターンをする。G1はG2のスクリーンを利用してサイド・ポストへカットし、F2からハンドオフ・パスを受ける。CはF2がドリブルを始めたときに反対サイドのレーンへ移動してF1にスクリーンをセットする。F2はG1にハンドオフ・パスをした後ゴールに向かってロールする。G1がハンドオフ・パスを受けとった後、ピボットをしてG2にパスを戻したとき、G2はCのスクリーンを利用してくるF1、またはゴールへロールしているF2へのパスをねらう。

シングルポスト#22

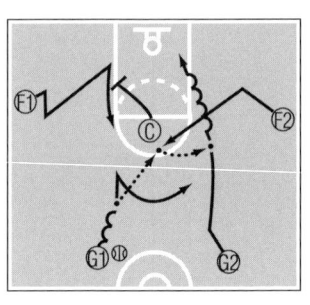

[図4-46]

F2はゴールへカットするフェイクをしてから、フリースロー・サークルのトップへとダッシュし、G1からのパスを受ける。G2は自分のディフェンス・プレーヤーがG1からF2へのパスに気を取られて頭を動かしたとき、チェンジ・オブ・ペースとチェンジ・オブ・ディレクションを使ってゴールへと走り込む。F2は最初にG2へのパス、次にF1へのパスをねらう。

F2はフリースロー・サークルのトップでパスを受けとることができなかった場合、G2のディフェンスの背後にスクリーンをセットし、G1からG2へのロブ・パスができるようにする。

UCLAダブルポスト

このダブルポストは主要なセット・オフェンスではないが、ゲームのペースを変えたいときやこのオフェンスに適した5人をプレーさせたいときに、まれに用いる攻撃である。

このオフェンスはとてもシンプルで、ほとんどオプションもなく、練習でもあまり時間を割かないようにしている。通常のオフェンスの単調さを打開するために練習に変化が必要と感じたとき、時折練習する程度である。

2人のポストマンはフリースロー・サークル・エリアの両サイドでプレーする。図の上では、2人のポストマンのポジションは固定されているが、実際にはノーマークになるために、その周辺のかなり広い範囲をテリトリーとして動きまわっている。そして、ミドルマンやボールを保持しているプレーヤーがパスをしようとしているときには、フリースロー・ラインとサークルの交点付近でノーマークになれるように準備する。アウトサイドにいる3人のプレーヤーは立ち止まっているのではなく、フロアバランスを考えながら、フェイクを入れたりウィーブをしたりして、常にポジションを変える。

ディフェンスに対して効果を発揮するためにはバランスのとれた攻撃が必要である。そのためには、シングルポスト・アタックのときと同様、左右それぞれのサイドの練習に同じ時間をかけるようにしなければならない。

ダブルポスト#1

[図4-47]

●ミドルマンからポストマンへ

ミドルマン(G2)はポストマン(C2)にパスをした後、一度ゴールに向かってフェイクしてからアウトサイドにカットする。そしてパスをしたサイドのフランカー[9](G3)とともにポストマンに対するスプリット・カットを行う。もう一方のポストマン(C1)は、ゴールに向かってレーンを横切るように鋭くカットする(この動きはフリースロー・ライン付近にスプリット・カットをしてくるG3のためのスペースを空けることになる)。逆サイドのフランカー(G1)はアウトサイドへフェイクをかけて、セーフティに戻る。

パスを受けたC2には次のオプションがある。

(1) 自分でドライブまたはショットを打つ
(2) ゴールにカットしているC1へのパス
(3) スプリット・カットしているG2またはG3へのパス
(4) セーフティ(G1)へのパス

C2がセーフティ(G1)にボールを戻した場合、C2はゴールへフェイクしてから反対サイドのポストへ、スプリット・カットしたG2とG3はアウトサイドへ広がってフランカーの位置へ、C1は自分が最初に位置した反対サイドのポストに上がってくる。

ダブルポスト#2

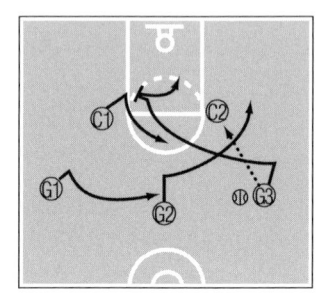

[図4-48]

● フランカーからポストマンへ

フランカー(G3)は自分のサイドのポストマン(C2)にパスをし、ミドルマン(G2)とともにスプリット・カットをする。G3はスプリット・カットの後、もう一方のポストマン(C1)にスクリーンをセットする。C1はインサイドへフェイクした後、G3のスクリーンを利用してカットする。ウィーク・サイドのフランカー(G1)はアウトサイドへフェイクしてからセーフティとしてコート中央に戻る。C2は#1とほぼ同じオプションを行うことができる。

ダブルポスト#3

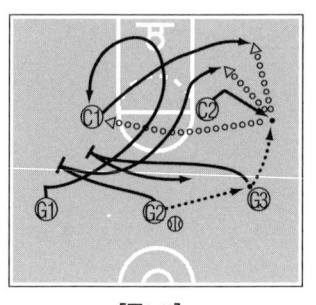

[図4-49]

● フランカーからアウトサイドへ移動したポストマンへ

フランカー(G3)はアウトサイドへ移動したポストマン(C2)にパスをし、反対サイドに向かう。同時に、ミドルマン(G2)は逆サイドのフランカー(G1)にスクリーンをセットする。反対サイドに向かったG3は、G1にスクリーンをセットしたG2にスクリーンをセットする。

C2には次のオプションがある。
(1) レーンを横切ってカットするC1へのパス
(2) G2のスクリーンを利用してインサイドへカットしてから戻ってくるG1へのパス
(3) G3のスクリーンを利用してレーンを横切

ってカットするG2へのパス
(4)セーフティへ戻るG3へのパス

もしボールがG3に戻った場合、G3はG1とのウィーク・サイド・ポストでのプレーを選択するか、G2とC2によるダブル・スクリーンを利用してカットアウトしてくるC1にパスをしても良い。

●フランカーがミドルマンにパスしてスクリーン

ミドルマン(G2)はフランカー(G3)にパスした後、逆サイドのフランカー(G1)にスクリーンをセットする。G3はG2のスクリーンを利用してカットしてくるG1にパスをし、パスを追うようにしてG1へスクリーンをセットしに行く。ストロング・サイドのポストマン(C2)はウィーク・サイドのポストマン(C1)にスクリーンをセットしに行く。

G1には次のオプションがある。
(1)ドリブルからのショット
(2)ロールをしてゴールへ走り込んでいるG3へのパス
(3)C2のスクリーンを利用してカットしてくるC1へのパス

G1がセーフティのG2にパスを戻した場合、ローテーションして最初から行うことができる。

ダブルポスト#4

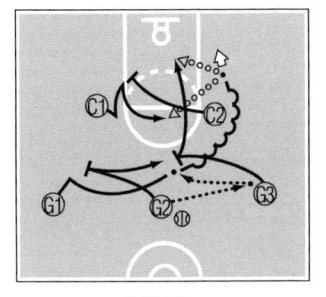

[図4-50]

●ポストマンがフランカーにスクリーンをセット

ミドルマン(G2)はフランカー(G3)にパスした後、逆サイドのフランカー(G1)にスクリーンをセットする。G3はG2のスクリーンを利用してカットしてくるG1にパスをする。このとき、両ポストマン(C1、C2)は、自分のサイドのフランカー(G2、G3)にブラインド・スクリーン*10をセットする。もし、どちらのフランカーもノーマークにならなかったときは、両ポストマンはターンしてすぐに引き返し、ダウン・レーンに移動したフランカーにもう一度スクリーンをセットする。

もしうまくいかなかったときはプレーをやり直すために最初のポジションに戻る。

ダブルポスト#5

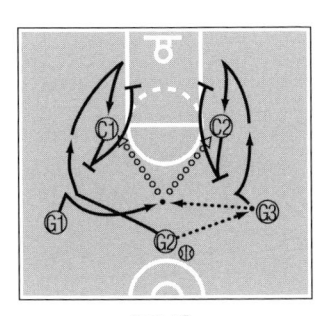

[図4-51]

ダブルポスト#6

●ポストマンのスクリーン・アンド・ロール

　フランカー(G3)がミドルマン(G2)からのパスを受けたとき、ポストマン(C2)はG3にブラインド・スクリーンをセットし、G3のドライブに合わせてロールする。この後のプレーは、シングルポスト#3(フォワードのスクリーン・アンド・ロール)と同じ要領である。

［図4-52］

ダブルポスト#7

●オフサイド・カット[11]

　フランカー(G3)がミドルマン(G2)からのパスを受けたとき、逆サイドのポストマン(C1)はフリースロー・サークルのトップへ素早く動き、パスを受ける。このとき、ストロング・サイドのポストマン(C2)は自分のマークマンを引きつけるためにゴールへとカットし、G2は自分のマークマンがパスを邪魔しないようにボールから離れるようなフェイクをかける。

　C1にパスが入ったら、逆サイドのフランカー(G1)は速やかにゴールへとカットする。G1にパスが通らないときは、G3とG2はスプリット・カットをする。それでもパスが通らないときは、G3とG2はゴール下にいるG1とC2にスクリーンをセットし、その後アウトサイドへ出る。

［図4-53］

5 いろいろな状況に対応したオフェンス OFFENSES FOR VARIOUS SITUATIONS

ゾーン・アタック

　すべてのチームは、ゾーン・ディフェンスに対して特別なオフェンスを持たなければならない。そうしないと、相手がゾーン・ディフェンスで守ってくるときにはいつでもトラブルに見舞われてしまう。

　ゾーン・ディフェンスには多くのタイプがあるが、レギュラー・オフェンスやスペシャル・オフェンスの上に、それぞれのゾーンに対応したオフェンスを身につけることは不可能であると言ってよい。すべてのゾーン・ディフェンスに対応して練習時間をとることが理想的かもしれないが、それはファンダメンタルやレギュラー・オフェンスの練習時間を犠牲にすることになりかねない。最良の策は、レギュラー・オフェンスから大きく変化させずに、あらゆるタイプのゾーンに対応できるようなゾーン・アタックを持つことである。

　ゾーン・ディフェンスに対する最良のオフェンスは、ディフェンスが戻ってポジションに着く前に、ファストブレイクで攻めることである。これはゾーン・ディフェンスが出現して以来言われ続けている格言である。ファストブレイクを得意としているチームは、自ずとゾーン・ディフェンスに対しても強みを発揮できるのである。

　ゾーン・ディフェンスはすべて、ボールマンが自分のテリトリー内にいるときを除いて、プレーヤーではなく、ボールやテリトリーに対して反応することを原則としている。したがって、ゾーン・ディフェンスを攻めるには、ボールの移動を繰り返すことである。また、ゴールに向かってカットを繰り返すことによってディフェンスを後退させ、ディフェンス越しに確率の高いショットを打つことができる。

　ゾーン・ディフェンスはタイプによって弱点となるところが違ってくるため、それを見つけ、そこを攻めていかなければならない。ドリブルはあまり使わないようにする。速く巧みなパスが求められるが、ディフェンスの動きよりも速いパスができなければならない。一つのパスでディフェンスを一方に引き寄せた後、素早く逆方向にパスを戻せば、ゾーン・ディフェンスを崩すことができるということを覚えておくとよい。

　多くのチームはゾーン・ディフェンスを目のあたりにするとあわてふためいてしまう。ゾーン・ディフェンスにあまり出くわさないため、慣れていないの

である。もし、オフェンス・プレーヤーのパス・アンド・カットの動きに対して、ディフェンス・プレーヤーがついてこなければ、それは何らかのタイプのゾーン・ディフェンスを用いていると判断できる。大切なのは、ゾーン・ディフェンスの種類を見極め、それに対応することである。

＊

　2-1-2はポストに対しては強いがサイドのエリアが弱い。2-3はポストプレーのえじきであり、キーエリアからの短いジャンプ・ショットが打たれやすい。3-2はコーナーが弱く、1-3-1はコーナーとゴール付近に弱点がある。少し分析すれば、その弱点が分かるのであわてることはない。弱点を見つけ出し、そこを攻めることである。

　優れたアウトサイドのシューターがいれば、どんなゾーン・ディフェンス、あるいは他のどんなディフェンスでも打ち破ることができる。しかし、優れたアウトサイドのシューターを見つけ出すことや育てることはそう簡単ではない。もし、素早くボールをまわすことができ、ペネトレートを続けてディフェンスを後退させることができるのであれば、必ずしもそのような優れたシューターは必要ではなくなってくる。単にゾーン・ディフェンスの周りで素早いパスをまわし、ノーマークのロングショットをねらうようなプレーに頼ってはならない。それでは相手の思うツボである。

　私のチームでは、まずゾーン・ディフェンスがセットされる前に攻め込み、良いショットを打とうと試みる。しかし一度ゾーン・ディフェンスがセットされれば、シングルポスト・オフェンスの原則をわずかに変化させ、センター・プレーヤーを深い位置に置いて攻撃を行う。しかし、ゾーン・アタックにおけるいずれの考え方も、ゾーン・ディフェンスのタイプを見極めて、いかにそれに対処し、プレーヤー一人ひとりがその攻め方をいかにうまくこなすかにかかっているのである。

　ゾーン・アタックを成功させるためには、個人のオフェンスとチーム・オフェンスの両方における基本的なファンダメンタルに則ったプレーを行わなければならない。

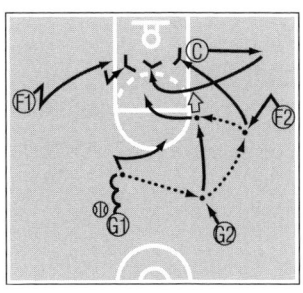

ゾーン・アタック#1

[図4-54]

G1はボールを前に進めながらできる限りディフェンスを引きつけ、後方から来るG2にパスをする。G2は直ちにF2にパスをし、フリースロー・ラインとサークルが交差するスポットへ向かってカットする。F2はG2にパスすると同時にゴールに向かってカットする。Cはレーンとサイドラインの間のポジションに移動する。

F2からのパスを受けたG2は、自分でショット、ゴール方向にカットしたF1へのパス、Cへのパスのいずれかを選択することができる。一連の動きから、プレーヤーが適切なリバウンド・エリアを占めていることがわかる。

ゾーン・アタック#2

[図4-55]

このプレーは#1と同じ要領で始めるが、G2からパスを受けたF2は、レーンとサイドラインの間のポジションに移動しているCへパスする。パスした後F2は、ゴールに向かってカットし、Cのディフェンスを引きつけるようにする。F2にディフェンスが引きつけられたとき、Cはショットをねらう。適切なリバウンド・ポジションを占めることを忘れてはならない。シューターはフリースロー・ライン・エリアのリバウンドに入る。

ゾーン・アタック#2A

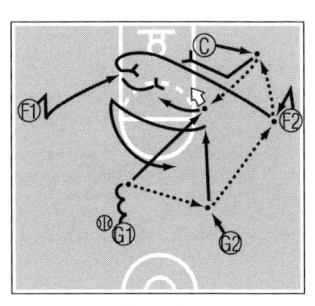

[図4-56]

このプレーは#2と同じ要領で始めるが、G2はそれまでG1がいたエリアに走り込んでCからパスを受け、ショットをねらう。リバウンドのローテーションに注意する。

ゾーン・アタック#2B

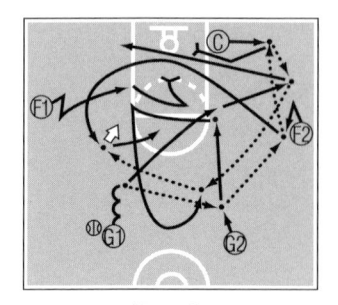

[図4-57]

このプレーは#2Aと同じ要領で始めるが、F2はCにパスをした後、ゴールへカットする。G1はG2にパスした後、フリースロー・ラインとサークルが交差するスポットを経由して、それまでF2がいたエリアに出てCからパスを受ける。G1は自分が空けたサイド・ポストのエリアにカットして来るF1へのパスをねらう。

G1がG2にパスを戻した場合、G2は、ゴール下を経由して反対のアウトサイドに移動してくるF2に素早くパスを出す。

ゾーン・アタック#2C

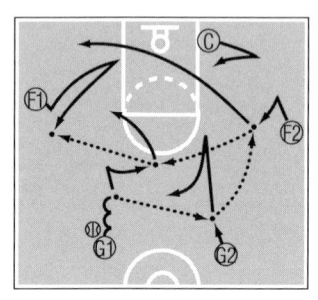

[図4-58]

このプレーは#1と同じ要領で始めるが、F2はG1にパスを素早く戻し、ゴールに向かってカットする。G1はF1に素早くボールを展開し、その後は先に挙げたいくつかのオプションを試みる。

ゾーン・アタック#3

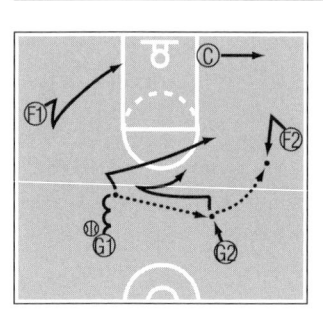

[図4-59]

先のセットアップと同様に、G2がF2へパスをすることによってプレーを始めるが、#1〜#2CにおけるG1とG2の役割を入れ替えて行う。その他は同じである。

ゾーン・アタック#4

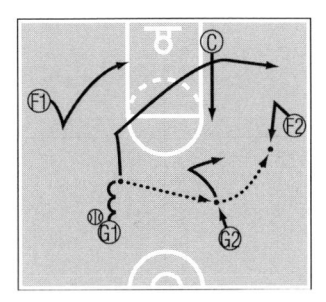

[図4-60]

先のセットアップと同様に、G2がF2へパスをすることによってプレーを始めるが、#1～#2CにおけるG1とCの役割を入れ替えて行う。その他は同じである。

ゾーン・アタック#5

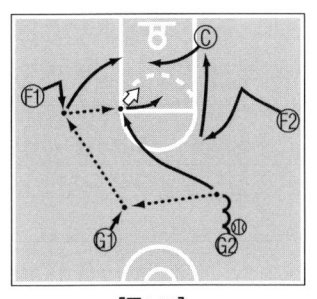

[図4-61A]

G1はウィーク・サイドまたはセンターと反対サイドにいるF1へパスした後、ゴールへカットをするように見せかけてステップバックする。G2はG1にパスした後、反対サイドのフリースロー・ラインとサークルが交差するスポットにカットし、F1からパスを受けてショットをねらう。もしG2がショットを打ったならば、F1は左サイド、F2は右サイド、Cはゴール正面、そしてG2はフリースロー・サークルのエリアにリバウンドに入る。[図4-61A]

もしG2がこのスポットでボールをもらえなかった場合、G2はレーンを下りてエンドライン沿いをアウトサイドに移動する。CはG2がいなくなったスポットを埋めてF1からボールを受け、ショットをねらったり、カットしてくるF1やF2へのパスをねらう。もしCがショットを打ったときは、F2は右サイド、F1はゴール正面、G2は左サイド、そしてCはフリースロー・サークルのエリアへリバウンドに入る[図4-61B]。

F1はアウトサイドに出てきたG2に遅れてパスを出しても良く、そのときは#2、#2A、#2Bで示したようなプレーが行われる。

またF1は、G1にボールを戻して、素早くゴールへカットしても良い。G1からスナップによってボールを受けたF2はショットをねらうか、レーンを横切るCやゴールにカットするF1へのパスをねらい、ショットを打たせても良い。

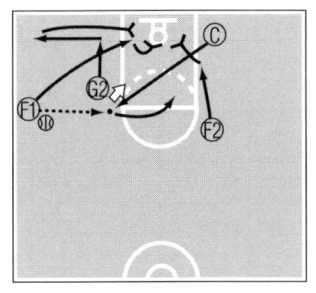

[図4-61B]

プレス・アタック

　近年、プレス・ディフェンスがますます一般的になってきた。プレス・ディフェンスをチーム・ディフェンスの柱として用い、勝利をつかんだコーチもたくさんいる。また、ゲーム中のある時点、あるいはシーズン中のある時期にそれを効果的に用い、素晴らしい成果を収めているコーチも多い。より多くのチームがプレス・ディフェンスを使っている状況からすると、それに対抗できるオフェンスを用意できなければ準備不足と言えるだろう。ゾーン・ディフェンスと同様、プレス・ディフェンスにも多くのタイプがあるので、ここでは、プレス・ディフェンスを無力化することができると思われる一般的な考え方を説明するにとどめる。

　プレス・ディフェンスに対しては、プレーヤーが一カ所に固まることなく、コート全体に広がるように努め、ギブ・アンド・ゴーからリターン・パスを受ける動きを何度も試みるようにする。ドリブルに関して言えば、マンツーマン・プレスに対しては、もし、優れたドリブラーがいるならば、そのドリブラーにボールを渡し、ドリブルでボールを運ぶためのスペースを与えるようにする。しかし、ゾーン・プレスに対してはできるだけドリブルを使わないようにしたい。ドリブルする前に状況を良く見て前方へのパスをねらうことである。センター・プレーヤーは、センター・サークル付近まで移動し、そこからアウトレット・パスを受けるためにコートの中央へ戻る。一人のプレーヤーがボールのないサイドを走り、ストロング・サイドを走るもう一人のプレーヤーは、一度センターラインを越えてからボールに向かって戻ってくる。これらのプレーヤーにボールを入れ、鋭いリバースの動きを用いながらカットすれば、ディフェンスが守り切ることは難しくなるであろう。

　ゾーン・プレス、マンツーマン・プレスのどちらに対しても、プレーヤーには機敏であること、パニックにならないこと、コートを広く保つことを注意する。パスは強く素早行い、有利になるためにフェイクやチェンジ・オブ・ディレクション、チェンジ・オブ・ペースを用いる。ロブ・パスを強いられるようであってはならず、まさにチームとしてプレーしなければならない。

　最も効果的なプレスは、常に得点した直後に行われる。そこで、相手が得点した後のプレスに対する動きを以下に示す。

ゾーン・プレス・アタック#1

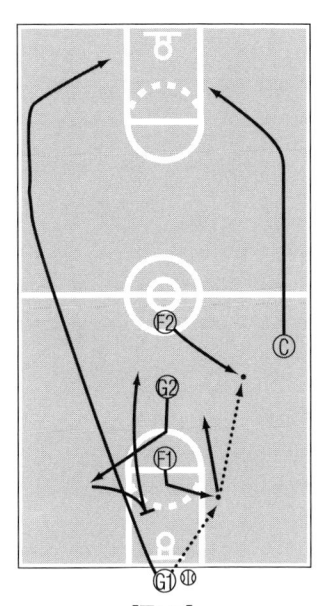

ガードの一人(G1)がアウト・オブ・バウンズでボールを持ち、エンドラインから1m後ろに下がってコートに正対し、もう一人のガード(G2)はフリースロー・サークルの後方2mの所に位置する。フォワードの一人(F1)がフリースロー・ライン上に位置してG1に正対し、もう一人のフォワード(F2)はセンター・サークルの中に位置してG1に正対する。センター(C)はセンター・サークルから出て、サイドラインのほうへ移動する。

F1はボールのほうに向かい、急に左右どちらかに向きを換えて動く。G2はF1と同じようにボールに向かい、F1と反対方向に向きを換えて動く。Cはサイドライン沿いを移動しながらゴールへ移動する。G1はF1かG2のどちらかにパスを出す。F2はG1がパスをしたサイド(F1)へ移動し、素早くパスを受ける。

F2は、G2のスクリーンを利用してフロントコートに向かうG1、ゴールへ向かうC、またG2のいずれかにパスを出す。

[図4-62]

ゾーン・プレス・アタック#2

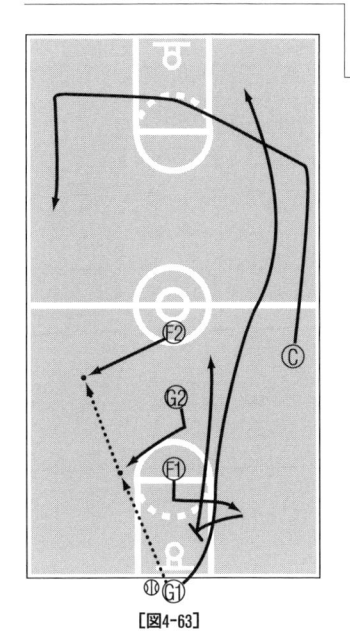

プレーヤーは#1と同様に位置する。G1がG2にボールを入れた場合も#1とほぼ同じ展開で、コートを広く使い、パスを用いて素早くボールを運ぶ。Cはバランスをとるためにレーンを横切って反対サイドに移動する。もしG1がG2やF1にボールを入れることができなければ、F2が機転をきかせてアウトレット・パスを受けに行く。

[図4-63]

マンツーマン・プレス・アタック#1

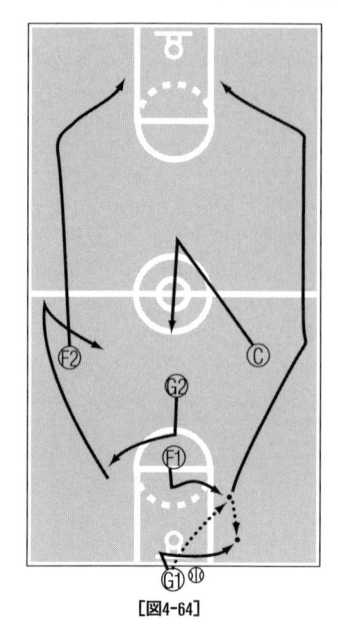

プレーヤーはゾーン・プレス・アタックのときと同じように位置し、同じ方法でノーマークを作る。しかし、G1はF1(またはG2)にボールを入れた後、フェイクをかけてノーマークになってリターン・パスを受ける。ボールを受けたF1(またはG2)は、ターンして前方のコートを視野に入れ、それからG1にパスを戻してゴールへと移動する。他のプレーヤーは前方に移動するが、パスを受けるためにボタンフックを使い、逆方向に戻ってボールにミートすることもある。

[図4-64]

マンツーマン・プレス・アタック#2

F1はフリースロー・ラインの内側に位置し、G2はサークルの頂点に位置する。その他のプレーヤーは#1同じように位置する。

F1は素早く振り返ってG2にスクリーンをセットし、反対サイドに移動する。もしF1がパスを受けた場合、F1はG1へリターン・パスをし、#1のときと同じようにボールを運ぶ。もしG2がボールを受けた場合、F1は元の位置にリバースしてG2からのアウトレット・パスを受けるか、G2のためにクリアしてコートを空ける。

もしF1やG2がパスを受けることができなかった場合、CとF2はアウトレットの位置でボールをミートできるようにしていなければならない。もしCかF2のどちらかがパスを受けたら、もう一方は素早くリバースする。

[図4-65]

[5] いろいろな状況に対応したオフェンス

シングル・スペシャル・オフェンス

　チームにドリブルやパスに秀でたガード・プレーヤーがいるときは、あるスペシャル・オフェンスを用いることがある。最初はシングルポスト・オフェンスとして始めるのであるが、そのスペシャル・オフェンスの場合は、そこからいくつかのプレーだけしか行わない。シングルポスト・オフェンスを展開しようとしているのではないということを理解してもらいたい。それは特別な強みを発揮させるために、単にセットアップを変えているだけなのである。

　以下に示す図ではG2がスペシャル・ガードであり、Cがフリースロー・ライン上のどのポジションにいるかでプレーは決定される。

シングル・スペシャル#1

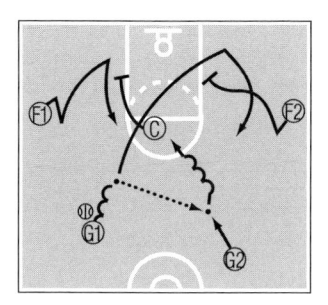

[図4-66]

　Cはフリースロー・ライン上のF1がいるサイドにポジションをとる。G1はG2にパスをし、G2からのロブ・パスを受けるために、Cを利用してカットする。G1がG2にパスをした後、Cはレーンを下りてF1にスクリーンをセットする。G1はリバースしたF2をスクリーンに利用して戻ってくる。

　G2はノーマークのプレーヤーへのパスをねらうか、自分がノーマークになる。

シングル・スペシャル#2

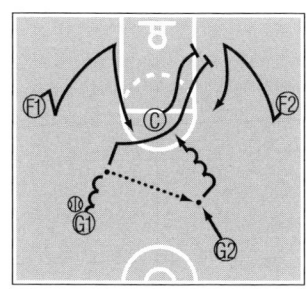

[図4-67]

　Cはフリースロー・ラインの中央にポジションをとる。G2にパスしたG1は、Cの前を横切り、レーンを下りていくCとともにF2にダブル・スクリーンをセットする。F1はゴールへとリバースした後、ウィーク・サイドのポストに上がってくる。F2はリバースした後、ダブル・スクリーンを利用したカットを行う。

　G2はノーマークのプレーヤーへのパスをねらうか、自分がノーマークになる。

シングル・スペシャル#3

CはF2のサイドのフリースロー・ラインの付近にポジションをとって行う。このプレーは#2におけるオプションを逆にしたものである。

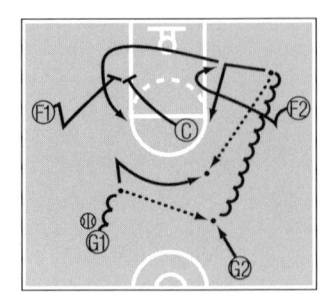

[図4-68]

シングル・スペシャル#4

CはF1のサイドのディープ・ポストにポジションをとる。Cが低いポジションから始めるが、前述したような3つのオプションを含んだスクリーン・アンド・ロールでのプレーである。

[図4-69]

リード・プロテクション・オフェンス

"ボールコントロール"、"ストーリング"、"リード・プロテクション"など呼び方は様ざまであるが、リードを保とうとするこの局面におけるオフェンスは、最も重要なオフェンスの一つである。いらいらが募り、フラストレーションの溜まるものである。

リードを保つための方法やアイデアはコーチの数ほどあるが、それが常にうまくいくような方法を開発したコーチにお目にかかったことはない。

いっときうまくいっていた方法も、ある日突然機能しなくなることがある。双方のプレーヤーの個々の能力と気質が、その成否の主な要因であろう。あるゲームではリードを保つことが非常にうまくいっても、次の試合ではそれが完全に失敗に終わってしまうようなケースを今まで何度も見てきた。

リードを保つための最も確実な方法は、相手が追いつくためにプレッシャーをかけなければならないと感じたときに、こちらも敢えて積極的に攻めるということである。リードしているときに積極的に攻めるとはいっても、ギャンブルする必要はない。むちゃをしなければ優位な立場に立てるのである。

リードを保とうとする局面では、心理的および情緒的バランスが重要となってくる。ギャンブルはすべきではないが、必要以上に用心深くなったり、消極的な攻めになってはならない。勢いがついたり失せたりすることはどのスポーツにもつきものであるが、競技性が高く、情緒的で、速い動きが求められるバスケットボールという競技には、特にそのことが当てはまるのである。

攻めることが一番であるが、ショットを打つときには単に確率の良いショットを打つというのではなく、本当に高い確率で成功しそうなショットのみを打つようにすべきである。コートを広く使い、ボールを動かし、ゴールに向かってドライブを試み、そして何よりも落ち着きと感情のバランスを良く保つことである。

以下に簡潔に図示するアイデアは、私のチームが用いて、ときには成功し、ときには失敗したものである。相手がオールコートで当たってきても、まずファストブレイクを試みることである。そして次にプレスに対するオフェンスを心がければよい。

リード・プロテクション#1

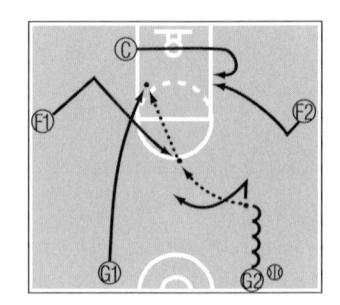

[図4-70A]

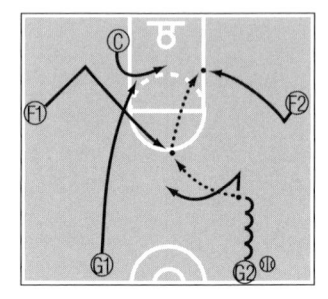

[図4-70B]

センターライン付近でタイトにプレッシャーをかけられたときには、まず"バックドア"を試みる。ボールと反対サイドにいるフォワード(F1)はゴール方向にフェイクをかけてからフリースロー・サークルのトップまで飛び出し、反対サイドにいるガード(G2)からダイアゴナル・パス*12を受ける。F1へのパスと同時にもう一方のガード(G1)は素早くスタートし、ノーマークになるためにダッシュする。F1がパスを受けたとき、F2は鋭くゴールへとリバースする。F1はF2かG1へのパスをねらい、ノーマークであればどちらかにパスを出す。しかし、無理にパスする必要はない。

センター(C)はゴール下でF1の動きをよく観察し、F1がG1にパスをしたときはゴール下を通ってレーンを横切る。[図4-70A]

F1がF2にパスをしたときはレーン沿いに少し上がってからゴール前にターンする。[図4-70B]

F1がG2にボールを戻すか、ドリブルでアウトサイドに移動したときは、ゴール下を通ってレーンを横切る。

もしボールがG2に戻されたときは、F1とF2はそのまま走り抜けて反対サイドのフォワード・ポジションに移動し、Cはゴール下のポジションにとどまり、G1はゴール下を横切ってアウトサイドに出て行く。G2はパスやカットの機会をねらう。

[5] いろいろな状況に対応したオフェンス

リード・プロテクション#2

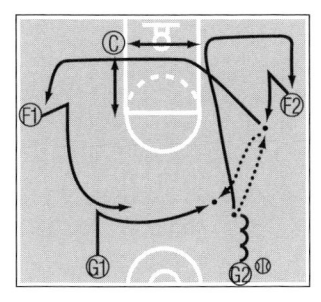

[図4-71]

Cをゴール下のポジションに位置させる。G2はF2にパスした後、ゴールに向かってカットし、Cが反対サイドに位置しているので、F2のサイドのエンドライン沿いをスイング・[13]してアウトサイドに出る。F2は、ゴールに向かってカットするG2へのパス、あるいはG2が最初にいたポジションに移動してくるG1へのパスをねらい、どちらかにパスしたときはゴールへとカットする。ガードからの最初のパスが右へ出されたときは時計の反対回りにローテーションし、左へ出されたときは時計回りにローテーションする。Cはエンドライン沿いの方向やハイ・ポスト方向にいつでも動けるように準備しておく。

リード・プロテクション#2A

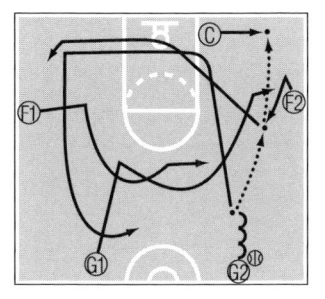

[図4-72]

Cがストロング・サイドのゴール下に位置し、G2がレーンを下りた後、レーンを横切って反対サイドへローテーションする。あとは、#2と全く同じである。

リード・プロテクション#3

[図4-73]

このセットアップは、3アウト2インのポジションから始める。G2からパスを受けたF2はCにパスを出した後、コートを横切って移動し、アウトレット・パスを受けにくるG1にスクリーンをセットする。F2がCにパスするのと同時にG2はゴールへカットし、パスを受けることができないときは逆サイドに移動する。F2はG1にスクリーンをセットした後、コート中央にロールするタイミングを計る。F1はG1がいた場所を埋めるように、G2はF1がいた場所を埋めるように移動する。プレーヤーはポジション・チェンジや有利なポジションを占めるチャンスを

常にうかがっていなければならない。F1とCはノーマークになったときはいつでもサークルのトップに飛び出して"バックドア"ができるように準備をしておかなければならない。

図に示されているG2のカットを、ときにはG1が直接、あるいはG1がG2のスクリーンを利用してから行うこともできる。また、コートの中央にロールする動きを、F2が直接、あるいはF2がG2にスクリーンをセットした後に行うこともできる。

リード・プロテクション#4

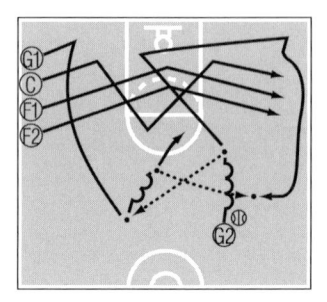

[図4-74]

これは、際だった能力を持ったドリブラーやパサーのためのスペシャル・セットアップである。ドリブラー(G2)がコートの一方のサイドでボールを持ち、反対サイドに残りの4人のプレーヤーが並ぶ。

G2がトラブルに陥った場合は、3人のプレーヤーがゴールの方向に移動すると同時に、G1はインサイドにフェイクをかけて、3人の外側を通ってアウトサイドでパスを受ければよい。ゴールの方向に移動するとき、Cは2人のフォワードの後ろをカットする。もしG2がG1にパスをしたら、G2はゴールの方向にカットし、反対サイドに移動したF1、F2、Cの外側を通ってアウトサイドに出て、G1からのパスを受けられるように戻る。プレーヤーは互いに助け合い、ディフェンス側のミスにつけ込むことができるように準備しておかなければならない。

リード・プロテクション#4A

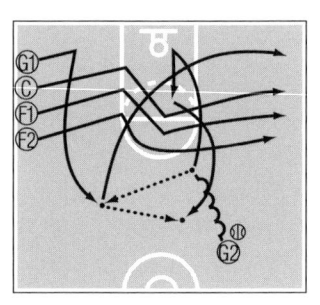

[図4-75]

#4とまったく同じ位置から始めるが、センター(C)とフォワードの2人(F1、F2)はフリースロー・ラインまでダッシュし、センター・サークルのほうを向いて密着して位置する。G1にパスをしたG2は3人の後ろをカットした後、再びその3人の後ろを通って戻り、G1からのパスを受ける。G2にパスをしたG1は、ゴールの方向にカットし、センター・サークルに位置する3人とともにコートの逆サイドに移動する。

スペシャル・セット

　何度も述べているように、プレーヤー一人ひとりの自主性を抑えつけるのは良くない。しかし、ある特定の状況になったときに用いることができるような、いくつかのセットプレーは用意しておくべきである。例えば、前・後半の開始時、タイムアウトの直後といった場面である。

　オフェンスの立場からすると、セットプレーが成功するか否かは、まずプレーのタイミング、それからどのようにディフェンスをおびき寄せ、そしてどのようにディフェンスを欺くかにかかっている。セットプレーでは通常、何らかのスクリーンを利用するが、ディフェンス側は当然そのスクリーンやブロックを予測してくる。したがって、相手が予測しても反応できないような突然の素早い動きが必要となってくる。ディフェンスの不意をつき、急激な移動とカットバックを用いるのである。理論上素晴らしく見えるプレーよりも、不意をつかれると弱いという人間の本性を利用するプレーのほうが効果的なこともある。

　各ポジションのプレーヤーの長所を活かすために、ポジション毎に少なくとも一つはスペシャル・プレーを用意すべきである。すべてのプレーヤーが得点を挙げたいと思うことは当然なので、ガード、フォワード、センターのそれぞれが得点できるオプションを用意する。そうすることが良いチームスピリットを育むことになるのである。

　バスケットボールに関する出版物はかなりの量におよぶが、その中からコーチが自分のスタイルや必要性に合わせてプレーを選択したとしても、その数は数百に及んでしまい、それらをリストアップすることは徒労になってしまう。したがって、これから紹介するプレーは、私が実際に使ったもの、あるいは他のチームが使って成功したプレーである。それらは特別な合図やいくつかのキー・ワードによってセットアップされるが、プレーヤーはいつセットアップしても良いことになっている。

　私は、タイムアウト直後に何らかのセットプレーをコールするようにしている。また、残り3分で2点差以内のビハインド、またはリードしているときに使うセットプレーもいくつか用意している。さらに、ある特定の相手にだけ効果があるプレーもあり、そのようなプレーは、必要な場面以外は使用しない。こらから説明するプレーのほかにも、レギュラー・オフェンスのある部分をセットプレーとして利用することがある。例えば、フォワードのリバース、フォワードのスクリーン・アンド・ロール、ガードのバックドア・カットなどである。ディフェンス側がそれらのプレーに弱いと思われるときに使うのである。

セットプレー#1

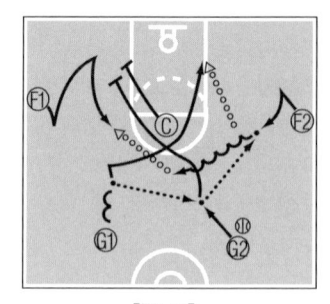

[図4-76]

●フォワード・カットバック

G2はF2にパスをした後、フェイクをしてCに向かってカットする。Cはターンをして、そばを通り過ぎようとするG2とともに逆サイドに移動してF1にダブル・スクリーンをセットする。そのときF1は、自分のマークマンがスクリーンにかかりやすいようにしておく。G1はG2の動きに合わせ、G2のすぐ後ろを通り過ぎるようにしてゴールへとカットする。F2はドリブルで移動し、G1かF1へのパスをねらう。どちらもノーマークにならないときは、F1はレーンの右サイドのゴール下にいるG1にスクリーンをセットするために移動し、CはG2を利用してボールを受けるようにする。

セットプレー#2

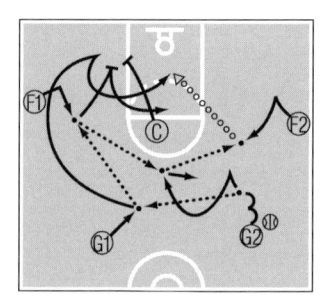

[図4-77]

●ガード・カットバック

G1はF1にパスをし、F1の外側を通ってカットする。F1がG1にパスできないとき、G1はレーンのほうにカットし、F1はG2にボールを戻す。その後F1はディープ・ポストまで下り、CとともにG1にダブル・スクリーンをセットする。F2はゴール方向にフェイクをかけた後、フリースロー・サークルとサイドラインの間まで戻り、F1から素早くパスを受ける。

F2は、F1とCのダブル・スクリーンを利用してカットしてくるG1、あるいはCを利用してカットしてくるF1へのパスをねらう。もしどちらもノーマークにならないときは、F2はG2にパスアウトし、反対サイドへと移動して次のチャンスをねらう。F1はF2がいたサイドに移動し、G1はガードポジションに戻り、Cはディープ・ポストかハイ・ポストにポジションをとる。

[5] いろいろな状況に対応したオフェンス

セットプレー #3

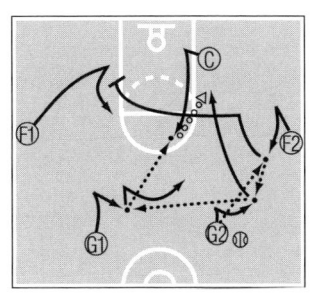

[図4-78]

●ウィーク・サイド・ガード・カット

G2はF2にパスをし、1歩前に足を踏み出した後、ステップバックしてF2からのリターン・パスを受ける。G2にパスを返したとき、F2はフリースロー・サークル付近に向かってカットしながら、G2からパスを受けたG1に向かってボールが入ることをコールする。Cはタイミングを計りながらF2のすぐ後ろでG1からのパスを受ける(G1はF2にパスを出したようにうまく見せかける)。G2はCにパスが入ったらすぐにゴールへカットする。F1はゴールにフェイクし、反対サイドから移動してきたF2のスクリーンを利用してカットする。CはG2へのクィック・パス、あるいはF1へのパスをねらう。どちらもノーマークにならず、Cもプレーできない場合は、G1にパスアウトし、F1とともにレーンを下りてG2にダブル・スクリーンをセットする。F2は反対サイドのサイド・ポストで適切なオプションを行う。

セットプレー #4

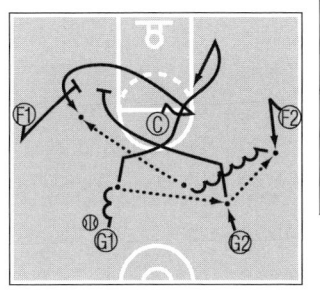

[図4-79]

●センター・アラウンド

左サイドでは、F1がスクリーン(CとG2のダブル・スクリーン)を利用するのではなく、Cがスクリーン(G2とF1によるダブル・スクリーン)を利用する。それ以外は、#1とほとんど同じである。

セットプレー #5

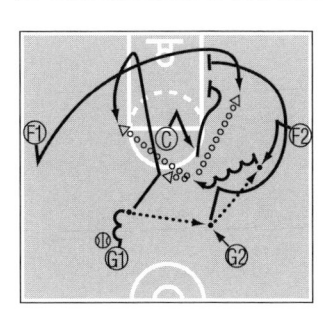

[図4-80]

●フォワード・アンダー

G2はF2にパスを出し、F2のインサイドにスクリーンをセットするようなフェイクをしてからF2の外側を通ってカットする。F2がドリブルで上がったとき、G1はいったんF2のほうに動いた後、素早いチェンジ・オブ・ディレクションとチェンジ・オブ・ペースでゴールのほうにカットする。G2はレーン沿いのゴール真横のポジションに移動し、レーンを下りてきたCとともにF1に対するダブル・スクリーンをセットする。F2はまずG1、次にF1、最後にサイド・ポストに上がってくるG1へのパスをねらう。

セットプレー#6

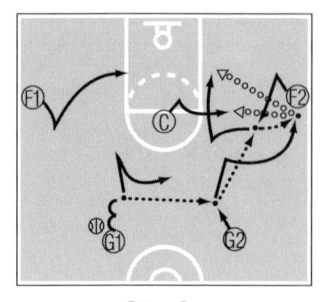

[図4-81]

●フォワード・カットアウェイ

G2はF2にパスを出し、F2のインサイドにスクリーンをセットするようなフェイクをしてからF2の外側でボールを受ける。G2にボールを出したF2は、いったんフリースロー・ライン方向へカットし、素早くゴール方向へチェンジ・オブ・ディレクションを行ってカットする。Cはサイド・ポストでスクリーンをセットする。

G2は、Cのスクリーンを利用してカットするF2へのパス、サイド・ポスト出てくるCへのパスをねらう。ノーマークにならないときはG1へパスを戻す。

セットプレー#7

[図4-82A]

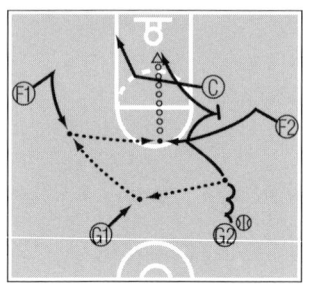

[図4-82B]

●ガード・ロブ

これはジャンプ力に優れたガードのためのプレーである。

G2がG1にパスしたとき、F2とCは、あたかもG1からのパスを受けるかのようにミートする。G1にパスをしたG2は、G1のほうに1、2歩ステップした後急に向きを変え、F2とCによるダブル・スクリーンを利用してゴールへカットする。

次のようなオプションもある。G2とCがF2にスクリーンをセットし、F2はそのスクリーンを利用してフリースロー・サークルを横切る。G2からパスを受けたG1はF1にパスを出し、F1はF2へのパスをねらう。レーンのトップでF1からボールを受けたF2は、Cがレーンを横切って反対サイドへ下りていったとき、G2による"バックドア"へのパスをねらう。

セットプレー#8

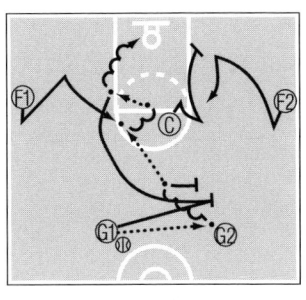

[図4-83]

●ガード・スクリーン・アンド・カムバック

G2にパスを出したG1は、続けてG2にスクリーンをセットする。G2はG1のスクリーンを利用してドリブルし、サイド・ポストに上がってくるF1にパスを出す。G2はF2にパスした後引き返してG1にスクリーンをセットする。G2からパスを受けたF1は、フリースロー・ラインを横切るようにドリブルを1、2回行う。その後F1は、G2のスクリーンを利用してカットしてくるG1へのパス、あるいはCのスクリーンを利用してレーンを上がってくるF2へのパスをねらう。

セットプレー#9

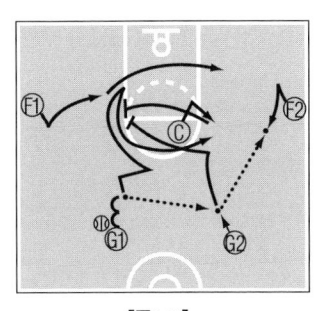

[図4-84]

●フォワード・クリア

これは、ミスマッチが起こったF2に対して、1対1によって自分の相手を破るためのスペースと時間を与えるプレーである。

G2はF2にパスを出した後前方に1、2歩ステップし、少しの間立ち止まる。G1は自分のサイドのレーンを下りて行き、CとともにF1に対するダブル・スクリーンをセットする。F1はスクリーンを利用してレーンを横切る。F1がG1とCのスクリーンを利用してクリアすると同時に、G2はG1へのスクリーンをセットし、G1はそのスクリーンを利用してカットする。

セットプレー#10

[図4-85]

●フォワード・ドリブル・アンド・ターン

G2はF2にパスをした後、コートを横切ってG1にスクリーンをセットする。Cは逆サイドのF1にスクリーンをセットする。G2からパスを受けたF2は、ドリブルでレーンへ移動してターンを行い、カットしてくるG1、あるいはF1へのパスをねらう。

セットプレー#11

●ガードのジャンプ・ショット

Cはディープ・ポストのポジションをとる。G2からパスを受けたF2は、サイドライン方向に出てくるCにパスを出す。F2がCにパスを出したとき、G2はG1にスクリーンをセットするために移動する。F2はCにパスした後、G2を追うようにして移動し、G1に対するセカンダリー・スクリーンをセットした後、さらにG2に対するスクリーンをセットする。Cは、G1、G2へのパス（ジャンプ・ショット）、あるいはF1へのパスをねらう。

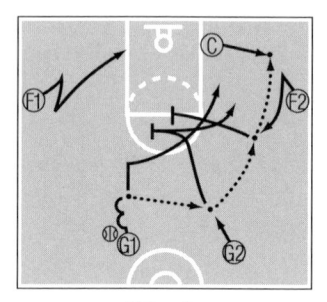

[図4-86]

セットプレー#12

●センターのショート・ジャンプ・ショット

Cはディープ・ポストのポジションをとる。G2はF2にパスをした後、F2の外側を通ってカットする。F2はG2へのパス・フェイクをした後、アウトサイドのG1へパスを出す。同時にF2は、そばをカットしていくG2とともにCにダブル・スクリーンをセットしに行く。F1はディープ・ポストからサイド・ポストに移動する。G1はCへのパス（ジャンプ・ショット）、あるいはF1とのサイド・ポストのオプションをねらう。

[図4-87]

アウト・オブ・バウンズ・プレー

セットプレーと同様、すべてのチームはオフェンスのスタイルにかかわらず、いくつかのアウト・オブ・バウンズのプレーを用意すべきである。ここで説明するエンドラインとサイドラインのアウト・オブ・バウンズ・プレーは、すべてコートの右サイドから示されているが、前述のセットプレーと同様に、両方のサイドで練習すべきである。

インバウンダー（ボールをコート内にスローインするプレーヤー）は、目の前の状況を的確に見渡せる視野を有し、落ち着きを備えたプレーヤーでなければならない。インバウンドの状況ではすべて、上背がありボールハンド・リン

グの良いプレーヤーがインバウンダーになるのがよい。私の場合、長身のフォワードが常にインバウンダーになるように訓練している。もちろん、フォワードの交代要員も同様に訓練されていなければならない。

プレーヤーが所定のポジションに着いたら、ボールマンの合図によってプレーを始める。名前や番号を声に出してコールしたり、音を立ててボールを叩いたり、ボールを頭上に挙げることなどが合図になる。

ボールをスローインするプレーヤーは、ラインの1m後方に立ち、まっすぐに立ってバランスを保っていなければならない。このことは、プレス・ディフェンスに対してスローインするときにも重要である。

アウト・オブ・バウンズ#1

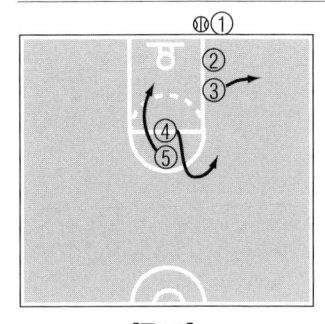

[図4-88]

●エンドからのスローイン(1)

インバウンダー(①)は、次のパスをねらう。
(1)②への高いロブ・パス(そのままショットを打たせる)
(2)インサイドへフェイクをかけ、②のスクリーンを利用してカットする③へのパス
(3)④のスクリーンを利用してゴールへカットする⑤へのパス
(4)⑤にスクリーンをセットした後、アウトレットのためにアウトサイドへ移動する④へのパス

スローインした後、①は素早くコートの中に入り、リバウンドに入ったり、スクリーンを利用してノーマークになる。

アウト・オブ・バウンズ#2

[図4-89]

●エンドからのスローイン(2)

インバウンダー(①)は、次のパスをねらう。
(1)②への高いロブ・パス(そのままショットを打たせる)
(2)④のスクリーンを利用してゴールへカットする⑤へのパス
(3)③のスクリーンを利用してアウトサイドへカットする④へのパス
(4)④にスクリーンをセットした後、ゴールへロールする③へのパス

必ずどこかにパスが出せるように、さらにセーフティを忘れないように注意する。

アウト・オブ・バウンズ#3

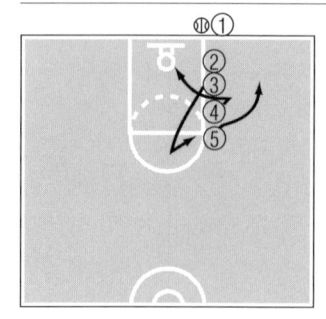

[図4-90]

●エンドからのスローイン(3)

インバウンダー(①)は、次のパスをねらう。
(1)②への高いロブ・パス(そのままショットを打たせる)
(2)④のスクリーンを利用してアウトサイドへカットする⑤へのパス
(3)⑤にスクリーンをセットした後、ゴールへカットする④へのパス
(4)素早くフリースロー・サークルへ移動する③へのパス
①はスローインした後、素早くコートに入る。

アウト・オブ・バウンズ#4

[図4-91]

●エンドからのスローイン(4)

インバウンダー(①)は、次のパスをねらう。
(1)②への高いロブ・パス(そのままショットを打たせる)
(2)ゆっくり歩いて①に近づき、素早く②のスクリーンを利用してゴールへカットする③へのパス
(3)④のスクリーンを利用してカットする⑤へのパス
(4)④へのアウトレット・パス
①はスローインした後、素早くコートに入る。

アウト・オブ・バウンズ#5

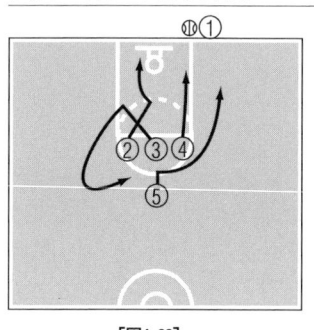

[図4-92]

●エンドからのスローイン(5)

インバウンダー(①)は、次のパスをねらう。
(1)②、③、④のスクリーンを利用してカットする⑤へのパス
(2)自分のディフェンスが⑤にスイッチしたとき、素早くゴールへ動く④へのパス
(3)③のスクリーンを利用してインサイドへカットする②へのパス
(4)スクリーンの後、レーンのトップへ移動する③へのパス
①はスローインした後、素早くコートに入る。

アウト・オブ・バウンズ#6

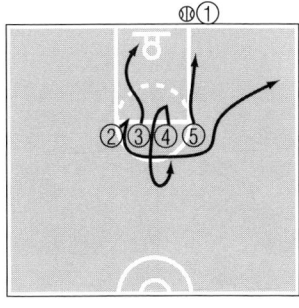

[図4-93]

●エンドからのスローイン(6)

インバウンダー(①)は、次のパスをねらう。
(1)③、④、⑤のスクリーンを利用してカットする②へのパス
(2)②が通過した後、素早くゴールのほうへ動く③または⑤へのパス
(3)レーンのトップへ移動する④へのパス

①はスローインをした後、素早くコートに入る。もし②のマークマンが③、④、⑤とゴールの間に入って位置したときは、②は③、④、⑤の背後で止まり、ボールを受ける。

アウト・オブ・バウンズ#7

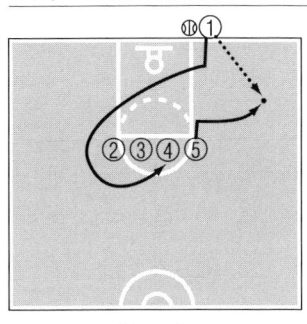

[図4-94]

●エンドからのスローイン(7)

⑤はゴールへフェイクをかけた後、アウトサイドへ移動する。インバウンダー(①)は、いったん⑤にボールを入れ、②、③、④の背後にまわり込み、⑤からのパスを受ける。すべてのプレーヤーはディフェンス側のミスにつけ込む準備をしていなければならない。

アウト・オブ・バウンズ#8

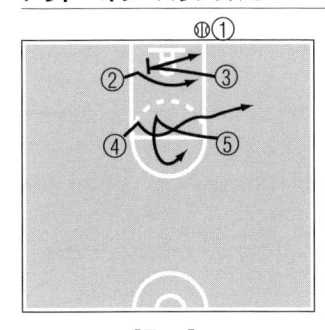

[図4-95]

●エンドからのスローイン(8)

インバウンダー(①)は、次のパスをねらう。
(1)③のスクリーンを利用してカットする②へのパス
(2)②へのスクリーンをセットした後ロールする③へのパス
(3)⑤のスクリーンを利用してカットする④へのパス
(4)スクリーンの後、レーンのトップへ移動する⑤へのパス

①は全体のプレーに注意しながらコートの中に入る。

アウト・オブ・バウンズ#9

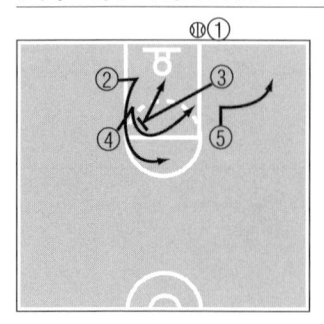

[図4-96]

●エンドからのスローイン(9)

①はパスをした後、素早くコートに入りプレーに加わる。

アウト・オブ・バウンズ#10

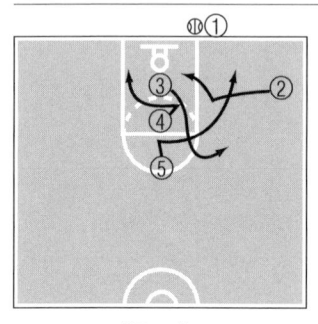

[図4-97]

●エンドからのスローイン(10)

インバウンダー(①)は、次のパスをねらう。
(1) ④、②と連続してスクリーンを利用してカットする⑤へのパス
(2) スクリーンの後ロールする②へのパス
(3) ③のスクリーンを利用してカットする④へのパス
(4) レーンのトップへ移動する③へのパス
スローインの後、①は素早くプレーに加わる。

アウト・オブ・バウンズ#11

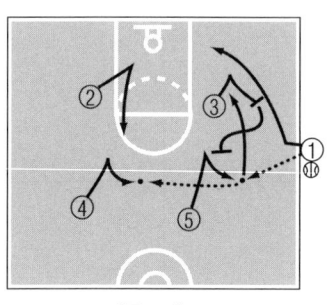

[図4-98]

●サイドからのスローイン(1)

⑤にボールを入れ、③のスクリーンを利用してゴールへとカットする。⑤は④(またはポジション・チェンジをした②)にボールを展開した後、③のスクリーンを利用してゴールへとカットする。④は、①あるいは⑤へのパスをねらうが、いずれのパスもできないときは、②とのサイド・ポストのオプションを試みる。

アウト・オブ・バウンズ #12

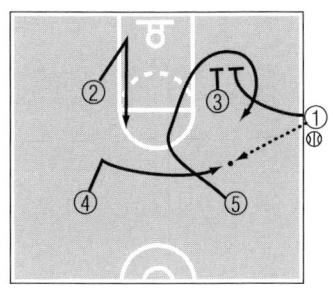

[図4-99]

●サイドからのスローイン(2)

④はインサイドにフェイクをかけ、⑤のスクリーンを利用してカットし、インバウンダー(①)からボールを受ける。②はゴールへフェイクした後、サイド・ポストに上がってくる。①はパスを入れた後、③とともに⑤に対してダブル・スクリーンをセットする。⑤はダブル・スクリーン利用してカットしてくる。
④は、⑤または②へパスをねらい、また②とのサイド・ポストのオプションを試みる。

アウト・オブ・バウンズ #13

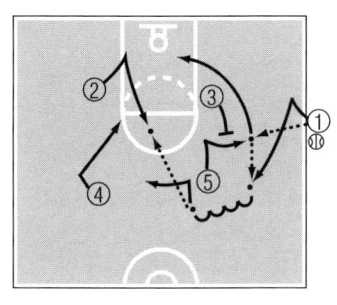

[図4-100]

●サイドからのスローイン(3)

⑤はインサイドにフェイクをかけてからアウトサイドにカットし、インバウンダー(①)からボールを受ける。スローインの後、①はゴールへのフェイクをかけてから⑤の後ろに移動し、リターン・パスを受ける。パスを受けた①は1、2回ドリブルをし、フリースロー・ラインを横切って移動してくる②へパスを出す。②は、③のスクリーンを利用してカットする⑤、あるいは②がボールを受けたときに素早く"バックドア"を行う④へのパスをねらう。

アウト・オブ・バウンズ #14

[図4-101]

●サイドからのスローイン(4)

インバウンダー(①)は、③、④、⑤のトリプル・スクリーンを利用して上がってくる②へのパスをねらう。次にコーナーへカットしてくる③へのパスをねらう。①は素早くプレーに加わる。

6 その他のオフェンス　　　　　　　　OTHER OFFENSES

　すべてのコーチは、実際のところ、最も支持しているオフェンスに独自のアイデアを盛り込んで自分のスタイルを築き上げている。したがって、オフェンスに多くのスタイルが生まれることは当然の成り行きである。あるとき他のオフェンスが使えると思えるようになれば、その一部を自分のスタイルに取り入れる。そして、最初のものからどんどん変わっていき、やがてそれが自分のスタイルとなるのである。

　しかしながら、私が何度も力説しているように、どんなオフェンスをするかではなく、それをいかにうまくこなすかが重要である。そのためには、フロアバランスと動きに関する原則がしっかりと保たれ、何よりもまず、プレーヤー一人ひとりがファンダメンタルをしっかりと身につけ、コンディションに優れ、チームの一員として相応しい態度を有していることが前提となるのである。

　ところで、コーチが最も成功しているオフェンスから学ぼうとすることは、人間の本性としてごく自然な成り行きである。それは全国的に最も成功したオフェンスであったり、あるいは一地方のみで成功したプレーであったりもする。

　この項では、ある時期、ある場所で数々の成功を収めたオフェンスをいくつか紹介していく。ただし、それぞれについてはその全体像までは説明しないで、2、3の基本的なパターンとその考え方を示すに留める。しかし、コーチが想像力を働かせることができれば、示された図からオフェンスの全体像を組み立てていくことは容易であろう。

　図は一方のサイドからの攻撃しか示していないが、反対サイドでも有効であることは言うまでもない。

シンシナティ・スタイル・イン・1962

　センターがフリースロー・ラインからボードに向かってレーンを半分ほど下がり、そのセンターの後ろでフォワードがセットアップする4つのパターン、それからセンターがハイ・ポストにいるときの4つのパターンを図示する。もちろん、これらの各々からのオプションも存在する。

シンシナティ #1

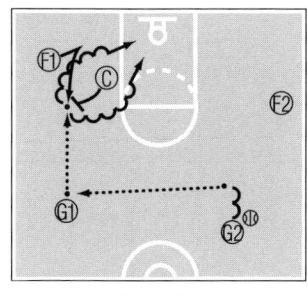

[図4-102]

G2からボールを受けたG1は、Cのスクリーンを利用しカットして来るF1にタイミングを合わせてパスをする。F1はCの背後からクィック・ショットを打つか、インサイドにドライブしショットを打つか、F2のドライブでマークマンが離れてノーマークになったCにパスを戻すか、あるいはフリースロー・サークルに向かってドライブして、Cとロール・プレーを行っても良い。

シンシナティ #2

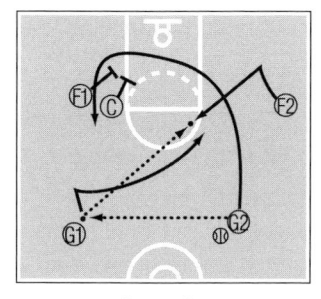

[図4-103]

G2からボールを受けたG1は、ハイ・ポストに上がってくるF2に素早くパスをする。G2はG1がF2にパスした後、素早くゴールへカットする。F2がG2へパスを出すことができなかった場合、G1はアウトサイドへのフェイクの後、F2を利用してカットする。F2のそばを通り過ぎているときにボールを受けることができなかったG2はそのままカットを続け、F1とCのダブル・スクリーンを利用してレーンを上がってくる。

F2にボールが入ったとき、F1はCをスクリナーとして利用してカットしたり、Cとともにリバウンドに入ったり、CとともにG2にダブル・スクリーンをセットしたりする。

シンシナティ #3

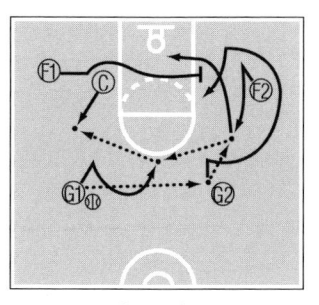

[図4-104]

G2はF2にパスをし、F2の外側を通ってカットする。F2はCを利用して移動してくるF1へのパスをねらう。F2がG1にパスを戻したら、F1はレーンを横切り、反対サイドでF2にスクリーンをセットする。Cは少し外に移動してG1からのパスを受ける。このときF2は、F1のスクリーンを利用してゴールへカットする。また、G2はレーンのアウトサイドに出てきたF1をスクリーンに利用してカットする。

シンシナティ#4

[図4-105]

G2はF2にパスをした後、F2の外側にカットし、リターン・パスを受ける。G2にパスしたF2は素早くゴールのほうにカットするが、ノーマークにならなかったときは、F1とCのダブル・スクリーンを利用して出てくる。F2からリターン・パスを受けたG2はドリブルで移動し、G1へパスする。G1はF2へのパスをねらう。G1へパスしたG2は、いったんゴールへカットし、それからサイド・ポストに上がってくる。F1はノーマークになれそうであれば、Cを利用してスイングし、G1あるいはG2からパスを受ける。

シンシナティ#5

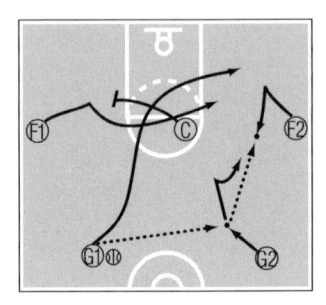

[図4-106]

Cはハイ・ポストにポジションをとる。G2からパスを受けたF2は、Cのスクリーンを利用してカットするG1へのパスをねらう。F2からG2にパスが入らなかったとき、Cはウィーク・サイドに移動してF1にスクリーンをセットし、F1はそのスクリーンを利用してカットする。F2からG1へパスが遅れて入ったとき、F2はゴールに向かってカットし、反対サイドから横切ってくるF1の進路にスクリーンをセットする。もしF2からF1にパスが入ったときは、F2はゴールへとカットし、G1の進路にスクリーンをセットする。F2がG2にボールを戻したら、F2とF1は戻ってくるG1にスクリーンをセットする。

シンシナティ#6

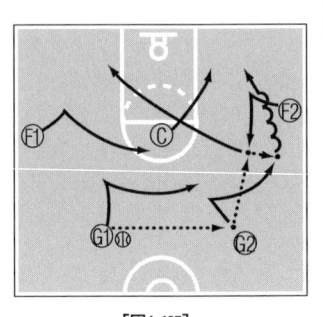

[図4-107]

G2はF2にパスをした後、F2の外側にカットし、リターン・パスを受ける。G2にパスしたF2はゴールへとカットする。CはF2の背後を通ってレーンを下りる。もしG2がG1にパスを返したときは、G2とF1はCにダブル・スクリーンをセットし、F2は反対サイドのサイド・ポストに上がってくる。

[6] その他のオフェンス

シンシナティ#7

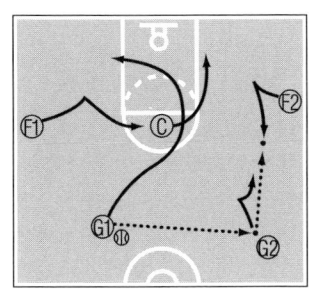

[図4-108]

G2はF2にパスをする。G1はCを利用してカットし、その後反対サイドのダウン・レーンへ移動する。CもG1が通り過ぎた後、ダウン・レーンへ移動する。F1はフリースロー・サークルを横切る。F2はG1へのパス、あるいはCへのパスをねらう。

F2がG2にパスを戻したときは、F2とF1はCにスクリーンをセットし、G1は逆サイドのサイド・ポストへと上がってくる。

シンシナティ#8

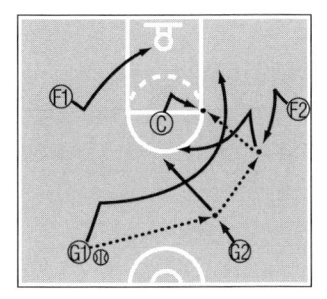

[図4-109]

F2にパスしたG2は、サイド・ポストに向かってカットするG1の進路にスクリーンをセットする(またはスクリーンのフェイクをかける)。F2がCにパスをしてレーンのトップにカットし、G1がCに対してカットすると、G1とF2はスプリット・カットを行ったことになる。F2が1対1をする状況であっても、F2がCにパスするまでの時間はわずかしかない。

センター・アウェイ

このオフェンスでは、センターが最初のフォワードへのパスが出されたサイドとは反対サイドにいるか、あるいは最初のフォワードへのパスの後、センターがすぐに反対サイドへ下がることによって展開する。もちろん、センターがストロング・サイドに位置するいくつかのオプションも用意し、オフェンスが効果的に機能するようにうまく組み合わせなければならない。カリフォルニア大学バークレー校は1959年のナショナル・チャンピオンシップで勝ったときに似たようなオフェンスを使っていたし、他の多くのチームもこのオフェンスのバリエーションを使っていたようである。

センター・アウェイ#1

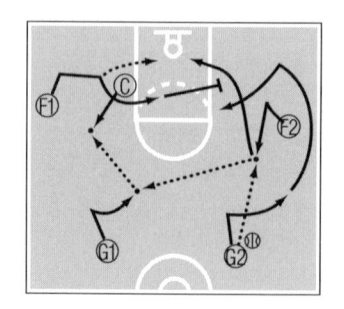

[図4-110]

G2はF2にパスをし、F2の外側をカットする。逆サイドではF1がCを利用してゴールへとカットする。F2はF1へのパス(ショット)をねらう。F2からF1にボールが入らなかったとき、F2はF1のスクリーンを利用してゴールへカットする。F2に続いてG2もF1のスクリーンを利用してカットする。

F2がアウトサイドのG1にパスを戻した場合、G1はアウトサイドにカットしてくるCにパスを出す。

センター・アウェイ#2

[図4-111]

F2はゴールへのフェイクをしてからフリースロー・サークルのトップに上がってくる。G1がF2にパスをすると同時にG2は素早くゴールへとカットする。F2からG2にパスが入らなかったとき、G1はインサイドへのフェイクの後F2のサイドにカットする。F2からのボールを受けることができなかったG2は逆サイドにいるF1とCをダブル・スクリーンに利用してカットする。

センター・アウェイ#3

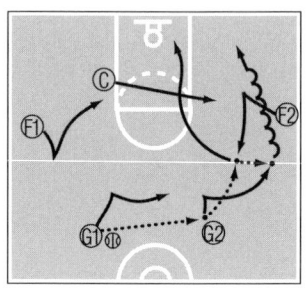

[図4-112]

G2はF2にパスをした後、F2の外側にカットし、リターン・パスを受ける。F2は続けてウィーク・サイドから上がってくるCを利用して素早くゴールへとカットする。

G2は自分がノーマークであればショットを打つか、F2へのパス(ショット)、Cへのパスをねらう。F2にスクリーンをセットしてノーマークにしても良い。

センター・アウェイ #4

[図4-113]

F2が1対1の力を十分発揮して相手を打ち破ることができるように、しばらくの間コートを空ける。G2はF2にパスをした後、コートを横切り、反対サイドのフリースロー・ラインまで上がってきたCを利用してカットする。F1はゴールにフェイクをした後、G2の背後を通り、サークルのトップにいるCのスクリーンを利用してコートを横切る。G1はノーマークのときはどこへ動いても良く、ノーマークでないときはアウトレット・パスを受けるためにアウトサイドへ出る。

センター・アウェイ #5

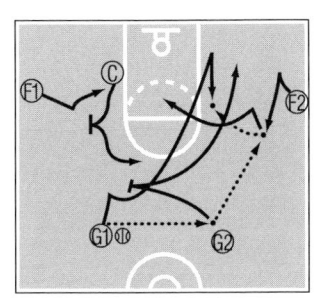

[図4-114]

G2はF2にパスをした後、G1にスクリーンをセットする。G1はG2のスクリーンを利用してゴールへカットするが、ノーマークになれなかったときは、サイド・ポストに上がってくる。F2はサイド・ポストに上がってきたG1にパスをし、G2とともにスプリット・カットを行う。CとF1はウィーク・サイドで自分たちのディフェンスを引きつけておく。

センター・アウェイ #6

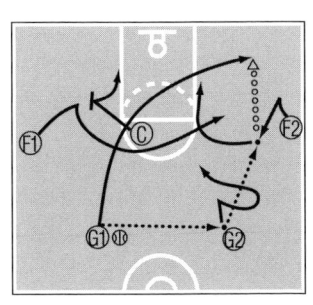

[図4-115]

G2がF2にパスをしたとき、G1はボールの反対サイドのフリースロー・サークルにいるCを利用してゴールへカットする。CはG1が通り過ぎたらすぐにF1にスクリーンをセットし、F1はレーンを横切るようにカットする。F2はインサイドへカットするG1へのパス、またはF1へのパスをねらう。またF2は、カットしてサイドに出てきたG1にボールを入れ、同じくカットしてきたF1をスクリーンに利用してレーンを下りてパスを受けることもできる。また、F2はG2へパスを戻して、F1とともにG1にダブル・スクリーンをセットしても良い。

センター・アウェイ#7

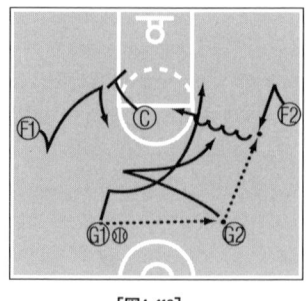

[図4-116]

G2はF2にパスをし、G1にスクリーンをセットする。F2はドリブルでフリースロー・サークルまで移動し、カットしてくるG1へのパスをねらう。G1がパスをもらえないときは、レーンをまわってF1とCのダブル・スクリーン利用する。F1はチャンスがあればCのスクリーンを利用してカットしても良い。G2はG1がカットした後にF2を利用してゴールへカットしても良い。

センター・アウェイ#8

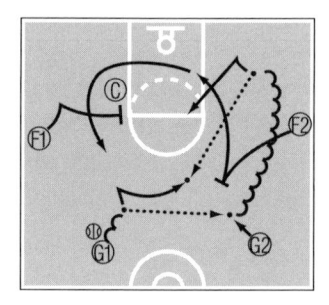

[図4-117]

これは、3つのオプションを伴うフォワードとガードのスクリーン・アンド・ロールである。フォワードはガードからのパスを受けるためにリバースして反対サイドへ移動し、これまでのセットアップで示されたのと同じ動きを行う。

ノー・ポストまたはスリー・アウト

このオフェンス、もしくはそのバリエーションは、全国各地の多くの素晴らしいコーチが使用し、数々の成功を収めてきた。これは、能力のあるポストマンがいないことを補うときや2人の優れたポストマンの能力を同時に活かすときに用いる。また、3人の優れたガードを同時に起用し、ギブ・アンド・ゴーやカッティング・ゲーム、あるいはそれらのコンビネーションがうまく機能するスペースを作るために用いる。

ノー・ポスト#1

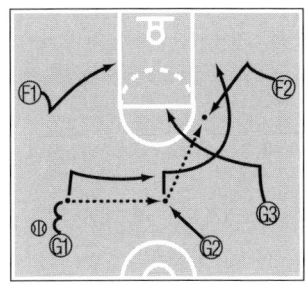

[図4-118]

G2はサイド・ポストに上がってくるF2にパスする。F1がゴールへカットしたとき、G2とG3はスプリット・ザ・ポストの動きを行う。G1はアウトサイド・カットのフェイクをしてセーフティとなる。もしF2がG1にパスを戻したら、F1とF2はサイドを換え、G2とG3はアウトサイドをまわってセットアップのポジションに戻る。G1はその間、ノーマークになっているプレーヤーへのパスをねらう。

ノー・ポスト#2

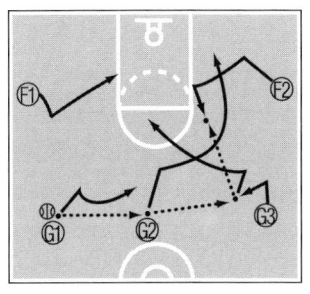

[図4-119]

G3が最初にF2にパスをすることを除けば、#1と同じようにプレーを展開する。

ノー・ポスト#3

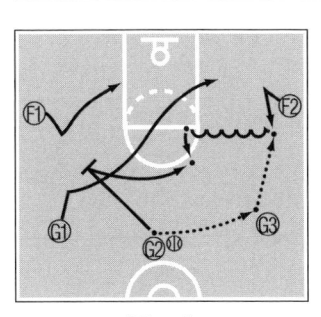

[図4-120]

G3にパスをしたG2は、G3からF2へのパスに合わせて、G1にスクリーンをセットする。ゴールへカットするG1がノーマークにならなかった場合、F2はドリブルでフリースロー・サークルへ移動してターンする。F2は自分に向かってカットしてくるG2へのパスをねらう。

ノー・ポスト#4

G2はG3にパスをした後、G1にスクリーンをセットする。G3はF2にパスをした後、G2にスクリーンをセットする。G1がG2のスクリーンでノーマークにならない場合、G1はG3のスクリーンも利用する。

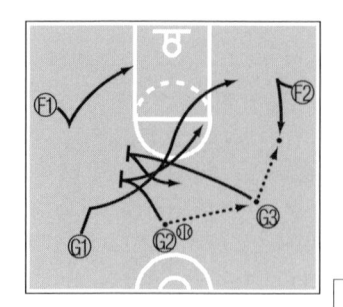

[図4-121]

ノー・ポスト#5

●3つのオプションを伴ったスクリーン・アンド・ロール

G2はG3にパスした後、G1にスクリーンをセットする。F2は、G2からG3へのパスに合わせてG3にスクリーンをセットする。G3はF2のスクリーンを利用してダウン・レーンに向かってドリブルする。F2はスクリーン・アンド・ロールの後、ゴール下を通って反対サイドに移動し、スクリーンを利用したボタンフック・カットを行う。G2はG1に対するスクリーン・アンド・ロールの後、レーンを下りてF1とともにF2にダブル・スクリーンをセットする。G3は、F2へのパスや自分のショットを試みる。それらができなかったとき、G3はG1にボールを返した後、ゴールのほうにフェイクしてからサイド・ポストに上がる

[図4-122]

ノー・ポスト#6

G3がF2に向かってドリブルをすることによってプレーを始める。F2は素早くリバースしてノーマークになる。以上の動きを除けば、#5と同じように行うフォワードのリバース・プレーである。

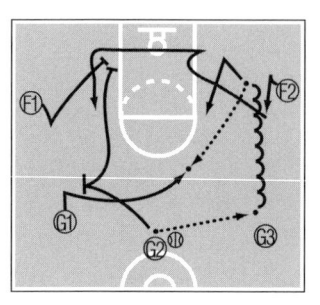

[図4-123]

ノー・ポスト #7

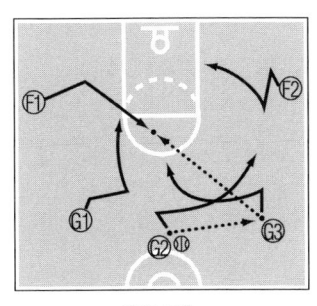

[図4-124]

F1はゴールへのフェイクをしてからフリースロー・サークルのトップに素早く上がってくる。G3がF1にボールを入れたとき、G1は自分のサイドでゴールに向かって素早くカットし、F2は反対サイドに向かって素早くリバースする。G3はアウトサイドへのフェイクの後、G2にスクリーンをセットし、G2はG3を利用してカットする。5人のプレーヤーはパスを受けることができなかったときは、スクリーンをねらわなければならない。

ノー・ポスト #8

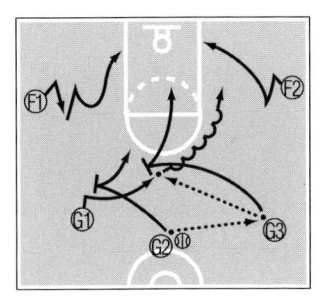

[図4-125]

G3にパスをしたG2は、G1にスクリーンをセットする。G3はG2のスクリーンを利用してカットするG1にパスをし、パスを出したG1に対してスクリーン・アンド・ロールを行う。そのとき、F2は自分のディフェンスを引きつけておくために、リバースして反対サイドに向かう。もしG1が、F2、G3へのパスができず、自分もノーマークにならなければ、G2にパスを戻す。G2は、F1のスクリーンを利用して反対サイドに出てくるF2へのパスをねらう。あるいはG1がG2にボールを戻した後にセットするスクリーンを利用するG3へのパスをねらう。

ワン・スリー・ワン

　このオフェンスは、ここで紹介している他のオフェンスほど多く用いられているわけではない。しかし、何人かの優れたコーチがこのオフェンスを用いることによって素晴らしい結果がもたらされている。

　このオフェンスでは、タイプの異なる2人のポストマンの能力を同時に活かすことが可能である。しかし、より良い結果を導くには、⑤のポジションにオールラウンドでボールの扱いのうまいプレーヤー、②や④のポジションにアウトサイドからのプレーを得意とするプレーヤーが必要である。

ワン・スリー・ワン #1

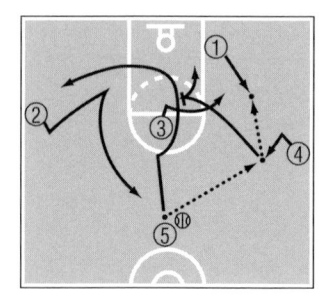

[図4-126]

④にパスした⑤は、③のスクリーンを利用してゴールへカットし、ボールの逆サイドへ移動する。⑤からボールを受けた④は、①にパスを出してからサイド・ポストに移動し、③に対してスクリーン・アンド・ロールを行い、ダウン・レーンに下りる。もし①から③、④のどちらにもボールが入らない場合は、②は⑤のポジションを経由して元の④のポジションに移動し、⑤は②のポジションを経由して最初の位置に戻り、④は②のポジションに移動する。つまり、②と④はサイドを入れ替わったことになる。

ワン・スリー・ワン #2

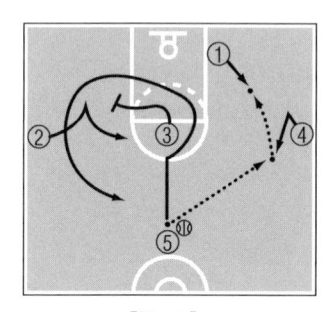

[図4-127]

このプレーは#1と同じ要領で開始するが、⑤がカットした後、③はボールの逆サイドに移動して②にスクリーンをセットする。①にパスした④はゴールへカットするか、あるいはレーンを横切って②にスクリーンをセットする。

ワン・スリー・ワン #3

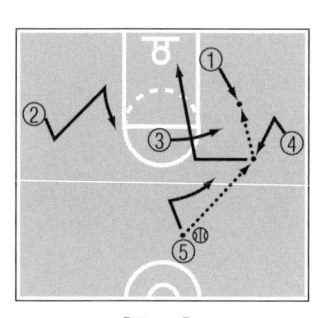

[図4-128]

このプレーはほとんど#1と同じであるが、④が③に対してスクリーン・アンド・ロールを行うのではなく、④が③のスクリーンを利用してゴールへカットする。

ワン・スリー・ワン #4

⑤→④→③とボールをつなぐ。③にボールが入ったら、⑤と④はスプリット・ザ・ポストを行う。①はゴール下でリバースし、②はセーフティになる。

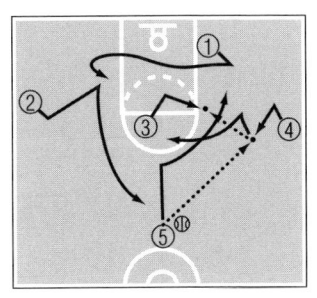

[図4-129]

ワン・スリー・ワン #5

④にパスをした⑤は、③とともに②にスクリーンをセットする。④が①へパスしたとき、②は⑤と③のスクリーンを利用してカットする。続けて③は⑤に第2のスクリーンをセットした後、元の位置に戻る。

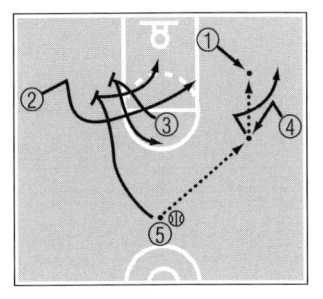

[図4-130]

ワン・スリー・ワン #6

⑤は③にパスをし、③を利用してカットする。同時に②と④はゴールに向かってリバースする。①はリバースする④をスクリーンとして利用してカットする。②、⑤、①のどれかがまずノーマークになる。次に④が、②と交差することにより、あるいは⑤のスクリーンを利用することによって遅れてノーマークになる。

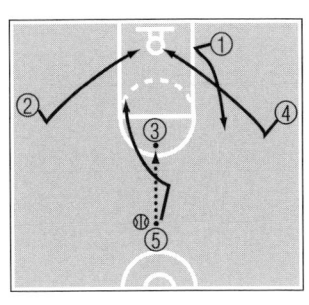

[図4-131]

ワン・スリー・ワン#7

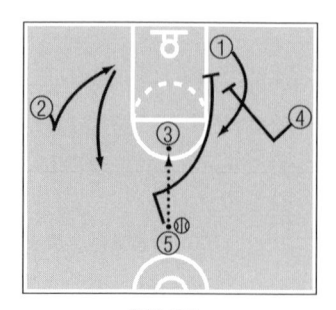

[図4-132]

　⑤は③にパスをし、③を利用してカットすると同時に、④とともに①に対してダブル・スクリーンをセットする。①はダブル・スクリーンを利用してカットする。②はゴールに向かってリバースするが、ノーマークにならなければ素早くセーフティに戻る。

ワン・スリー・ワン#8

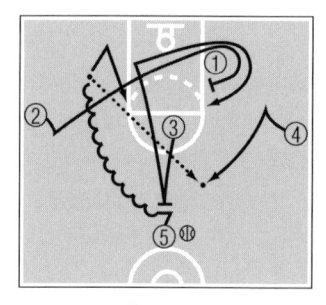

[図4-133]

　⑤にスクリーンをセットした③は、⑤がドリブルを始めると同時にゴールに向かってロールする。②はゴールへ向かってリバースし、ボールを受けることができないときは、反対サイドのレーンでストップして①とともに③に対するダブル・スクリーンをセットする。③はロールしてゴールへカットした後、①と②のダブル・スクリーンを利用する。⑤は、自分でショットが打てなかったり、②や③へのパスができなかった場合は④にボールを戻し、フェイクをかけてサイド・ポストに上がる。

ワン・スリー・ワン#9

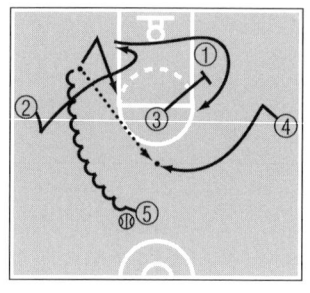

[図4-134]

　このプレーは、他のオフェンスのセットアップで行ったいくつかのフォワード・リバースと同じように展開する。
　②はまずゴールへとリバースし、次にダウン・レーンで"ボタンフック"を行って第2のチャンスをつくり、続けて反対サイドで①と③のダブル・スクリーンを利用して第3チャンスをつくる。

ウィーブ

　ウィーブを特徴とするオフェンスは、多くのコーチに好んで使われている。事実、すべてのオフェンスには何らかの形でウィーブが使われているのである。ウィーブ・オフェンスには、動きやボール・ハンドリングが的確であること、常に素早いカットやリバースに反応できる態勢であること、オフェンス・ファウルを犯さないように注意することなどが要求される。単なるウィーブ・オフェンスは、ゾーン・ディフェンスによって簡単に守ることができるとか、サイドラインいっぱいに動きが展開されるのでプレーヤーが疲れてしまうといった批判もある。

　ウィーブとは、そのタイプに関係なく、パサーがパスした方向に動いてスクリーンをかけ、スクリーンの後にゴール方向へ素早く動くプレー、あるいは同じくスクリーンの後にチームメイトが動きやすいようにスペースを空ける動きをするプレーのことである。これらの動きによってディフェンスが下がる場合は、オフェンスが比較的短い距離のショットをディフェンス越しに打つことができるようになる。また、ディフェンスがオフェンスの動きを予測して先まわりした場合は、素早いカットやリバースが有効になってくる。

　ウィーブは次のように行う。

- 2人のガードと1人のフォワードで3メン・ウィーブを行う場合、センターはポストの深い位置、あるいは通常のポストの位置にポジションをとる。
- スリー・アウト・オフェンスで3メン・ウィーブを行う場合、3人のアウトサイド・プレーヤーで行う。または中央に位置するアウトサイドマンとその右または左側に位置する2人のプレーヤーで行う
- ハイ・ダブル・ポスト・オフェンスで3メン・ウィーブを行う場合、3人のアウトサイド・プレーヤーで行うが、2人のポストマンはスクリナーとして動く。
- 4メン・ウィーブは、ガードとフォワードのポジションにいる4人のプレーヤーが行う。センターはフリースロー・レーン・エリアでスクリナーとして、あるいは素早いパスやカットをした際のアウトレット（ゴールから離れたところでボールを受ける）としての役割を果たす。
- 5メン・ウィーブではポスト・プレーヤーは置かず、3アウト・2インのセットアップから始める。5人全員がウィーブに加わり、制限区域内でのノーマーク、またはアウトサイドからのリバースによるノーマークをねらう。ここでは、最初のセットアップの考え方のみを示す。

ウィーブ#1

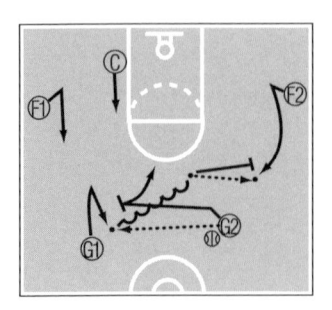

[図4-135]

これは、センターがいる反対サイドで、2人のガード(G1、G2)と1人のフォワード(F2)で行われる3メン・ウィーブのスタートを示している。

ウィーブ#2

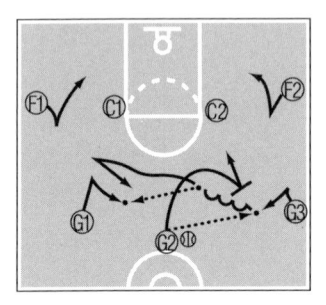

[図4-136]

これは、3人のガード(G1、G2、G3)による3アウトサイド・メン・ウィーブのセットアップである。2人のセンター(C1、C2)をサイド・ポストに位置させる(ダブルポスト)か、あるいは2人のフォワード(F1、F2)をサイドに広がるように位置させて行う。
2人のセンターのセットアップでは、センターどうしのスクリーン、2人のフォワードのセットアップではスクリーンを伴った素早いリバースが重要である。

ウィーブ#3

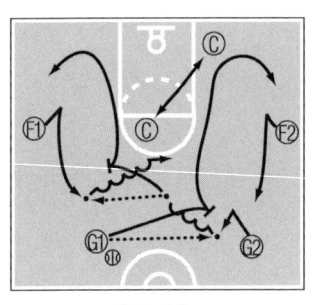

[図4-137]

この4メン・ウィーブにおいては、センターはミドル・エリアを空けるためにディープ・ポジションに位置しても良い。あるいは素早いアウトレット・パスやスクリーンに備えてフリースロー・ラインまで上がってきても良い。

ウィーブ#4

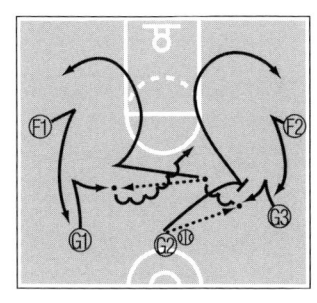

[図4-138]

これは5人全員でのウィーブである。ミドル・エリアにカットして素早くリバースすることを試みる。ノーマークでパスが受けられないときは、次のカットのためにミドル・エリアを空ける。

シャッフル

オクラホマ大学のブルース・ドレイクは、シャッフル・オフェンスの発案者ではないが、それを全米に広めたという点で評価される人物である。高校や大学の多くのコーチはシャッフル・オフェンスの考えを取り入れたり、自分の考えに合わせて独自のシャッフル・オフェンスを作ってきた。オーバーン大のコーチ、ジョエル・イーブスはシャッフル・オフェンスを使って素晴らしい成功を収め、それに関する素晴らしい著書も残している。

シャッフル・オフェンスは、攻撃がサイドからサイドへと連続的に切り換えられ、それが継続して行われるところに特徴がある。名称はその特徴に由来する。シャッフル・オフェンスでは優れた動きが要求され、ウィーク・サイドでのスクリーンを利用したカット、ボールやゴールに向かってのカットなど、鋭いカットが繰り返し行われる。

プレーヤーの能力に応じてプレーを変化させることもあるかもしれないが、このオフェンスでは5人のプレーヤーがすべてのポジションでプレーできなければならない。したがって、チームワークを完成させるとき、あるいは得点の機会をバランス良く提供しようとするときに真価が発揮される。シャッフルをうまく使いこなし、かつ忍耐力のあるチームは、ショットを打つ前に良い状況を作ることができるので、いつもショット成功率は高くなる。その上、チーム内のスコアリング・バランスも良くなるのである。

このオフェンスは、マンツーマン・ディフェンスに対して特に有効である。なぜなら、ディフェンスにスイッチを強いるので、異なるポジションで異な

るプレーヤーを守らなければならなくなるからである。また、あるエリアのディフェンスを得意としているプレーヤーがそのエリアを離れることになり、ミスが多くなってしまうからである。

このオフェンスは多くのゾーン・ディフェンスに対して効果が無い、という批判もあるが、プレーヤーが効果的に動けば、相手のディフェンス・リバウンドやディフェンスのバランスを崩すことができる。

シャッフル・オフェンスのみを取り上げた本が出版されているので、ここでは詳しく言及しないことにする。

以下の図は、シャッフルを用いるときのセットアップに関する一般的な考え方を示している。

シャッフル#1

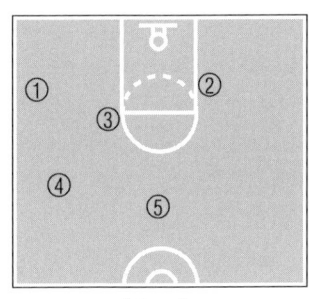

[図4-139]

●**セットアップ・ポジション**

最初のセットアップは、片側のサイドに偏った配置となる。

①はサイドラインから内側に約1.5m入り、フリースロー・ラインの延長線からエンドライン方向に約1.5m下がった位置

②は①と反対サイドのフリースロー・レーン沿いの位置（できる限り低い位置）

③はストロング・サイドのサイド・ポストの位置（フリースロー・ラインとサークルの交点のすぐ外側）

④はサイドラインに向かって①と③の中間点で⑤より約1.5mエンドライン寄りの位置

⑤は2つのゴールを結んだライン上で④よりも約1.5mセンターライン寄りの位置

シャッフル#2

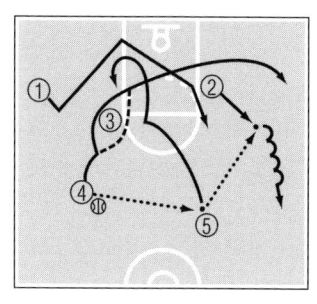

[図4-140]

●**サイド・チェンジ**

ここではどのようにしてサイドをチェンジするのかを説明する。

④は⑤にパスする。⑤が②にパスすると同時に④は③を利用してカットする。④はパスを受けることができなくても(他のショットがなされなくても)そのままカットを続け、①のセットアップ・ポジション(逆サイド)へ移動する。

⑤は②にパスした後③にスクリーンをセットし、ゴールに向かってロールしてから②のセットアップ・ポジション(逆サイド)へ移動する。

③は⑤のスクリーンを利用してサークルの外へ出て、⑤のセットアップ・ポジションへ移動する。

⑤からパスを受けた②は、ドリブルして④のセットアップ・ポジション(逆サイド)に上がる。

①はゴール方向にカットしてから、③のセットアップ・ポジション(逆サイド)に上がってくる。

②は③にパスしてもよいし、ドリブルで⑤に向かい、③とポジションを交代してもよい。③はその場合、④のセットアップ・ポジションへ移動する。

以上のようにサイドをチェンジすると、反対サイドから全く同じセットアップでプレーを始めることができる。

シャッフル#3

[図4-141]

④→⑤→②へとボールをつなぐ。②がボールを受けたとき、④は、③のスクリーン、または①と③のダブル・スクリーンを利用してゴールへとカットする。②は④がノーマークになればパスをする。

シャッフル#3A

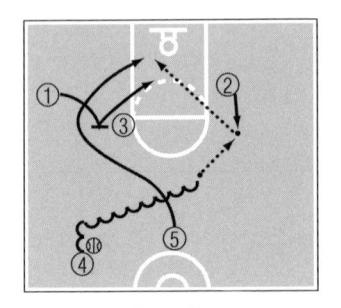

[図4-142]

⑤は④の前を横切ってカットする。ドリブルの後、④からパスを受けた②は、ウィーク・サイドでカットしている⑤へのパスをねらう。それ以外は、#3と同様である。①のマークマンが④へスイッチしたとき、②は①にパスしても良いし、自分自身でゴールへドライブしても良い。

シャッフル#4

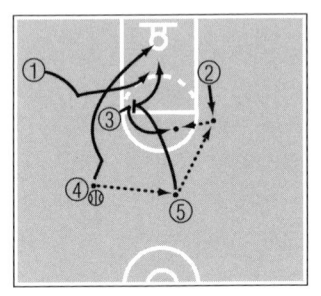

[図4-143]

②は、⑤のスクリーンを利用する③へパスをねらう(⑤や①へのパス、あるいは自分でショットは行わない)。それ以外は、#3と同じである。

シャッフル#4A

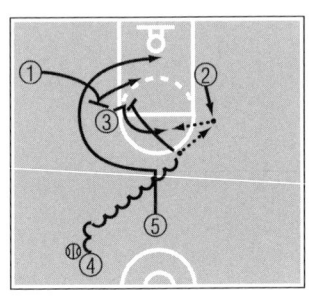

[図4-144]

④と⑤のスタートのポジションが入れ替わることを除けば、#4と同じである。

シャッフル#5

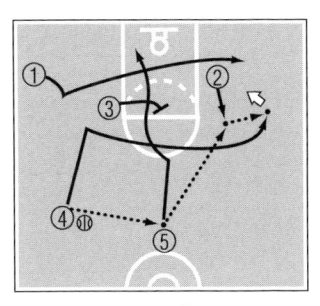

[図4-145]

通常通り④→⑤→②へとボールをつなぐが、④はパスの後、③の外側にフェイクをかけ、レーンのトップを横切って②の後ろでショート・パスを受け、ジャンプ・ショットをねらう。①はリバースしてゴール下を横切る。③は、レーンに下りてくる⑤にスクリーンをセットするか、あるいは⑤をスクリーンに利用してカットする。②は、④、①、③、⑤へのパスをねらうか、自分でショットをねらう。

シャッフル#5A

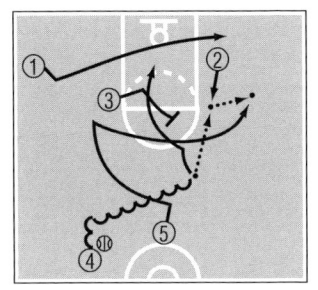

[図4-146]

④と⑤のスタートのポジションが入れ替わることを除けば、#5同じである。

シャッフル#6

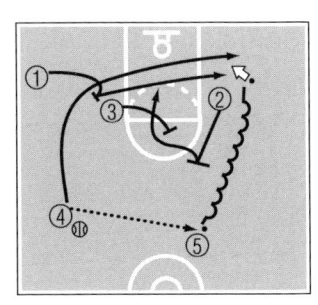

[図4-147]

④からボールを受けた⑤は②のスクリーンを利用してドリブルする。⑤にパスした④は、①と③の外側を通ってゴールへカットする。②は⑤へのスクリーンの後ロールし、③のスクリーンを利用してゴールへカットする。あるいは②は③にスクリーンをセットし、レーンに向かってロールする。⑤は自分でショットするか、ノーマークのプレーヤーにパスをする。

シャッフル#6A

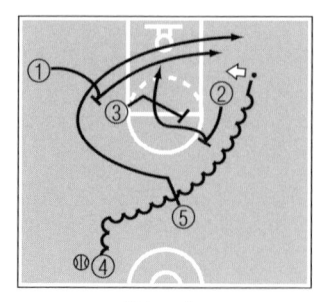

[図4-148]

④と⑤のポジションが入れ替わることを除けば、#6と同じである。

シャッフル#7

[図4-149]

⑤にパスをした④は、③の外側にフェイクをした後、③の前で⑤からのパスを受ける。④はゴールへ向かってドライブし、③、①、②はゴールへカットする。

シャッフル#7A

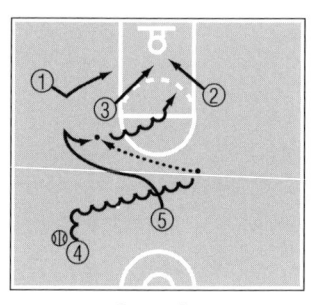

[図4-150]

④と⑤のポジションが入れ替わることを除けば、#7と同じである。

シャッフル#8

④は①にパスした後、①のインサイドにスクリーンをセットし、ゴールへとロールをする。①は③にボールを入れ、ゴールへフェイクした後、⑤とともに③を利用したスプリット・カットを行う。

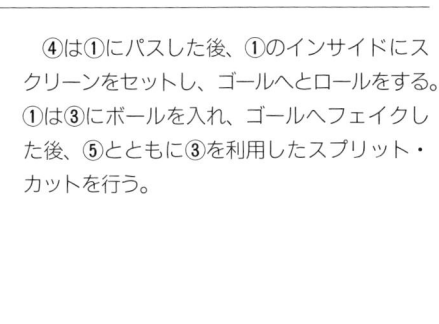

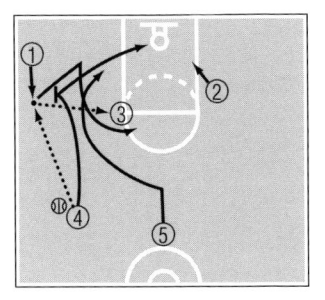

［図4-151］

シャッフル#8A

④と⑤のポジションが入れ替わることを除けば、#8と同じである。

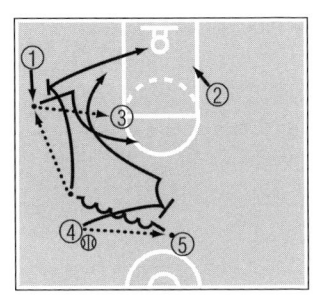

［図4-152］

シャッフル#9

④は①にパスした後、①のインサイドにスクリーンをセットし、ゴールへとロールをする。①はドリブルで③の正面に向かう。⑤は①に向かってカットし、①からハンドオフ・パスを受ける。①はチェンジ・オブ・ペースを使って③をスクリーンに利用してドライブしても良い。

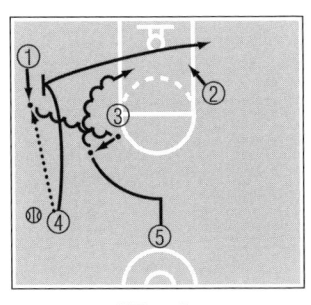

［図4-153］

シャッフル#9A

④と⑤のポジションが入れ替わることを除けば、#9と同じである。

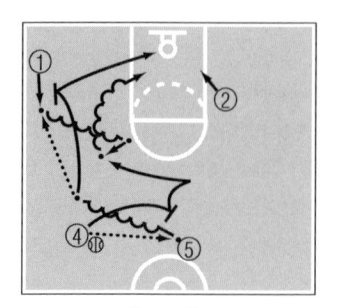

[図4-154]

シャッフル#10

④は③に素早くボールを入れ、アウトサイドにフェイクした後、⑤とともにスプリット・カットを行う。①はリバースする。

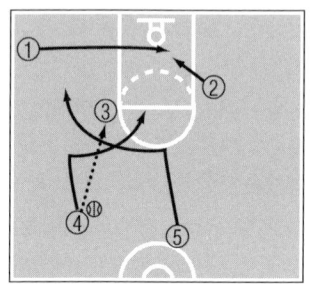

[図4-155]

シャッフル#10A

④と⑤のポジションが入れ替わることを除けば、#10と同じである。

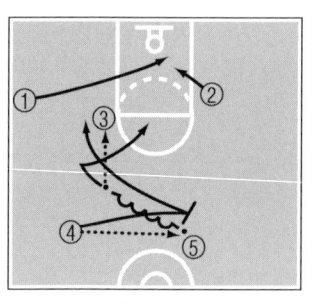

[図4-156]

CHAPTER 5　OBTAINING POSSESSION OF THE BALL

第 **5** 章
ボールの獲得

ボールを奪わなければ、オフェンスを始めることはできない。したがって、ディフェンス時にやるべきことは、ボールの所有権の獲得である。ゲーム中、両チームともボールを保持していない時間は非常に短く、そのわずかな時間を除いて、自チームがボールを保持していないときは必ず相手チームがボールを保持しているのである。

　プレーヤーはボールを奪うことに全力を注がなければならない。ディフェンスのときに相手からボールを奪った場合は、素早くオフェンスへ切り替えなければならないし、オフェンスのときにボールを相手に奪われた場合は、積極的にボールを奪い返さなければならない。ボールを獲得することに関しては、オフェンス側の観点とディフェンス側の観点の両方について考える必要がある。

1 リバウンドによるボールの獲得　　FROM THE BOARDS

　ゲーム中は、入らなかったショットのリバウンドからボールを獲得することが多い。それゆえ、オフェンス・リバウンドとディフェンス・リバウンドの両方に対して充分に注意を払わなければならない。「リバウンドを制するチームはゲームを制する」という言葉は核心をついているといえる。

　リバウンドで成果を上げるための要素については、その重要性をいくら力説しても足りないほどである。私は次のような精神面での準備をプレーヤーに求めている。

1. ショットはすべて失敗すると仮定し、個々のプレーヤーは自分のエリアで必死にリバウンドを獲ろうと努力しなければならない。オフェンスのときは、ショットが決まるか、オフェンス・リバウンドを獲るか、相手にディフェンス・リバウンドを獲られるかするまで、何度でもリバウンドに跳ぶ。

2. オフェンス、ディフェンスにかかわらず、ショットが放たれたら、手を肩よりも高く挙げ、肘を張り、指先を上にして掌をゴールに向け、リバウンドに備える。良いポジションをとり、タイミングを合わせ、ジャンプの最高到達点でボールを獲り、バランス良く着地する。

3. ディフェンス・リバウンドでは、相手のオフェンス・プレーヤーに対してではなくむしろボールに対してプレーする。ショットが放たれたら、ターンしてゴールに向かい、相手がリバウンドに入ろうとするコースに体を入れ、そこからボールに跳びつく。言い換えれば、相手にボールを獲らせないことよりも、自分自身がボールを奪ってくることに全力を注ぐのである。ボールを奪うことに対して積極的になるようにする。

＊

　脚力のあるジャンパーが必ずしもすばらしいリバウンダーであるとは限らないが、平均的な脚力のジャンパーでもすばらしいリバウンダーへと成長することができる。脚力のあるジャンパーは自分の能力に頼りすぎてしまうので、リバウンドに不可欠なジャンプのタイミングを計る能力が向上しないことが多いからである。

　私はリバウンドを好むプレーヤー、特にディフェンス・リバウンドを楽しむプレーヤーを求める。このようなプレーヤーの活躍はチームメイトに認められ、賞賛されるべきであろう。私は得点したプレーヤーを個人的に誉めることはあるが、チームメイトの前で誉めることはあまりしない。しかし、リバウンダーやゲーム・メーカー、良いディフェンス・プレーヤーに対してはチームメイトの前で誉めるようにしている。得点したプレーヤーのような目立つ活躍に比べ、リバウンダーやゲーム・メーカー、ディフェンス・プレーヤーなどの活躍は、コーチが認めなければ見落とされてしまうからである。

ディフェンス・リバウンド

　ディフェンス・リバウンドに関する私の考えは、多くのコーチとは異なるが、私のチームが優秀な成績を収めている限りは変える必要はないと考えている。それは、オフェンス・プレーヤーをブロックアウトせず、相手がリバウンドに入ろうとする最初の動きをチェック（体を当てること）し、その後でリバウンドへ行くという考えである。私は、これこそが積極的なアプローチであり、逆

237

に、最初からブロックアウトを強調するという考えは消極的であると感じている。

　アウトサイド・シューターに対しては、まずシューターから1歩離れてシューターに最初の動きをさせる。こうすることで、相手の進路に体を入れてから、リバウンドに跳ぶことができるようになる。相手がアウトサイドへ動いた場合は、より遠まわりさせるためにアウトサイドの足を軸にしてリバース・ターンをし、そこからリバウンドに入る。インサイドへ動いた場合は、インサイドの足を軸にしてフロントのクロス・オーバーをして、そこからリバウンドに入る。

　シューターでないプレーヤーをディフェンスしているときは、まずマークマンへ向かって動く。そのマークマンがゴールに十分近づいてリバウンダーと成り得る場合は、マークマンとの距離を詰め、まずマークマンの前に動き、その後リバウンドに入る。

　もしマークマンが直ちにリバウンドに入らないのであれば、長い間待つことなくボールに飛びつく。自分のマークマン以外のプレーヤーがショットを放ったら、自分のマークマンの進路を素早くチェックし、自分のテリトリーにボールが落ちてきたら積極的にリバウンドに跳ぶようにする。

　この方法によって、より多くのリバウンドを獲れるだけでなく、ファウルを減少させることができると考えている。ブロックアウトを強調しすぎてしまうと、ディフェンス・プレーヤーは前屈みになり、オフェンス・プレーヤーにスライドされ、ポジションをとられてしまう。こうなるとディフェンス・プレーヤーはファウルを犯しやすくなってしまう。そのように消極的に考えてブロックアウトを行うよりも、積極的に考えてリバウンドを行うことにしている。

　いったんオフェンス・プレーヤーの進路に入ったら、ゴールへ素早く動き、ボールに跳びつくことに集中する。ジャンプするタイミングを計って最も高く跳び、肘を伸ばして両手でボールを摑む。[写真5-1]

　ボールを獲った直後、リバウンダーは脚を大きく広げ、ボールを胸の位置（ボールの頂点が顎の高さ）まで素早く、しかも力強く引き寄せる。最良と思われるアウトレット・エリアのほうに頭を肩越しに向け、肘を張る。ボールをプロテクトしようとして肘を伸ばしたり、体からボールを離したりしてはならない。胸の高さで腕と手首を返し、ボールを体に密着させた状態を保ちながらボールをプロテクトしなければならない。着地のときは歩幅を大きくとり、バランスを保つようにする。

　リバウンド争いはゲームの中でも最もラフな場面の一つである。身体接触によってリバウンダーが冷静さやセルフコントロールを失うことがあってはなら

[1] リバウンドによるボールの獲得

ない。身体接触は両チームが引き起こすものであり、一方だけが不利益を被っているのではないということを覚えておく必要がある。

　ディフェンス側のリバウンダーの役目は、ディフェンス・リバウンドを獲ってから素早く安全にアウトレット・パスを出すまでは終わらない。ほとんどの場合、アウトレット・パスの善し悪しによってファストブレイクの成否が決まるのである。われわれがボールを奪ったときには、常にファストブレイクをねらうので、ディフェンス・リバウンドからのアウトレット・パスに多くの注意を払うことは当然である。ただし、アウトレット・パスが不可能な場合は、ドリブルでアウトサイドへ出るようにする。

　ディフェンス・リバウンドのときにプレーヤーが注意しなければならないことは、ゴール下に入りすぎないようにすることである。単にゴールに向かうのではなく、リバウンドを獲るためにゴールに向かわなければならない。ディフェンス側のリバウンダーがゴール下に入りすぎると、オフェンス側のリバウンダーに体で押し込まれ、相手にティップ・インを許すことになってしまう。また、ディフェンス・リバウンドのときはボールをティップするのではなく、いつも確実にボールを摑もうとしなければならない。

　リバウンダーは、ショットが放たれた場所から、あるいはバックボードやリングにボールが当たった位置から、ボールが跳ねる方向を予測できなければならない。また、ゴールやバックボードのバネ、ショットのアーチから、ボールが跳ねる距離も予測できなければならない。また、自分やチームメイトがショットを放ったときのオフェンス・リバウンドを参考にして、ボールの跳ね方の特徴も知っておくべきである。ボールの行方を予測できないということは、プ

▶ディフェンス・リバウンド［写真5-1］

レーを十分に研究していないということである。
　リバウンドは、他のどの方法よりもボールを獲得する良いチャンスであるので、一本でも多くのリバウンドを獲れるように準備をしておかなければならない。そのためにわれわれは、かなりの練習時間をリバウンド・ドリルに費やしている。そこではファストブレイクをうまく機能させるために、素早くボールアウトができるようになることを目的としている。素早くボールアウトできればファストブレイクのチャンスが増え、その結果、ディフェンス・リバウンドの状況が有利になってくる。なぜなら、相手がファストブレイクを抑えようとして、オフェンス・リバウンドに集中できなくなるからである。

オフェンス・リバウンド

　ディフェンス・リバウンド時と同様にオフェンス・リバウンド時にも、プレーヤーは手首や肘を伸ばした状態で相手とコンタクトし、その後最高点に達するように跳んでボールを奪おうとしなければならない。1、2人のプレーヤーがあきらめることなく何度もリバウンドに跳び続けて得点をあげるケースを私は何度も見てきた。オフェンス・プレーヤーはボールを獲得できるまで、貪欲に何度もリバウンドに跳ばなければならない。
　オフェンスにしろディフェンスにしろ、リバウンドで一番大切なことは、ポジションを獲得することである。そこで、私は次のことを繰り返し強調し続けている。それは、ミスしたショットのリバウンドを獲得したければ、すべてのショットは落ちる、と思うべきだということである。ショットが落ちるのを確認してからリバウンドのポジションに入っても、多く場合、そのリバウンドを獲ることはできないのである。
　リバウンドの生じる地域にプレーヤーがいるときはいつでも、指は上方に向け、両手は肩の高さに構えなければならない。そして、両肘を張って、指を十分に広げていなければならない。プレーヤーは体のバランスを良くし、できる限りのスペースをとるために肘や腕を十分に広げる。体をわずかに屈めて両肘を張り、両手を肩の高さに置いてジャンプする準備をしてからリバウンドに跳ぶポジションに入る。そのとき、手を下げるとディフェンス・プレーヤーを手で押してしまうことになるので注意する。レーン付近での押し合いは、手を使わなければファウルになることは少ない。
　通常は、ディフェンスがインサイドの位置を占めているので、オフェンスのリバウンダーは、良いポジションを得るためにフェイクを使ってディフェンスの裏をかくようにする。そして、あまりにもゴール下に入りすぎないように注

意する。ゴール下に入りすぎてしまうと、リバウンドを獲ること以外は何もできなくなからである。このことは、ゴールから離れすぎたところに位置するのと同様の誤りである。また、ディフェンス・プレーヤーに対してオーバー・ザ・トップ（後ろから跳んでぶつかること）のファウルを犯さないように注意しなければならない。

　ほとんどすべてのセット・ショット、プッシュ・ショット、あるいはジャンプ・ショットに関しては、ゴール下でリバウンド・トライアングルを組むべきである。また、シューターはロング・リバウンドに備えてファウル・ライン（フリースロー・ライン）へと移動し、もう1人はセーフティとして後方に残るべきである。

　ゴール下へのドライブからのショットの場合、ゴール下でリバウンド・トライアングルを組み、セーフティがロング・リバウンドにも備える。また、ドライブしたシューターはできる限り早くプレーに戻る。われわれはこのことを身につけるために、ドライブからのショットの後、シューターがちゃんと着地し、ボールが床に落ちる前にボールを捕るようなドリルを行っている。

　ドライブからのショットにおけるロング・リバウンドのエリアは、アウトサイドからのショットほど重要ではない。その理由は、ミスしたボールがアウトサイドからのショットほど遠くへ弾まないからである。しかしながら、ボールがゴール下で争うプレーヤーの手からこぼれてくること多いので、このような場合に備えて、常に油断しないように指導している。また、ロング・リバウンドのエリアにいるプレーヤーは重要な役割となる。そのプレーヤーは、ルーズボールを素早く追いかけてボールの保持を奪還したり、背後に位置するセーフティと協働して多くのチャンスを作り出すことができるからである。このポジションには、長身で動作が緩慢なプレーヤーよりも、背が低くても動作が俊敏なプレーヤーのほうが適している。

　ポジションを獲得することの次に大切なことは、いつボールへと跳ぶか、ということである。早すぎたり遅すぎたりするジャンプはあまり役に立たない。ゴールに向かって飛んでいるボールを観察し、リバウンドに入る角度を考えなければならない。水平なショット、アーチのあるショット、ロング・ショット、サイドからのショット、その他のいろいろなショットを絶えず研究することによって、リバウンドが落ちると予想されるエリアを把握しておくことである。

ティップ

　ティップとは、両手と両腕をまっすぐ上に挙げ、手首と指でのボールを軽くはじく動作によって行われる。ボールを叩くのではないということをリバウン

▶ティップ [写真5-2]

ダーはよく学ぶべきである。

　ティップをうまくコントロールするためには、掌をゴールのほうに向け、ジャンプの最高点に達するほんの少し前にボールに触れられるようなタイミングで行うべきである。[写真5-2] ジャンプが下降し始めた後に触れたのでは、ティップしたボールを十分にコントロールすることはできない。ただし、ボールがバスケットから0.9～1.2m以上弾んでしまったときは、ティップしてゴールをねらうよりも、ボールを保持しようとするほうが賢明である。また、確実にボールを摑むことができないときは、ゴールから遠いところにティップしても良い。手を頭の後ろに振りかぶって叩くようなティップは、ゴールする見込みはほとんどないので使うべきではない。ただし、ボールを味方に渡すためや、ディフェンスから遠ざけるためには使用しても構わない。

　オフェンス・リバウンドのときに頻繁にティップするプレーヤーは、ジャンプだけではなく手首や指を強くするトレーニングをする必要がある。

2　相手のショットが成功した後のスローイン AFTER AN OPPONENT'S SCORE

　これはボールを獲得する方法とは言えないので、できればこれ以外の方法でボールを獲得できるようにしたい。しかし、現実にはリバウンドによるボールの獲得と、相手の得点後のスローインはほぼ同数であるので、それゆえに、相手の得点後にボールを素早く準備し、相手にプレッシャーを与えるために、素早くボールをスローインしなければならない。

スローイン＃1

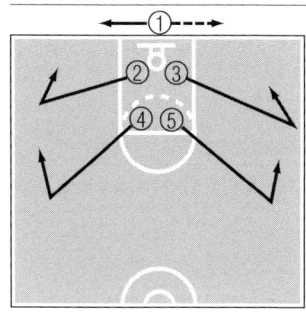

[図5-1]

●フィールドゴールの後

スローインはあらかじめ決められたプレーヤーによって素早く行う。通常はフォワードが、もう1人のフォワードやセンター（②や③）にボールを入れる。②と③は一度サイドライン方向に移動し、ノーマークでパスを受けることができるように戻ってくる。

あらかじめ決められたリバウンダーがボールを持ち、エンドラインの1～1.5m後方で、肩がエンドラインと平行になるように立つ。そのとき4人のチームメイトは図5-1のように定められたポジションへ素早く動く。スローインするプレーヤーはボールを胸のところで持ち、身体を傾けたりバランスを崩したりしてはならない。

④および⑤のガードは、センターラインとサイドラインの交点に向かって走る。そして②や③のほうに向かって鋭く戻る。①から直接スローインされるかもしれないし、②や③からパスされるかもしれない。2回のパスが行われるまでに、④、⑤のどちらかがボールを手にする。

スローイン＃2

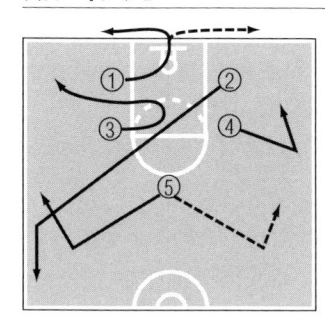

[図5-2]

●フリースローが成功した後

①は素早く③または④のどちらかにスローインする。③または④はボールを受けたら⑤へのパスをねらう。②はコートを横切って走り、他のプレーヤーよりも先にフロント・コートに入る。

ファストブレイクのチャンスを作るために、この動きを覚えていなければならない。相手にプレッシャーを与え続けるためには、得点された後、できるだけ早くコート内でボールを持たなければならない。もちろんプレス・ディフェンスに対しては多少変更して対応するが、その場合もファストブレイクをねらうことに変わりはない。

3 フリースローのときのポジショニング　FROM FREE-THROW SITUATION

相手のフリースローのとき、2人のベスト・リバウンダーはゴールに近いところで、相手のリバウンダーに体を寄せてポジションをとる。相手にティップ・インが得意なプレーヤーがいたら、その内側に最もリバウンドの強いプレーヤーがポジションをとる。フリースロー・ラインに近いポジションにいるディフェンス・リバウンダーも、オフェンス側で一番リバウンドの強い選手に体を寄せる。言い換えれば、相手の最も強いティッパーを心理的にも身体的にもできるだけ両側から挟み込んでしまおうとする。残った5人目のプレーヤーはフリースロー・シューターの後方でフリースロー・サークルに接するように立つ。

フリースロー#1

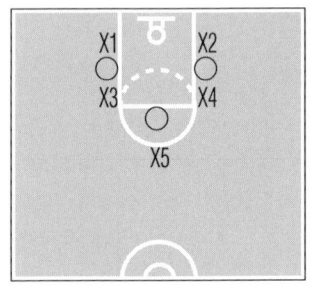

[図5-3]

●ディフェンス

X1とX2は最も強いリバウンダーであり、相手の最も危険なティッパーの内側でポジションをとる。X3とX4は、一方はシューターをカバーし、もう一方は相手のリバウンダーを挟み込む。X5はスピードがあり、ボール・ハンドリングのうまいプレーヤーである。

フリースロー#2

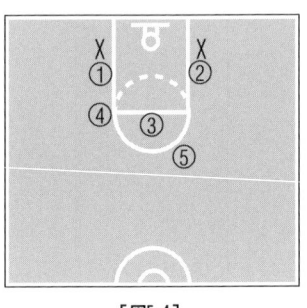

[図5-4]

●オフェンス

①と②は最も強いリバウンダーである。両者は相手の一番強いリバウンダーの反対サイドか、あるいはプレーヤー自身が得意なサイドで、相手に体を寄せられないように与えられたエリアのまん中にポジションをとる。⑤はシューター以外のプレーヤーの中で一番小さく、スピードがあるプレーヤーであることが望ましい。

インサイド・プレーヤーはティップ・インできないと思ったときには、ボールを⑤へ弾き出す。⑤はレシーバーとセーフティの両方の準備をしておく。

4 ジャンプボールによるボールの獲得　　FROM JUMP BALLS

　ジャンプボールはチームプレーであり、5人全員が十分に注意しなければならない。ジャンプボールのときに相手がフェイクをかけたり、相手を欺こうとすることも多いだろう。ジャンパー以外の選手はそれに惑わされないで、プレーできなければならない。

　ジャンパーはボールにタイミングを合わせなければならない。そしてジャンパーはトスを上げる人のことを観察するべきである。レフリーによって、癖やボールの上げ方、トスの高さが異なるからである。ジャンパーはジャンプをするのが早すぎても遅すぎてもいけない。ジャンパーはまっすぐ跳び上がり、できる限り手を伸ばさなければならない。ボールをピシャッと叩く必要はなく、手首や指によって軽くはじけば良い。中指、薬指、人差し指の前部でボールに勢いを与え、ねらったところへ山なりに飛ばす。

　ジャンパーはそれぞれ異なるスタンスを持っており、それでいい結果が出せるなら、スタンスを変える必要はないだろう。しかし、相手がジャンプボールに勝ちそうなときは、可能な限り相手ジャンパーとの体の接触を求め、逆に自分がボールをコントロールできる状態であれば、体の接触を避けるべきである。

　相手が間違いなくジャンプボールに勝つようなときは、相手ジャンパーの正面あるいは横にいるプレーヤー1人を除いたすべてのプレーヤーにボールを持たせないようにする。そして意図的にノーマークにしたプレーヤーへティップさせる。タイミングを見計らって、ジャンパーの背後についたプレーヤーはノーマーク・プレーヤーの前に飛び出し、ティップ・パスをスティルする。

　ジャンパーは両手を挙げ、オフェンス、ディフェンスの両方のプレーに対して警戒し、良いバランスで着地することが求められる。ジャンパーの前にいるプレーヤーに直接ティップしたのであればそのプレーヤーは挟まれて守られてしまうので、ジャンパーは右後ろにティップする。

　ジャンプのときにファウルをしないようにしながら、自分のエリアを有効に使うとともに、そのエリアに相手が入って来ないようにプロテクトする。気付かないうちに捕まえられたり、体を寄せられたりして、バランスを崩してはならない。

　味方がジャンプボールに勝ちそうなときに、ティップしたボールを相手の"ローマー"や"フリーランサー"*に奪われないようにしなければならない。

ジャンプボール#1

●味方が勝てそうもないとき

これはセンター・サークルでのジャンプボールのときに用いる。⑤はチームで最も背が低くスピードのあるプレーヤーである。④は背が高くスピードがあるプレーヤーである。②は動きが遅い背の高いプレーヤーである。相手のジャンパーに、前方へは小さく、後方へは大きくティップさせるようにする。前方へ小さくティップさせたときは、④はボールに飛びつき、⑤へティップ・パスを試みる。それが成功すれば、①は②のスクリーンを利用して、フロントコートに走り込む。

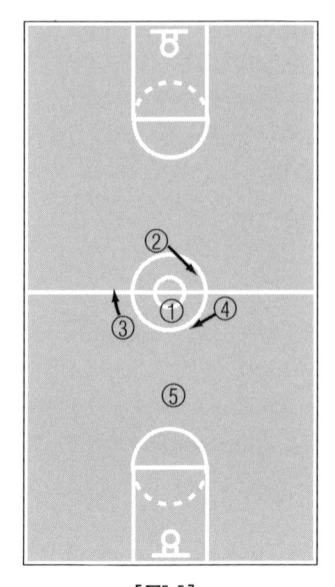

[図5-5]

ジャンプボール#2

●味方が勝てそうなとき

味方のジャンパーがボールをコントロールできることが明らかなときの方法である。ジャンパー(①)は前方にいる②へティップする。②はフロントコートに走り込んできた⑤へティップする(⑤が後ろに下がり、④がフロントコートに走り込んできたときは、④へティップする)。③は、④または⑤が走り込んできたサイドのコーナーへ移動する。①は、②のスクリーンを利用して③とは反対サイドへ移動する。

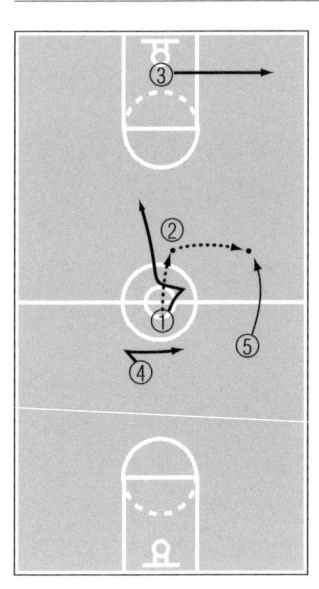

[図5-6]

ジャンプボール#3

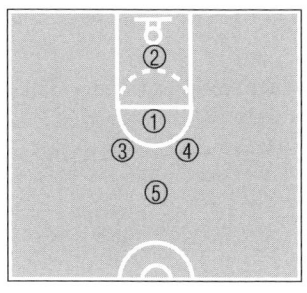

[図5-7]

●フロントコート〜味方が勝てそうもないとき

これは危険な状況であるので、プレーヤーは注意深くプレーしなければならない。簡単に得点されないように、相手は必ず②を挟むようにして守ろうとする。したがって相手が占めたポジションに合わせて③か④にティップする。相手が前方へティップしたときは、味方ジャンパーの背後に飛び込んでボールを獲るか、⑤へティップ・パスをしてボールを戻す。

ジャンプボール#4

[図5-8]

●フロントコート〜味方が勝てそうなとき

ジャンパーは相手の並び方次第で②か③のどちらかのサイドにティップする。⑤はティップされたサイドのアウトサイドに開く。ジャンパーはティップしたほうとは反対側のプレーヤー（③）のスクリーンを利用して、ゴールへ走り込む。④は⑤が開いた後にセーフティとなる。

ジャンプボール#5

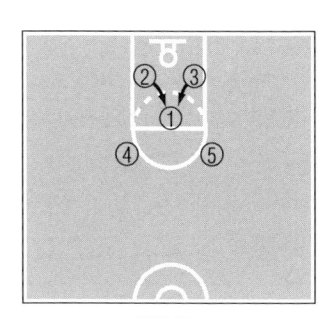

[図5-9]

●バックコート〜味方が勝てそうもないとき

②と③はゴール下にいる相手プレーヤーを挟む。④あるいは⑤はボールがティップされたほうとは反対にいる相手プレーヤーの動きを見て臨機応変に動く。ボールがティップされた側のプレーヤーは②と③をヘルプするためにゴールのほうに下がる。

ジャンプボール♯6

●バックコート〜味方が勝てそうなとき

この場合、センター・サークルからのジャンプボール♯2と同様に動く。

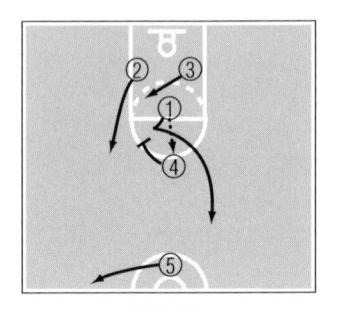

[図5-10]

5 ルーズボールによるボールの獲得　FROM LOOSE BALLS

　ルーズボールを多く獲るためには、アグレッシブでなければならない。そして、私はそのようなアグレッシブなプレーヤーを好む。ボールを追うことをためらうならば、それは相手にボールを奪われることを意味する。ルーズボールにおけるスローガンは「ためらう者は負ける！」である。ルーズボールのときは、いつもフルスピードとフルパワーでボールを追わなければならない。

　ルーズボールを追うときは膝を曲げ、腰を低くして身をかがめなければならない。前方に出した手でボールをすくい上げ、もう一方の手で引き込むようにする。そして低い姿勢でピボットを踏んで、素早く相手からボールを遠ざける。

　異なる場所から2人でボールを追うような様々なルーズボールのドリルがある。ボールを獲ったプレーヤーはゴールにドライブし、もう一人はそのプレーヤーをディフェンスする。これはボディバランスを良くするためのドリルであり、判断力が乏しく、コンタクトを避けるような「ためらうプレーヤー」に対して自分の能力のなさを認識させるドリルである。

6 インターセプトによるボールの獲得　FROM INTERCEPTIONS

　ボール・ハンドリングの良いチームからボールをインターセプトできることはほとんどない。そのようなチームを相手にインターセプトを試みることは危険である。インターセプトは相手のプレーヤーをわざと安心させ、その油断を

ついて、突然素早く相手が予期せぬような動きをすることによって成功する。

インターセプトには良いフットワークとすばらしいフェイクが要求される。オフェンスのときと同じように、チェンジ・オブ・ペースやチェンジ・オブ・ディレクションを使って相手にフェイントをかける。

チームメイトはインターセプトが失敗したときにカバーしたり、ヘルプする準備をしなければならない。そして、インターセプトが成功したときにはファストブレイクを出す準備もしなければならない。インターセプトに失敗したときは、素早く通常のディフェンスに戻らなければならず、反省したり首を傾げている暇はない。

7 アウト・オブ・バウンズによるボールの獲得 FROM OUT-OF-BOUNDS

反則によってホイッスルが鳴ったときは、常に時計が止まり、得点後を除くすべてのアウト・オブ・バウンズのときに、審判からボールが手渡されることになったため、素早くスローインしてプレーを開始することによるアドバンテージがなくなってしまった。しかし、バックコートやフロントコートのゴールから遠いエリアからのスローインでは、急いでスローインする場所に行き、審判からボールを渡されたらすぐにスローインすることが大切である。

フロントコートのエンドラインやサイドラインのゴールに近い場所でのスローインのとき、私のチームは常にアウト・オブ・バウンズ・プレーをセットするので、4人のプレーヤーが割り当てられたポジションでボールを受けるためのプレーをする間、スローインするプレーヤーはそのタイミングを計らなければならない。

私のチームではエンドラインでアウト・オブ・バウンズのボールをスローインするプレーヤー、右サイドでスローインするときにボールを持つフォワード、左サイドでボールを持つフォワードをそれぞれの状況に合わせて決めている。

第 6 章
個人のディフェンス

1 イントロダクション　　　　　　　　INTRODUCTORY THOUGHTS

　ディフェンシブ・バスケットボール、すなわち、相手チームがボールを保持しているときに、得点機会を与えず、ボールを奪取するために最大限の能力を発揮することは、ボールを保持しているときに得点を試みることと同様、非常に重要である。相手にフィールド・ゴールまたはフリースローからの得点をさせないことは、自分たちが得点することと同じように、バスケットボールにおける最終目的なのである。しかし、心理学的観点から見れば、ディフェンスはオフェンスよりも重要だと言えるかもしれない。それは、効果的なディフェンスによって得点の機会を一時的に妨げられると、プレーヤーはプレッシャーを感じてミスを犯しやすくなるからである。

*

　一般の人びとはもとより、スポーツライター、スポーツキャスターでさえもディフェンシブなプレーを軽視し、オフェンシブなプレーを称賛してしまう傾向にある。だから、コーチがディフェンスを教えようとしてもすぐに壁にぶつかり、挫折してしまうのは、ごく自然の成り行きかもしれない。プレーヤーがディフェンスよりもオフェンスを好み、得点をすることに多くの喜びを感じるのは当然のことだからである。しかし、このことでプレーヤーを批判すべきではない。一般的にどんなスポーツにおいてもそうであるが、例えば、野球でヒットを打ったとき、フットボールでタッチダウンを決めたとき、ボクシングでノックダウンを奪ったときなど、喝采が浴びせられるのはすべて成功した攻撃者である。プレーヤーが得点したいと願わないことのほうがおかしいのである。

*

　現在のバスケットボールでは、ルールの傾向、およびその解釈上、ディフェンスは不利な立場に置かれている。さらに、プレーヤーのオフェンス能力が驚くべき進化を遂げているので、ディフェンスの難しさも増大している。したがって、ディフェンスを教えるときの問題もより複雑になり、コーチは相手チームがボールを保持したときには息をつく暇もない完全な集中力をプレーヤーに求めざるを得なくなる。プレーヤーは常にアグレッシブでなければならないのであるが、とくに相手チームがボールの所有権を獲得したときにはすぐに、気持ちをディフェンスに切り換えなければならないのである。

*

　オフェンスとディフェンスをバランスよく教えなければならないが、そのた

めにはオフェンスとディフェンスに対してそれぞれ精神的に適切なアプローチが必要である。しかし、これは考えているほど簡単に達成できるものではない。

私はディフェンスに信念を持っているので、オフェンスと同様に、ディフェンスにも重きを置くように努めている。そして、ディフェンス、オフェンスを問わず、積極的にアプローチすべきだと考えている。プレーヤーには、相手についてあれこれ考え過ぎることによって消極的になってほしくない。消極的になると自信が失われ、そのうち相手につけこまれてしまう。

練習時間について、オフェンスにかける時間と同じ時間をディフェンスにかけるべきかどうかについてよく質問される。私は、オフェンス、ディフェンスともに同じように重点を置かなければならないと考えている。しかし、効果的にディフェンスを向上させるのにある程度の練習時間を要したとしても、オフェンスにはそれ以上の時間が要求されることは当然のことである。

その理由は全くもって簡単であり、それがバスケットボールだからである。個々のオフェンス・プレーヤーは、ボールを保持していないときのファンダメンタルとして、ノーマークになるためのフェイク、フットワーク、スクリーンとその利用法、チーム・フォーメーション、セット・プレーなどを学ばなければならない。さらにボールを保持しているときのファンダメンタルとして、パス、ショット、コントロール・ドリブルやスピード・ドリブル、ストップ・アンド・ターン、ボールのプロテクト、オフェンシブ・リバウンド、ジャンプボールのティップ、ボール・レシーブなど、多くを学ばなければならない。つまり、オフェンスでは、ディフェンスでは必要とされないボール・ハンドリングを含めた多くの重要なファンダメンタルを教えなければならず、ディフェンスよりも練習時間が長くなるのは当然なのである。正しく理解してもらうために繰り返し述べるが、私がここで問題にしているのは、それぞれの重要性のことではなく、練習時間のことである。つまり、ディフェンスにはオフェンスと同じ練習時間が必要なのではなく、ディフェンスはオフェンスと同じように重要なのである。

*

ここである重要な点を指摘しておきたい。それは、平均失点が必ずしもディフェンス能力を示す真の基準とはならないということである。ロー・スコアにするために、多くのコーチたちはディレイド・オフェンス[*1]あるいはストーリング・オフェンス[*2]を用いることがある。確かにそのようなスタイルを用いるのは素晴らしい戦術であり、相手の得点を低く抑えることができるかもしれない。しかし、それはオフェンスの結果であり、ディフェンスの功績ではない。

ボール・コントロール・オフェンス*3をしながら素晴らしいディフェンスをするチームもあれば、高得点でアグレッシブなオフェンスをしながら素晴らしいディフェンスをするチームもあるのである。

＊

　ディフェンスに関して、自分たちがボールを保持していれば相手は得点することができないという考え方は、つまり、最大のディフェンスはオフェンスをすることである、という詭弁につながってしまう。そのような考え方が効果的な結果をもたらす場合もあるが、どちらの考えも正しくない。

　前述したように、あるチームがそのチームの潜在能力を発揮できる段階にまで達しているのなら、オフェンスとディフェンスに同等のバランスを置くべきである。オフェンスとディフェンスのバランスがとれていなくても、自分たちより劣ったチームには勝つことができるだろうが、チーム力が同等の場合には、バランスのとれたチームが勝利を収めるであろう。また、能力が劣っていてもオフェンスとディフェンスのバランスがとれていれば、能力的には優れているがバランスのとれていないチームには勝つことができるかもしれない。

＊

　さらにもう一つ強調したい点は、ディフェンスはオフェンスよりも好不調の波がなく、安定したものだということである。オフェンスではショット、パスといった、コントロールが極めて難しい要因が多く存在しており、それがプレーの結果に大きく影響を及ぼすことになる。場合によっては、これといった理由もなく、単にオフェンスが機能しなくなってしまうときもある。

　しかし、このようなことはディフェンスには起こりえない。コーチの指導が適切であり、プレーヤーがディフェンスの重要性とディフェンスすることを精神的に受け入れ、コンディションが良ければ、ディフェンスにおいて最高に近い効果を発揮できない要因はケガを除いて他にはないからである。

　それゆえ、オフェンスが機能していないゲームでは良いディフェンスがチームを支えることになる。自分たちのオフェンスの調子が上がるまで、ディフェンスを頑張って点差をつけられないようにし、また、激しいディフェンスをして相手のオフェンスを効果的に機能させないようにすれば良いのである。

＊

　オフェンスを教える場合に比べディフェンスを教える場合には、コーチが心理的側面での手立てを講じる必要がある。オフェンス力はいくら向上させようと思ってもそんなに向上させることはできないが、ディフェンス力は精神的に受け入れることさえできれば、どんなプレーヤーでも向上させることができる。

ほとんどのコーチは、プレーヤーが集中力と決断力をもってプレーしたなら、平均的なオフェンス力しか持たないプレーヤーでも優れたディフェンス・プレーヤーになれるし、優れたオフェンス力を持ったプレーヤーなら傑出したディフェンス・プレーヤーになれると主張している。得点力のないプレーヤーでも、際立ったディフェンス・プレーヤーになるための能力を備えているのであり、そのことでチームに貢献できるのである。

2 個人のファンダメンタル INDIVIDUAL FUNDAMENTALS OF DEFENSE

　チームのディフェンス力は、そのチームの個々人のディフェンス力によって決定される。コーチは、プレーヤーにディフェンスの重要性を精神的に受け入れさせるだけでなく、個人のファンダメンタルを正確に身につけさせなければならない。

　これから、個人のディフェンスに必要な精神的要素と身体的要素について説明するが、どちらが重要だということは問題ではない。効果的なディフェンスをするためにはその両方が必要なのである。もしプレーヤーにディフェンスで欠かすことができない精神的要素が備わっていなければ、十分な身体能力を発揮することはできないであろう。

精神的に必要な要素

●**強い意志と決意**　そもそもプレーヤーが優秀なディフェンシブ・プレーヤーになろうと強い意志を抱かなければ、そしてその意志を貫こうと決意しなければ、決して優秀なディフェンシブ・プレーヤーにはなれない。一般に、ディフェンスはオフェンスほど面白みがないといわれているが、プレーヤーはこの考えを覆すべく強い意志を持たなければならない。ディフェンス・スライド[*4]を含むディフェンス・ドリルは非常にハードなものであり、それをこなして良いディフェンスをしても必ず称賛を得られるわけではない。だからこそ、強い意志を持ち続けることが必要なのである。

●**注意深さ**　プレーヤーはコート上で起こるすべてのことに対してすぐに対応できるように常に準備していなければならない。コートにただいるのではなく、コート上で何が起ころうとしているのか常に察知しようとするのである。そのようなプレーヤーはコート上で立ちつくしていたり、油断などしたりしない。そして、常に先を読めるプレーヤーでなければならないということを心に留めておいてほしい。ディフェンス・プレーヤーはオフェンス・プレーヤーが動い

た後にそのプレーヤーを止めなければならないが、相手の次の動きを予測できれば、予め相手が有利になるような動きをさせないようにすることもできるのである。

●**冷静さ**　もし効果的にディフェンスをしたいのであれば、ディフェンス・プレーヤーは常に冷静でなければならない。一度取り乱し、慌ててしまうと、冷静なオフェンス・プレーヤーの餌食になってしまう。そうならないためにも慌てないことである。

●**積極性とイニシアチブ**　この２つは相互に非常に深く関わり合っているので、関連させて考えなければならない。プレーヤーに積極性が欠けていれば、イニシアチブをとることなどできないであろうし、もし、オフェンス側にイニシアチブをとられてしまえば、ディフェンスは困難な局面に陥ることになる。オフェンスがディフェンスに対してフェイクをするように、ディフェンスもオフェンスに対してフェイクをかけ、イニシアチブをとればよいのである。あるプレーヤーは意欲旺盛で生まれつき積極性を持ちあわせているかもしれないが、通常それらの気質はプレーヤーを励ますことによって育むものである。積極性に欠けるからといって嘲笑したり、皮肉を言ったり、人前で非難したりすることによって育もうとするのは間違いである。それでは単にうわべだけの闘争心が身につくことになり、一貫性がなく、正しい判断力を欠くことになる。

●**誇り**　心からディフェンスの技量に誇りを持っているプレーヤーはその誇りを維持し、コーチから信頼を得るために、普段からハードに練習を行っている。そのようなプレーヤーを公私にわたって称賛すべきであるし、良いディフェンスをしたときは、チームメイト同士で誉め合うようにさせるべきである。本当に良いディフェンスが完成するまでの道のりは長いが、少しでも向上が見られたときは誉めることを忘れてはならない。

●**集中力**　ディフェンスをしているときには気をそらしてはならない。わき目もふらず、完全に集中し続けること。休息をしてペースを落ち着かせることも必要であるが、それはオフェンスのときにすれば良いのであって、ディフェンスでは禁物である。

●**自信**　相手を支配しなければならない。自信がないと浮き足立ってしまい、相手を支配することなどできない。しかし、逆に自信過剰で自惚れていても自分の能力を存分に発揮できない。自分が努力しているのは、相手を恐れているからではなく、相手に敬意を払っているからであることを行動で示すべきである。これには勇気が必要であり、勇気がなければ、本当の自信を獲得することはできないのである。

●**判断**　適切な判断とは、自分自身の能力を知り、相手にどう対処するかを決定することである。ギャンブル*5するタイミング、ブラッフ*6するタイミングについて適切に判断できなければならない。このタイミングはマークマン（自分がマークするプレーヤー）、オフェンス・スタイル、ゲームの得点経過、フロア・ポジション、その他の条件に応じて変化するものである。

●**ハッスル**　ハッスルとは、身体的な要素というより精神的な要素と考えられる。いずれにせよ、ハッスルすることの重要性はどれだけ強調しても充分とは言えない。プレーヤーは決して諦めず、努力を続けなければならない。もうダメだと思っても、粘り強くプレーすることでゲームの流れが変わることがある。能力で劣っていることは仕方ないが、ハッスルの欠如に弁解の余地など全くない。ただし、良い結果に結びつけるためには、冷静な判断力をともなったハッスルでなければならない。

身体的に必要な要素

●**クィックネス**　クィックネスは、あらゆるアスリートが身につけるべき最も重要な身体的要素であると私は考える。もちろん、サイズ、特に身長は高いほうが良いが、身長が低くてもクィックネスを備えていれば、オフェンス、ディフェンスにかかわらず、長身であってもクィックネスに劣るプレーヤーには全くひけをとらない。

●**ボディ・バランス**　両足底に重心を均等にかけ、踵を床にわずかにつけ、肩幅よりも少し広く足を広げる。両足の垂直二等分線上に頭をおき、顎と胸の間に十分な空間をつくる。膝を曲げ、背中をまっすぐ伸ばし、腰を低く落とし、

▶ディフェンシブ・ボディ・バランス ［写真6-1］

すべての関節を柔らかくする。[写真6-1]

●**手と腕の使い方** ボールを保持していないプレーヤーをマークする場合、片方の手を相手に、もう片方の手をボールへ向ける。ボールを保持しているプレーヤーをマークする場合、片方の手をボールに伸ばさずにマークマンの目の前で振り、もう片方の手でゴール方向の気配を感じとるようにする。

●**目** ボールを保持しているプレーヤーをマークする場合は、マークマンの胸を見る。ボールを保持していないプレーヤーをマークする場合は、マークマンとボール、そしてその間のすべての状況を視野に入れる。ある部分をじっと見つめてはならない。あくまでも全体を見渡すこと。マークマンあるいはボールのどちらかから目を離さなければならない場合は、まずマークマンに集中する。それでもマークマンを見失ってしまった場合は、ゴールまで素早く戻る。そして、マークマンを見つけるまでインターセプトをねらう。

●**声** 良いディフェンスというのは、いつも声を出し、しゃべりながらディフェンスをしている。それはスクリーンをチームメイトへ知らせるため、ヘルプをするため、ノーマークのプレーヤーをピックアップするため、チームメイトや自分自身を鼓舞するため、相手を混乱させるため、あるいは心理学的理由のため、そして自分自身あるいはチームメイトへ注意を促すために必要なのである。

●**サイズとスピード** この2つについては他の要因と関連づけて述べることにする。ここでのサイズとは相対的なものであり、単に背の高さのことではなく、各個人のプレーの"高さ"のことを示している。実際のゲームでは"高く"プレーできるプレーヤーが求められるのである。

同じことがクィックネスとスピードとの関係についても言える。クィックネスがありハッスルしていれば、実際にはスピードが遅くても、プレーが速く見える。スピードがあっても、それをコントロールできないプレーヤーは、無意味なポジションにいることと同様にさほど効果的ではない。

フットワークとポジション

1. 自分のマークマンがボールを保持しているときは、ディフェンス・プレーヤーはマークマンとゴールの間に位置する。

2. 自分のマークマンがボールを保持していない状態で、次のような場合は、ディフェンス・プレーヤーは自分のマークマンとボールの間に位置する。
- ゴールの近くにいる場合
- ボール保持者がゴールから離れたところにいる場合

- ボール保持者がプレッシャーをかけられて自分のマークマンへパスすることができない場合
- ボール保持者が2パス以上の距離にいる場合
- 相手にプレス・ディフェンスをしかけている場合

3. 自分のマークマンがボールを保持していない状態であっても、マークマンがゴールにカットしてパスを受ける危険性がある場合は、ディフェンス・プレーヤーはマークマンとゴールの間に位置する。
4. 自分のマークマンにはシューティング・エリアでボールを持たせない。ゴールから離れてパスを受けさせるように仕向ける。
5. マークマンを追いかけているときは足をクロスさせないで、スライドを使用する。スライドとは，例えば右方向に進むときは、まず左足（進行方向に向かって後ろ足）を右方向に進め（15cm以内）、それから右足（進行方向に向かって前足）を右方向に進めるように足を動かすフットワークである。ただし、マークマンに抜かれて追いつこうとしている場合は、この限りではない。
6. 頭は両足を結んだ線の中心点の真上に位置させ、上下・前後にも動かさず、常に同じ位置で保つ。
7. 手を動かしてフェイクをかけ、ボクサーズ・スタンス*7をとって前足を出す。ただし、上体を前傾させてはならない。
8. マークマンのストロング・サイド*8、あるいはマークマンが攻めてきそうなサイドに足を出して動きを止める。
9. 自分のマークマンがボールからどのくらい離れ、またゴールからどのくらい離れているかによって、自分がそのマークマンを離す距離を判断する。
10. 一般的に次のような場合は、インサイドの足を前に、アウトサイドの足を後ろに引いて構える。
    - 自分のマークマンがボールを保持している場合
    - ボールを保持していない自分のマークマンが、ストロング・サイドのフォワード・ポジションにいる場合
    - ボールを保持していない自分のマークマンが、ストロング・サイドのガード・ポジションにいる場合
11. ショット、ドライブ、パスの3つともが可能なエリアでは、自分のマークマンにはパスを受けさせない。
12. 簡単に得点されないように最後まで決して諦めず、アウトサイドからのショットもできるだけ苦しくさせるように、ポジションを維持し続ける。
13. ボールが空中にあるとき、あるいはボールを保持しているマークマンがジ

ャンプしているとき以外は、決して足をフロアから離してはならない。

3 マークマンがボールを保持する前のディフェンス　DEFENSE BEFORE YOUR MAN HAS THE BALL

　自分のマークマンがボールを保持する前に、アグレッシブに、注意深く、よく考えてディフェンスすれば、より簡単にディフェンスの役割を果たすことができる。しかし、個人のディフェンスについて教える際にこのことを精神的に受け入れさせることが最も難しい。

　ディフェンス側は、オフェンス側が何をしようとしているのかがはっきりとは分からないので、その分、相手の先を読まなければならない。オフェンス・プレーヤーのボール・ハンドリングが向上してきたため、最初から有利なポジションでボールを持たせてしまうと、ショットを高い確率で決められてしまう。しかし、マークマンに簡単にボールを持たせ、そこで初めてディフェンスをしようとするプレーヤーがあまりにも多すぎる。完全にボールを持たせないようにすることは不可能であるが、ハードにそして集中してディフェンスすれば、危険なエリアでボールを持たせる回数は明らかに減らすことができる。

　1人のオフェンス・プレーヤーがボールを保持している時間は、チーム全体のオフェンス時間のおよそ20%である。その20%の間、マークマンをいかにディフェンスするかは極めて重要であるが、残りの80%、すなわちマークマンがボールを保持していないときのディフェンスも非常に重要である。その80%のときに努力すれば、自分のマークマンがボールを保持しているときのディフェンスがより容易になるからである。

重要な考え

　マークマンがボールを保持していないときに気をつけなければならない重要な考えを以下に述べる。

1. ショット、ドライブ、あるいはギブ・アンド・ゴー（もしくはパス・アンド・カット）をされると危険なゴール近辺のエリアでは、マークマンにボールを保持させないようにする。これら3つの危険性のどれかを取り除くことができれば、オフェンスの幅がかなり狭くなり、ディフェンスをしやすくなる。

2. ゴールへ向かうパスを受けさせてはならない。マークマンがゴールから離れるパスやサイドラインへ向かうパスを受けても、さほど危険ではない。

3. マークマンがボール・サイドにいる場合、パスを受けさせないようにマークマンの前にインサイド・ハンドを高く出す。状況を正しく判断してリバースに引っかからないようにする。それでもリバースされた場合、ゴールに向かっ

てインサイドへターンし、できる限り早くマークマンへ戻り、インターセプトをねらう。マークマンに合わせて急にストップしたりひき返したりすることは、精神的にもきついものであるが、相手は少なくともゴールへ向かったパスを受けることはできず、ゴールから離れたところでパスを受けることになる。

4. ボールを保持しているプレーヤーのポジションや状況が悪く、ゴール近辺に位置している自分のマークマンにボールが入りそうもないときは、必ずマークマンの前に出てポジションをとる。

5. いつでも周辺視野を広くもち、マークマンとボールの両方を視野の中に入れる。

6. 自分のマークマン以外のプレーヤーがボールを保持したときには、片方の手でボールを指差し、もう片方の手で自分のマークマンを指差す。

7. マークマンが好む動きの傾向をつかむために、マークマンを絶えず観察する。そうすれば、その動きを予測して止めることができる。さらにマークマンのスピードとクィックネスについて把握していれば、状況によってどの程度ギャンブルできるかを判断できる。

8. ショットが打たれた場合は、ゴールに向かうマークマンの最初の動きを止め、そこからリバウンドに入る。

9. 予測しながら動き続ける。決して突っ立ったままでいてははならない。

10. マークマンのボール保持にかかわらず、ディフェンスをしているときは精神的にも身体的にも決して気を抜いたり休んだりしてはならない。

11. スクリーンの回避、マークマンのピックアップ、パスのインターセプト、ルーズ・ボールの確保、ブロック・ショット、カットの防止、そして相手の得点機会の奪取のために、油断してはならない。

12. ディフェンスに誇りを持ち、相手から敬意を持たれるようなプレーをする。

4 いろいろな状況における個人のディフェンス

INDIVIDUAL DEFENSE FOR SPECIFIC SITUATION

個人ディフェンスの原理・原則

1. マークマンがボールを保持している場合、マークマンとゴールの間で、ゴールに背を向けてポジションをとる。また、マークマンがカットすれば簡単に得点できるようなエリアにいる場合も、マークマンとゴールとの間で、ゴールに背を向けてポジションをとる。マークマンがゴールの近くにいる場合、あるいはインターセプトできるチャンスがある場合、マークマンとボールとの間に

ポジションをとる。ディフェンスは、まず頭と足を使ってプレーすることを心がけ、楽をしようとしてはならない。
2. 得点可能なエリアでボールを容易に受けさせてはならない。最も良いディフェンスとは、ボールを保持される前にディフェンスすることである。
3. 可能な限りボールとマークマンを視野の中に入れる。視野の3分の2をマークマンへ、残りの3分の1をボールへ向ける。
4. 自分を抜いたマークマンを後方から追いかけて走るとき以外は、決して足をクロスさせないで、スライドを用いる。
5. ボールを保持したマークマンへ向かってむやみに突進しない。低い姿勢で注意深く間合いを詰め、リトリート*9や、どちらのサイドにもスライドできるよう準備しておく。
6. ボールの所有権を失ったら素早くバックコートへ戻る。その際、肩越しに視野を保ちながら、走って戻らなければならない。
7. マークマンを観察し、動きを予測する。ジャンプ・ショットの打てるエリアでボールを保持させないようにする。
8. 良いバランスを保ち、リラックスし、相手の動きに対し準備する。頭を上下に動かさず、前屈みにならない。
9. 声を出し、チームメイトへ注意を促し、チームメイトを鼓舞する。相手を混乱させる。
10. スクリーンに対して声を出し、スクリーンを警戒していないチームメイト、もしくは攻撃されやすいチームメイトへ注意を促す。
11. 片方の手をマークマンへ、もう片方の手をボールへ向け、ボールに対してオープン・スタンスをとる。
12. オフェンス・プレーヤーの思い通りにさせない。ディフェンスもオフェンスのようにフェイクすることができる。
13. マークマンのポジションがボールから遠ければ遠いほど、マークマンから離れる。
14. 積極的になり、相手より優位に立つ。
15. 突っ立ったままで足底をべったりと床につけ、じっと相手を見つめてはならない。
16. ドリブラーに対しては、相手に近いほうの手でボールを下からはたく。
17. ボールの所有権を失ったら、素早くディフェンスへ切り換える。
18. ショットが打たれた場合、マークマンの前に1歩踏み出してマークマンがリバウンドへ行こうとする進路を断ち、それから自分がリバウンドのエリアに

向かう。ディフェンス・リバウンドでは、ボールを叩きつけずにしっかりと摑み、リバウンドを獲ったらアウトレット・パスをねらう。

19. マークマンがボールを保持している場合、マークマンから腕一本分の距離をおいて位置する。シューターであれば、顔の前で手を振る。腰を低く落とし、バランス良く構える。

20. ボールが空中にあるとき、あるいはボールを保持しているマークマンがジャンプしているとき以外は、足をフロアから離してはならない。

21. ドリブラーに対しては、ゴールから遠ざけ、サイドラインやコーナー、あるいは他のディフェンス・プレーヤーが密集しているエリアへ向かわせるように仕向ける。

22. マークマンがパスをした場合、ゴールへ向かって2、3歩素早く移動する。腰を低く落とし、マークマンから目を離さずに、カットの進路を塞ぐ。

23. マークマンの長所と短所を見つけるために研究し、それに応じてディフェンスをする。

24. 相手のオフェンス・システムを理解し、それに応じてディフェンスをする。

25. チームメイトを助ける。短い距離のショットをさせてはならない。ハッスルすることである。

フォワード・ポジションでのディフェンス

●**自分のマークマンがボールを保持しているとき**　自分のマークマンがボールを保持しているフォワードの場合、ベースライン・ドライブをされないようにアウトサイドの足を広げ、相手の目とゴールの間にインサイドの手を出し、どんなドライブにも対応できるようにバランスを崩さずディフェンスをする。相手がアウトサイド・シューターなのか、ドライブを得意とするプレーヤーなのかを見極め、それに応じてプレーする。サイドラインに近い手を下げ、反対の手を上げてディフェンスをする。

　相手がボールを保持したときには、ドライブされないようバランスを崩さずに注意深く間合いを詰め、ショットを簡単に打たせないようにする。マークマンからボールをスティールしようとギャンブルしないで、常にマークマンの前でディフェンスをし、簡単に得点する機会を与えない。

　フォワードのベースライン・ドライブはゴールに対して直線的なドライブとなりやすい。そうなると、ヘルプをするチームメイト、特にファウル・トラブルを少なくしなければならないセンターのファウルを犯す可能性が増大されてしまう。そうならないために、ディフェンス・プレーヤーはサイドライン側の

足を大きく出してコートを横切るようにドライブさせれば、チームメイトがよりヘルプしやすくなり、そのドライブはゴールへ向かってより大きな弧を描くことになる。

●**近くのガードがボールを保持しているとき**　ディフェンス・プレーヤーはマークマンとボールの両方が見えるようにフォワードの動きに応じてディフェンスをする。パスを受けさせないように、ボールに対して片方の手をマークマンの前に出し、素早いリバース・ターンを防ぐために後方の足ともう片方の手をマークマンとゴールの間に出してマークマンにぴったりと近づいてディフェンスをする。それでもリバース・ターンをされた場合は、インサイドへターンし、ゴールまで素早く戻りインターセプトをねらう。

●**離れているガードがボールを保持しているとき**　ディフェンス・プレーヤーはフリースローラインとサークルの交差している部分までフロートし、フリースロー・サークル内へのパスを防ぎ、ボール・サイドの逆サイドでマークマンがオープンにならないようディフェンスする。

●**離れているフォワードがボールを保持しているとき**　ディフェンス・プレーヤーは、フリースローラインよりもゴールのほうへ離れてフロートし、マークマンとボールの両方を視野に入れる。

●**ポストマンがボールを保持しているとき**　ディフェンス・プレーヤーは、ゴールへフロートし、簡単なショットに結び付くいかなるカットも防ぐ。しかし、フロートしすぎるとポストマンからマークマンへパスが返された場合、マークマンのほうへ素早く戻れなくなってしまう。

●**マークマンからボールが離れ、マークマンから離れるとき**　マークマンとの距離は、ボールからマークマンまでの距離、およびゴールからマークマンまでの距離によって決まる。ディフェンス・プレーヤーはどんな場合でも、シューター、ドライバー、パサー、カッターと成り得るエリアでボールを保持させないようにする。

ガード・ポジションでのディフェンス

●**自分のマークマンがボールを保持しているとき**　マークマンがシューティング・エリアでボールを保持している場合、マークマンとゴールの間でストロング・サイド側に寄って腕一本分の距離を保ちディフェンスをする。バランスを保ちながら注意深く間合いを詰める。ドライブを防ぎ、セット・ショットを簡単に打たせない。ゲームにおいては、チームの各個人の能力だけではなく、相手チームの各個人の能力を考慮した上で、アウトサイドあるいはインサイドの

どちらにドライブさせるのかを決める。
●**もうひとりのガードがボールを保持しているとき** フリースロー・サークルまで下がってフロートし、片方の手をマークマンへ、もう片方の手を状況によってボールもしくはポストへ向ける。通常、片方の手をマークマンへ、もう片方の手をボールへ向けるが、もう片方の手をパサーのターゲットとなる方向（ここではポスト）へ向ける場合もある。
●**どちらかのフォワードがボールを保持しているとき** それぞれの手を適切な方向へ向け、ボールとマークマンの両方が見えるポジションまで下がる。
●**ポストマンがボールを保持しているとき** 片方の手をマークマンへ、もう片方の手をポストへ向ける。通常はアウトサイドの足と腕を後方へ引く。

ポストでのディフェンス

●**ポストマンがボールを保持していないとき** 原則的には、簡単にショットを打たれてしまうゴール近辺でポストマンへパスを入れさせないようにすることが目的である。パスを受けさせる場所がゴールから遠いところであればあるほど、より簡単にディフェンスをすることができる。各個人のプレー・スタイルはそれぞれ異なっているので、相手の長所と短所に応じてディフェンスをしなければならない。

- 一般にゴールから15〜20フィート（約4.5〜6.0m）離れたボール・サイドでは、パスされないようにボールに近い手を出し、ポストマンからわずかに下がってプレーすべきである。
- ゴールから10〜15フィート（約3.0〜4.5m）の距離では、ボールに近い手と足をマークマンとボールの間に、反対の足と手をマークマンとゴールの間に出しポストマンにぴったりと近づいてストロング・サイド側からディフェンスをするべきである。
- ゴールから10フィート（約3.0m）以内では、マークマンとボールの間、つまりマークマンの前へ出てディフェンスをするべきである。ボールを保持しているプレーヤーとマークマンのポジションによって正確にディフェンス・ポジションをとる。ボールがフォワード・ポジションにある場合とアウトサイドのガードがボールを保持している場合とでは、とるべきポジションが全く異なる。もちろん、これはディフェンス・プレーヤーがポストマンと同じサイズだと想定した上での守り方である。
- ポストマンの横もしくは前についているときは、いつでも頭を越えていくロブ・パスに対して、ウィーク・サイドからガードがフロートしてヘルプ

しなければならない。オフェンスがウィーク・サイドをクリアーした場合、ポストマンのマークマンはロブ・パスに対してとくに注意し、マークマンとゴールの間にポジションをとるべきである。

- ディフェンスはポストマンにゴール下へ徐々に押し込まれないようにしなければならない。
- ポストマンに対して自分がポジションを確保するためたえず動き、フリースローレーンの中へパスを入れさせないようにしなければならない。
- ポストマンにボールが入っても簡単にディフェンスできるのであれば、ときにはポストマンへのパスを許しても良いが、容易に得点に結びつくような状況であればポストマンへのパスを許してはならない。
- ポストマンがディフェンス・プレーヤーにフェイクするように、ディフェンス・プレーヤーがときにはポストマンにフェイクすることも必要である。
- ウィーク・サイドではディフェンス・プレーヤーはボール・サイドに対しオープン・スタンスをとり、どんなカットにも対応する。
- レイアップ・ショット（ゴール下ショットを含む）を防ぐ。ショットを打たれたときはゴールから相手を遠ざける。

●**ポストマンがボールを保持しているとき**　ディフェンスは腕一本分の距離をとり、素早くマークマンとゴールの間でわずかにストロング・サイド側へ寄ってディフェンスをする。ポストマンがゴールに正対した場合、片方の手を顔の前へ、もう片方の手をドライブに対して出し低く構える。[写真6-2]

ディフェンス・プレーヤーはどんなカットにも対応し、ショットを打たれた場合は、相手をゴールから遠ざけるようブロックしなければならない。

▶**ボールを保持したポストマンに対するディフェンス** [写真6-2]

［4］いろいろな状況における個人のディフェンス

パサー、カッターに対するディフェンス

　オフェンス・プレーヤーがパスをすると、そのプレーヤーはすぐにカッターとして危険なプレーヤーとなる。もしディフェンス・プレーヤーがリラックスし、ターンをしてパスされたボールの行方を追い、その場に突っ立ったままでいると、その途端オフェンスが有利になり、ゴールへカットするプレーヤーをディフェンスすることができなくなる。

　パスを右あるいは左にされた場合、ディフェンス・プレーヤーはボールへ向かって2、3歩後方に下がり、パサーから目を離してはならない。最初の1歩をボール・サイドへ素早く出し、ボールに対しオープン・スタンスをとるべきである。パスされたサイドの手をボールへ、もう片方の手をパサー（マークマン）の腰へ向けること。

　マークマンがパサーに成り得る場合、ドライブされるサイドへ手を出し、パスがなされるであろう方向へマークマンの前で片方の手を上げるべきである。すでにドリブルが終わっているのなら、マークマンにタイトにつき、前方への視野をなくさせ、ショットや前方へのパスを簡単にさせないようにする。

　パスされるまではより危険なパス・レーンを防ぎ、パスされた後はより危険なカット・レーンを防ぐべきである。たいていの状況では、素早いプッシュ・パスが最も危険なパスとなるため、レシーバーがキャッチするまでに少しでも時間のかかるロブ・パスやバウンス・パスをさせるようにする。パサーはどんなパスをした後でも、危険なプレーヤーとなり得る。

　パスした後にパサーがカット・アウェイ[*10]した場合、おそらくパサーはスクリーンをするか、チェンジ・オブ・ペースを用いて素早くカット・バック[*11]するか、スクリーンから離れてカットするかのいずれかを行う。パスされた後は気を抜かず、マークマンについていってはならない。ゴールの方向にフロートし、マークマンとボールマンの両方が見えるようにオープン・スタンスをとる。

　他のどんな状況でもそうであるが、パサー、カッターに対する的確な判断が要求される。正確なディフェンスをするため、確固とした判断を下すには、自分のマークマンがフロア・ポジションに応じてどのような能力を発揮するのかを知ることが必要である。

ドリブラーに対するディフェンス

　ドリブラーに対するディフェンスにおいて考えなければならない最も重要な

ことは、ゴールまで直線的にドリブルさせないことである。

　ディフェンス・プレーヤーは低く構え、ドリブラーに抜き去られて走って戻るときを除いて、足をクロスさせず、スライドでついていかなければならない。前屈みにならず、バランスを保持しなければならない。［写真6-3］［写真6-4］

　ドリブルに対してボールを上からはたくのではなく、ボールに近い手を下からボールへ向けてプレーすべきである。これはファウルを防ぐだけでなく、より良くバランスを保持するためでもある。こうすればドリブラーとのポジションを維持することができる。

　サイドライン、コーナー、あるいはスペースのないエリアへドライブさせてドリブラーを追い込む。ドリブラーにフェイクをかけ、スピードを落とさせる。間合いを詰めてディフェンスする場合には、細心の注意を払う。ボール・コントロールの上手なミスをしないドリブラーからボールをスティールしようとしてはならない。

　ドリブラーがドリブルを終えた場合、ショットの機会やオープンになったプ

▶ドリブラーのジャンプ・ストップ・アンド・ターンに対するディフェンス［写真6-3］

▶ドリブラーのストライド・ステップからのフェードアウェイ・ショットに対するディフェンス［写真6-4］

［4］いろいろな状況における個人のディフェンス

268

レーヤーを捜す機会を与えないように、素早く間合いを詰めてピボットを踏ませないようにする。前方への視野をなくさせ、アウトサイドへターンをさせる。

　ドリブラーのチェンジ・オブ・ペース、ジャンプ・ショットに対して気をつける。ジャンプ・ショットをブロックするために、手でボールを叩きつけるのでなく、ボールをショット・ラインからそらせるようにシューターの目とゴールの間で手を動かす。

　もし、ドリブラーに、例えば片手でしかドリブルできない、必ずどちらかの決まったサイドへ行こうとする、ドリブルからパスをしない、逆にドリブルから必ずパスにつなげる、プレッシャーに弱いなどの弱点がある場合には、必ずその癖をつくようなディフェンスをする。

シューターに対するディフェンス

　ショットを打たれると危険なエリアにマークマンがいるときは、ショットの確率を低くさせるようなディフェンスをすると同時に、それ以上高い確率のショットを打たれるポジションをとられないようにあらゆる努力をしなければならない。

　ドリブルがすでに終わり、もはやドライブの脅威がない場合、どんな種類のショットも打たせないように、ストロング・サイドから非常にタイトに近づいてディフェンスをする。まだ、ドライブの可能性が残っている場合は、マークマンのショット・レンジや特定の癖に応じてディフェンスをする。相手がアウトサイド・ショットの苦手なプレーヤーであったとしても、ゴールから25フィート（約7.5m）以内であれば、インサイド・プレーヤーへのパスを防ぐためにフロートするのでない限りは、完全にノーマークでショットをさせてはならない。

　マークマンがドライブする可能性もあり、そのマークマンがかなり正確にショットを決めることのできるエリアにいる場合、腕一本分の距離を保ってディフェンスをするべきである。ドライブしてくるであろう方向の足と手を後方へ、もう片方の手をシューターの目とゴールとの間に出して前方の足をわずかに前へ出す。シューターの集中力を少しでも乱すため、シューターに声を発するのも良い方法だと思う[*12]。いつでもシューターには手を上げる。さらに視野をなくすために、手を上げるだけでなく振るべきである。

　ボールが空中にあるとき、あるいはボールを保持しているマークマンがジャンプしているとき以外は、決して足をフロアから離してはならない。本当に素晴らしいディフェンス・プレーヤーというのは、決してオフェンスが意図する

▶サイドからのスクリーンに対するディフェンス ［写真6-5］

[4] いろいろな状況における個人のディフェンス

ポジションでボールを持たせず、そのためショットをされることもあまりないので、派手なブロック・ショットをする機会もその必要もない。そのようなブロック・ショットが起こるのは、ノーマークのプレーヤーをピックアップするためにシフト*13を行うとき、もしくはディフェンスでミスを犯した後、マークマンがノーマークになり、ギャンブルをしなければならないときなどである。

ドライブ・ショット、ジャンプ・ショット、フック・ショット、セット・ショットに対して叩きつけるようなブロックをしてはならない。ショットをそらせようとしたりシューターの視野を遮ろうとするために、マークマンの腕とボールの下で手を縦横に動かす。こうすれば無謀な身体接触が無くなり、パーソナル・ファウルが減少する。さらに、ショットを打たれた後に良いポジションを確保することができるので、良いディフェンスにつながる。

ドライブ・ショットをブロックするときは、シューターに近いほうの手を用いて身体接触を避けるようにする。

スクリーンに対するディフェンス

どんなタイプのスクリーンであってもスクリーンに対するディフェンスの責任は、スクリナーをマークするプレーヤーにある。もちろん、自分のマークマンがスクリーンによってすぐ得点できるポジションにいるディフェンス・プレーヤーは、常にスクリーンにかからないかどうか警戒していなければならない。

スクリナーをマークするプレーヤーは、いつでもスクリーンをかけられるチームメイトへはっきりと声を出して知らせる。スクリーンに対して不利なポジションにいるプレーヤーは、スクリナーが来る方向へ片手を出し、いつでもスクリナーに注意していなくてはならない。

マークマンがボールから離れていく場合、ディフェンス・プレーヤーは素早

いカット・バックに注意しながら、マークマンが動いていく方向にいるどのチームメイトにもスクリーンへの警戒を促す。私の考えでは、ボールから離れていくプレーヤーによってスクリーンに引っかかった場合は、スクリーンにかかったプレーヤーの責任であるとしている。ボールから離れているプレーヤーをマークするディフェンス・プレーヤーは、ボールに向かってフロートし、オープン・スタンスをとっているため、スクリナーが来るのが分かるはずである。このポジションならスクリーンを避けることが可能であり、少なくとも比較的簡単にスイッチすることができるのである。

　スクリナーが横から接近してきたときは、スクリナーに対してオープン・スタンスをとり、マークマンの反対サイドへ1歩動くべきである。［写真6-6］スクリナーとそのディフェンス・プレーヤーがいるストロング・サイド・エリアをよけることによって、危険なカットを防ぐことができる。このようにして、オープン・スタンスをとり、スクリナーをよけることによって、スクリーンをはずすことができる。もしマークマンについていけない場合でも、スクリナーがロールしてノーマークにならないポジションを確保して簡単にスイッチすることができる。ステップ・アウェイ[*14]することによっても、マークマンはスイッチからのプレーができなくなり、逆サイドへの素早いカットができなくなる。

　スクリナーが後方あるいは背後から接近してきた場合、スクリナーをマークしているチームメイトはスクリーンの接近を警告し、スクリーンをかけられるプレーヤーは、すぐにスクリナーに対しオープン・スタンスをとる。この場合ディフェンス・プレーヤーの体の向きがスクリナーの体の向きに対して直角であればスクリーンをかけることは難しい。だから後方からのどんなスクリーンに対してもそのようなポジションをとり、スペースのないエリアへドライブさせるべきである。

　スクリーンを利用してカットするプレーヤーへパスを出すプレーヤーを確実にディフェンスすることも非常に重要なことである。たとえスクリナーがワイド・オープンになっていても、ボールを保持していない限りは決して得点されることはない。直線的なパスでなく、できる限り少しでも時間のかかるロブ・パスやバウンス・パスをさせるべきである。逆サイドでフロートしているディフェンス・プレーヤーがロブ・パスのインターセプトをねらう。

［4］いろいろな状況における個人のディフェンス

272

シフトあるいはスイッチ

われわれのディフェンスの原則はマンツーマンであるので、必要なときだけしかスイッチは用いない。それでもスイッチを用いたとき、安全にスイッチバック[15]できるのなら、すぐもとのマークマンにスイッチバックする。シフトが必要であると判断したプレーヤーが最初に大きな声ではっきりと叫び、シフトを行う2人が声をかけ合う。シフトの声をかけられたプレーヤーは、自分ではスイッチが必要だと判断したかどうかにかかわらずスイッチを行う。

単に手間を省き、簡単な方法でスクリーンをかわすためにシフトを用いてはならない。ディフェンスを向上させ、得点される機会を防ぐために必要なときにだけシフトを用いる。

ファストブレイクでノーマークになっているプレーヤーをピックアップするときにもスイッチを用いる。スイッチをするときは声を出し、チームメイトへ自分のマークマンをピックアップしてもらうことを知らせなければならない。オフェンス側が一度セットアップしたら、スクリーンをかけられたとき以外はスイッチするべきではない。しかし、スイッチの必要性があるときは、躊躇せずスイッチをする。

シザーリング[16]（スライド・スルー）

これは、ボールを保持しているマークマンの後方や外側をオフェンス・プレーヤーがクロスするときに通常用いるディフェンスである。この場合、ボール保持者のディフェンス・プレーヤーはステップバックし、自分とマークマンの間をチームメイトが通るようにさせる。間を通っていくときショットを打たれないように、チームメイトはボール保持者に近いほうの手を出す。ボールマンをマークしているディフェンス・プレーヤーは、チームメイトが通過したらすぐボールマンに腕一本分の距離まで近づく。

5 ディフェンスのコンビネーション　DEFENSING SPECIFIC COMBINATIONS

ガードとガード

基本的には、前述した「ガード・ポジションでのディフェンス」において説明したようにディフェンスする。ポストへパスが入ったら、2人のディフェンス・プレーヤーはインサイドに寄って、ポストまで下がる。そこでオフェンス

側のガードがクロスした場合、通常その場でシフトをする。このとき、ディフェンス側のガードの2人が手を触れることができる距離に近づいてからシフトする。また、どちらかのオフェンス・プレーヤーに2人の間をカットされないようにしなければならない。オフェンス・プレーヤーのどちらかがクロスをするフェイクをし、カットバックすることがあるので、あまり早くシフトを行わず、それに対応できる準備をしておく。シフトを予測しながらも、本当に必要なときが来るまではそのままの状態で、コールもしない。[写真6-6]

　1人のガードがフォワードへパスをしてからカットアウェイした場合、そのガードをマークしているプレーヤーは、もう1人のガードをマークしているプレーヤーへスクリーンの警告をし、スイッチの準備をしなければならない。さらに、フォワードがキー・エリアに向かってドライブしたとき、カットアウェイをしたガードをマークしているプレーヤーは、そのガードがドライブしているフォワードの外側でハンドオフ・パスを受けるプレーにも注意しなければならない。[写真6-7]

ガードとフォワード

　ウィーク・サイドで適切にフロートをすれば、スイッチを問題なく行うことはできるが、ストロング・サイドではその適応力が要求される。ガードがフォワードへパスをし、フォワードの外側をカットした場合、前述したシザーリングを用いるか、あるいはガードのディフェンス・プレーヤーがフォワードのディフェンス・プレーヤーの後ろを通る。ガードへハンドオフ・パスが行われた場合は、シザーリングが有効である。

　ガードがフォワードへパスをし、フォワードのディフェンスのインサイドへスクリーンをセットした場合、ガードのディフェンス・プレーヤーはフォワー

▶ポストマンにボールが入ったときの2人のディフェンス・プレーヤーの協力（ガードとガード）[写真6-6]

ドのディフェンス・プレーヤーに警告の声をかけるべきである。前述したようにチームメイトはスクリナーに対しオープン・スタンスをとり、必要ならばスイッチの準備もすべきである。スクリナーのカットアウェイも予測し、それを防ぐようにする。

　フォワードがガードの背後にスクリーンをセットしてロールした場合、前述したようにフォワードをマークしているプレーヤーはガードをマークしているプレーヤーへスクリーンの警告をし、オープン・スタンスをとらせるようにする。この状況では、ウィーク・サイドのディフェンス・プレーヤーもヘルプの準備をしていなければならない。

　ガードあるいはフォワードがポストにパスを入れた状況では、スプリット・ザ・ポスト*17あるいはクロッシング・オフ・ザ・ポスト*18が起こりうる。この状況では、通常ポストへパスをしたプレーヤーが最初にスクリーンを利用するプレーヤーとなるので、そのカットを防ぐことによって危険を回避することができる。このような状況では全くスイッチは必要としない。

6　アウトナンバー時のディフェンス　DEFENDING WHEN OUTNUMBERED

　オフェンス側がスコアリング・エリアでアウトナンバーになっているときのディフェンス側の目的は、ディフェンス側がオフェンス側と同人数になるまで、オフェンス側に簡単なショットや高い確率のショットを打たせないことである。

　ディフェンス側がアウトナンバーされ、オフェンス側に十分な時間があれば、オフェンス側は高い確率のショットを打つことが可能になる。それでも、ディフェンス側はヘルプが来るまで、セットアップ・ショットを防ぐために、ゴールの近くでセミ・ゾーン*19をしてオフェンス側の攻撃を遅らせなければなら

▶フォワードにパスを入れたガードに対するディフェンス [写真6-7]

ない。あるいは、フェイクやブラッフをかけることによってオフェンス側を慌てさせることもできる。相手に慌ててショットを打たせることができれば、オフェンスの効果を減じたことになる。

2対1、3対2の状況は、オフェンス側により多くのスペースがあるのでディフェンス側の対処が難しい。相手にボールの所有権が渡ったとき、いずれのディフェンス・プレーヤーも急いでディフェンスに戻るべきである。そうすればオフェンス側の数的に有利な状況は2～3秒以上続かないはずである。ディフェンス・プレーヤーがバックコートへ戻らず、その状況が長く続いているのなら、すぐにそのプレーヤーをベンチへ下げるべきである。

2対1

ディフェンス・プレーヤーは2人のオフェンス・プレーヤーが見えるようにオープン・スタンスをとり、ボールマンがフリースローラインに到達するまでにボールマンの進行を止めるべきである。そのためには、フェイクをしたり、ブラッフするのも良いが、あまりにもボールを保持しているプレーヤーに固執すると、ゴール下に簡単にパスを出させてしまうので、そうならないよう充分に注意する。ボールを保持していないプレーヤーが最も危険なプレーヤーなので、ディフェンス・プレーヤーは1人でそのプレーヤーもカバーしなければならない。もちろん、ボールを保持しているプレーヤーが、高いドリブルをしていたり、体から離れた位置でドリブルしていたら、ディフェンス・プレーヤーは素早くスティールをねらう。

ディフェンス・プレーヤーは、ボールマンでなく、もう1人のオフェンスがいるサイドへ腕と足を出す。ボールマンを止めたら素早く下がり、もう1人のプレーヤーのカットを防ぐべきである。

フリースローラインよりも遠い距離からクィック・ショットを打たせることができれば、ショットの成功にかかわらずそれは良いディフェンスであり、称賛に値するものである。

この状況では、簡単なゴールを防ぐのが原則的な目的だということを忘れないことだ。

3対2

3対2の状況では、私は2人のディフェンス・プレーヤーが縦に並ぶタンデム・ディフェンスを好んで用いる。タンデム・ディフェンスとは、1人がちょうどフリースローラインの前に、もう1人がちょうどゴール前に位置するディ

フェンスの体型のことである。可能であれば、2人のうち、より素早くより敏捷性のあるプレーヤーを前方（フロント）に、より背の高いプレーヤーを後方（バック）に位置させたい。

　フロントのプレーヤーは、フリースロー・サークルのトップでボールマンを止め、ストロング・サイドへわずかにオーバープレー[20]する。バランスを崩さず、フェイクをし、声を出してディフェンスをする。ボールマンがどちらかのサイドへパスをした場合、フロントのプレーヤーはパスされた方向へオープン・スタンスをとり、逆サイドからのカットに対して素早く対応すると同時に、ミドルマンへのリターン・パスにも注意する。このようにフロントのプレーヤーはパスを一度させ、ボールを保持していない残りの2人のオフェンス・プレーヤーに責任をもつ。

　バックのプレーヤーは、ゴール前からおよそ3フィート（約90cm）の場所に位置し、フェイクをかけオフェンス側が主導権を握らないようにしなければならない。バックのプレーヤーの役割は、ミドルマンからパスを受けるカッターを止めることであり、簡単なショットをさせないようにすることである。

　ディフェンス側は簡単なショットやセットアップ・ショットを防がなければならない。オフェンス側に余分なパスを少しでもさせることができれば、それで成功である。その間にチームメイトが戻って来さえすれば、もはやその時点でアウトナンバーではなくなっているのである。

第7章
チーム・ディフェンス

1 一般的見解　GENERAL THOUGHT

　良いチーム・オフェンスには、個人のファンダメンタルについての知識やそのファンダメンタルを適切に発揮する能力が必要である。良いチーム・ディフェンスにもそのような個人のファンダメンタルが必要である。良いチーム・ディフェンスは、ディフェンシブ・ファンダメンタルをしっかりと身につけた個人が、チームとしてスムーズに機能することによってはじめて完成するものである。チームのディフェンス力は、それをプレーする個人のディフェンス力によって決まってくるものであり、どのようなディフェンスを用いる場合であれ、一つのユニットとしてコミュニケーションをとりながら力を合わせていかなければならないのである。

　ディフェンスには様ざまな種類があるけれども、原則的には3種類であり、今まで私が対戦したどのチームも3種類の中の1種類、あるいはその中の2種類を組み合わせたり、もしくはその3種類すべてのいずれかを用いていた。その3種類のディフェンスは、マンツーマン・ディフェンス、ゾーン・ディフェンス、プレス・ディフェンスとして知られているものである。それぞれのディフェンスにおける基本原則を簡潔に述べる。

- マンツーマンでは、それぞれのプレーヤーが決められた自分の相手をマークし、そのマークマンの得点を防ぐことが基本原則である。
- ゾーンでは、それぞれのプレーヤーが特定のエリアをカバーし、自分の守るべきエリアからの得点を防ぐことが基本原則である。一般的にマンツーマン・ディフェンスとゾーン・ディフェンスでは、相手にボールの所有権が移ったらプレーヤーはバックコートへ素早く戻り、相手チームが得点したいと考えているところでディフェンスをする。
- プレス・ディフェンスはマンツーマンでもゾーンでも可能であるが、プレス・ディフェンスの根底にある基本的な考え方は、相手にたえずプレッシャーをかけることである。これはフル・コート、スリー・クォーター、ハーフ・コートのいずれでも応用可能である。

　私は決してゾーン・ディフェンスを用いることはないので、ここではゾーンについては一般的に認められている長所と短所を指摘するだけにとどめ、私自身が用いているディフェンスを重点的に述べることにする。

2 3つの主要なディフェンス　　THE THREE PRINCIPAL DEFENSES

マンツーマン・ディフェンス

マンツーマン・ディフェンスの長所

1. それぞれのプレーヤーは、身体的、精神的に最適な相手をマークすることができる。
2. 一人ひとりのディフェンスの責任を明確にすることができる。
3. それぞれのプレーヤーが相手の長所と短所を知る良い機会を持つことができる。そうすれば、より良く相手と戦うことができる。
4. 個々の相手に対して精神的に準備がしやすい。このような準備によって、ゲームに臨む心構えを作る必要のあるプレーヤーもいるのである。
5. 得点に関係なく、ゲームを通して続けることのできるディフェンスである。
6. すべてのディフェンシブ・ファンダメンタルの必要性をプレーヤーに説明することができる。
7. あまり得点することのない相手をマークしているディフェンス・プレーヤーが、相手のスター・プレーヤーをマークしているプレーヤーのヘルプをすることが可能である。
8. タイムアウトおよびハーフタイムの間に、素早く問題点を修正することができる。
9. プレス・ディフェンスに次いで最良のコンディションが要求されるが、激しく攻めてくるタイプのオフェンスにうまく対応することができる。
10. ゲームを観る者がディフェンス・プレーに多くの称賛を与えたくなるようなディフェンスである。

マンツーマン・ディフェンスの短所

1. ほどほどのプレーヤーにとっては優れたコンディションが要求される。
2. より多くのパーソナル・ファウルを犯す可能性がある。
3. ディフェンス側のスター・プレーヤーがマークしているオフェンス・プレーヤーに攻め続けられると、そのスター・プレーヤーがファウル・アウト（退場）させられる可能性がある。
4. 強いスクリーンやブロックを用いるオフェンスに弱い。
5. チーム・リバウンドに関してゾーンよりもバランスをとることが難しい。
6. ゾーンに比べファストブレイクを出すことが難しい。

7. 各プレーヤーが自分のマークマンに非常に専念しているため、プレーヤーによってはチーム・ディフェンスの意識が薄くなり、チーム・ディフェンスを維持することが難しくなる場合がある。
8. スイッチやシザーリングについて、かなりの練習を行う必要がある。
9. ディフェンスの弱いプレーヤーが分かってしまう。
10. いずれのオフェンス・エリアでもマークマンをディフェンスする能力が必要である。

ゾーン・ディフェンス

ゾーン・ディフェンスの長所

1. パーソナル・ファウルを減らすことができる。そうすれば相手のフリースロー試投数を減らすだけでなく、重要なプレーヤーのファウル・アウト（退場）の可能性も減らすことができる。
2. 個々人は、限定されたエリアにのみ、必要なわずかなファンダメンタルに集中することができる。例えば、ある特定のサイドでは非常に効果的にディフェンスをすることができるプレーヤーもいる。
3. スクリーン、ブロック、ウィーブに対して強いディフェンスである。
4. 能力に応じた素晴らしいリバウンド・ポジションやパターン化されたファストブレイクのためのポジションをとることができる。
5. インターセプトの能力を向上させることができる。
6. 自チームの特定のプレーヤーによって強固なダブルチームをすることができる。
7. アウトサイド・ショットの苦手なチームに対してはゴール近辺をカバーし、アウトサイド・ショットの得意なチームに対してはアウトサイドへ広がってディフェンスすることができる。
8. エネルギーを温存することができる。
9. チームの調和を向上させることができる。
10. プレスやマンツーマンに貢献できない、背が高くて動きの遅いプレーヤーでも、ゾーンならかなり役割を果たすことができる。
11. 多くのオフェンス・プレーヤーはゾーンによって慌て、急ぎはじめ、無理なプレーをし始めてしまう。それゆえ、ゾーンは心理的な武器となる。
12. ゴール近辺でのリバウンドに強いプレーヤーやチームに対して、より効果的である。

ゾーン・ディフェンスの短所

1. アウトサイド・シューターやアングル・シューター[*1]に対して弱い。
2. バックコートへ戻ってゾーンをセットする前に、ファストブレイクで攻め込まれると弱い。
3. 個々人の責任を明確にすることが難しい。
4. オーバー・ロード[*2]によって攻められるとトラブルを引き起こす。
5. スター・プレーヤーへのダブルチームがうまくできない。
6. 個人のファンダメンタルを無駄にしてしまう。
7. ゾーンばかり用いていると、相手にリードされてどうしてもマンツーマンをしなければならないとき、マンツーマンのファンダメンタルを十分に発揮することができない。
8. オフェンスにゾーンを広げられると、強固な部分がなくなり、少々マンツーマン的なプレーをしなければならなくなる。
9. 良いチームに対してすべてのエリアを適切にカバーすることは不可能である。
10. チャンピオンシップを勝ち取ったチームで、ゾーンを主に用いていたチームは少ない。

プレス・ディフェンス

プレス・ディフェンスの長所

1. ボール・コントロールを用いるチームに対して、ゲームのテンポをコントロールさせないようにすることができる。
2. コンディションの質を高めることができる。
3. スロー・テンポなチームに対して非常に効果的である。
4. ボール・ハンドリングの悪いガードに対して非常に効果的である。
5. 経験の乏しいチームに多くのミスを誘発させることができる。
6. 組織されたプレスはゲームの終盤で負けているときに有効となる。
7. プレスの対策として相手に多くの時間をかけさせることができる。
8. たとえ良いチームであっても、プレスをかけられた相手はほとんどの場合戦意をそがれる。そして、相手のプレーヤー同士がお互い非難し合い、調和を乱すことになる。
9. セット・プレーに頼っているチームに対し、本来のポジションとは違ったところでセットさせることになる。プレーを全くセットできなくなることもある。
10. チームがアグレッシブになり、積極的なアプローチに役立つ。

プレス・ディフェンスの短所

1. ギャンブルを伴ったディフェンスである。
2. 非常に卓越したコンディション、クィックネス、アグレッシブさが要求される。
3. 適切にプレーしないと、多くのパーソナル・ファウルを犯してしまう。
4. 審判が正しく判定を下すのが難しくなる。また、相手チームのホームコートではそれほど効果を発揮できない。
5. ディフェンスがコート全体に分散してしまうため、攻撃されやすいエリアを作ってしまう。
6. 少しでも弱い部分があると簡単にゴールされるため、フロアにいるすべてのプレーヤーに役割を果たすことが要求される。
7. プレスのすべての基本的な約束事を覚えることは非常に難しい。そのため、正確に約束事を学ぶことに時間がかかってしまい、プレーヤーのやる気がなくなってしまう恐れがある。
8. プレスを用いてトーナメントで成功を収めるためには、非常に優れたベンチ・プレーヤー（控え選手）が必要となる。プレーヤーが疲労してしまうためである。
9. プレスを学ぶためのドリルは厳しく、個人的なファンダメンタルを身につけるための日常的な訓練も欠かすことはできないため、練習がハードになる。

3 マンツーマン・ディフェンスのスタイル　STYLES OF MAN-TO-MAN DEFENSE

タイト・マンツーマン*3

　このディフェンスにおける各プレーヤーが担うプレッシャーや責任は重いものになる。それぞれのプレーヤーは、ボールを保持しているマークマンに対してタイトにマークするため、適切にプレーすれば相手がディフェンスにスクリーンやブロックをすることは困難になる。すべてのプレーヤーは得点可能なエリアにいるマークマンを混乱させ、簡単に得点されるような危険なエリアでボールを持たせないようにする。絶対に必要なときだけしかスイッチをしてはならない。それでもスイッチをしなければならない状況が起きた場合は、自分が何かの誤りを犯したのだと自覚するよう教えなければならない。

　このディフェンスは、激しく足や体を使って相手を止める、非常にタフでアグレッシブなディフェンスで、多くのパーソナル・ファウルを伴う。適切にプ

レーすれば非常に効果的であり、多くのオフェンス・プレーヤーを圧倒するディフェンスとなる。

もちろん、このディフェンスを行うためには素晴らしいフットワーク、予測、注意力、その他のディフェンシブ・ファンダメンタルへの強い執着心が要求される。このタイプのディフェンスを用いるチームには、ディフェンスに対してかなりのプライドが備わっているはずである。私の知る限り、このディフェンスを用いて最も成功したチームは、ファストブレイクではなくボール・コントロール・オフェンスを用いるチームであった。

スイッチング・マンツーマン*4

このディフェンスには、すべての優れたマンツーマンの原則およびファンダメンタルが要求される。

スイッチをしたときは、しばらくゾーンの原則に従うことになる。しかし、ゴールから離れている場所で異なった身長のオフェンス・プレーヤーが交差するときは、1人のディフェンス・プレーヤーはチームメイトがシザー・スルー*5をするためにステップ・バックし、チームメイトはその間を通って自分のマークマンをマークする。こうしてスイッチによる身長のミスマッチを防ぐ。

ストレート・スイッチング・マンツーマン・ディフェンス*6は簡単にプレーすることが可能であるが、このディフェンスは個人的な責任が不明確で、ミスマッチを許すことになる。しかし、このディフェンスを用いれば、素早いダブルチームやボールへの素早い寄りが可能になり、ウィービング・オフェンスを用いるチームにはより効果的である。また、このディフェンスでは、より良いリバウンド・ポジションやパターン化されたファストブレイクのための適切なポジションにプレーヤーを配置することができる。ゾーンの原則に従ってはいるが、これはやはりマンツーマンである。スイッチというコールがあるまでは、決められたマークマンをしっかりとマークしなければならない。

ちょうど良いときに効果的で適切なスイッチをするために、コミュニケーションをしっかりととる必要がある。

スイッチング・マンツーマンに関する重要な点

1. スイッチはためらうことなく素早く行う。横方向にスイッチを行うと、スイッチしたマークマンとの間にスペースができてしまうので、できる限り前方向にスイッチを行うようにする。

2. スイッチング・ディフェンスではコミュニケーションをとる必要がある。ただし、これはどんなディフェンスにも必要なことである。

3. スイッチした後、安全に元のマークマンに戻ることが可能ならば、素早く元のマークマンにスイッチ・バックする。

4. 後方からのスクリーンに対してスイッチが必要なときは、後方にいるプレーヤーがスイッチをコールする。

5. スイッチをコールされたとき、たとえそのコールの声が小さくても、スイッチをしなければならない。しかし、そのコールが間違っていると判断された場合は、すぐにスイッチ・バックのコールをして元に戻る。

6. スイッチを完全に行うため、ウィーク・サイドのディフェンスやボールから離れたプレーヤーをマークするディフェンスは、オフェンス・プレーヤーから十分にフロートする。

7. 背の低いプレーヤーが背の高いポスト・プレーヤーをマークする場合、味方にヘルプしてもらうためにコールしなければならない。オフェンスがミスマッチを利用する前に、ウィーク・サイドのチームメイトと効果的にスイッチをする。ウィーク・サイドのプレーヤーはこの状況では必ずヘルプの用意をしておく。

8. ウィーク・サイドからのヘルプに依存する習慣を避けるため、スクリーンを多用したストロング・サイドでの2対2、3対3のドリルを行う必要がある。

4 ゾーン・ディフェンスのスタイル　STYLES OF ZONE DEFENSE

ゾーン・ディフェンスにおける一般的な利点と欠点については前述しているため、ここでは4つの共通したゾーン・ディフェンスに関する認識を多少なりとも図示し、説明する。

ゾーンにおけるプレーヤーの配置は単にディフェンスの始まりの体型にすぎない。プレーヤーはいつでも必要なときはボールに寄らなければならず、その結果、他のプレーヤーがカバーすべきエリアに著しくオーバーラップすることもあるであろう。たいていのゾーンはゴールを中心に伸縮するものである。このような柔軟性をもってカバーすることが様々なゾーンの攻撃方法を封じ込めるのに非常に重要なのである。

コーチにはいつも心に留めておかなければならないことがある、と私はここで繰り返し述べたい。それは、個々人の能力が相手とほぼ同等なときは攻めることのできないディフェンスなどなく、同様に守りきることのできないオフェンスもないということである。それゆえ、柔軟性に優れ、オフェンスの変化に対応できるディフェンスを持つということは絶対に必要なことである。

2-1-2ゾーン

このゾーンはおそらく他のどのゾーンよりも多く用いられている。このゾーンは、ある特定のエリアを集中してカバーするのではなく、すべてのスコアリング・エリアをカバーできることに特徴がある［図7-1］。

2-1-2ゾーンの長所
1. フロア全体をカバーすることができる。
2. 非常に重要なフリースローライン周辺を適切にカバーすることができる。
3. リバウンド・エリアをしっかりカバーすることができる。
4. ファストブレイクのための良いポジションを得ることができる。
5. インサイドに頼っているチームに対してしっかりとカバーすることができる。

2-1-2ゾーンの短所
1. アウトサイド、およびコーナーでのショットに優れたチームを守ることが困難である。
2. トップ・オブ・ザ・キー*7での確率の高いショットを許してしまうことがある。
3. ベースライン・ショットやベースライン沿いのうまいカットやドライブによって攻撃されやすい。
4. 中距離からのジャンプ・ショットを許してしまうことがある。

1-3-1ゾーン

このゾーンは素晴らしいコーチやチームにおいて非常に効果的に用いられている。［図7-2］

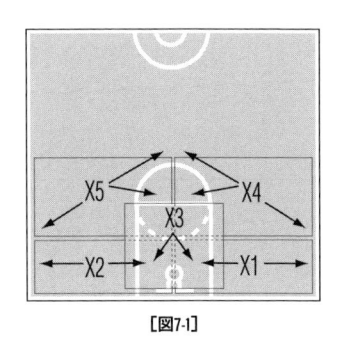

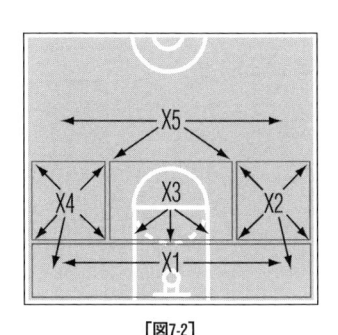

［図7-1］　　　　　　　　　　［図7-2］

1-3-1ゾーンの長所

1. フリースローライン周辺では非常に強く、どんなポスト・オフェンスも防ぐことができる。
2. セット・オフェンスに対して確実にカバーすることができる。
3. 3人で行われるノーマルなオーバーロードを無効にすることができる。
4. 通常のゾーン・アタックでは容易に攻めることができないので、相手チームはそのオフェンスを調整し、練習しなければならなくなる。
5. たいていのジャンプ・ショット・エリアを確実にカバーすることができる。

1-3-1ゾーンの短所

1. コーナーからのショットによって攻撃されやすい。
2. リバウンド・エリアをカバーすることができない。
3. ファストブレイクを完全に遂行することができない。
4. 適切にセット・アップされたとき、ベースライン沿いのジャンプ・ショットによって攻撃されやすい。
5. ウィングのプレーヤーの負担が大きくなり、そのポジションのプレーヤーが疲労してしまう。

3-2ゾーン

このゾーンはゾーン・ディフェンスの中で最も古いタイプの一つである。
[図7-3]

3-2ゾーンの長所

1. アウトサイド・ショットの優れたチームに対して非常に強い。
2. 経験が乏しく、ボール・ハンドリングの未熟なガードに対して非常に強い。
3. ゴール近辺のポジションには、スピードはないが背の高い2人を、3つの

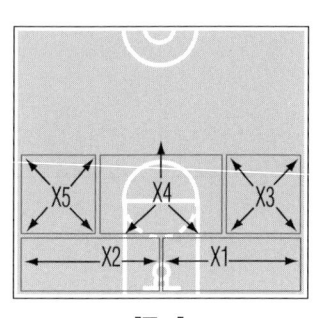

[図7-3]

アウトサイド・ポジションには素早いプレーヤーを配置することができる。
4. パターン化されたファストブレイクを完全に遂行することができる。
5. ゾーンのフロント・ラインの外側（ここではX3、X5のプレーヤー）からのドライブを防ぐことができる。

3-2ゾーンの短所

1. フロント・ラインの3人がペネトレートされてしまうと非常に弱い。
2. コーナーをカバーすることができない。
3. リバウンド・ポジションをカバーすることができない。
4. パスや素早いジャンプ・ショットによってフリースローライン周辺が攻撃されやすい。
5. ベースラインでのショットや動きによって攻撃されやすい。
6. 非常に危険となるゴール近辺でオーバーロードされやすい。

2-3ゾーン

このゾーンはバスケットボール史上において用いられてきたゾーンの中で最初の効果的なゾーンであると一般に考えられている。このゾーンから単に後方3人のうちの中央のプレーヤーが前に移動し、残りのウィングの2人が間を縮めることによって2-1-2ゾーンが出現したのである。[図7-4]

2-3ゾーンの長所

1. 簡単なセットアップ・ショットに対して非常に強い。
2. リバウンド・エリアをカバーすることができる。
3. コーナーやベースラインでの動きに対して確実にカバーすることができる。
4. パターン化されたファストブレイクを遂行することができる。
5. ディープ・ポストに位置するプレーヤーに対して非常に強い。

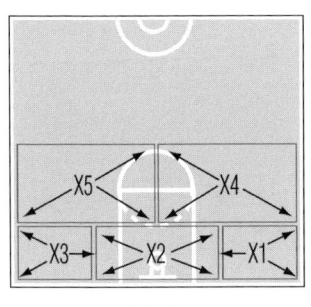

［図7-4］

2-3ゾーンの短所

1. フリースローラインやハイ・ポストのエリアでは非常に弱い。
2. ジャンプ・ショットの優れたチームに対して非常に弱い。
3. フロント・ラインの2人がカバーすべきエリアでオーバーロードされやすい。
4. ディフェンスのフロント・ラインとバック・ラインの間のギャップが弱い。

その他のゾーン・ディフェンス

●**1-2-2ゾーン** これは4人がボックスを形成し、その前にチェイサー[*8]を1人配置させたゾーンである。

●**2-2-1ゾーン** これはセットアップ・ショットを防ぐために1人がゴール下に位置し、その前で4人がボックスを形成するゾーンである。

●**ボックス・アンド・ワン** これは1人がスター・プレーヤーにマンツーマンでガードし、残りの4人がボックスを形成するゾーンである。フロント・ラインのプレーヤーはチェイサーとなる。

●**T・ゾーン** これは3人を2-3ゾーンでのバック・ラインの3人のように配置し、残りの2人のうちの1人をフリースローサークルの下半分側に、残りの1人をトップ・オブ・ザ・キーに配置するゾーンである。

●**リバース・T・ゾーン** これは3人を3-2ゾーンでのフロント・ラインの3人のように配置し、残りの2人をフロント・ラインの3人とゴールとの間にタンデムに配置するゾーンである。

5 プレス・ディフェンスのスタイル STYLES OF PRESS DEFENSE

マンツーマン・プレス・ディフェンス

マンツーマン・プレス・ディフェンスは、フル・コート、スリー・クォーター、ハーフ・コートのいずれでも用いることができる。バックコートのよりゴール近くで用いる場合、それはプレスというよりもむしろプレッシャー・ディフェンスとなる。

名称からも分かるように、このディフェンスの原則は、それぞれのプレーヤーが自分のマークする相手を決め、プレッシングの戦術に応じてディフェンスすることである。フロント・ラインのプレーヤーはパス・オプションが制限されるサイドラインへ相手を追い込み、そこから抜かれないようにする。ドリブ

ルを止めさせ、アウトサイドへピボットさせたときは、いつでもフロント・ラインにいるチームメイトはマークマンを離し、相手が状況を判断する前に、素早くダブルチームにいく。バックコートのプレーヤーをマークするプレーヤーは視野の中に常にボールマンを入れ、マークマンへのパスを予測しなければならない。ボールマンを見れば、どこにパスをしようとしているか分かることがある。ゾーン・プレスと同じようにロブ・パスのインターセプトをねらうこと。インターセプトに失敗した場合、ロブ・パスや長めのバウンス・パスが投げられた逆サイドにいるプレーヤーはゴールへ戻らなければならない。

　ドリブルで抜かれた場合、全速力で追いかけるべきである。そして後ろからチームメイトのいる方向へボールをはたくか、ゴールまでドライブされる前に止める。声を出しながらドリブラーを後方から追いかけるようなハッスル・プレーは、相手のプレーを大いに撹乱することになるであろう。

　得点をした後、われわれはプレッシャーをかける。相手がインバウンド・パスをしたとき、われわれは通常インバウンダーのマークをルーズにし、近くのレシーバーへダブルチームをしに行く。ときにはインバウンダーを突然マークしたり、インターセプト可能なロブ・パスやバウンス・パスを投げさせるように仕向けるなど様ざまな方法を用いる。

　何があってもボールマンをマークしているディフェンスは、相手とゴールとの間に常に位置するようにする。ボールマンではないプレーヤーをディフェンスするプレーヤーは、パスをインターセプトできるポジションまでマークマンへ近づく。マークマンへの距離は、マークマンとボールマン、マークマンとゴールまでの距離によって決まるものである。

　プレスを効果的に行うためには、プレーヤーはそれが簡単なゴールを何本か許してしまうギャンブル・ディフェンスであるということを理解し、それを受け入れなければならない。しかし、プレスには簡単なゴールを許してしまうことを補ってあまりある効果がある。相手のミスを誘えるだけの効果的なプレスをプレーヤーがすることができるかどうか、コーチは決定を下さなければならない。この決断を正しく、適切に下すためには忍耐力と判断力が厳しく要求されるのである。

　用いるプレスがフル・コート、スリー・クォーター、ハーフ・コートのいずれであろうが、それはすべて同じ基本原則に基づいている。その基本原則はボール保持者に対してプレッシャーをかけ続けること、パスを受け取らせないようにレシーバーに対してできる限りタイトにマークすること、どんな機会でもインターセプトやダブルチームをねらうことであり、それをいつも忘れないよ

うにすることである。

マンツーマン・プレスの基本原則

1. ボールマンにはプレッシャーをかけるが、ボールへ手を出したり、ボールを獲ろうとして無理なディフェンスをしてはならない。

2. バランスを適切に保ち、マークマンにドライブされてはならない。

3. ボールマンをアウトサイドへ追い込むようにする。ピボットを踏ませるときはインサイドおよび前方に対してバック・ターンさせる。

4. ストレートの強いパスではなく、ロブ・パスやバウンス・パスをさせるようにする。

5. ドリブルされたときはいつでもすぐに止める。

6. ノーマークのプレーヤーがいたら素早くピックアップする。もちろん、このピックアップによって他のオフェンス・プレーヤーがノーマークになり、パスがわたってショットにつながるような状況ならば、このピックアップを行ってはならない。

7. あるプレーヤーがノーマークになってゴールへ向かっているときは、すべてのプレーヤーがゴールへ向かって素早く戻る。

8. マンツーマン・プレスでは、それぞれのプレーヤーが常にマークマンの前にポジションをとろうと強い意志を持たなければならない。マークマンがボールを保持しているときはマークマンから離れず、ボールを保持していないときはパスを受けさせないようにしなければならない。

9. プレーヤーはそれぞれの相手をプレスするためマークしているが、それはどんな場合であってもチーム・ディフェンスであり、ヘルプの準備をしておかなければならない。

10. できる限りミドルラインよりもアウトサイドへボール保持者を追い込むようにする。

ゾーン・プレス・ディフェンス

ゾーン・プレスは、マンツーマン・プレスのようにフル・コート、スリー・クォーター、ハーフ・コートのいずれでも用いることができる。マンツーマン・プレスとは違い、それぞれディフェンス・プレーヤーは一人ひとりの相手ではなくカバーするエリアに配置される。カバーするべきエリアにオフェンス・プレーヤーがいない場合は、カバーするべきエリアの外、つまり危険なエリアへ移動して、カバーするべきエリア外でヘルプをするのである。

ゾーン・プレスの基本原則

1. プレーヤーはそれぞれのエリアにおいて役割を果たさなければならない。人ではなくボールにプレーする。

2. ゾーンのフロント・ラインでマークマンがボールを保持している場合、簡単にインターセプトできるようにロブ・パスやバウンス・パスをさせるようにする。

3. ボールをサイドラインのほうへ、もしくはミドルラインから離れるように追い込む。

4. ゾーンの後方にいるプレーヤーはインターセプトをねらうために、ボールマンを見ていなければならない。ボールマンのちょっとした動作からパスを読めることがある。振りかぶった腕の動きや強く踏ん張った足の動きにより、ロング・パスを投げるかどうか見極めることができる。

5. ゾーンのフロント・ラインを越えてパスされてしまった場合、フロント・ラインのプレーヤーは素早く戻り、後方のプレーヤーはチームメイトがボールへ集まるまでタフにプレーする。

6. 積極的にインターセプトをねらう。ボールへ向かっていくときは決してためらってはならない。逆サイドにいるチームメイトはそのプレーヤーの背後のゴールを守るため、同じようにインターセプトをねらう。

7. いつもドリブラーへダブルチームに行けるようにしておく。ドリブラーがドリブルを止めてターンをするときがチャンスである。

8. 相手を慌てさせる。そうすることで相手に多くのミスが起こり、さらにチームの均衡が崩れて、チームワークも崩れてくるのである。

9. 相手の手から直接ボールを奪い取るのではなく、相手がトラベリングを犯すように仕向けたり、ヘルド・ボールに持ち込んだり、インターセプトできるようなパスをさせたり、アウト・オブ・バウンズにパスを投げさせたり、オフェンシブ・ファウルを犯すように仕向けたりなど、ミスを誘発してボールを獲得するような心構えでディフェンスする。

10. 適切な結果を得るために、我慢強くプレッシャーを継続的にかけ続けるよう、プレーヤーを指導する。

11. 相手のミスにつけ込み、相手の戦意を喪失させる。

2-2-1ゾーン・プレス

このプレスについては後述する。このゾーン・プレスは1964年に無敗でチャンピオンになったUCLAによって非常に効果的に用いられたゾーン・プレスの一つである。

2-1-2ゾーン・プレス

　このプレスは通常のプレス・ディフェンスをより効果的にしたいと思う多くのコーチたちによって、かなり用いられたものである。私はこのプレスを用いて相当満足のいく結果を残した。このプレスは私の2-2-1ゾーン・プレスと同様の原則を用いている（P. 306「7. UCLAのゾーン・プレス」を参照）。

2-1-2ゾーン・プレス#1

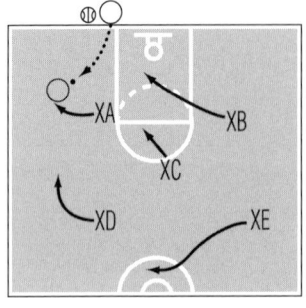

［図7-5］

　ボールがXAのサイドへインバウンドされた場合、XAとXBの役割は後述する2-2-1ゾーン・プレスと同様であり、XCは2-2-1でXDが受け持っていたエリアで、XDは2-2-1でXCが受け持っていたエリアでの役割を果たし、XEは移動距離が長くなるが、2-2-1でXEが受け持っていた役割と同じ役割を果たす。

2-1-2ゾーン・プレス#2

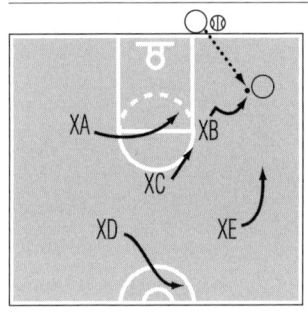

［図7-6］

　ボールがXBのサイドへインバウンドされた場合、XAとXB、XDとXEの役割が変わる。XCは#1と同様の役割のままである。

1-2-2ゾーン・プレス

　このプレスにもいくつかの用法がある。私が用いた2-2-1ゾーン・プレスの原則を再検討した原則に基づいた1-2-2ゾーン・プレスを時に用いた。1-2-2ゾーン・プレスは2-2-1ゾーン・プレスと全く反対にセットされたものである。

1-2-2ゾーン・プレス#1

ボールがXBのサイドへインバウンドされた場合、XBは後述する2-2-1ゾーン・プレスのXAの役割、XAはXB、XCはXD、XDはXCの役割を果たす。XEは移動し、2-2-1ゾーン・プレスでのXEの役割のままである。

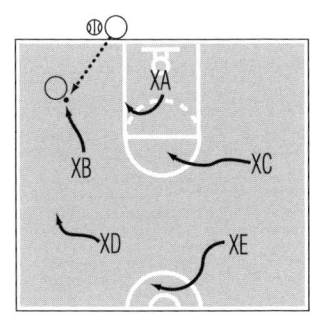

[図7-7]

1-2-2ゾーン・プレス#2

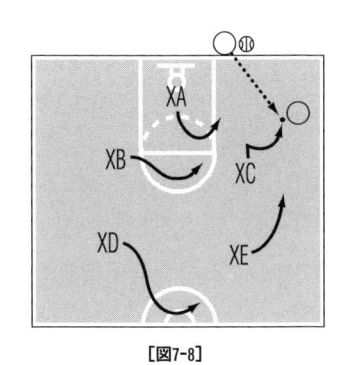

ボールがXCのサイドへインバウンドされた場合、XAは#1と同様の役割を果たし、XBとXC、XDとXEの役割が代わる。

[図7-8]

以上が頻繁に私が用いたり、見てきたゾーン・プレスのすべてである。しかし、今まで用いられてきた他のいくつかのゾーン・プレスについても名前を挙げて、最初のセット・アップを図解しようと思う。

1-2-1-1ハーフ・コート・プレスと3-1-1フル・コート・プレス

これらのプレッシング・ディフェンスは、最近ではミシガン州立大学のジョン・ベニントンやポートランド・トレイルブレイザーズ(NBA)のジャック・ラムジー[*9]によって用いられてきた。

1-2-1-1ハーフ・コート・プレス　　　3-1-1フル・コート・プレス

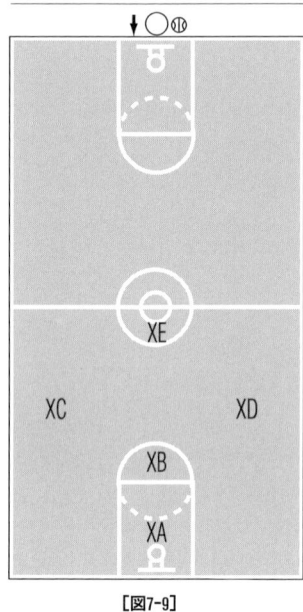

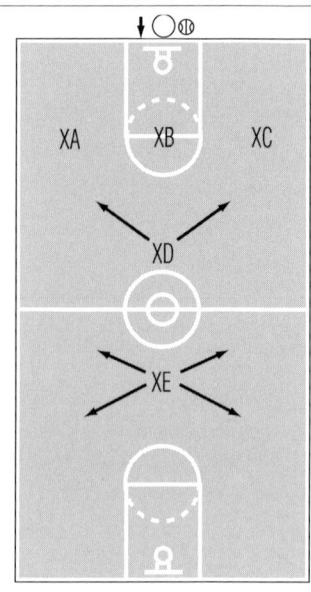

[図7-9]　　　　　　　　　　　　　[図7-10]

1-3-1ゾーン・プレス

　私はこの特別なプレスを練習で少しだけ試してみたが、ゲームで用いるところまではいたらず、他チームがそれを用いていたのを見ることすらなかった。基本的には2-2-1ゾーン・プレスの原則を用いており、最初の動きは以下のようになる。

1-3-1ゾーン・プレス#1

XAが後述する2-2-1ゾーン・プレスでのXB、XBがXAの役割を果たし、XC、XD、XEの役割は同じである。

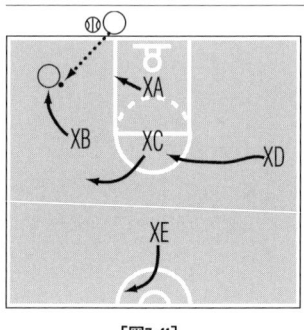

[図7-11]

[5] プレス・ディフェンスのスタイル

1-3-1ゾーン・プレス #2

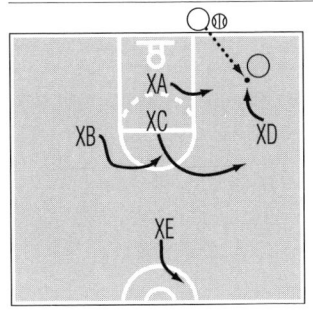

[図7-12]

ボールが逆サイドへインバウンドされた場合、XAは#1と同じ役割を、XBはXDの役割を、XCは逆サイドにいるだけで同じ役割を、XDはXBの役割を、XEは同じ役割を果たす。

　ゾーン・プレスやコンビネーション・プレスは他にも多くの種類があるので、読者はおそらく成功を収めた他のプレスを知っていると思う。しかし、この中から役に立ついくつかの考え方を得ることは可能である。

6 UCLAのセット・ディフェンス   UCLA SET DEFENSE

　私がゲームのほとんどの時間用いているディフェンスは、ゾーンの原則を用いたフローティング・マンツーマン*10、あるいはサギング・マンツーマン*11である。ボールマンがオフェンシブ・エリアにいるとき、ボールマンをマークしていないディフェンス・プレーヤーは、マークマンとボールマンの距離によってマークマンから離れるか、マークマンへのパスを防ぐようにプレーする。ボールマンにはプレッシャーをかける。ただし、それほど得点能力がないと思われるボールマンのディフェンス・プレーヤーは相手から離れ、他のもっと危険なプレーヤーへのパスを防ぎにかかる。ストロング・サイドのプレーヤー、ボールとゴールに最も近いプレーヤーのディフェンスは、オフェンスに有利なポジションでボールを受けさせないようにタイトにつくべきである。逆にボールから離れているプレーヤーのディフェンスは、ボールとゴールに対しフロートしてヘルプの準備をするべきである。

＊

　それぞれのプレーヤーがまず最初に考えなければならないことは、自分のマークマンに得点されないことである。しかし、自分のマークマンよりも危険なプレーヤーへのヘルプもしなければならない。実際、プレーヤーは相手チームに得点されないようにでき得ることはどんなことでもする、という大きな責任を感じなければならない。自分が最初に守らなければならないのはマークマンであるが、それは単に相手チームのほんの一部分にしかすぎない。誰に得点されたかにかかわらず、得点を防ぐことができたのにしなかったということは重大な過ちである。

＊

　シフトは必要なときにだけするものであり、一度シフトを行った後でもとのマークマンへ安全に戻れるのなら、すぐにシフトバックする。単に楽をするためでなく、相手の得点を防ぐためにシフトを行うのである。シフトを素早く行おうとしているのなら、最も危険な方向へ声を出してチームメイトへ知らせることが必要である。

＊

　通常、センターラインでボール保持者をピックアップするが、時によってコート上のあらゆるポジションから相手の不意をついてワン・マンもしくはツー・マンのプレスをかけることもある。こうしてオフェンス側にセット・アッ

プする時間を与えないようにする。われわれがファストブレイクを出せないようにするために、相手はゲームのテンポを遅くしてくるが、そうさせないためにも、ゲームの展開を少しでも早くするのである。このためには、最も深い位置（ディフェンス側のゴールに近い位置）にいるディフェンス・プレーヤーが高いポジションからタイトに当たり、アウトレット・パスを防ぎつつ、ゴール下にリバースされてノーマークにならないようにディフェンスをしなければならない。他のオフェンス・プレーヤーのマークがルーズになっていれば、それに対しても注意を促さなければならない。これにはアグレッシブなプレーが要求されるが、それもオフェンス側のプレーを活かすためであり、このようなスタイルをとれば、オフェンスとディフェンスを一つの流れの中で切り換えていけるのである。

*

コンディションの良いことは重要なことであり、われわれのプレーヤーには他のどのチームよりも良いコンディションでいて欲しい。オフェンシブ・プレッシャーに加え相手にディフェンシブ・プレッシャーをかけ続ければ、相手を疲労させることにつながる。もし同等の力のチーム同士が対戦した場合、相手よりもコンディションが良ければ、ゲームの残り数分の勝負において相手のプレーの効果をなくすことができる。ゲーム終盤でスパートをかけることのできる最高のコンディションを有するチームが通常、勝利を収めるのである。

*

ボールの所有権を失ったときから、ディフェンスが始まると私は常々プレーヤーに教えている。私のチームのオフェンスは、ディフェンスのバランスを考えて計画されており、必ずセーフティかセーフティのポジションに動くプレーヤーとキー・エリア（フリースローレーン近辺）のリバウンダーを用意している。ボールの所有権を失ったら、他のプレーヤーは通常すぐに走って戻り、マークマンをマークする。その際、肩口から後方を見てボールを視野に入れて走らなければならない。ディフェンスには、まずオフェンスからディフェンスへの素早い切り換えが重要となる。

*

前にも触れたが、マークマンがボールを保持する前にディフェンスをするということにも非常に重点を置いている。危険なエリアでボールを保持されてから得点させないようにするよりも、そこでボールを保持させないようにしたほうがずっと容易にディフェンスをすることができる。

*

相手チームにショットを打たれても、まだディフェンスは終わっていないことを忘れてはならない。ショットを打たれたらオフェンス・リバウンドを獲ろうとするオフェンス・プレーヤーの前を横切るように足を一歩踏み出す。そうすれば、オフェンス・プレーヤーは否応なしによけなければならなくなり、そのことによって大回りをしなければならなくなる。それからディフェンス・プレーヤーはリバウンド・エリアへ行くのである。チームとしてリバウンドを獲るためのテリトリーを確保するために、どのプレーヤーも自分の役割を果たさなければならない。

ボールの位置に応じたディフェンス・ポジション

ハイ・ポストに対するディフェンス #1

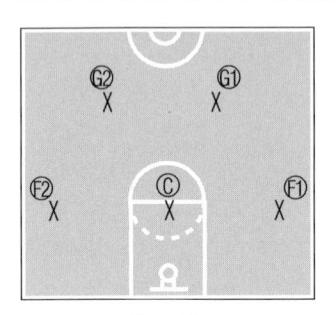

[図7-13]

ここでは、それぞれのオフェンス・プレーヤーがボールを保持していると仮定する。それぞれのディフェンス・プレーヤーは、マークマンからおよそ3フィート（約90cm）あるいは腕一本分の距離を離してマークマンとゴールの間でポジションをとる。

ハイ・ポストに対するディフェンス #2

[図7-14]

G2がボールを保持しており、ディフェンス・プレーヤーはストロング・サイドにおよそ3フィート（約90cm）離れたポジションをとる。G1のディフェンス・プレーヤーは右手をG1へ、左手をボールへ向けポストの前でフロートする。F2のディフェンス・プレーヤーは右手をボールに対して前へ出し、左手でF2の位置感覚をつかむようにインサイド側からディフェンスする。F1のディフェンス・プレーヤーは左手をボールへ、右手をF1へ向け、フリースローラインとフリースローサークルが交差する位置までフロートし、F1へのパスとCへのロブ・パスのインターセプトをねらう。

ハイ・ポストに対するディフェンス#3

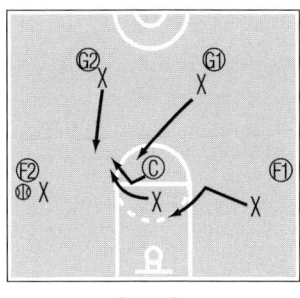

[図7-15]

F2がボールを保持しており、ディフェンス・プレーヤーはアウトサイドの足を広げ、ベースライン・ドライブを防ぐ。Cのディフェンス・プレーヤーはCの前でボールに対し左手を出し、右手でCの位置感覚をつかみ、マークマンとゴールの間でポジションをとる。G1とG2のディフェンス・プレーヤーは左手をボールへ向けフロートする。F1のディフェンス・プレーヤーは左手をボールへ、右手をF1へ向け、フリースローサークルの点線部分まで下がり、ボールとマークマンの両方を見る。

ハイ・ポストに対するディフェンス#4

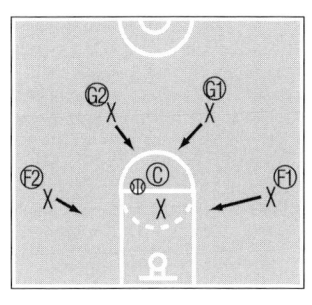

[図7-16]

Cがボールを保持しており、ディフェンス・プレーヤーは腕一本分の距離を離してボールマンとゴールの間でポジションをとる。F1、F2、G1、G2のディフェンス・プレーヤーはゴールに向かって下がり、F1とG1のディフェンス・プレーヤーは左手をボールへ、右手をマークマンへ向ける。F2とG2のディフェンス・プレーヤーは右手をボールへ、左手をマークマンへ向ける。

ロー・ポストに対するディフェンス#1

[図7-17]

ここでは、それぞれのオフェンス・プレーヤーがボールを保持していると仮定する。F1、F2、G1、G2のディフェンス・プレーヤーはおよそ3フィート（約90cm）離してマークマンとゴールの間でポジションをとる。Cのディフェンス・プレーヤーは右手を高く上げ、左手をベースラインへのドライブやターンに注意して出し、できる限りCへ近づいてディフェンスをする。

ロー・ポストに対するディフェンス #2/#3/#4

ハイ・ポストに対するディフェンスでのそれぞれの状況と同様にディフェンスをする。

[図7-18]

[図7-19]

[図7-20]

スリー・メン・アウト*12に対するディフェンス#1

ここでも、それぞれのオフェンス・プレーヤーがボールを保持していると仮定する。いずれのディフェンス・プレーヤーもおよそ腕一本分の距離をとってマークマンとゴールの間でポジションをとる。

[図7-21]

スリー・メン・アウトに対するディフェンス#2

G2がボールを保持しており、ディフェンス・プレーヤーは#1と同様にディフェンスする。その他のいずれのディフェンス・プレーヤーも適切な方向の手をボールへ、反対の手をマークマンへ向けてゴールへフロートする。

[図7-22]

スリー・メン・アウトに対するディフェンス#3

G3がボールを保持しており、ディフェンス・プレーヤーは#1と同様にディフェンスをする。F2のディフェンス・プレーヤーはパス・コースへ右手を出し、左手と左足をマークマンとゴールの間に出してインサイド側からディフェンスをする。F1、G1、G2のディフェンス・プレーヤーは左手をボールへ、右手をマークマンへ向けボールとゴールに対しマークマンから離れてフロートする。

[図7-23]

303

スリー・メン・アウトに対するディフェンス #4

[図7-24]

F2がボールを保持しており、ディフェンス・プレーヤーは#1と同様にディフェンスをする。その他のディフェンス・プレーヤーはすべてボールとゴールに対しマークマンから離れてフロートする。F1のディフェンス・プレーヤーはゴール前まで下がり、ブラインド・カットを防ぐ。それぞれのディフェンス・プレーヤーは十分にゴールのほうまで下がり、ボールとマークマンの両方を同時に見る。

ハイ・ポストのダブル・ポストに対するディフェンス #1

[図7-25]

それぞれのオフェンス・プレーヤーがボールを保持していると仮定する。それぞれのディフェンス・プレーヤーは腕一本分の距離をもってマークマンとゴールの間でポジションをとる。

ハイ・ポストのダブル・ポストに対するディフェンス #2

[図7-26]

C2がボールを保持しており、ディフェンス・プレーヤーは#1と同様にディフェンスをする。C1のディフェンス・プレーヤーは右手をC1へ向け、C2に身体を向けてゴールに対しフロートする。G1、G2、G3のディフェンス・プレーヤーはボールとゴールに対しフロートする。

ハイ・ポストのダブル・ポストに対するディフェンス♯3

[図7-27]

　G2がボールを保持しており、ディフェンス・プレーヤーは♯1と同様にディフェンスをする。C1とC2のディフェンス・プレーヤーはパス・コースへ片方の手を出し、後方の腕と足をマークマンとゴールの間に出してインサイド側からディフェンスをする。

ハイ・ポストのダブル・ポストに対するディフェンス♯4

[図7-28]

　G3がボールを保持しており、ディフェンス・プレーヤーは♯1と同様にディフェンスをする。G1とG2のディフェンス・プレーヤーはボールとC1を結んだラインまでフロートする。C2のディフェンス・プレーヤーはパス・コースへ右手を出し、左手と左足をマークマンとゴールの間に出してインサイド側からディフェンスをする。C1のディフェンス・プレーヤーは右手をC1へ向け、ゴールへフロートする。

7 UCLAのゾーン・プレス　　　UCLA ZONE PRESS

　1964年のUCLAは、非常に効果的な2-2-1ゾーン・プレスを用いた。195cm以上のスターターがいなかったにもかかわらず、このシーズン30試合を全勝で乗り切り、NCAAチャンピオンになりシーズンを終えた。

　私がこのディフェンスを用いたのにはいくつかの理由があった。まず最初の理由は、スターター全員の個人的な能力がこのディフェンスに非常にマッチしていたからである。2番目は、ウェスト・コースト・カンファレンスでは相手にファストブレイクを出されないようボール・コントロール・オフェンスが主流になっていたため、そのスローなテンポからプレーヤーを解放させる何らかの方法が必要であったからである。3番目には、われわれが備えているクィックネスによって、このディフェンスを効果的に行うことができると思ったからである。4番目は、すべての相手がわれわれより身長において有利であったが、このディフェンスを行えばその有利性が無くなると感じたからである。

　このタイプのディフェンスは、相手のボールを奪うというよりは、相手に精神的、および身体的なミスを犯させるためのディフェンスであると言えるであろう。たえずプレッシャーをオフェンス側にかけ続ければ、オフェンス側は急いで攻めざるを得なくなる。そうすれば相手のオフェンスが通常のゲーム・スタイルとは全く違ったスタイルとなり、自分たちのテンポを失って、得意とするプレーをうまく行えなくなるのである。

　得点された後のみ、われわれはこのゾーン・プレスを用いた。ボールをインバウンドするチームは、ショット後のボールの確保や、インバウンドするためのアウト・オブ・バウンズ・ポジション*13をとるまでに1～2秒ほどかかるので、その間にわれわれは計画どおりのポジションに動くのである。プレーヤーは常にいっしょに練習することによって習慣化されているので、ポジションを入れ替わる必要があっても、さほど問題なくシフトを行うことができる。ただし、本当の緊急時を除き、シフトをさせたくはない。なぜなら、各個人は自分に適したポジションでプレーするべきであり、シフトによるマークマンの交代によってシフトしたポジションが不利になってしまうからである。

ゾーン・プレス#1

　図7-29は、それぞれのプレーヤーのポジションと望んだところへボールがインバウンドされたときの動きを示している。

　「XA」はグッドリッチという左利きで非常にクィックネスを持ったプレーヤーである。役割は点線で示されたパス・ラインにいるプレーヤーへパスをさせることである。パスがなされた後、レシーバーへ近寄り、サイドラインへドライブさせる。オフェンスがドリブルを始めた場合、グッドリッチはそのドリブルを止めてターンをさせ、ヘルプにくる「XB」とダブルチームをする。もしドリブルをしなかった場合でも、グッドリッチはレシーバーへ近寄り、鋭い直線的なパスではなく、ロブ・パスやバウンス・パスをさせる。さらに簡単にレシーバーを探す余裕もなくさせる。もしドリブルで抜かれてしまった場合、グッドリッチはドリブラーを追いかけ、可能ならチームメイトへボールをはたく。あるいはチームメイトがドリブラーをスロー・ダウンさせてくれるか、ドリブルを止め、ターンさせてくれるのなら、そのチームメイトとダブルチームをする。ボールがゴールのほうへ渡ったとき、グッドリッチはいつでも適切な場所へ急いで戻らなければならない。

　「XB」はスローターという身長195cmで横幅もある（体重106kg）、100mを

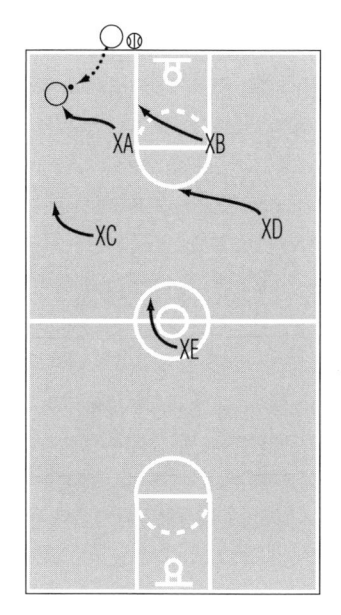

[図7-29]

11秒で走るスピードを持ったセンターである。スローターは自分のサイドへパスさせないようにし、グッドリッチがカバーしていたプレーヤーからベースライン中央のインバウンダーへリターン・パスをさせないよう素早く動く。これがスローターの最も重要な役割である。インバウンド・パスを受け取ったプレーヤーがドリブルを始めた場合、グッドリッチとダブルチームをするために注意していなければならない。スローターはクィックネスとスピードによって、このエリアで非常に素晴らしいプレーをすることができた。横幅もあり、長身ということでパスをかなり困難にさせていた。ボールがディフェンス・ラインを越えてゴールのほうへ渡ったときは、いつでも走って戻らなければならない。その間も状況を判断してプレーする必要がある。

「XC」はハザードという、クィック・ハンドを持ち、攻撃的にスティールをねらう腕の長いプレーヤーである。ハザードにはセンターラインからフリースローラインまでのグッドリッチの後方のエリアを守る責任がある。ハザードはグッドリッチを抜いたドリブラーをそのエリアで止める。ボールをインバウンドしたプレーヤー、あるいはインバウンダーから短いパスを受け取ったプレーヤーからのパスをそのエリアで受けさせないようにする。そのエリアへのどんなロブ・パスをもインターセプトし、鋭く直線的なパスを受け取るプレーヤーをディフェンスする。

「XD」はハーシュという、身長190cmの左利きで、クィック・ハンドを持ち、タフで闘争心を持ったプレーヤーである。ハーシュはインバウンダーに対して左サイドのフロア中央をカバーし、センターラインからフリースローラインまでの自分のサイドのエリア、スローターが他のエリアをカバーしに行った場合にはゴール近辺も守る責任がある。グッドリッチのエリアへインバウンド・パスがなされたら、センターサークルとフリースローサークル間の中央のエリアはすぐにハーシュが重要な責任を負うエリアとなる。グッドリッチが左利きであり、そのエリアでより効果的にプレーしているのと同様、ハーシュも左利きであるので、パスに対してこのエリアではより効果的となる。「XA」、「XB」、「XC」と同様、ボールがディフェンス・ラインを越えた場合、いつでもディフェンシブ・エンドまで走って戻る。戻らなければならないエリアまで到達したら、その状況に対応して適切なポジションをとること。

「XE」はエリクソンという非常に素早く、跳躍力があり、大きな情熱をもった身長195cmのフォワードのプレーヤーである。彼にはできる限り早くセンターサークルまで行き、そこでディフェンスの指示を出す責任がある。彼はそのポジションで指示を出し「XC」と「XD」を動かす「指揮者」となる。エ

リクソンには、ゴール近辺へ向かって走ってくるどんなプレーヤーにも責任がある。バックコートのフリースローラインの向こう側からディフェンシブ・エンドにパスされた場合を含め、フロントコートのあらゆるパスをインターセプトしなければならない。彼はアウトナンバーのときも非常によいディフェンスをし、リバウンドを獲ったらいつでもファストブレイクのために素早くボールを出すことができた。彼のこの能力により、時として相手チームの楽な得点機会から、逆にわれわれのチームが簡単に得点できることにもなったのである。そして、混乱した相手が冷静さを取り戻すまでに、さらに何本かのイージー・ショットを決めることができるときもあった。

重要なプレーの詳細

「XA」サイドからスローインする場合、バックボードとゴールネットが邪魔なため相手は「XB」サイドへパスをしようとしない。われわれが調べたところによると、およそインバウンド・パスの90%が「XA」サイドへ行われていることが分かった。それでも「XB」サイドへインバウンド・パスをされた場合は、「XA」と「XB」、「XC」と「XD」の役割を逆にしてディフェンスをする。

インバウンド後、直接「XA」から「XB」へパスをされた場合、「XD」は素早く動き前方のエリアへの役割を果たし、「XB」は素早く動き「XD」の役割を果たす。「XA」と「XC」は通常どおりの役割を果たす。

フロア中央もしくはもっと離れたエリアにおいてパスをインターセプトした場合、インターセプトしたプレーヤーはすぐにハザード（XC）を探し、ハザードはすぐにノーマークになるようにする。パスを受けたハザードは、フロアの中央にドライブする。コートの両サイドには、オフェンスをしていた相手チームのプレーヤーがいるからである。われわれのチームはオフェンスからディフェンスへの切り換えが非常に早いため、相手が動きを間違えたり、ボールから目を離したりするエラーにつけ込むことができるのである。

グッドリッチ（XA）は相手をトラップにかけるのがうまく、インターセプトをねらっていないふりをしてインバウンダーを安心させ、その後、突然素早く動いてインターセプトをし、簡単に自分でゴールを決めるか、あるいは簡単にゴールを決められるようチームメイトへパスを出していた。

プレーヤーはプレス・ディフェンスの指揮者であるエリクソンの声をいつでも聞き、ためらうことなく彼の指示に従うよう要求されていた。集中していれば他の騒音があっても、エリクソン（XE）の声を聞き分けることができると私は信じていた。このディフェンスを本当に効果的に行うためには、エリクソンのような指揮者がいなければならないのである。

■写真　UCLAのゾーン・プレス

　プレーヤーは相手を摑まえず、直線的なパスではなくロブ・パスやバウンス・パスをさせ、ドリブルをする余裕などなくさせるようプレッシャーをかける。ドリブルされたら、素早くダブルチームする。

　ボールがゴールのほうへ渡ったときはいつでも素早くゴールへ向かって戻り、その状況を判断することの重要さを私はプレーヤーに常に力説した。

　抜かれたプレーヤーを後方から追いかけ、戻っているチームメイトへボールをはたくドリルにかなりの時間を費やした。身体接触をせず、自分自身でボールをスティールしようとせず、チームメイトの1人へボールをそらせようとすることが重要なのである。

　プレーヤーにゾーン・プレスを教える前に、マンツーマン・プレスを十分練習させる必要がある。ゾーン・プレスにおいてもマンツーマンのファンダメンタルが非常に重要な役割を果たしているので、そのファンダメンタルが身につけば、ゾーン・プレスを非常に効果的に行うことができる。

　あるチームが素早く賢明なパスによって、プレスを破ることがあれば、われわれはゾーン・プレスをしばらくやめ、マンツーマン・プレスを試したり、2-2-1ゾーン・プレスと同様の原則に基づいた1-3-1、2-1-2、1-2-1-1のゾーン・プレスに変えたりする。

覚えておくべきその他の事柄

1. これはギャンブル・タイプのディフェンスであり、このディフェンスで成果を上げるには絶え間ない努力や無制限の忍耐力が要求される。

2. このディフェンスの主な目的は相手の戦意をくじき、プレーを混乱させることである。

3. このディフェンスはゲームのテンポを早くし、相手に通常のプレー・スタイルでプレーすることを不可能にさせる。

4. 相手の調和を乱し、団結を崩すことができる。

5. 相手からボールを奪い取ろうとはしない。自分のポジションでプレーし、相手を慌てさせミスを誘う。こうすれば、ファウルを減らすことができるという適切な考えを身につけさせることができる。

6. 前方へはロブ・パスやバウンス・パスだけをさせるようにする。ゴールへ後退するパスはされても良いが、ほんのわずかでも前方への鋭いパスをされてしまうとトラブルを引き起こしてしまう。

7. ディフェンス・ラインを越えてパスされたらすぐにゴールへ素早く戻り、最も危険なノーマークになっているプレーヤーをピックアップする。その際、ストロング・サイドにいるプレーヤーはダブルチームをねらい、ウィーク・サイドにいるプレーヤーはインターセプトをねらう。

8. すべてのプレーヤーが個人のディフェンシブ・ファンダメンタルを十分身につけなければならない。私のチームでは、新入生にはゾーンの原則を取り入れたマンツーマン・プレスしかプレーさせていない。

9. 守るべきエリアに相手がいないのなら、攻撃されているエリアへ近寄る。

10. 守るべきエリアでボールを保持しているプレーヤーがいるのならタイト・マンツーマンの原則を、他のエリアにいる相手に対してはその相手とボールとの距離によってフローティング・マンツーマンの原則を用いること。

11. このディフェンスでは時にスパート（一度に何本もスティールを奪うなどして、大量の得点を上げること）が起こる。相手のミスによってボールを獲得したら、一気にプレッシャーをかける。相手は急ぐことでミスを埋め合わせようとして、さらに多くのミスを犯してしまう。1964年のチームは、相手に10〜20点差をつけた30ゲームのすべてにおいて、少なくとも1度、およそ2分間に渡る"スパート"が可能であった。ときには後半の半ばまでスパートが起こらなかったゲームもあったが、通常は、前半が終わるまでには少なくとも1度はスパートが起こった。

12. プレーヤーはコンディショニングの必要性と価値を認めなければならない。

トップ・コンディションを獲得し、それを維持するために必要な犠牲を払わなければならない。

13. このディフェンスから多くの得点を上げるプレーヤーが出てきたとしても、その得点は味方がボールを奪ってくれたことで生じたものである。多くの得点を上げたプレーヤーは謙虚でなければならない。

14. 5番目(最後尾)のポジションのプレーヤーは極めて重要で不可欠なプレーヤーである。そのプレーヤーは素早く、隙がなく、勇敢であり、利己的でなく、ボール保持者を"読む"ことができるプレーヤーでなければならない。アウトナンバーの状態のときにはゴール近くを守りきり、素早くボールを出すことのできる良いリバウンダーであり、非常にアグレッシブで、適切な判断力を持ち、真に挑戦することを愛するプレーヤーでなければならない。

ゾーン・プレス♯2

　図7-30は、インバウンダーに対して右サイドへボールがインバウンドされたときの最初の配置を示したものである。

ゾーン・プレス♯3

　図7-31は、望んだところへボールがインバウンドされたが、インバウン

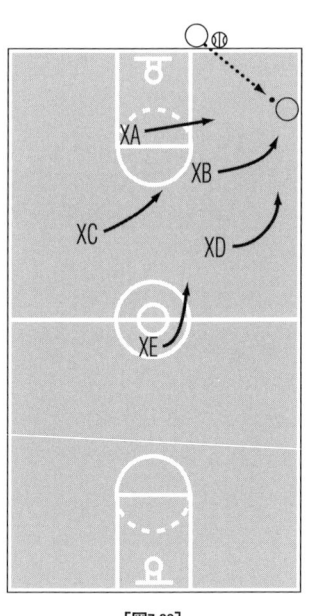

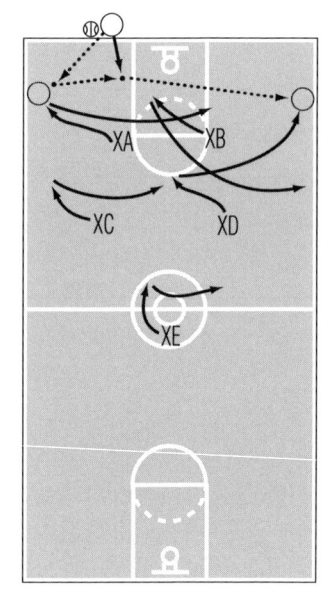

［図7-30］　　　　　　　　　［図7-31］

ド・パスをしたプレーヤーへパスが返され、逆サイドまでパスされたときの動きを示したものである。これには非常に早い適応力が要求される。このように相手が逆サイドのプレーヤーにまでパスをしてゾーンの体型を崩そうとする場合、われわれはフリースローラインの延長上に「XD」のプレーヤーを配置させる対策をとっている。

8 UCLAのその他のディフェンス　　OTHER UCLA DEFENSES

　以上、UCLAの2つの基本的なチーム・ディフェンスであるセット・ディフェンスとゾーン・プレスを十分説明した。同時に、あらゆるディフェンスに必要な個人のディフェンシブ・ファンダメンタルについても正確に説明できたと思う。ここからは少々大ざっぱではあるが、いくつか他のディフェンスについて述べる。

ファストブレイクに対するディフェンス

　ファストブレイクに対するディフェンスにはいくつかの異なった方法があるが、その中でも2つが最も一般的であると思われる。しかし、その中の1つは実際にはオフェンスのプレーであるため、実際ディフェンスで用いられるプレーはもう1つの方法だけである。
　オフェンスのプレーである1つの方法とは、ショットを試みるまでに何回もパスをまわしてゲームをボール・コントロール・スタイルで進めることである。ただし、われわれはこのオフェンスは用いない。
　この方法の原則的な目的は、ゲームのテンポをコントロールすることである。このディレイド・オフェンス戦術によってファストブレイク・タイプのチームはこの戦術に対応できなくなり、ファストブレイクに失敗し、さらにファストブレイクをしようと慌ててしまう。そのため、より多くのボール・ハンドリング・エラーやショットのミスが起き、得点機会が少なくなる。この戦術に対して相手はオフェンスおよび（あるいは）ディフェンスにおける通常のプレー・スタイルを変えてくるかもしれない。こうなれば相手が消極的になっているということであり、相手も不安に陥っているはずである。
　速いペースのオフェンスの多くはディフェンシブ・リバウンドから始まるため、ボール・コントロール・オフェンスを適切に行えば、相手のディフェンシブ・リバウンドの機会を減らすことができる。リバウンドを減らすためには3つの方法がある。まず1つ目は、ショットを多く試みないこと。これはリバウ

ンドの機会をあまり多くしないことを意味している。2つ目は、良いショットをすること。これは確率の高いショットをすることを意味している。3つ目は、リバウンドを争うためにいつでも良いポジションをとること。この3つを行えば、ファストブレイクに対し、たえず守ることが可能となる。

　もう1つのディフェンシブな方法とは、リバウンドを獲った相手に素早く良いパスアウトをさせないようにリバウンダーにプレッシャーをかけ、レシーバーへのパスアウトのパス・レーンを阻もうとすることである。リバウンダーが素早くパスアウトできなければ、たいていのファストブレイクを防ぐことができる。これは、われわれが通常ファストブレイクを得意とするチームに対して用いる方法である。これを正確に言うと、原則はマンツーマン・プレスでありながら、パスアウトに対するフロント・ラインではゾーン・プレスを行うというディフェンスになるかもしれない。

　最初のパスアウトに対するディフェンスが成功すれば、ファストブレイク・レーンへのパスが妨げられ、相手はトラブルを引き起こす。そうなると、レシーバーは攻める方向に対して横、あるいは後ろを向いてボールを受け取らなくてはならない。このようなプレーをプレーヤーは厳しい練習から学び、相手チームがファストブレイクを諦めるのに十分なトラブルを引き起こさせるのである。

　リバウンドの強いプレーヤーが一人しかいないチームや、アウトレット・パスを極端にパターン化しているチームがときどきあるが、そのようなチームは、キーとなるプレーヤーをダブルチームすればファストブレイクを防ぐことができる。

　私は、われわれの通常のスタイルに少々のアレンジを加えることによって、相手の長所を失わせたり、短所につけ込むような戦術をとるべきだと思っている。

　相手を抑えるための戦術にあまりにも多くの時間を費やしてしまうと、自分たちの潜在能力や考え方を向上させるのに弊害が生じ、チームに負け犬的な考え方や消極的な態度を生み出してしまう。私は積極的あるいは楽観的なアプローチを好んでいる。相手チームがわれわれに不安をもってくれることは好むが、私のチームが相手チームに不安をもちすぎるようになってはならない。われわれのプレーヤーは自惚れでない自信、恐れのない敬意を持つべきであり、これこそがわれわれの目的である。

ウィーブに対するディフェンス

　ウィーブ・オフェンスに対してはゾーン・ディフェンスが最も効果的である

が、私はめったにゾーン・ディフェンスを用いない。それに、ウィーブ・オフェンスを使ってくる相手も非常に少ないため、わざわざウィーブ対策にゾーンを用意することもない。だからウィーブするチームには、通常センターラインで相手をピックアップし、ゴールから離れたところでウィーブを始めさせるようにする。マークマンを受け渡し、そのときディフェンスとディフェンスの間のスペースをなくし、オフェンスをアウトサイドへ追いやるようにする。いつも以上にコミュニケーションをとることが大切になる。オフェンスがディフェンス同士の間をカットしたり、ドライブしたりするスペースを埋めるためにマークマンを受け渡すが、ディフェンス同士はお互い手を触れることができるところまで動くことである。怠けず、相手が向かってくるのを待たないようにしないと、ディフェンスとディフェンスの間をカットされてしまう。また、あまり相手から離れすぎてもいけない。アウトサイドのプレーヤーはたえずリバース・ターンに注意をし、ウィーク・サイドのプレーヤーはボールへ寄る。そして相手が注意不足であれば、相手がウィーブするレーンに1歩出てチャージングをとることもできる。

ブロック、スクリーンを多用するチームに対するディフェンス

通常のディフェンスを用いるが、シフト、シザーリング、ローリング*14に対する練習を入念に行う。オフェンスにセット・アップする時間を与えないようにプレッシャーをかける。このタイプのオフェンスを用いるチームは通常走ることが苦手なため、常にプレスをかけてテンポを早めるようコントロールする。スクリーンしようとしているプレーヤーに対し、オープン・スタンスをとってディフェンスをし、スクリーンをかけられるチームメイトへ注意を促すことの重要性をプレーヤーにしっかりと教え込まなければならない。

ピボット・オフェンス*15に対するディフェンス

これに対しては通常のディフェンスを用いるが、ややフロート気味にポジションをとりながらディフェンスをする。非常に優れたアウトサイド・シューターを除くすべてのプレーヤーに対しフロート・ポジションをとり、パス・レーンをブロックする。心理学的側面から、このことによって起こりうることが2つ考えられる。1つは、ボールに多く触れる習慣のあるポストマンはこれに耐えられなくなり、ときに自ら動いてしまう。もう1つは、ポストマンへパスをしようとしているボールマンにショットを打てる時間的余裕が与えられることである。そのプレーヤーは自分がショットを打たなければと感じはじめ、ショ

ットを打つときにショットを決めなくてはならないと思い、そのプレッシャーからショットをミスしてしまうのである。

　ポストへパスを入れる機会を制限させるために、ボールマンに対してはずっとプレスをかけ続ける。ポストマンの前に出てディフェンスをしている場合、ゴールへ向かうすべてのロブ・パスをウィーク・サイドにいるフローターがねらう。その際、ウィーク・サイドをクリアーされると、ロブ・パスに対するヘルプができないため、ポストマンのディフェンスはポストの前に出てディフェンスをすべきではない。しかし、その場合は、多くのプレーヤーがストロング・サイドにいることになるため、ポストマンへのパス・レーンを遮断するようフロートすることがより容易になるであろう。

アウト・オブ・バウンズ・プレーに対するディフェンス

　一人のプレーヤーが、ボールをインバウンドするプレーヤーとゴールの間でディフェンスをしなければならない。その他のプレーヤーはフロートし、頭より上に手を上げてディフェンスをする。スクリーンやロールに注意し、たとえアウトサイド・ショットを許すことがあっても、ゴール下の容易なショットは防ぐ。

　ゴール近辺をうまく守られたときのために、たいていのチームにはセットアップ・ショットの得意なアウトサイド・シューターが1人はいるものである。そのシューターが誰であるか調べ、彼のプレーに注意すること。そうすれば、シューターにディフェンス側から何らかのフェイクをかけて、欺き、インターセプトをすることもできるであろう。

チームでのディフェンシブ・リバウンド

　オフェンスとディフェンス両方のリバウンドにおける身体的、精神的な個人のファンダメンタルについては前述しているので、ここで議論する必要はない。しかし、ここではチーム・リバウンドに関していくつか価値のあることを述べたい。

　ショットを打たれたときのオフェンス・プレーヤーのポジションによってディフェンシブ・リバウンダーのフロア・ポジションが決まるけれども、ちょうどオフェンシブ・リバウンドでもそうするように、ディフェンシブ・リバウンドでもチーム・バランスをとらなければならない。これは、リバウンドのためにゴール下で3人がトライアングルを作ることを意味している。トライアングルを形成していない2人は、それぞれ自分のサイドのフリースローサークル周

辺のリバウンドに責任を持つ。

　こうすれば、うまく5人のリバウンド・チームが形成できる。つまり、リバウンド・エリアをうまくカバーすることになり、ボールを獲得したらすぐファストブレイクを出すための良いポジションもとれ、チームが一致団結し、身体的にも精神的にもオフェンスを困らせることができる。ファストブレイクに対して相手が不安になれば、相手はオフェンシブ・リバウンドに参加できなくなり、ショットの集中力にも影響を及ぼすであろう。

　私がコーチしてきたチームはたいてい相手より身長が低かったが、リバウンドで負けたことがない。それに、所属しているカンファレンスや全米でトップとなるリバウンダーもめったにいなかった。しかし、われわれのチームはカンファレンスでトップ、あるいはそれに近いリバウンドを獲るチームだったのである。センター同士、フォワード同士、ガード同士の相手チームとのマッチ・アップを比べれば、個人的には相手チームのセンター、フォワードあるいはガードのほうがリバウンドを多く獲ることもあろう。しかし、われわれのセンターは自分たちが獲るべき本数以上のリバウンドを獲り、われわれのフォワードの総リバウンド数は、相手のフォワードの総リバウンド数を超え、ガード陣は相手のガード陣よりわずかながらもリバウンドにおいて優位に立っている。

　ゾーン・ディフェンスを用いれば、リバウンド・バランスをとってファストブレイクのために良いポジションを得ることは簡単である。しかし、高校と大学での四半世紀以上に及ぶコーチ生活の中で、私は1ゲーム通してゾーン・ディフェンスを用いたことはない。私がコーチとして出場したおよそ800にも達するゲームの中でたった3つの異なった状況において、ゲームのおよそ半分の時間、ゾーンを用いたことがあるのみである。

　そのため、フローティング・マンツーマンにはリバウンドのチーム・バランスを得るために、素早い適応力とハード・ワークが要求されるが、プレーヤーはそれを一つのチームとして機能させることを学んで行かなければならないのである。5つのリバウンド・テリトリーをチームとしてカバーするというのは、ときにはガードがゴール下でトライアングルの一部をカバーしたり、フォワードが他のエリアをカバーしたりすることもあるという意味である。すべてのプレーヤーがどのエリアもカバーできなければならない。しかし、重要な点はショットを打たれたら、チームの5人すべてがすぐにショットははずれるものと思い、すぐにアウトサイドへ相手を追いやり、それからボールを獲りに行け！ということである。

9 プレッシング・ディフェンスについての見解 PRESSING DEFENSE

　UCLAの2-2-1ゾーン・プレスについてはすでに述べ、プレス・ディフェンスの長所と短所もいくつか挙げているため、ここではさほどそのことについては述べない。

　すべてのコーチは自チームのプレーヤーの能力を考慮して、どのようなディフェンスを用いるか決定するべきである。他のコーチが成功したからといって、その特定のディフェンス、あるいはオフェンスを決して用いてはならない。コーチのフィロソフィーと自チームのプレーヤーの能力がそのコーチのプレー・スタイルの基礎となるはずである。コーチ自身に適したスタイルがあるように、そのチームのプレーヤーの能力に見合ったスタイルというのもあるはずであり、その両方を考えなければならないのである。

　ここ何年かの間に、プレッシング・ディフェンスが高校と大学の両方において非常にポピュラーとなっている。ボストン・セルティックスが成功したのは、プレスを用いたからだという者もいる。セルティックスの成功した理由がプレスを用いたことであるとは思わないが、彼らの用いたプレスは効果的であったように思う。

　いくつかの批判を引き起こしかねないが、私はビル・ラッセルこそがボストン・セルティックスの成功の立て役者だったと感じている。1966年まで、ラッセルのいたセルティックスはチャンピオンシップで負けることはなかった。セントルイス・ホークス（元NBAのチーム、現在はアトランタ・ホークス）がファイナルで勝利を収めた年、ビル・ラッセルはケガをし、シリーズの大事な場面では欠場するか、彼本来のプレーができないかのどちらかだった。彼が入団するときのセルティックスは、私が見る限りプレー・オフの1回戦を勝ち上がれるとは思えないようなチームであった。ラッセルをうまく起用さえすれば勝てるチームが作れるなどという批判めいたことを言うつもりはないが、彼が大学およびプロ・リーグにおいて最も支配的なプレーヤーであったことだけは確かである。もちろん彼の並外れた才能を向上させ、チームのために彼を適切に起用した大学のコーチであるフィル・ウールパート[16]にも賞賛が与えられなければならない。プロ・リーグで彼の非常に優れた才能を利用したレッド・オーバック[17]も同様である。この2人のコーチはプレッシング・ディフェンスにおけるラッセルの驚くべき価値を認識しており、それを用いたのである。オーバックはファストブレイクにも彼の非凡な能力を用いたのである。

チャンピオン・チームになるためには多くの要因が必要となるが、オフェンスにしろディフェンスにしろ、プレッシング・ディフェンスの戦術がその主要な一因となることは確かである。プレッシング・ディフェンスを用いて1952年にはカンザス大学が、1955、1956年にはサンフランシスコ大学が、1959年にはカリフォルニア大学が、1961、1962年にはシンシナティ大学が、1964、1965年にはUCLAがNCAAチャンピオンになっている。プレスを用いる他のチームも、長いバスケットボールの歴史の中で健闘してきたことに注目しなければならないだろう。

UCLAがプレスを好む理由

プレッシング・ディフェンスの長所と短所についていくつか前述し、UCLAの2-2-1ゾーン・プレスについても述べた。ここではプレスを好む理由について述べることにする。

毎シーズン、ゲームの様々な時間帯で、いくつかのプレッシング・ディフェンスを用いるが、あるゲームまたはあるシーズンを通してすべての時間プレッシング・ディフェンスを用いることはまずない。プレッシング・ディフェンスを用いる時間が問題なのではなく、それを用いる理由が重要であり、私の考える主な理由は3つある。一つは、われわれのカンファレンスに所属するたいていのチームはスローテンポで、ボール・コントロールをするオフェンスを好んで用いていたので、相手の得意でないパターンのプレーをさせ、ゲーム・テンポを早めるためである。一つは、私がコンディションを重視し、どんな相手よりも常にわれわれが良いコンディションでいること、またそのコンディションを達成するためにハードな練習をすることについてプレーヤーに認識して欲しいからである。残りの一つは、効果的にプレッシング・ディフェンスを行うことのできるプレーヤーを有しているという確信があったからである。プレーヤーの能力によって用いるプレスの種類を決定するだけではなく、一つひとつのゲーム、もしくはシーズン全体においてプレスを用いる時間も決定する。しかし、2-2-1ゾーン・プレスを用いた1964年のチームや1-2-1-1の変則的なプレスを使った1965年のチームのように、あるディフェンスに完全に合致するプレーヤーに恵まれることはめったにないと付け加えておかなければならない。このときのプレーヤーはシューティング・エリアでのマンツーマン・セット・ディフェンスを非常に練習したので、個人のディフェンシブ・ファンダメンタルが身についており、それがゾーン・プレスにおいても価値のあることだと証明されたのである。

第 8 章
練習ドリル

1 イントロダクション INTRODUCTION

　個人のファンダメンタル、そしてチーム・オフェンスやチーム・ディフェンスを指導する際の最良の方法は、ドリルを精選し、正しい習慣が身につくまでそのドリルを反復させることである。ドリルには数え切れないほど多くのタイプがあるが、コーチはそれらのドリルを必要に応じて工夫することによって良い練習を提供することができる。多くのコーチが同じようなドリルを数多く行っているが、それぞれは、コーチにとって愛着のあるドリルであったり、好んで何度も用いるドリルであったりする。しかしながら、成功するか否かは、ドリルを工夫して、自分の考えやチームのプレー・スタイルをドリルにいかに反映させることができるかというコーチの能力に大きく関係しているのである。

　ドリルによっては、特定のファンダメンタルだけを強調しなければならないものもあるが、私は、ほとんどすべてのドリルにおいて個人のファンダメンタルをいくつか組み入れるようにしている。例えば、ボール・ハンドリング、パス、レシーブは、ほとんどのオフェンス・ドリルの中で行い、また、いくつかのディフェンス・ドリルの中でも行っており、軽視してはならないファンダメンタルである。ドリブルのドリルにはストップ、ターン、ピボットを含めているし、ドリブルやピボットのためのドリルであっても、フットワークやその他のファンダメンタルを意識して行うようにしている。もちろん、フットワークとボディ・バランスは、すべてのドリルの中に含めるべきであることは言うまでもない。その他、注意を払わなければならないことがたくさんある中で、特に考慮しなければならないことは、ドリルで強調している点がいくつかあったとしても、一つひとつのファンダメンルの実行を疎かにしてはならないということである。

　どんなファンダメンタルを練習するにしても、単調になるのを避けるために、ドリルは毎日変化させなければならないし、同じドリルを何日も続けて実施してはならない。一度ドリルの目的が達成されると、プレーヤーの意欲は減退してしまうからである。ほとんどのドリルでもそうであるが、特にシューティング・ドリルにおいては、プレーヤーが正しいやり方を身につけたら、なるべく実戦的なドリルを行わせるようにしている。また、シーズンが進行するにつれてドリルの難易度を増していくようにし、コンディショニングについても考慮する。プレーヤーがやる気をなくさないようにしなければならない。実施しているドリルがチームが目指す方向に適していることを理解させるためにも、ドリルの目的は最初から説明されていなければならない。個人のファンダメンタルを指導する際には、次のような学習の法則に従うべきである。

1. ドリルを説明する。次に、正しいやり方を自分で示すか、あるいはできそうなプレーヤーに正しいやり方を実際に行わせる。

2. プレーヤーに注意深く観察させ、正しく模倣させる。
3. その模倣を前向きに批評し、間違いがあれば修正の仕方を教える。
4. 正しい習慣として身につくまで正しいやり方を毎日繰り返させ、それが身についたら、素早く行うことができるようになるまで繰り返させる。

　グループをうまく編成するようにしなければならない。一度プレーヤーがドリルのやり方を正しく理解したならば、こんどはファンダメンタルを正確に行っているかどうかを見きわめなければならない。また、コーチは、ドリルはどのくらいの頻度で、どのくらい時間をかけて実施すべきかについて、常に正しく判断しなければならない。これらのことに関して賢明な判断を下すためには多くの要因が関与することになるが、常に考慮すべきことは、ドリルは特別な目的を達成するために計画されるのであって、決して時間を浪費するためのものではない、ということである。

2 練習の主な構成　　　　　　　　　　　WHAT-AND-WHEN DRILLS

ウォームアップ

　以下に示されるドリルは、練習の初めに毎日数分間実施しているものの一部である。なお、いくつかのドリルは後述する。

1. **ランニング**
   (a) エンドライン間をゆっくり往復しながら、腕を回すなどすべての関節をリラックスさせる。
   (b) エンドライン間をチェンジ・オブ・ペースとチェンジ・オブ・ディレクションを使いながら往復する。
   (c) エンドライン間をディフェンス・スライドで往復する。
   (d) エンドライン間を背走しながら往復する。
   (e) エンドライン間を使って2人組で行い、1人がチェンジ・オブ・ペースとチェンジ・オブ・ディレクションを使いながら動き、他の1人がディフェンスの構えをしながらスライドする。センターラインで役割を入れ替わる。
   (f) エンドライン間をインサイド・ターンしながら往復する。
   (g) ボールを持たないで、サイドライン間をリバース・ターンしながら往復する。
   (h) サイドライン間をさもドリブルをしているかのように往復する。次に、ボールを使って同様のことを行う。
   (i) エンドライン間をホッピング（片足での交互ジャンプ）しながら往復する。

2. **ドリブル**
   (a) エンドライン間をスピードを抑えたドリブルで、チェンジ・オブ・ペースとチェンジ・オブ・ディレクションを使いながら往復する。
   (b) エンドライン間をスピード・ドリブルで往復する。
   (c) エンドライン間をディフェンスをつけた状態でスピードを抑えたドリブルで

往復する。
3. ピボット、ストップ、ターン
   (a) スピードを抑えたドリブルを2、3回行ってから素早くストップし、ターンする。そして、後方からスピードを出して迫ってくるトレーラーへハンドオフする。これをドリブラーとトレーラーの役割を代えながら、エンドライン間で往復しながら行う。
   (b) 3人が1列に並ぶ。先頭の者が数回激しくドリブルをしてから素早くストップし、ターンする。そして、次の者にパスした後ダッシュし、プレッシャーをかけてから列の後ろにつく。
4. ルーズボール・リカバリー
   プレーヤーは1列に並ぶ。先頭の者は転がっているボールを拾い上げ、ドリブルしてショットを打つ。
5. 5人のウィーブ（クリス・クロス）
   最後はジャンプ・ショットで終える。5人全員がリバウンドする地域をカバーする。
6. ディフェンスの構えからのスライド
7. リバウンド、パス、カットを組み合わせたドリル
8. ジャンプ
   (a) グループ毎に行う。2回軽く跳んだら3回目は高く跳ぶ。
   (b) イメージ・リバウンド。グループになり、肩よりも両手を高く挙げた姿勢でのリバウンド動作を行う。プレーヤー全員がコーチのトスするボールを見て、その場でリバウンドするかのように高く跳ぶ。
   (c) イメージ・ジャンプボール。全員がジャンプボール時の構えをし、コーチが行う架空のトスに合わせてジャンプする。
   (d) リングよりも高い位置のバックボードの左右にボールをぶつけての空中での連続パス。1ヶ所3人で最初の2人が連続5回行って交代する。
   (e) 1列に並んでの連続リバウンド。どのプレーヤーもボードの高い位置でリバウンドする。リバウンドした後は素早く列の後方に移動し、再びリバウンドを繰り返す。
9. パス
   (a) 円を描きながら、横断パスをする。
   (b) 内と外に2つの円を作り、それぞれが逆方向に回転しながら互いにパスをする。

ショット
1. セット・ショット／ジャンプ・ショット
   グループになって、パスからのセット・ショットか、それにフェイクを伴ったショット、次にドリブル（1つか2つ）からの素早いジャンプ・ショットを行う。
2. ドリブル・ドライブからのショット
   ドリブル、パス、リターン・パスを受けてのカットなどからショットを行う。

(a) ショット・フェイクからパスのリターン　(b) クィック・ストップからフェードアウェイ　(c) 左右のフック　(d) レイ・バック　(e) リーチ・バック
3. ポジション別のショット
(a) フォワード、センター、ガードがゲームで使うショットを個人で練習する。
(b) フォワードとガードで、サイド・ポストからのオプションやリバース・カットやスクリーンを利用しながら、いろいろなタイプのショットを練習する。
(c) フリースロー。練習日には少なくとも50本放り、それを記録する。

パス・アンド・カット
以下の2つのドリルを毎日練習する。
1. トップもしくはサイドから全員でのパス・アンド・カット。
2. レギュラー・オフェンシブ・フォーメーションの中で用いるパス・アンド・カット。

ディフェンス
1. 1対1
ポジション別に毎日行う。
2. 2対2
ガード同士、ガードとセンター、ガードとフォワード、センターとフォワードというように組んで毎日行う。
3. 3対3
(a) ガード、フォワード、センターが3人一組となり、毎日行う。
(b) 2人のガードと1人のセンター。ポストにパスを入れてのカットから始めさせる。週2回行う。
(c) エンドラインからスローインするオフェンスにプレスをかけ、ロング・パスを禁止し、時間をかけてボールを運ばせる。週2回行う。
(d) アウトサイドからのセット・ショットあるいはジャンプ・ショットに対して、2人のフォワードと1人のセンターがそれぞれのマークマンに対しブロックアウトする。週3回行う。
4. 4対4
(a) ポストマンをつけないで、ガードとフォワードのそれぞれのポジションから始める。オフェンスはウィーブを行う。週1回か必要に応じて回数を増やす。
(b) パスは使えるがショットを打ってはならないポストマンをつける。週1、2回行う。
5. 5対5
(a) ウィーブ、ハイ・ポスト、ロー・ポスト、ダブル・ポスト、シャッフル、ウィーク・サイド・センターなど、あらゆるタイプのオフェンスに対するディフェンスを行う。毎日の練習の中で、少なくともこれらの内の1つに対抗するディフェンス練習を行う。

(b) ボール・コントロールなどを用いたリード・プロテクション・オフェンスに対するディフェンス練習を週1、2回行う。
(c) セット・ショットないしジャンプ・ショットに対しブロックアウトし、リバウンドする練習を数分間毎日行う。

6. **アウトナンバー**
(a) ハーフコートもしくはオールコートでの2対1。
(b) ハーフコートもしくはオールコートでの3対2。
(c) ハーフコートもしくはオールコートでの3対1。
(d) いろいろな状況での3対2。

7. **スペシャル・シチュエーション**
(a) サイド・スクリーンとブラインド（バック）・スクリーンに対して。
(b) 強力なポストマンに対して。
(c) ジャンプボール時の状況に対して。
(d) フリースロー時の状況に対して。
(e) いろいろなタイプのスペシャリストに対して。

チーム・ファストブレイク

いくつかのタイプを毎日練習する。

1. ショットを入れたり落としたりして、いろいろなオプションを行わせる。ディフェンスをつけたり、つけなかったりする。
2. 上記1．をフリースローから行う。
3. ハーフコートのスクリメージで、ディフェンスがボールを奪取したとき。

リバウンド

いくつかのタイプを毎日練習する。

1. **1対1**
ポジション別に行う。

2. **2対2**
ガード同士、ガードとセンター、ガードとフォワード、センターとフォワードというようにペアを組む。

3. **3対3**
(a) 3人のインサイドマン（両サイドのフォワードとセンター）に2人のアウトサイド・シューターかパサーをつけて行う。
(b) ガード、フォワード、センターが3人一組となり、オフェンスのショットから始める。
(c) 2人のガードとセンターで一組となり、オフェンスのショットから始める。

4. **5対5**
(a) オフェンスは素早くボールを移動させ、3回以内のパスからセット・ショットかジャンプ・ショットを打って始める。

(b) 何等かのオフェンス・パターンを行ってから始める。
　　(c) 対戦するチームのオフェンス・パターンを行ってから始める。

レギュラー・オフェンスとスペシャル・プレー
　いくつかのタイプを毎日練習する。
1. ボール・サイド（ストロング・サイド）で用いるパターンの練習　**2.** ウィーク・サイドで用いるパターンの練習　**3.** 両サイドのパターンを組み合わせた練習　**4.** ゾーン・アタック　**5.** プレスに対するアタック

3人で行うボール・ハンドリングとコンディショニング
　毎日練習する。
1. パラレル　**2.** タイト・ウィーブ　**3.** ルーズ・ウィーブ　**4.** ダウン・ザ・ミドル　**5.** フロント・アンド・サイド　**6.** スルー・ザ・スクイーズ　**7.** ロング・パス　**8.** ドリブル、ストップ、ターン、ハンドオフ

リード・プロテクション
　シーズン最初のゲームの前に週2回、必要ならば回数を増やす。

プレッシング・ディフェンス
　毎日練習する。
1. マンツーマン　**2.** ゾーン　**3.** コンビネーション

スクリメージ
　いくつかのタイプを毎日練習する。
1. ハーフコート
　ゲームのあらゆる状況を具体的に説明するために毎日練習する。また、毎日交互にオフェンスとディフェンスのどちらかに重点を置いて練習する。
　　(a) 厳しいゲーム状況の中でオフェンスを向上させる。
　　(b) ボールの所有権を失うまで一つのチームに5回連続してオフェンスをさせ、ディフェンスと交代する。得点をつけるが、それはボールの所有権には直接関係しない。ただし、オフェンスにディフェンスがファウルしたら1点ないし2点が与えられる。逆に、オフェンス側がファウルした場合は、ボールの所有権が1回失われる。
　　(c) ディフェンス側がボールを奪ったらファストブレイクを出す。
　　(d) 得点を上げる度にプレスさせ、オフェンスにそれを破らせる。
2. オールコート
　練習開始から最初の2週間は毎日行う。その後はシーズン最初のゲームまで週2回実施する。シーズンが始まったらほとんど行わないが、ゲームの翌日にあまり出場しなかったプレーヤーのために実施することは構わない。ゲームの出場時間が多かったプレーヤーは、その日はフリースローやジャンプ・ショットの練習に当てる。

REBOUNDING DRILLS
リバウンディング・ドリル

1. **プレーヤーの心得**
   (a) バックボードを制するチームはゲームを制する。
   (b) オフェンスのときもディフェンスのときも、ショットはすべて落ちるものと考え、リバウンドが獲れるポジションへと動き、ボールに跳びつく。
   (c) ショットがあったときはいつでも両腕を肩の高さに上げ、手の平をボールに向ける。
   (d) 相手チームがショットをしたら、自分のマークマンから1、2歩離れ、そのプレーヤーがリバウンドしようと動くならばその前に立ちはだかる。そして、ボールへと向かう。もしそのプレーヤーがためらっているならば、構わずボールへと向かう。
   (e) ディフェンス・リバウンドは、素早く高く跳び、両足を十分に広げて着地する。また、ボールは両手でキャッチし、胸の位置で保持する。次に、レシーバーをよく見て安全に、できるだけ早くパスを出す。
   (f) オフェンス・リバウンドは、素早く高く跳び、指を十分に広げて手の平を前に出す。リバウンド時に起こり得る身体接触を避けるために片手を上に挙げ、ボールは叩くよりもティップする。必要なら2度、3度と繰り返して跳んでティップする。
   (g) 得点された後にエンドラインからスローインするとき、レシーバーにあまり遠い位置で捕球させてはならないし、安易に両チームのプレーヤーが密集しているところで捕球させない。
   (h) 絶えず判断し、フェイクを用いる。

2. **指導の留意点**
   (a) オフェンス
   (1) 正しいポジションとること。
   (2) タイミング。
   (3) ジャンプの素早さ。
   (4) 両手を上げ続けること。
   (5) 最大限の努力をすること。
   (6) 手首と指ではじくこと。
   (7) フェイクすること。
   (8) 準備しておくこと。
   (b) ディフェンス
   (1) 正しいポジションをとること。
   (2) オフェンス・プレーヤーのリバウンド・コースを遮断すること。

(3) タイミング。
(4) ジャンプの素早さ。
(5) ジャンプのときに、両足を広げ、空中を蹴るようにすること。
(6) 両手を上げて肘を張ること。
(7) 周りをよく見ること。
(8) 密集地帯からボールを素早く外に出すこと。
(9) 積極的に行うこと。
(10) 準備しておくこと。

リバウンディング・ドリル#1

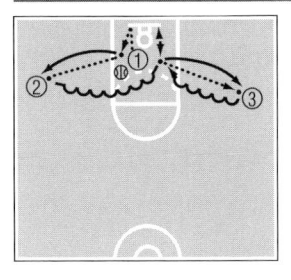

[図8-1]

●スリーメン・フィギュア・エイト

①がボールをバックボードに沿って高く投げ上げ、それをリバウンドした後、②にパスして、②のポジションへと移動する。②は素早くドリブルしてバックボードの前に行き、ボールを高く投げ上げ、それをリバウンドし、③にパスして、③のポジションへと移動する。③も同じことを行って、①にパスする。

1つのバスケットに3人が入ることで、15人のチームならば2、3分の間にかなりたくさんのリバウンド練習ができる。

リバウンディング・ドリル#2

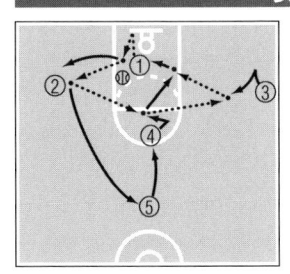

[図8-2]

●チーム・パス・アンド・ムーブ

①がボールをバックボードに沿って高く投げ上げ、それをリバウンドした後、②にパスして、②のポジションへと移動する。②は④に素早くパスするが、④は②からのパスをミートする前に逆サイドへ一度フェイクしておくこと。②はパスした後、⑤のところへと移動する。⑤は④のポジションへと移動する。④は②からのパスを受けた後、エンドライン方向にフェイクした③に素早くパスを出し、③からのリターン・パスを受けるためにゴール下へとカットする。④は最初に①が行ったことと同じことを始めるが、パスは③の方向に出す。リバウンドする者にパスを出すことになるサイドの者以外、全員がポジションを変えることに注意すること。

リバウンディング・ドリル #3

●チェッキング・ザ・シューター

プレーヤーは1つのバスケットに対し少なくとも3つのペアを作り、いろいろな位置からスタートする。オフェンスとディフェンスは交代しながら行う。

シューターにつくプレーヤーは通常のディフェンス・ポジションに位置し、セット・ショットないし1、2回ドリブルをさせてからジャンプ・ショットを打たせる。そして、シューターのリバウンド・コースに入り、バックボードへ向かう。

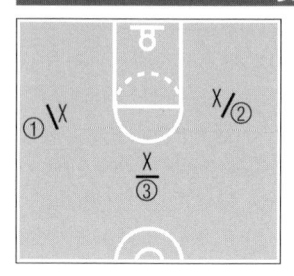

[図8-3]

リバウンディング・ドリル #4

●インサイド・チェッキング

2人のフォワードと1人のセンターは通常のポジションに位置するが、彼らにはディフェンスをつける。G1とG2はショットを打つか、F1、F2、Cのいずれかにパスしてショットを打たせる。ショットの後、インサイドの3人のプレーヤーがリバウンドに行き、G1かG2はキー・エリアをカバーする。インサイドのプレーヤーはオフェンスとディフェンスを交代しながら行う。

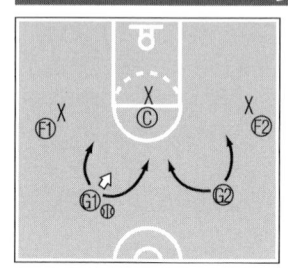

[図8-4]

リバウンディング・ドリル #5

●オフェンシブ・ティッピング

①と②は図のように位置する。③はセット・ショットかジャンプ・ショットを打ち、①と②とを加えてリバウンドを獲り合う。この3人はショットが入るまで1対2を続ける。ショットが入ったら、③の位置に移動している④にパスを出し、①はレーンの外に出る。⑤が④の位置に入り、②は①の位置に、③は②の位置にそれぞれ移動する。

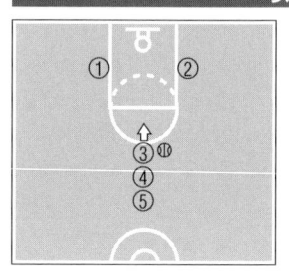

[図8-5]

リバウンディング・ドリル#6

●タイミング・アクロス・ザ・ボード

①はバスケットの逆側の高い位置にボールを投げ上げ、②と④の列の後ろへ移動する。②はタイミングを合わせて自分のジャンプの最高点で、①がいた場所に移動してきている③へバスケット越しにティップする。ティップをしたら、逆の列の最後尾へ素早く移動する。

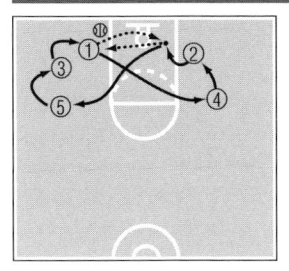

[図8-6]

リバウンディング・ドリル#7

●ワン・オフェンシブ・ティッパー

①はゴール下に位置し、②のショットをリバウンドする。もしショットが入ってしまったら、②ははずれるまでショットを打ち続ける。3人で図のようにポジションを変えながら行う。

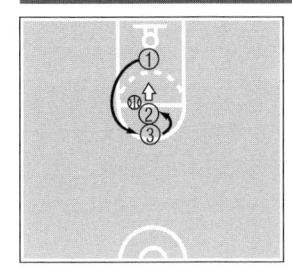

[図8-7]

リバウンディング・ドリル#8

●アクロス・ザ・ボード（2人組）

①はバスケットの逆側の高い位置にボールを投げ上げ、②はタイミングを合わせて自分のジャンプの最高点でティップし、①に返す。2人で5回連続成功したら、③は①のポジションに入り、①は②のポジションに移動し、②は待機する。このドリルは、本来はセンター用であるが、時にはフォワード同士で行っても良い。

[図8-8]

リバウンディング・ドリル#9

●ダブル・トライアングル・ウィズ・パス

①と②はバックボードの高い位置にボールを投げ上げ、それをリバウンドしてサイドにいる③と④にパスし、彼らがいた場所にそれぞれ移動する。③と④はパスを受けて、それぞれが⑤と⑥にパスし、逆側の列の最後尾に並ぶ。⑤と⑥は自分でボールを投げ上げてリバウンドし、同じパターンを繰り返す。

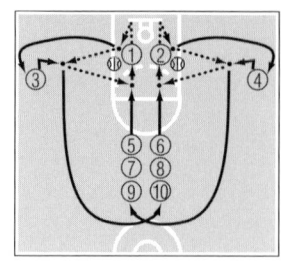

[図8-9]

リバウンディング・ドリル#10

●チェッキング・ザ・ドライバーズ

X1、X2、X3は図のようにフリースローライン近くに位置する。⑤はドリブルしてバスケットに向かいショットを打つか、④か⑥へパスをしてジャンプ・ショットを打たせる。X1、X2、X3はそれぞれがすぐさま④、⑤、⑥をチェックし、それからボールに向かう。X1、X2、X3の誰かがボールを保持したら、④、⑤、⑥はディフェンスとなり、⑦、⑧、⑨がオフェンスとなる。X1、X2、X3は列の最後尾に移動する。

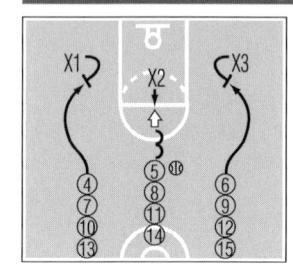

[図8-10]

リバウンディング・ドリル#11

●ファインディング・ザ・レシーバー

③は図のようにドリブルしながら移動し、セット・ショットかジャンプ・ショットを打つ。もし③がリバウンドしてしまったら、またすぐにショットを打つ。そのとき、②は①を邪魔するためにエンドラインから飛び出す。①はリバウンドしたら、移動している④を見つけ出し、素早くパスを出す。①が④にパスを出したら、②が次のリバウンダーになる。①は⑤の場所へ移動したら、次に④がショットを打ち、③は②がいたところへ移動する。

[図8-11]

リバウンディング・ドリル # 12

●リバウンド競争

④がショットを打ったら、①、②、③はゴール下で互いにリバウンドを争う。リバウンドが獲れた者は④にパスをするが、リバウンドが獲れなかった残りの2人はそれを簡単にさせないようにする。リバウンドを獲り、④に5本パスできた者が④と交代する。

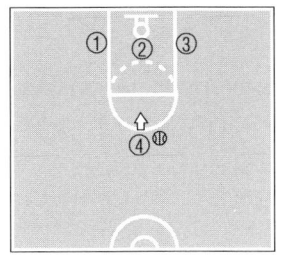

[図8-12]

リバウンディング・ドリル # 13

●チーム・チェッキング(A)

5人が図のように通常のポジションにディフェンスとして位置する。コーチXはドリブルし、図に示されたアウトサイドのポジションの一つからショットを打つ。オフェンス側はリバウンドに飛び込み、ボールが獲れたらショットを打つか、再びボールをコーチに戻す。ディフェンス側がボールを保持したら、ファストブレイクを開始するためにパスを出す。

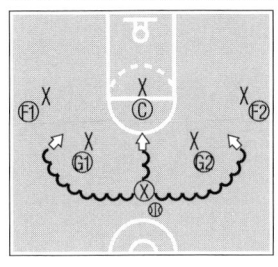

[図8-13]

リバウンディング・ドリル # 14

●チーム・チェッキング(B)

#13のように5人がディフェンスとして位置する。オフェンス側はカットをしながら、素早くボールを回す。3回以内のパスでオフェンス側の誰かがジャンプ・ショットを打つ。その後は、両チームとも#13と同じ要領で行う。

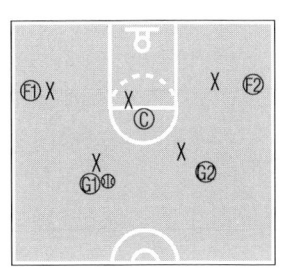

[図8-14]

CONDITIONING DRILLS
コンディショニング・ドリル*1

　コンディショニング・ドリルにはいくつもの目的が含まれているので、シーズン開始からシーズン終了まで、ほとんど毎日の練習で行われる。また、ここで示されるほとんどのドリルは、いくつかのファンダメンタルを同時に向上させることが意図されている。このドリルを用いる主な理由は、以下の様ざまな事柄を向上させるためである。

1. 身体的コンディション
2. 動きながらの素早いボール・ハンドリング
3. ボディ・バランスとフロア・バランス
4. フェイクとフェイント、およびフットワーク
5. ディフェンス・フットワーク
6. タイミング
7. リラックス
8. スピード・ドリブルとコントロール・ドリブル
9. いくつかの特殊なパス技術
10. ファストブレイクの原則
11. プレス・ディフェンスの原則
12. プレス・アタック
13. 3対3の状況下でのオフェンスとディフェンスの原則
14. あらゆるファンダメンタルの正しい実行

コンディショニング・ドリル#1

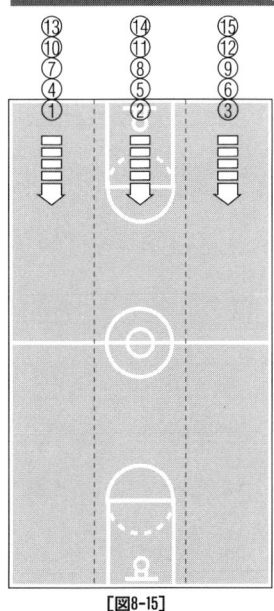

通常、私は組織的な練習を3線からのリラックス・ドリルで開始する。ホイッスルの合図とともに、プレーヤーは図のように整列する。

[図8-15]

コンディショニング・ドリル#2

●イージー・ランニング・アンド・ホッピング

先頭の3人は一緒にスタートし、フリースローライン上まで来たら次の3人がスタートする。すべての関節をリラックスさせ、両腕を回しながら逆サイドのエンドラインまで軽く走る。最後尾の者たちがエンドラインに到達したら、再びスタートする。また、片足ずつ交互に連続ホッピングも行う。

コンディショニング・ドリル#3

●チェンジ・オブ・ペース・アンド・ディレクション

ペースと方向を素早く変えながら進むこと以外は#2と同じである。コートを3等分し、サイドライン側の2人は3分の1ずつを、中央の1人はコートの中央3分の1を使う。

コンディショニング・ドリル#4

●ハーフコート・スプリント

これも3列に並んで行う。3人一斉にスタートし、センターライン上の架空のテープ目がけてダッシュする。センターラインを通過したら、逆サイドのエンドラインまで軽く走る。最後尾の者たちがエンドラインまで到達したら、再びスタートする。

コンディショニング・ドリル♯5

●コントロール・ドリブル、スピード・ドリブル、ウィーク・ハンド・ドリブル

　これも3列に並んで行う。各自がボールを持ち、センターラインまではペースと方向を変えながらコントロール・ドリブルをし、センターラインを越えたらスピード・ドリブルを行う。エンドラインに到達したら、素早くストップし、ターンする。次の3人組がエンドラインに到達したら、ぶつからないようにして再びスタートする。コントロール・ドリブルをしている3人はほぼ一直線に並んで進む。次の3人は前の組がフリースローラインに到達したらスタートする。ドリブルは、できるだけ非利き手で行う。

コンディショニング・ドリル♯6

●ディフェンシブ・スライディング

　プレーヤーは前述の♯5と同様に並ぶが、各列の先頭の者たちは背中を反対側のバスケットに向ける。プレーヤーは、素早くペースや方向を変化させてくるカッターやドリブラーを想定して後方へスライディングしながら下がるが、ある決まったパターンに固執することのないように、そのスライディング動作に変化を付けなければならない。つまり、オフェンスを想定し、腕の長さの距離以上離れないようにし、進行する側の手を下げ、逆の手はオフェンスの腰に向ける。

コンディショニング・ドリル♯7

●1対1（カッター）

　プレーヤーはそれぞれの列でペアを組み、センターラインに到達したら役割を変える。ディフェンス・プレーヤーを動かすのはオフェンス・プレーヤーの責任である。オフェンス・プレーヤーはディフェンス・プレーヤーに走り勝とうとせず、素早くストップさせたり、スタートさせたり、方向を変化させることで、横方向への動きをたくさん行わせる。どのペアもコートの3分の1以内のスペースで行わなければならないし、次のペアは前のペアとぶつからないようにする。

コンディショニング・ドリル♯8

●1対1（ドリブラー）

　このドリルは♯7と同様に行うが、違いはオフェンス・プレーヤーがそれぞれボールを持ってドリブルをすることである。

コンディショニング・ドリル#9

●ドリブル、ストップ・アンド・ターン、トレーラーへのハンドオフ

　ミドルマンがボールを持ち、両サイドのプレーヤーと協働してドリルを行う。ミドルマンはコントロール・ドリブルをしながら、どちらかのサイドへ移動する。そして、素早くストップしてターンし、そのサイドの者にハンドオフする。ミドルマンが一方のサイドへドリブルするとき、そのサイドの者はフェイクをしてタイミングを合わせてボールを受ける。次に、ボールを受けた者はコントロール・ドリブルをしながらコートを横切って逆サイドへ向かい、同様にストップしてターンし、ハンドオフする。3人がそれぞれ1回ずつピボットを行ったら、最初ミドルマンだった者がパスを受けてバスケットへドライブし、他の2人はリバウンダーになる。ドリブラーの動きに合わせ、正しいタイミングでボールを受けるのはカッターの責任であり、早すぎたり遅すぎたりしてはならない。

コンディショニング・ドリル#10

●ドリブルのクィック・スタート・アンド・ストップ

　各プレーヤーがボールを1つずつ持って並ぶ。最初の3人はコントロール・ドリブルを始め、6m程度進んだら素早くストップし、そこで数回素早くピボットを行ったら、再びドリブルし6m程度進んで同じことを行う。これをオールコートで行う。各列の次のプレーヤーは、前のプレーヤーが最初にストップした時点でスタートする。

コンディショニング・ドリル#11

●パラレル・レーン

　各列のミドルマンはボールを持ち、自分でバックボードにボールを高く投げ上げ、それを力強くリバウンドすることから始める。リバウンドしたプレーヤーはどちらかのサイドにパスを出し、両サイドのプレーヤーと的確にパスを交換しながら、コートをできるだけ速く進む。ボールは常にサイドのプレーヤーからミドルマンに返され、サイドからサイドへ、といった横断パスはしない。

　ミドルマンがフロントコートのフリースロー・サークルに到達したら、次にパスを受けるサイドのプレーヤーはドリブル・ショットを打ち、バランスをとって着地し、再びドリルを続けるためにターンする。逆サイドのプレーヤーは、リバウンドするために素早くストップする。ミドルマンはパスした後、ショットを確認しリバウンダーからのリターン・パスを受けるために、両手を顎の位置に上げてショットが行われたサイドへ1、2歩進む。

　次の組は、前の組がセンターラインを越えたらスタートする。一連のプレーが終了したら、後続のドリブ

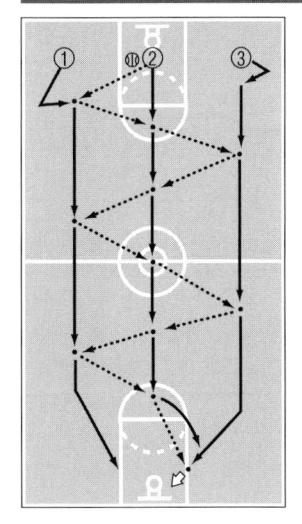

[図8-16]

ル・ショットを行うプレーヤーとぶつかってケガをしないように、プレーヤーはコートの方を振り返ること。シューターへのラスト・パスはバウンス・パスとするが、それ以外は切れの良いプッシュ・パスをすること。なお、時にはすべてのパスをバウンス・パスにしても良い。ミドルマンを交代しながら続ける。

コンディショニング・ドリル♯12

● ウィーブ（タイト・アンド・ルーズ）

♯11と同じ要領で開始するが、このドリルではミドルマンが交代する。ミドルマンはリバウンドしたらサイドのプレーヤーにパスし、その後ろに回り込み、逆サイドからやってくるプレーヤーからのパスをレシーブするためにコート中央へ切り返す。3人は、常にパスをした相手の後ろに回り込み、パスを受けるために切り返しながら、最後は♯11と同じことを行う。

このドリルでは、プッシュ・パスとバウンス・パスの両方を用いる。もし体力的に非常にきついドリルにするならば、プレーヤー同士に近距離からのハンドオフ・パスを行わせると良い。

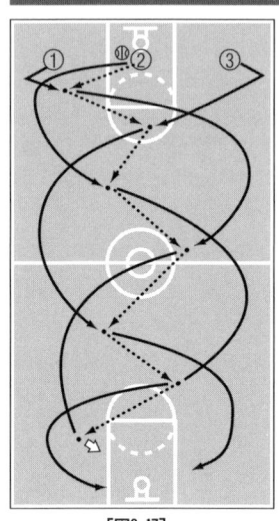

［図8-17］

コンディショニング・ドリル #13

●ダウン・ザ・ミドル

スタートは#12と同様であるが、3人が1回ずつパスをしたら、最初にミドルマンだった②がコート中央へとドリブルし、サイドを走っている1人にパスをする。終わり方は#11や#12と同様である。

[図8-18]

コンディショニング・ドリル #14

●フロント・アンド・サイド

#13と同様にミドルマンからスタートするが、サイドのプレーヤーの1人はこれまでのようにサイドからではなく、フリースロー・サークルのトップからスタートする。リバウンダーがサイドの①にパスし、①は③にパスする。その際、③はパスをもらうためにフェイクを入れる。次に、③が②にパスし、②はコート中央をドリブルする。あるいは③が②にフェイクを入れ、①にハンド・オフ・パスすることで①にコート中央へとドリブルさせる。いずれの場合であれ、コート中央をドリブルするプレーヤー以外は、両サイドをカバーする。また、①からパスを受けた③は、②や①の両方にフェイクを入れ、自分がコート中央をドリブルしても良い。場合によっては、コーチは①からのパスをもらう③を邪魔しても良いし、③にパスを出す①の邪魔をしても良い。また、①からボールを受けた後の③をディフェンスしても良い。この#14は、リバウンドからファストブレイクというプレースタイルを確立するために適したドリルの一つである。

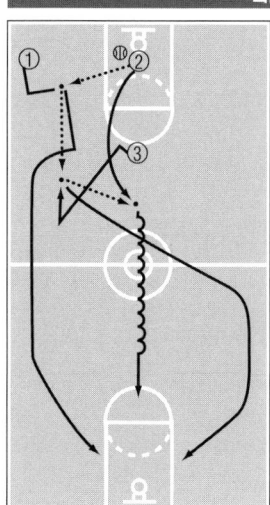

[図8-19]

コンディショニング・ドリル#15

● ターン・アンド・ドライブ・スルー・ピンチ

②はバックボードにボールを投げ上げ自分でリバウンドする。①と③は②を挟んでプレッシャーをかける。②は体を低くし、ボールを体に引き寄せてから、素早く判断して2人の間をドリブルで抜け出る。次に、①と③は②の後方で交差し、レーンをカバーしながら走る。

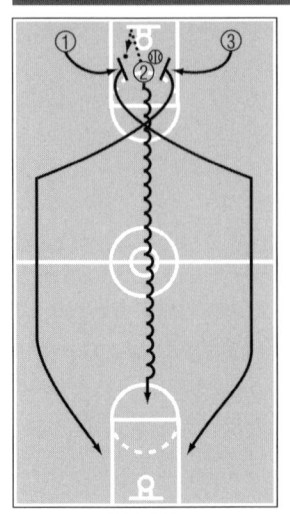

［図8-20］

コンディショニング・ドリル#16

● ロング・パス(A)

②はバックボードにボールを投げ上げ自分でリバウンドし、いずれかのサイドにパスする。パスをもらえなかったサイドのプレーヤーは、リバウンダーからパスを受けたプレーヤーからのロング・パスに備えてダッシュする。リバウンダーとパサーは、ショットのボールがフロアに落ちる前にキャッチするために、パスした後は速やかにダッシュする。他のドリルと同様に、どんな地点からも対処することができるよう、ポジションを変えて行わせる。

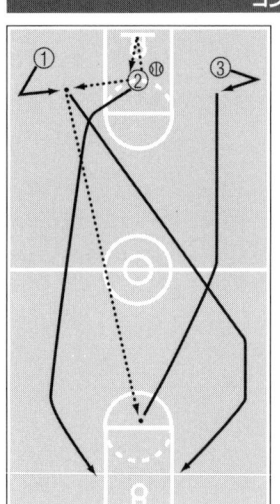

［図8-21］

コンディショニング・ドリル#17

●ロング・パス(B)

3人が#14と同様の位置につく。③はパスを受けるために図のようにフェイクし、ダッシュする。

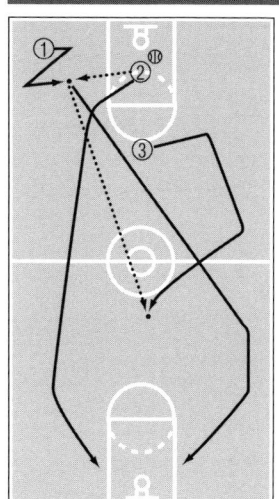

[図8-22]

コンディショニング・ドリル#18

●3対3・ウィズ・ブレイク

攻守を予め決めてセンターラインからスタートする。図に示されているように、オフェンスとなった②のグループは得点をねらうが、ディフェンスをするX1のグループにボールを取られたときはいつでもディフェンスに転じなばならない。ディフェンス側はボールを保持したら、すぐさま逆サイドへ反転し得点をねらが、ロング・パスは禁止する。

X1と②のグループが攻守を1回ずつやり終えたら、③と④のグループと交代する。X1と②のグループは⑤のグループの後ろに並び、⑤のグループはX1のグループと次に対戦する。

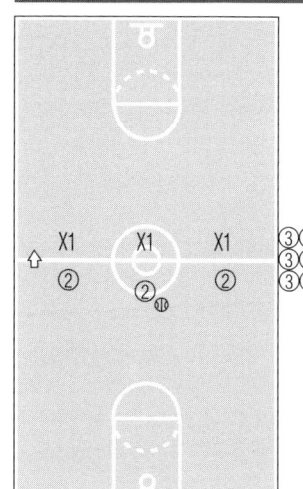

[図8-23]

コンディショニング・ドリル#19

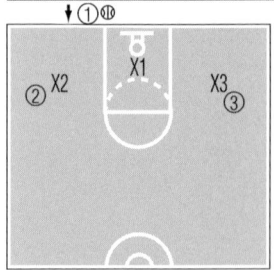

[図8-24]

● ベースライン・マンツーマン・プレス

　ディフェンス側のプレッシャーに屈することなく、エンドラインからのインバウンド（スローイン）を3人で試みる。その際、ロング・パスは禁止する。
　オフェンス側は逆サイドのバスケットへの得点をねらう。交代は#18のドリルではサイドラインから行ったが、このドリルではエンドラインから行う。

コンディショニング・ドリル#20

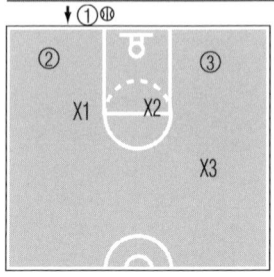

[図8-25]

● ベースライン・スリーマン・ゾーン・プレス

　ディフェンス側は図のように位置する。オフェンス側はロング・パスを使わないで、センターラインの突破をねらう。#19と同様に、3人1組で交代する。ディフェンス側は2-2-1ゾーン・プレスの原則に則りながらプレーする。

コンディショニング・ドリル#21

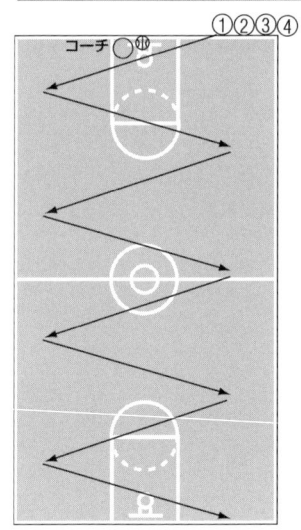

[図8-26]

● インサイド・ターン（ワン・レーン）

　プレーヤーはコートの一つのコーナーに1列になって整列する。コーチはボールを持ってバスケットの下に立つ。プレーヤーは約3mの間隔でランニングをスタートする。ランニング中、両腕を大きく振り、すべての関節の力を抜き、良いバランスを維持しながら、コーチの持つボールから目を離さないようにする。サイドラインから約1mの地点に来たならば、右方向へ行くときは右足をインサイド・フットにして左足を素早く出し、左方向へ行くときは左足をインサイド・フットにして右足を素早く出し、それぞれターンのときにペースを変えてコートを横切る。コーチは最後のプレーヤーが自分の前を横切ったら、逆サイドのバスケットの下へとゆっくり移動し、次のスタートの準備をする。

コンディショニング・ドリル#22

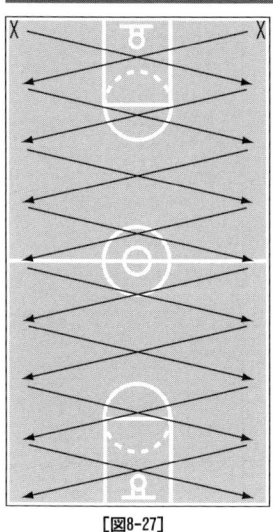

●インサイド・ターン（クロッシング・レーン）

このドリルでは、プレーヤーが2組に分かれて両コーナーに位置することを除き、#21と同じ要領で行う。2列が同時にランニングをスタートする。ここで求められているのは、交差するときに他の列の者とぶつからないための広い視野、状況への素早い対応、そして、いつもボールがどこにあるかを観察する能力である。

[図8-27]

コンディショニング・ドリル#23

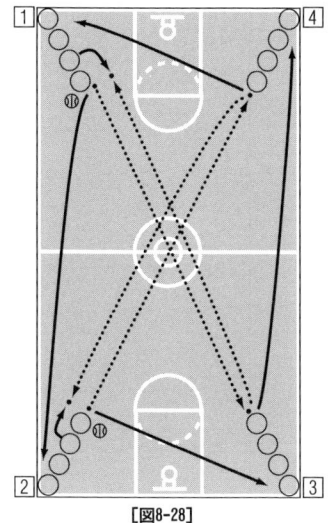

●ダイアゴナル・ロング・パス

図に示されるように、プレーヤーを4つのコーナーに振り分け、1と2のコーナーの先頭の者がボールを持つ。コーナー1の先頭の者が対角に位置するコーナー3の先頭の者にロング・パスをし、コーナー2の最後尾へと移動する。同様のことをコーナー2とコーナー4との間で行う。また、コーナー3の者はコーナー1にパスをしたらコーナー4の最後尾に、コーナー4の者はコーナー2にパスしたらコーナー1の最後尾へ移動する。

[図8-28]

コンディショニング・ドリル♯24

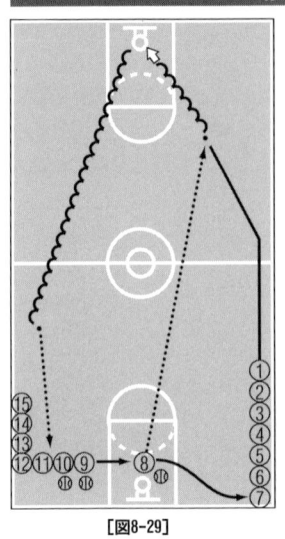

●ロング・パス・フロム・ザ・ボード

プレーヤーは両サイドに1列ずつ並び、⑧、⑨、⑩の3人がボールを持って、図のように位置する。①はフリースローラインの延長線上よりも1歩ほどセンターライン方向に位置する。⑧がバックボードの高い位置にボールを投げ上げたとき、①はサイドラインに沿ってダッシュし、センターラインを2、3m過ぎた地点からバスケットへとカットする。⑧は①に向かってベースボール・パスか長いフック・パスをし、①がいた列の最後尾へと移動する。①はパスを受けてショットを行い、それを自分でリバウンドしてすぐさまスピード・ドリブルをし、コートの逆サイドの列の最後尾まで来たら、その列のボールを持っていない先頭の者にパスをする。⑧がパスをした後、⑨はすぐさまゴール下のスタート位置へと移動する。②も①がカットし始めたら、すぐさまスタート地点に移動する。このようにして、ドリルをスムーズに進行させること。ひと回りしたら、サイドを変えて行う。

[図8-29]

コンディショニング・ドリル♯25

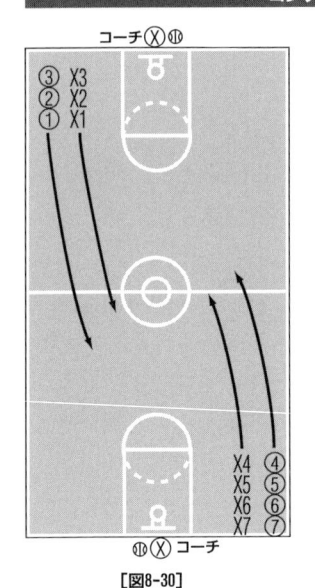

●1対1コンディショナー

コーチはボールを持ってそれぞれのバスケットの下に位置し、プレーヤーはオフェンスとディフェンスとに分かれ、オフェンス側がディフェンス側よりも1m程度前に出て、図に示したように整列する。最初は、コーチのスタートの合図で、オフェンス側のプレーヤーはコーチからボールを受け取るためにダッシュし、ショットをねらう。オフェンス・プレーヤーがショットを決めたり、ディフェンス・プレーヤーがボールを奪ったり、コーチがコールしたら、ボールをコーチに戻す。コーチにボールが戻されたら、すぐに次のペアがスタートする。プレーを終えたペアは自分たちの列の後ろにつき、役割を交代する。

[図8-30]

コンディショニング・ドリル #26

●2対2コンディショナー

　コーチはボールを持ってバスケットの下に位置し、プレーヤーは図に示されるようにオフェンス側とディフェンス側とに分かれて4列に並ぶ。コーチのスタートの合図で、オフェンス側はパスを受けるためにダッシュし、ショットをねらう。ディフェンス側の2人はそれをさせないように追いかける。#25で示された3つの状況と同じになったら、ボールをコーチに戻す。それを合図に次の4人組がスタートする。プレーを終えた4人組はサイドライン沿いを戻り、役割をそれぞれ代えて列の後ろにつく。

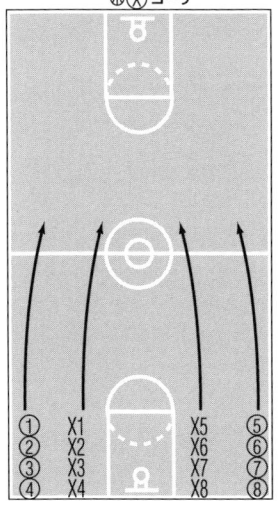

[図8-31]

コンディショニング・ドリル #27

●3対2コンディショナー

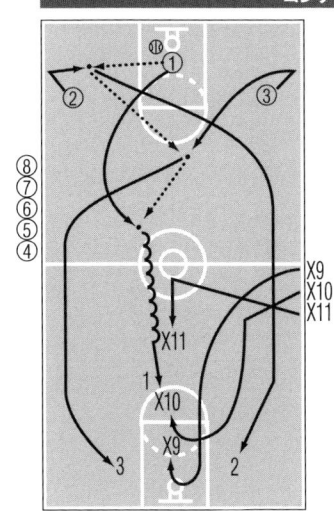

　このドリルは、イースタン・モンタナ州立大のマイク・ハーキンズが考案したものを応用したもので、コンディショニングの向上に適しているのはもちろん、実戦に近い状況が設定されるために、ファストブレイクの終わり方や3対2の状況でのディフェンス練習に最適である、という利点を持っている。このドリルを実施するためには、少なくとも12人のプレーヤーが必要であるが、私のチームの15人という人数はちょうど良い数であった。

　プレーヤーは、図に示される位置にそれぞれ整列する。①がボールをバックボードに投げ上げて自分でリバウンドして、このドリルはスタートする。①は②か③へパスを出し、3人が3線を作ってともかく速くボールを運ぶ。①がリバウンドしたとき、サイドラインに並んでいたX9がバスケットに近い位置へ走り、X10はフリースローラインのセンターラインよりの位置へ移動する。3人のオフェンス・プレーヤーがセ

[図8-32]

345

ンターラインを越えたら、サイドラインにいたX11は片足でセンター・サークルを踏み、すぐさまディフェンスとなって、その3人を追いかける。この方法によって、オフェンス側はディフェンス・プレーヤーに追いつかれて3対3になってしまう前に、素早く2人のディフェンス・プレーヤーを攻め、ショットを決めなければならなくなる。

　オフェンス側がショットを決めたり、ボールを無くすことになったら、X9、X10、X11の3人のディフェンス・プレーヤーがオフェンス側となる。その時、逆サイドにいる④と⑤が反対側のバスケットを守るディフェンスとなるために移動し、⑥が①の役割を行う。最初にオフェンスを行った①、②、③はコートから出て、サイドラインの列の後ろにつく。

　このドリルが行われている間、ファストブレイクやオーバーナンバー・プレーの約束事を徹底させることにコーチは注意を払わなければならない。特に、独りよがりの個人技で得点しようとする者に注意を与えるべきである。

コンディショニング・ドリル#28

●チーム・ウィーブ

　チームは5人1組になって図のように整列する。1組目の真ん中にいる者がボードにボールを投げ上げリバウンドし、スタートする。③はリバウンドしたら、最も近くにいる者にパスを出し、その後ろを走り、最後の⑤がパスを受け取るときには、コートの中央へと切り返しているようにする。

　私が好んでいるのは、ウィーブを行いながら最後にジャンプ・ショットを打ったら、全員がリバウンド・ポジションについて終わる、というものである。図に示されているように、このことは、バックボードの両サイドと正面に、そしてフリースロー・サークル内にリバウンダーが配置され、もう1名がセーフティ（プロテクター）として位置することを意味している。

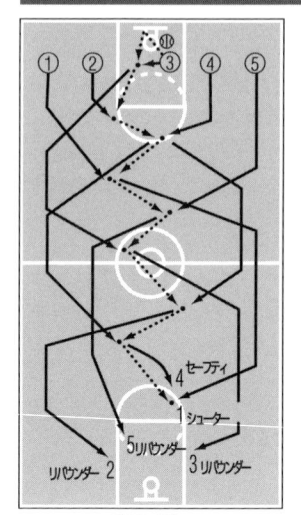

[図8-33]

PASSING AND RECEIVING DRILLS
パス・アンド・レシーブ・ドリル

　すべてのオフェンスは良いショットを打つために計画されるし、それは良いパスによってのみ可能になるので、常に様々なパスを適切に行うことが強調されなければならない。ボールを用いたほとんどのドリルにはパッシングが含まれているし、一つひとつのドリルに設定されている第一の目的にパッシングが結び付けられていなければならない。パスとレシーブに関する数多くのコメントと提案は第3章で示されたが、もう一度繰り返してそれらのいくつかを強調しておきたいと思う。

1. **パス**
   (a) パスは歯切れ良く正確に行われるべきである。強すぎず、弱すぎず、レシーバーの腰と肩の間に出すべきである。
   (b) パスはディフェンス・プレーヤーの近くや頭上よりも脇を通すべきである。
   (c) 最大限の素早さと同時に正確さを強調すべきである。
   (d) フェイクやフェイントなどを用いてディフェンス・プレーヤーを欺くことは必要であるが、奇をてらうことや軽率さは排除されなければならない。
   (e) パスした後に躊躇することは重大な誤りであり、パスを行ったら素早く移動しなければならない。
   (f) パサーは、常にレシーバーのディフェンスよりも外側の肩を目標にし、漠然とパスを出してはならない。

2. **レシーブ**
   (a) 両手を腰の上に置き、指を広げてリラックスさせること。
   (b) 指を十分に広げて片手でボールを止め、もう一方の手でボールを包み込むこと。
   (c) ボールから目を逸らさない。
   (d) レシーバーになる可能性があるときは、ディフェンスから有利なポジションでタイミング良くノーマークにならなければならない。突っ立ったままでいたり、ボールが来るのを待っているのではなく、先んじること。
   (e) レシーバーはボールを受けながら、直ちに何かを行う準備をしておかなければならない。

3. **ファンブルの原因**
   (a) レシーバーがボールを見ていないとき。
   (b) レシーバーがボールを保持する前に何かを行おうとしてしまっているとき。
   (c) レシーバーが過度に緊張し、ボールと格闘してしまうとき。
   (d) レシーバーが準備していなかったとき。
   (e) パサーが勝手に空想したとき。
   (f) パスが強すぎたり、弱すぎたり、不正確だったとき。
   (g) 落ち着き、自制心、平静さを欠いたり、体調が良くないとき。

4. 強調すべきポイント

(a) 意思の疎通が図られた正確なプレー
(b) 手首と指のスナップを用いて素早く行う
(c) 歯切れの良さ
(d) 指図の適切さと相応しいターゲットの設定
(e) パサーとレシーバーとのタイミング
(f) 両手を腰の上に置き、指を広げてボールを受ける準備をすること
(g) ボールのプロテクト
(h) ボディ・バランス
(i) パスの正しい使用
(j) 正しい実行
(k) フェイク、チェンジ・オブ・ディレクション、チェンジ・オブ・ペースを伴った適切なカッティング
(l) 絶えずディフェンスの状況を考えること

パス・アンド・レシーブ・ドリル#1

[図8-34]

●トライアングル

3人一組になり、4～5m間隔で三角形を作る。ボールを素早く移動し、時には方向を変える。コーチはパスの種類といつそれを変えるかの指示を出し、以下に示すようないろいろなタイプのパスを練習させる。また、両手だけでなく、できるものは片手で行わせる。

1. プッシュ・パス
2. ショルダー・パス
3. ヒップ・パス
4. オーバーヘッド・パス
5. ハンド・オフ・パス
6. ティップ・パス
7. フック・パス
8. ロール・パス

これらに加えて、バウンス・パスも練習する。

パス・アンド・レシーブ・ドリル♯2

●ダイアゴナル

5人一組となり、各自が同一間隔でサークルから一歩下がって並ぶ。図のような順番で素早くパスをする。すべてのタイプのパスを行う。

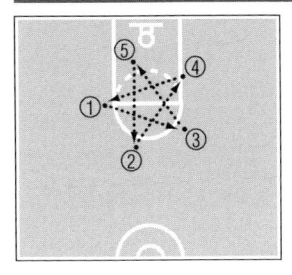

(図8-35)

パス・アンド・レシーブ・ドリル♯3

●サークル・アラウンド

5人が♯2と同様に並ぶが、パスはサークルの周りを同一方向に行う。いろいろなタイプのパスを行う。

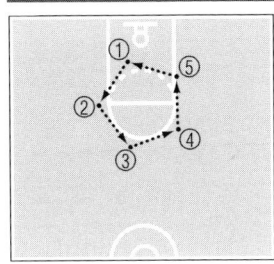

[図8-36]

パス・アンド・レシーブ・ドリル♯4

●サークル・ムービング

5人が♯2と同様に並ぶが、5人は動きながら図のような順番でパスをする。コーチの合図で、プレーヤーは素早く回る方向を変える。

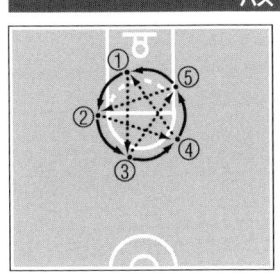

[図8-37]

パス・アンド・レシーブ・ドリル #5

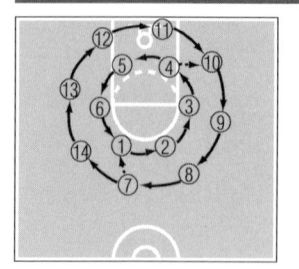

[図8-38]

●ダブル・サークル・ムービング

6人がフリースロー・サークルかセンター・サークルの周りに並び、その外側2〜3mのところに8人が位置する。この2つの円はそれぞれが反対方向に動き、2個のボールで間断なくパスをする。コーチの合図で、円はそれぞれ回る方向を変える。

パス・アンド・レシーブ・ドリル #6

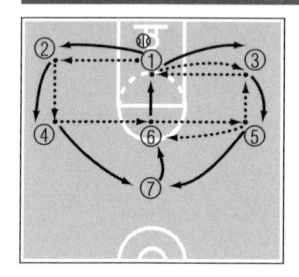

[8-39]

●アラウンド・アンド・バック

プレーヤーは図のように7人一組となり、2つのバスケットに分かれる。ボールを持った①が②にパスをし、②の場所へ移動する。②は④にパスをし④の場所へ、④は⑥にパスをし⑦がいた場所へ移動する。⑥が⑤にパスをしてバスケットに向かった後に⑦は⑥の場所へ移動する。⑤は③にパスをしてその場に留まる。③はバスケットに向かう⑥にパスをし、その場に留まる。⑥は③からボールを受けて自分でボールをバックボードにぶつけてリバウンドし③にパスを返し、その場に留まる。この後は、同じやり方で人もボールも反対方向に動く。

パス・アンド・レシーブ・ドリル #7

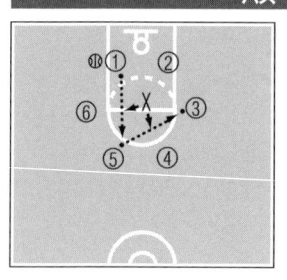

[図8-40]

●チェイサー・イン・ザ・サークル

6人が同一間隔でフリースロー・サークルから一歩下がって並ぶ。1人（X）はディフェンス・プレーヤーとしてサークルの中央に位置する。パサーはそれぞれがサークルを横切るパスを出し、サークルの中にいるプレーヤー（X）はそれを邪魔したりインターセプトをねらう。パスを失敗した者がサークル内のプレーヤーと交代する。

350

パス・アンド・レシーブ・ドリル #8

●2チェイサーズ・イン・サークル

このドリルは#7と同じ要領で行うが、違いは、サークル内に2人のディフェンス・プレーヤーが入ることと、サークルを少し広くすることである。

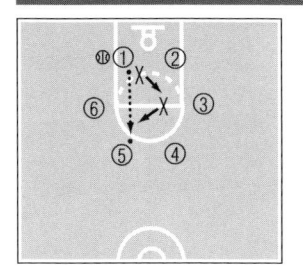

[図8-41]

パス・アンド・レシーブ・ドリル #9

●ミート・ザ・バウンス

ハーフコートを使い、各コーナーに同数のプレーヤーが位置する。コーナー①とコーナー②の先頭の者がそれぞれボールを持ち、対角のコーナーの先頭の者にバウンス・パスをし、それぞれが右手の列の後ろに素早く移動する。レシーバーになる者はバウンス・パスを受けるために常に前に出てミートする。レシーバーは2組のボールがぶつからないようにしっかり判断し、ミートする前にフェイクしても良い。

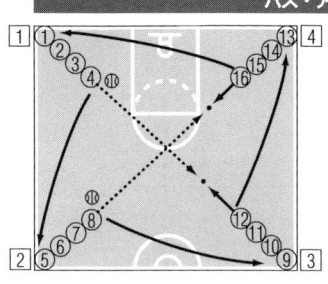

[図8-42]

パス・アンド・レシーブ・ドリル #10

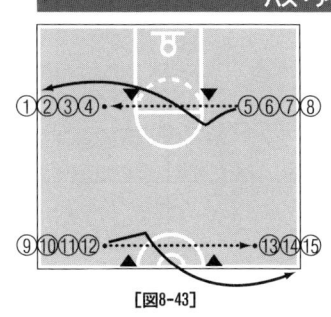

●クロス・コート・スナップ

2グループに分かれ、2つの椅子を用意する。ボールを持った列の先頭の者はコートの逆サイドにパスをし、左右どちらかの方向にフェイクした後で2つの椅子の間をカットし、反対側の列の後ろにつく。

[図8-43]

パス・アンド・レシーブ・ドリル #11

●ガード・ツー・リバーサー

ガードのプレーヤーがボールを持つ。ガードがドリブルを始めたら、フォワード・ポジションにいるプレーヤー（リバーサー）は素早くインサイド・ターンしてパスを受ける。全員やり終えたら、逆サイドへ移動する。

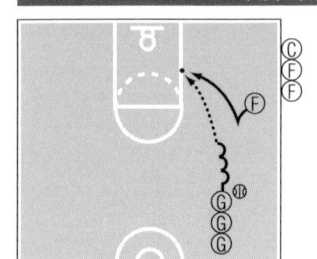

[図8-44]

パス・アンド・レシーブ・ドリル #12

●ガードからポストへ、ポストから・ガードへ

このドリルは、センター3人がC1→C2→C3→C1とポジションを変えながら行い、センター以外のプレーヤーは、図のように2列に並び、各列の先頭の者がボールを持つ。ポストマンにパスを出したら、パサーはインサイドにフェイクしてからアウトサイドへカットし、ポストマンからのリターン・パスをもらい、1、2回ドリブルをしてポストマンにパスを返す。ポストマンはショット・フェイクしてから、再びパサーにパスを返す。パサーは自分の列の次の者にパスをし、逆側の列の後ろにつく。

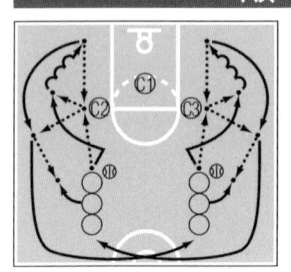

[図8-45]

パス・アンド・レシーブ・ドリル #13

●ポストにパスを入れてツーマン・プレー

5人一組となり、先頭の者がポストにパスを入れて、ツーマン・プレーを行う。ショットを入れたら、ポストの位置にいた者は列の後ろにつき、パサーだった者がポストへ移動する。次にパサーとなる者がディフェンスを行うが、ポストマンとパサーは以下のようなオプションを用いてツーマン・プレーを行う。

1. カッターはポストマンからリターン・パスを受けてドライブし、クィック・ストップからのショット・フェイクもしくはターンをして、ポストマンにパスを返してショットを打たせる。あるいはクィック・ストップからターンをして、ポストマンにパスを入れるフェイクをし、自分でショットを打つ。

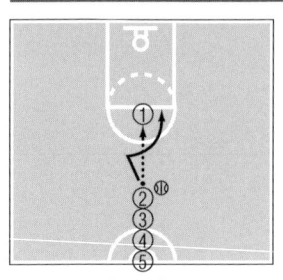

[図8-46]

2. カッターはポストマンからパスをもらうようなフェイクをし、タイミングを遅らせてゴール下でパスをもらう。

3. パサーはカットのフェイクをしてから、ステップ・バックしてリターン・パスをもらい、素早くジャンプ・ショットを打つか、ショット・フェイクからの素早いドライブを行う。

4. ポストマンはカッターにパスを渡すようなフェイクをしてから、自分でショットを打つ。

5. ポストマンはパスを受けると同時にリバース・ターンし、ゴール下へドライブしてショットを打つ。

6. ポストマンはパスを受けると同時に素早くターンしてバスケットに正対し、ショットを打つためのいろいろな動きを試みる。

パス・アンド・レシーブ・ドリル♯14

●ポストにパスを入れてフォワードへのスクリーン

1つのプレーが終了する度に、2人のセンターはポジションを入れ替わり、ガードとフォワードは逆サイドの列の最後尾へと移動する。ガードはポストにパスをして2、3歩まっすぐにカットしたら、フォワードにインサイド・スクリーンをかけに行き、フォワードがカットしたらバスケットへとロールする。フォワードは自分のマークマンがスクリーンにうまくかかるように、カットの方向とは逆側にフェイクする。

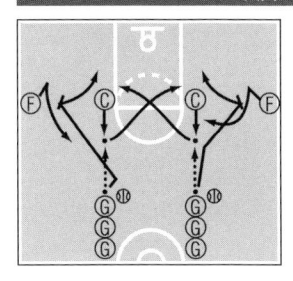

[図8-47]

パス・アンド・レシーブ・ドリル♯15

●ポストにパスを入れてフォワードとカットオフ

プレーヤーは♯14と同じ要領で行うが、違いは、フォワードがガードにスクリーンをかけ、ガードがゴールへカットした後にロールすることである。

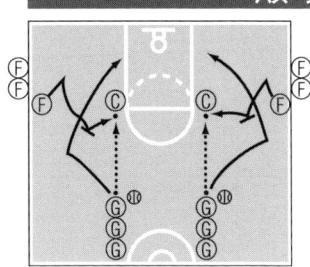

[図8-48]

パス・アンド・レシーブ・ドリル#16

●ポストにパスを入れてガードへスクリーン

　ガードは2人一組となり、どちらかがボールを持つ。ポストマンにパスを入れたら、パサーはもう1人のガードにサイド・スクリーンをかけてロールする。ポストマンは最初にカットしてくるガードか、あるいはスクリーンをかけた後にロールして反転してくるガードのいずれかにサークル付近でジャンプ・ショットを打たせるためにドリブルで移動し、サークルのキーで合わせる。

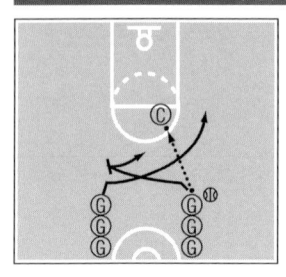

[図8-49]

パス・アンド・レシーブ・ドリル#17

●ポストにパスを入れて反対サイドのダウン・レーンでスクリーン

　センターはガードからパスを受けたらターンをするが、フォワードがやってくるまでボールを保持する。
　G1はポストにパスを入れたら、前方外側に2、3歩ゆっくり進んだ後、急に方向を変えて逆サイドへとカットし、F2のためにダウン・スクリーンをかける。Cはパスを受けたらターンしてバスケットに正対し、G1のスクリーンを利用して近づいてくるF2にパスをする。センターからパスを受けたF2はバスケットに向かってターンし、ショット・フェイクをしてから、同じサイドの列の先頭のG2に素早いパスを送る。G2はまた素早くポストにパスをし、同じプレーを逆サイドで展開する。プレーし終えたガードとフォワードはそれぞれのポジションの逆側の列の後ろにつく。センターは1つのプレーが終了する毎に交代する。

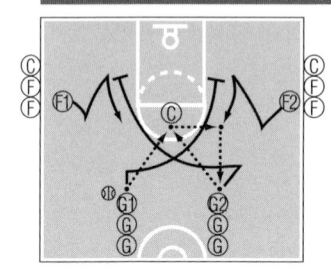

[図8-50]

パス・アンド・レシーブ・ドリル #18

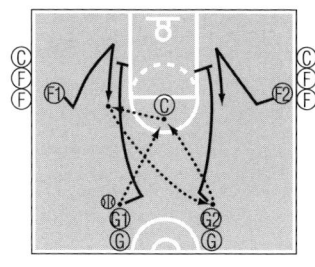

●ポストにパスを入れてダウン・レーンでスクリーン

プレーヤーは♯17と同様に並ぶが、ポストにパスを入れるガードは内側にフェイクし、同じサイドにカット・ダウンすることで反転してくるフォワードのためにスクリーンをかける。Cはパスを受けたらバスケットに正対し、ショット・フェイクをしてから、フォワードにパスをする。フォワードはポストからパスを受けたらターンをしてバスケットに正対し、ショット・フェイクをしてから、逆サイドの列の先頭のガードにパスをする。このガードはまた素早くポストにパスを入れ、同様のことを逆サイドで続ける。

[図8-51]

パス・アンド・レシーブ・ドリル #19

●ポストにパスを入れてガード・クロスからスクリーン

プレーヤーは♯17、♯18と同様に並ぶが、このドリルでは、2人のガードが各々逆サイドへカットし、それぞれがフォワードのためにダウン・スクリーンをかける。センターにパスを入れたガードのカットの仕方は♯17と同じであり、もう一方のガードはボールを持っているかのように同じことを行うが、彼はパスをしたガードの後方をカットしなければならない。ポストマンはパスを受けたらターンし、バスケットに正対し、ショット・フェイクをしてからガードのスクリーンを利用し反転してくるフォワードにパスをする。このフォワードはパスを受けたら素早くターンし、ショット・フェイクを行い、同じサイドの先頭のガードに素早くパスをする。このガードはポストに素早くパスを入れることで、同様のことを逆サイドで始める。

このドリルでは、フォワードとガードはサイドを変えながら行うが、ポストマンは6回ぐらいパスを受けてから交代する。

[図8-52]

355

パス・アンド・レシーブ・ドリル #20

●ポストにパスを入れてダウン・レーンでスクリーン

プレーヤーは#19と同様に並ぶが、このドリルでは、#18のようにガードは同じサイドへカットし、ダウン・スクリーンをかける。#19についても言えるが、実際のゲームでは、ポストからのパスを受けないフォワードがセーフティになる。

[図8-53]

パス・アンド・レシーブ・ドリル #21

●ポストにパスを入れて2人のガードと2人のフォワードのクロッシング

このドリルは、2人のフォワードがバスケットの下でクロスし、逆サイドでガードのスクリーンを利用することを除き、#19と同じである。図のように、ボールをポストに入れたサイドのフォワードがまずカットし、フォワード同士がバスケットの下でぶつからないようにする。

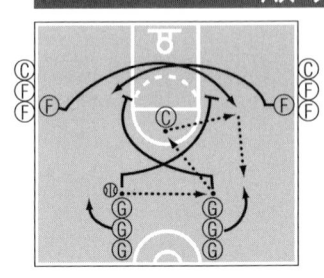

[図8-54]

パス・アンド・レシーブ・ドリル #22

●ポストにパスを入れてガードのクロス・アンド・リクロス

プレーヤーは#21と同様に並ぶが、ポストにパスを入れたガードはもう一方のガードのためにスクリーンをかけに行き、それを利用してもう一方のガードはカットしてから素早くストップし、自分にスクリーンをかけたガードのためにスクリーンをかける。次に、2人のガードは各サイドへカットし、フォワードのためにスクリーンをかける。

この一連の動きを実際のゲームを想定して行うと、フォワードはガードのスクリーンによって自分のマークマンをバスケットの下に釘付けにでき、ノーマークでポストマンからのパスを受けることになる。フォワードにパスができなかったときには、ポストマンは再びガードにボールを返す。

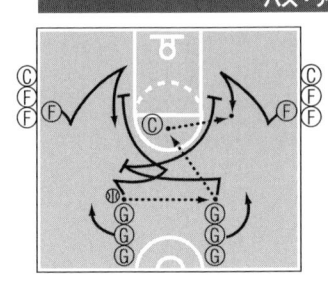

[図8-55]

パス・アンド・レシーブ・ドリル#23

●ガードがフォワードにパスしてスクリーン・アンド・ロール

　ガード全員がボールを持つが、先頭の者はフォワードにパスをし、内側へ2、3歩ゆっくり進んだ後、急に方向を変えてスクリーンをかけに行く。フォワードが自分の横をドリブルで通過するとき、バスケットへとロールし、パスを受けてショットを打つ。逆サイドはそのショットを待ってスタートする。プレーヤーはすべてのポジションを練習することが望ましく、常にサイドを変え、ポジションを変えて行う。

[図8-56]

パス・アンド・レシーブ・ドリル#24

●フォワードがガードにパスしてスクリーン・アンド・ロール

　プレーヤーは#23と同様に並ぶが、このドリルでは、フォワードにパスをしたガードが、カットのフェイクからリターン・パスを受けるためにステップ・バックする。フォワードはステップ・バックしたガードにパスを返してスクリーンをかけに行き、ガードがスクリーンを利用してドライブするのに合わせて、バスケットへとロールする。ガードはドライブを続けながら、ロールしたフォワードにパスをする。このドリルは、#23のドリルと連動させて行うと良い。

[8-57]

パス・アンド・レシーブ・ドリル#25

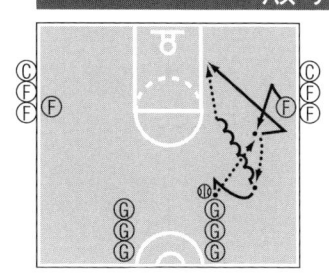

●フォワードがガードにパスした後リバースしてリターン・パスを受ける

　プレーヤーは#24と同じ要領で行うが、違いは、フォワードがガードへリターン・パスをし、パスした方向に一歩踏み出すが、ガードがフォワードに向かってドリブルするとき、フォワードはすぐさまインサイド・ターンを用いてバスケットへと反転し、ガードからのパスを受けてショットを打つことである。

　逆サイドでも同様に行う。

[図8-58]

パス・アンド・レシーブ・ドリル #26

●ボックス・エクスチェンジ

図に示すように、サークルのフリースローラインの外側に椅子を2つ置く。ガードはペアを組むが、ボールを持ったG1から、G1→G2→F2→G2→G1→F1→F2という具合にパスを素早く繋げる。

プレーヤーは必ずフェイクを入れてタイミングを計ることでパスを受ける。F2はG2にパスをしたら、エンドライン方向にフェイクを入れ、椅子の間をカットしF1からパスを受ける。F1はF2にパスをしたら、同じくエンドライン方向にフェイクを入れ、椅子の間をカットする。一連のプレーをやり終えたガードとフォワードは、サイドを変える。

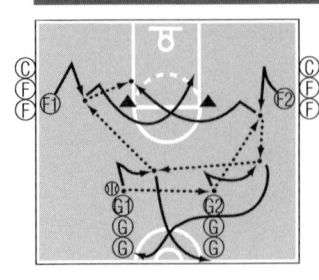

[図8-59]

パス・アンド・レシーブ・ドリル #27

●ガードがアウトサイドでリターン・パスを受ける

ガードはフォワードにパスをし、2、3歩ゆっくりと前進してから外側へ鋭く回り込んでリターン・パスを受ける。パスした後にフォワードは、フリースロー・サークルのトップへとカットし、すぐさま反転してバスケットに向かい、エンドライン方向へとドリブルしたガードからリターン・パスを受ける。サイドを変えて練習する。

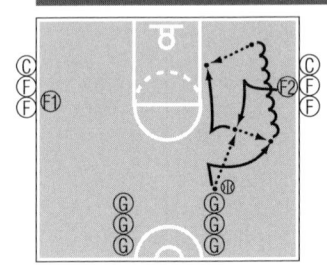

[図8-60]

パス・アンド・レシーブ・ドリル #28

●往年のガード・アラウンド

ガードとフォワードは一連のプレーを終えたらサイドを変えるが、センターは図に示されているように各自がポジションを変えながら行う。

ガードはフォワードにパスを入れ、#27と同様にフェイクしてからカットする。フォワードはガードにパスを渡すふりをしてポストにパスを入れ、フェイクしてキーに向かってカットする。ポストマンはガードかフォワードのいずれかにパスをしてショットを打たせるか、自分でショットを打つ。ショットを打ったら、すぐさま逆サイドがスタートする。

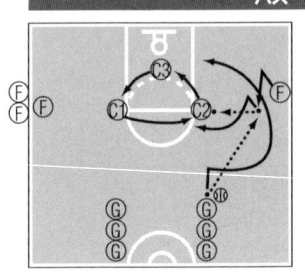

[図8-61]

パス・アンド・レシーブ・ドリル♯29

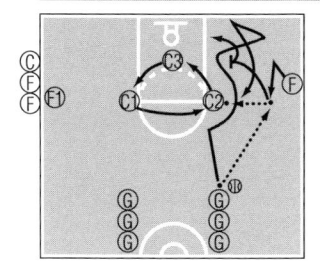

[図8-62]

● ガードからフォワード、フォワードからセンター、センターからガードまたはフォワード

ガードはフォワードにパスをし、ゆっくり前進した後、センターを利用して鋭くカットし、バスケットに向かう。センターはフォワードにパスが入ったら、ガードがカットして自分の横を通り過ぎるまで体勢を維持し、次にエンドライン方向にフェイクを入れてフォワードからのパスを受ける。フォワードはセンターにパスを入れたら、エンドライン方向へカットし、ガードのためにスクリーンをかける。ポストマンは、スクリーンを利用して近づいてくるガードか、ガードにスクリーンをかけた後にバスケットへロールするフォワードのいずれかにパスをする。このドリルもサイドを変えて行う。

パス・アンド・レシーブ・ドリル♯30

[図8-63]

● ガードからフォワード、フォワードからガード、ガードからセンターまたはフォワード

このドリルは♯29と同じ要領で行うが、違いは、フォワードがコーナーへとカットしたガードにパスをしてから、ポストマンにスクリーンをかけることである。ガードはポストマンか、バスケットへとロールするフォワードにパスをする。

パス・アンド・レシーブ・ドリル♯31

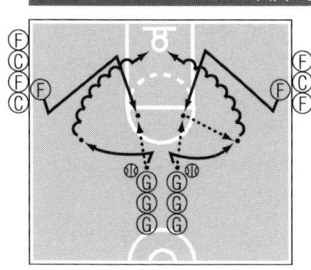

[図8-64]

● ウィーク・サイド・ポスト

両サイドのフォワードもしくはセンターは、ガードに向かってフェイクしてからバスケットへとカットし、それからハイ・ポストへフラッシュしてからサイド・ポストへと飛び出し、ガードからパスを受ける。ポストにパスを入れてから、ガードはインサイドにフェイクをしてから、自分のマークマンをポストマンにぶつけるかのようにポストのアウトサイドへと鋭くカットし、ポストマンからハンド・オフ・パスをもらう。ポストマンはカットしてくるガードにパスをするまでの間、顔を上げて両肘を張ってボールを保持しながら、ガードに素早くパスを出す。パスを受けたガードがドリブルしてエンドラインに達したら、次の組がスター

トする。プレーヤーはサイドを変えて行う。

パス・アンド・レシーブ・ドリル♯32

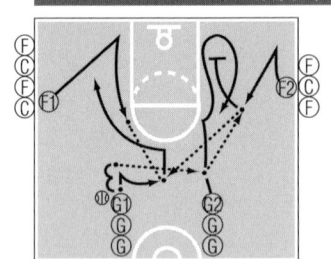

[図8-65]

●**サイド・ポストでのパス連続（ポストなし）**

G1はドリブルを2、3回してからG2にパスをし、フェイクしてからコート中央へとカットする。G2はF2にパスをし、バスケットへとカット・ダウンする。F2はコート中央のG1にパスを返し、エンドラインに向かってG2のためにスクリーンをかける。G1はエンドライン方向にフェイクしてからサイド・ポストに上がってくるF1にパスを出し、その後ろをカットする。F1はG2がいた列の次のガードにパスをし、そのガードはG1の列の次のガードに素早くパスをする。そして、パスを受け取ったG1の列の次のガードが同じサイドのF1の次の者にパスをして、同様のことが逆サイドで続けられる。このドリルは、ゲーム状況を想定したパッシング・ドリルとして最適であり、スピードを徐々に上げて行けば、優れたウォーム・アップ・ドリルにも成り得る。

パス・アンド・レシーブ・ドリル♯33

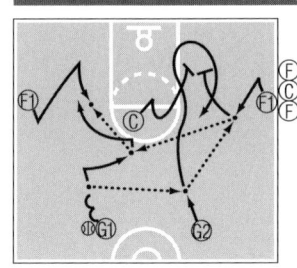

[図8-66]

●**サイド・ポストでのパス連続（チームで）**

このドリルは♯32と同じ要領で行うが、違いは、ポストマンを加えることであり、そのポストマンに図のようなフォワードとのダブル・スクリーンを行うという役割を与えることである。また、このポストマンを加えることで、時にはフォワード4人とセンター1人で行わせたり、センターをコートの横のゴールにフリースローを10本入れてから次の者と代わらせたりしている。状況に応じて、このドリルではショットまで行かせるが、このドリルの主な目的は、「ブレッド・アンド・バター」（パス・アンド・ラン、ギブ・アンド・ゴー）時のカッティングに素早くかつ適切に対処できるボール・ハンドリングの向上にある。

パッシング・アンド・レシービング・ドリル♯34

●クロス・スクリーン

　G2はG1からのパスを受け、F2にパスをしたらG1のためにスクリーンをかける。F2はエンドライン方向にフェイクし、パスを受けたらサークルのキーへとドリブルし、G2のスクリーンを利用してカットしてくるG1にハンド・オフ・パスをする。G1はドリブルをしてからバスケットへと向かうが、パスした後にゴールへと反転してくるF2に素早いパスを出す。このドリルは、まずフロアの一方のサイドから始めて、その後もう一方のサイドから行う。

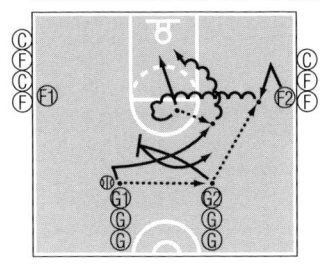

[図8-67]

パッシング・アンド・レシービング・ドリル♯35

●バック・ドア・カット

　G1がG2にパスをしたら、F1はG2からのパスを受けるためにサークルへとカットする。G2がF1にパスをしたら、G1はF1から素早いパスを受けるためにバスケットへとカットする。このドリルは、一方が終わったらもう一方が開始する、というように両サイドで交互に実施する。

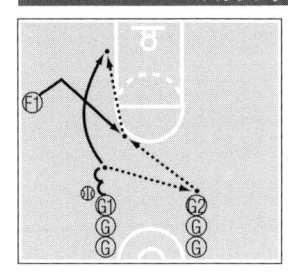

[図8-68]

FIELD-GOAL SHOOTING
シューティング・ドリル

「ボールをバスケットに通過させること」ができなければ、結局は、いかなるオフェンスも効果的であったとは言えない。それゆえ、毎日の練習の中で重要となるドリルはシューティングであり、他のドリルを行おうとも、ショットが打たれるときはいつでもそれがシューティング練習であることが強調されなければならない。つまり、「パッシング」などのドリルの中で行われるシューティングは、ゲームと同じ状況を想定したものでなければならず、シューティングのファンダメンタルを形成することにも繋がっていることが強調されなければならないのである。

10項目の身体的ファンダメンタルズ
1. ボールは両肘の内側で胸の高さに保持する。
2. ボールは手の平に軽くつけ、手首と肘を適切に動かして指先でコントロールする。
3. ショットは素早く打つ。
4. ボールに自然なリバース・スピンをかけ、高すぎず低すぎない弧を描く。
5. 目線はリングの上縁に向けること。
6. ショットを打つ手を顔の前方に突き出し、手の平は目標に向ける。
7. 人差し指はボールに勢いを与える最後の指である。
8. 通常はショットを打つ側の手の反対の足からバランスを取ってジャンプする。
9. 通常、ジャンプ・ショットであれセット・ショットであれ、ショットは顔を目標に直接向けながら、ほんの少し前に移動して打つべきである。
10. ドライブからのショットの後、シューターは適切に着地し、次のプレーに素早く備えなければならない。

心理面に関する5つの提案
1. 必要なのは自信と集中力である。
2. ゲームと同じ状況を想定し、ゲームで打つことになるショットを練習する。ゲームで使わないショットを練習することで時間を無駄にしない。
3. 自分に最も合ったフォームを見つけ、それに習熟するように練習する。あれこれと試し続けない。
4. ゲームで一番頻度が高いショットに多くの時間を費やす。
5. ショットを打つ距離とショット・セレクションの適切な能力を身につける。

シューティング・ドリル#1

●カットしてゴール下でショット

　図に示したように、このドリルは5人で1つのゴールを使う。ボールを持った③はポストにいる①にパスをし、カットしてからリターン・パスを受けてショットを打つ。シューターとパサーはショットのボールが床に落ちる前にリバウンドし、サイドライン沿いに並んでいる者にパスを返し、役割を交代する。両方のポジションをやり終えたら、サイドを変える。

　このドリルでは、以下のようなタイプのショットを練習する。
1.　インサイドに頭でフェイクしてからの素早いレイアップ
2.　クィック・ストップし、2、3歩下がってのフェードアウェイ
3.　フック
4.　レイバック
5.　ボードの下や後ろからのリーチバック

[図8-69]

シューティング・ドリル#2

●サイドからのドライブ・ショット

　このドリルも5人で1つのゴールを使い、#1と同様にいろいろなタイプのショットを練習する。①は②のショットをリバウンドし、次のシューター③にパスアウトして列の後ろにつく。②は次のシューター③のリバウンドのためにゴール下に残る。

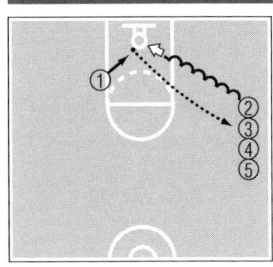

[図8-70]

シューティング・ドリル#3

●フロントのドライブからのショット

　5人で1つのゴールを使うが、その中の1人はリバウンドしパスアウトするために最初からゴール下にいる。次からはシューターがこの役割を行う。
　このドリルでは、以下のようなタイプのドリブルからのショットを練習する。

1. ヘッドフェイクをし、素早いレイアップか体をひねりながらのショット
2. ダンク、あるいはリングの前縁を越えてのボールを置くようなショット
3. ゴール下でのセミ・フック・ショット
4. 制限区域の外側での素早いショット
5. クイック・ストップし、フリースローライン手前からの素早いジャンプ・ショットかフェードアウェイ・ショット

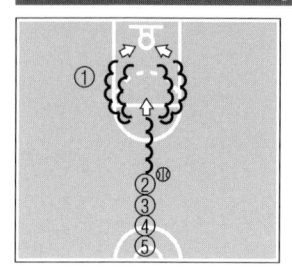

[図8-71]

シューティング・ドリル#4

●5人一組のシューティング

　5人一組で行うが、2人がボールを持つ。シューターは素早くショットを打ち、自分でリバウンドし、チームメイトに正確に素早いパスを出し、他の地点へと移動する。3つのグループのうち、決められた数のショットを、どのグループが一番早く決めるか競争する。

1. 中間距離での素早いセット・ショット
2. ボールを受けてフェイクし、1、2回のドリブルからの素早いジャンプ・ショット
3. ドライブのフェイクをした後、素早くボールを引き寄せてのセット・ショット
4. ドライブからのクイック・ストップ後の素早いフェードアウェイ・ショット（このショットは、クイック・ストップからのジャンプ・ショットよりもゴールに比較的近い距離から行う）

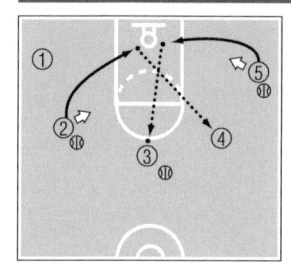

[図8-72]

シューティング・ドリル♯5

●3人のシューターと2人のリバウンダー

　それぞれのゴールに3人のシューターと2人のリバウンダーを配置し、ボールは2個用いる。2人のリバウンダーは、3人のシューターのいずれかに素早いパスを出し続け、その内の2人がそれぞれ10本決めたらその2人と交代する。♯4と同じタイプのショットを練習し、グループ間で競争するが、最初に30本決めたグループを1位とする。

[図8-73]

シューティング・ドリル♯6

●クィック・スポット

　5人組3グループで、各列の先頭の者がボールを持つ。シューターは素早くジャンプ・ショットを打ち、リバウンドし、自分がいた列の次の者にパスをする。このドリルは、グループで15本入れたら勝ち、というように競争する。1つのグループが勝ったならば移動し、3つの位置すべてで行う。プレーヤーは左右に1歩あるいは2歩ステップしてショットを打つ。

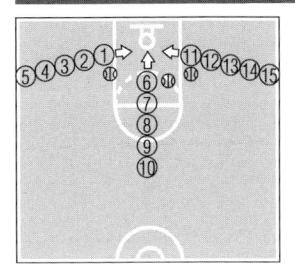

[図8-74]

シューティング・ドリル♯7

●1対1

　1つのゴールに2組のペアを配置する。それぞれのペアでシューターとなる者は、ガードはガードの、フォワードはフォワードのポジションからオフェンスを始める。最初は、ディフェンス・プレーヤーは積極的に手出しはしないが、徐々に激しくしていく。ディフェンスが激しくなったら、オフェンスとディフェンスはショット毎に交代する。最後はオフェンスとディフェンスをそれぞれ5回行い、得点を競う。なお、ディフェンス・プレーヤーがファウルをしたらオフェンスに2点を与え、オフェンス・プレーヤーがファウルをしたらディフェンス・プレーヤーと交代する。

[図8-75]

365

シューティング・ドリル#8

●それぞれがボールを持ってシューティング

プレーヤー5人は各自がボールを持って、ゲームの中で自分が最も用いるタイプのショットを練習する。3分という時間の中で、できるだけ様ざまなポジションでショットを打つ。

[図8-76]

シューティング・ドリル#9

●チーム・ナイン・ホール・ゴルフ・パー18

プレーヤー5人を1グループとし、各自がボールを持ち、9つのスポットからショットを決める。グループ間でどのグループが一番得点が少ないか、グループ内でどのプレーヤーが一番得点が少ないか競争する。

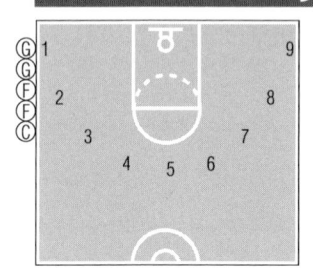

[図8-77]

シューティング・ドリル#10

●フォワード・ドライブ

フォワードが2グループに分かれて左右のポジションに並び、各列の先頭の者がボールを持って交互にショットを打つ。ショットを打った者は自分でリバウンドし、自分の列の次の者にパスをし、逆サイドの列の後ろにつく。ボールを持った者は、図に示されたスポットの1つへとドライブしショットを打つが、スタートする際には頭やロッカーステップでのフェイクを行う。プレーヤーはどちらのサイドでも、左右両方向へとドライブしなければならない。

フォワードがこのドリルを行っている間、ガードやセンターは、他のゴールでそれぞれのポジションからシューティング練習を行う。

[図8-78]

シューティング・ドリル♯11

●フォワードのゴール下へのドライブ

♯10と同様、フォワードは左右のポジションに並び、交互にショットを打つ。コーチは、一方のフォワードにはインサイド方向にフェイクし、エンドラインへとドライブすることを、他方には、エンドライン方向にフェイクし、フリースロー・サークルへドライブしてからエンドラインへと向かうように、予め指示する。エンドラインへドライブした者は、フック、レイバック、リーチバックを、もう一方の者は、セミ・フック、レイバック、あるいはクィック・ストップ後に頭でのフェイクやピボットを行ってからショットを打つ。

[図8-79]

シューティング・ドリル♯12

●フォワードのサイド・ポストからのショット

フォワードは♯10、♯11と同じように並び、ボールを持ったフィーダー（コーチまたはガード）の1人が各列にパスをするために、図に示されるところに位置する。フォワードはゴールに向かってカットしてからエンドライン側の足を押し出して素早く方向転換し、サイド・ポストでショットを打つ。ショット後、逆サイドのフォワードがスタートする。シューターは自分でリバウンドし、フィーダーに正確にパスを返し、逆側の列の後ろにつく。レシーバーはサイド・ポストに向かう際にはクロスオーバーし、リバース・ターンをしてゴールに正対し、フェイクなど必要な動きをした後でサイド・ポストからいろいろなタイプのショットを打つ。

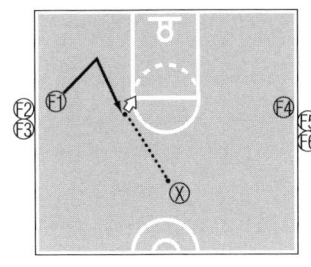

[図8-80]

シューティング・ドリル#13

●フォワードのリバース・ドライブ

先頭の2人がボールを持ってガード・ポジションに並ぶ。先頭の者は通常のフォワード・ポジションに位置する者にパスを出すが、レシーバーは外側の足を素早く後方に回転させてゴールへと向かい、ドリブルからショットを打ったり、クイック・ストップからジャンプ・ショットやフェードアウェイ・ショットを打つ。シューターは自分でリバウンドし、ガード・ポジションにパスをしてからその列の後ろにつき、パサーはフォワード・ポジションの列の後ろにつく。全員が両方の役割をやり終えたら、逆サイドへ移動する。

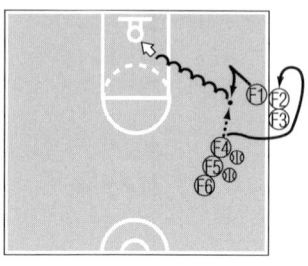

[図8-81]

シューティング・ドリル#14

●フォワードのリバース・カット

フォワードは#13と同様に並ぶが、通常のフォワード・ポジションにいる者はガード・ポジションにいる者がドリブルしたら素早くインサイド・ターンをし、パスを受けるためにゴールへとカットし、ショットを打つ。ガード・ポジションにいる者がドリブルし始めたらすぐに、カッターはサイドライン側の足を前方に踏み出し素早くゴールへとカットする。サイドとポジションを変えて行う。

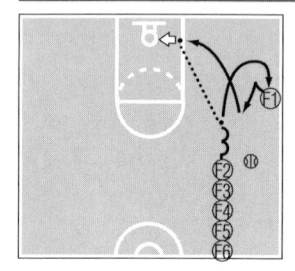

[図8-82]

シューティング・ドリル#15

●フォワードのカットバック

フォワードは両サイドに分かれるが、一方のサイドに並んでいる者全員がボールを持つ。また、制限区域の両サイドに椅子を置く。ボールを持った者はドリブルをしてからパスをし、カットの際に椅子をスクリーンとして利用し、リターン・パスを受けて素早くショットを打つ。逆サイドの者は一度ゴールに向かってカットしてからタイミング良くパスを受け、リターン・パスをする。パサーはリバウンドしてシューターにボールを戻すが、両者はそれぞれの逆側の列の後ろにつく。

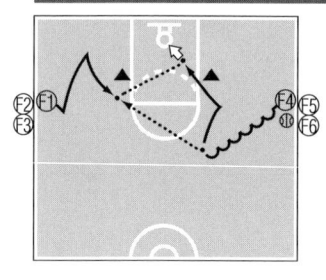

[図8-83]

シューティング・ドリル♯16

●フォワードのクロス・アンダー

　両サイドのフォワードは♯15と同様のことを行うが、違いは、2つの椅子をエンドラインから2、3m離れたところに置くことと、ボールを持たないフォワードが椅子をスクリーンに使ってゴール下を通過して逆サイドへカットし、パスを受けることである。

［図8-84］

シューティング・ドリル♯17

●フォワードのサイドからの1対1

　フォワードは3人一組となり1対1を行うが、1人はコートの外で待っている。オフェンスをやった者が次はディフェンスをやり、ディフェンスをやった者はコートの外で待機し、コートの外にいた者がオフェンスを行う。両サイドで同時に行うと多少混乱するが、アジャスト（対応）の練習も考えて両サイドで同時に開始する。同一サイドで数回行ったら、サイドを代える。

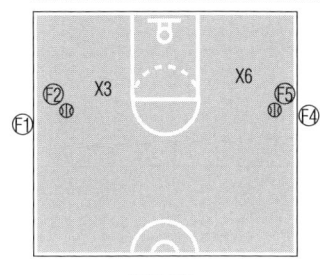

［図8-85］

シューティング・ドリル♯18

●フォワードのサイド・ポストからの1対1

　フォワードはサイド・ポストからの動きとショットを練習する。ディフェンスを行うX3とX6は、F2とF5がボールを受ける際に邪魔はしないが、ボールを受けた後は気を抜いたディフェンスをしない。プレー後、パサー→オフェンス、オフェンス→ディフェンス、ディフェンス→パサー、というように順にポジションを変えて行う。

［図8-86］

シューティング・ドリル♯19

●フォワード〜ポストからのリターン・パスを受けてからのショット

　F3はF2からパスを受けてゴールに正対し、ポストにパスをし、フットワークを適切に用いてフェイクし、逆サイドにカットし、リターン・パスを受けてショットを打つ。F3はショットを自分でリバウンドし、F1にパスを返し、逆サイドのF4の後ろにつく。ポストに位置する者（コーチ）は、フォワードにパスを戻したら逆サイドに移動し、同様のことを行う。

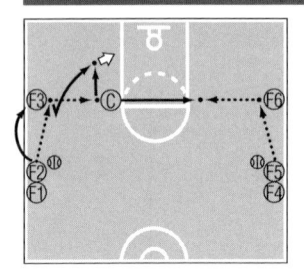

[図8-87]

シューティング・ドリル♯20

●フォワード〜ロブ・パスからの"ダンク"

　ボールを持ったコーチまたはガード（フィーダー）は各列にパスをするために、図に示されるところに位置する。フォワードは、ゴール近くでロブ・パスを受けて「ダンク」ショットをするために素早くリバースする。シューターは自分でリバウンドし、フィーダーにボールを戻して、逆サイドへと移動する。フィーダーにパスが戻ったら、逆サイドがスタートする。

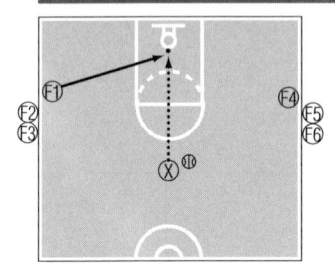

[図8-88]

シューティング・ドリル♯21

●ガード〜ドリブルからのジャンプ・ショット（キーエリア）

　図のように、サークルのフリースローラインの前方に椅子を2つ置く。ガードは椅子の前に2列に並び、椅子を目がけて激しくドリブルをし、左右いずれかに素早く方向を変えてジャンプ・ショットを打つ。そして、自分でボールをリバウンドし、次の者にパスをして逆側の列の後ろにつく。

[図8-89]

シューティング・ドリル♯22

●ガード〜サイド・ポストからのジャンプ・ショット

　ガードは♯21と同様に2列に並ぶが、違いは、椅子の代わりにポストマンを置くことであり、そのポストマンが2列から交互にパスを受けるためにキーを移動することである。ガードはポストマンにパスを入れてゆっくりと2、3歩前進してから、急激にペースと方向を変えてカットし、リターン・パスを受けてジャンプ・ショットを打つ。シューターは自分でリバウンドし、次の者にパスを返し、逆側の列の後ろにつく。

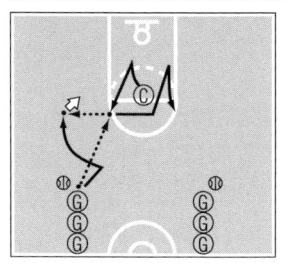

[図8-90]

シューティング・ドリル♯23

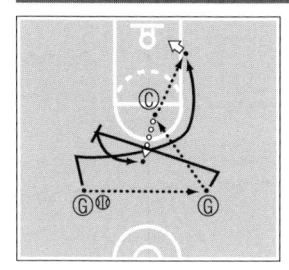

●ガード〜スクリーンを利用したショット

　ガードはペアを組み、ポストマンは図のように位置する。パサーはもう1人のガードにパスをし、そのガードがポストにパスを入れたら、そのガードのスクリーンを利用してゴールへとカットする。スクリーンをセットしたらスクリナーは、直ちにポストマンとセンターラインの間へと移動する。ポストマンは、カッターにドリブル・ショットを打たせるか、移動したスクリナーにセット・ショットかジャンプ・ショットを打たせる。いずれのガードもショットをしたら自分でリバウンドし、逆側の列の後ろにつく。

[図8-91]

シューティング・ドリル♯24

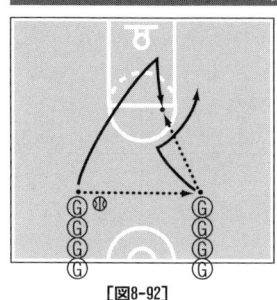

●ガード〜ポストからのリターン・パスを受けてからのジャンプ・ショット

　ガードはペアを組む。ボールを持った方のガードはもう一方のガードにパスを出しゴールへとカットするが、反転し再びフリースローラインを横切ってパスをもらう。もう一方のガードはそれに合わせてパスを入れ、左右いずれかにフェイクをしてから逆方向へカットし、パスをもらって素早くジャンプ・ショットを打つ。シューターは、パサーがリバウンドするまでキー・エリアに留まるが、パサーがリバウンドした後は逆側の列の後ろにつく。

[図8-92]

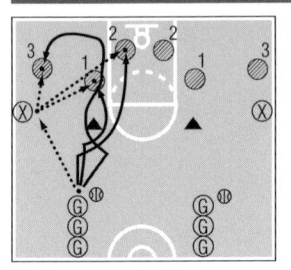

シューティング・ドリル#25

●ガード～ハイ・ポストでカットオフ

[図8-93]

パサー役としてフィーダーを両サイドのフォワードのノーマル・ポジションに配置し、サークルの両サイドにガードがカットする際に利用する椅子を用意する。ガードはフィーダーにパスをし、1、2歩前進してから椅子の横を素早くカットし、図に示される3つのいずれかのスポットでリターン・パスを受け、素早くジャンプ・ショットを打つ。シューターは自分でリバウンドし、自分がスタートした列にボールを返し、逆側の列の後ろにつく。このドリルは、2つのサイドで同時に行う。

シューティング・ドリル#26

●ガード～カット・イン・アンド・バック

[図8-94]

このドリルでは4つの椅子を用意する。ボールを持った先頭のガードは、フィーダーにパスをして、フィーダーからパスをもらうふりをして椅子の横をカットする。フィーダーが列の次のガードにパスを返している間に、カットしたガードは2番目の椅子の周りを回ってそのガードからパスを受け、素早くショットを打つ。シューターは自分でリバウンドし、自分がスタートした列にボールを返し、逆側の列の後ろにつく。

シューティング・ドリル#27

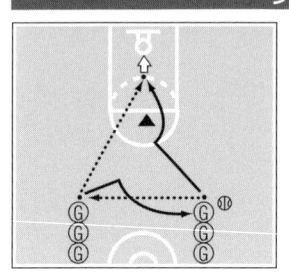

●ガード～ロブ・パスからのショット

[図8-95]

このドリルではフリースローラインの真ん中に椅子を1つ用意する。ボールを持ったガードはもう一方のガードにパスを出したら、彼に向かってフェイクし、椅子を利用して図のようにカットしてからロブ・パスを受けて空中でショットを打つ。パスをした後、パサーはシューターがいた位置へと移動し、自分でリバウンドしたシューターからボールをもらう。シューターは逆側の列の後ろにつく。

シューティング・ドリル#28

●ドリブル・ドライブからのショット

　このドリルではサークル内に椅子を3つ用意し、ガードはそれらの椅子を利用してゴール下からのいろいろなタイプのドリブル・ショットを打つ。ショット後、シューターは自分でリバウンドし、パスを戻して列の後ろにつく。

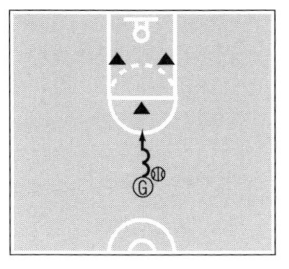

[図8-96]

シューティング・ドリル#29

●ガード〜ポストからパスを受けて1対1

　ガードはペアを組み、フィーダーはフリースロー・サークルの真ん中に位置する。オフェンスとディフェンスは交代しながら行うが、プレーするのは1組だけである。オフェンスを行う者は、ドリブルしたりフィーダーにパスを出しても良いが、フィーダーをスクリーンとしては利用しない。両サイドの2つの椅子はスクリーンとして利用しても良い。

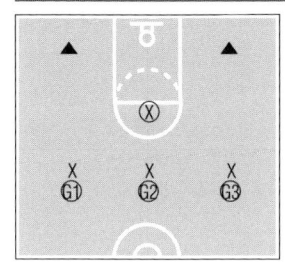

[図8-97]

シューティング・ドリル#30

●ガード〜フォワードからパスを受けて1対1

　ガードはペアを組み、4つの椅子を図に示されるように用意する。オフェンスを行う者はドリブルするかフィーダーを利用しても良い。オフェンスとディフェンスは交代して行うが、両方を1回ずつ行ったら逆側へと移動する。

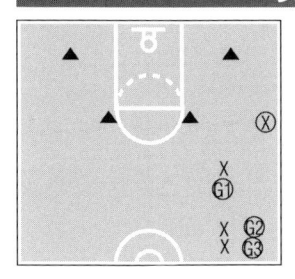

[図8-98]

シューティング・ドリル#31

●ガード〜ポストからパスを受けて2対2

ノーマル・ポジションでガードはペアを組むが、1列目がディフェンス、2列目がオフェンス、3列目は次のオフェンスとして待機する。オフェンスをやった者が次はディフェンスとなり、ディフェンスをやった者は1回待つ。オフェンスの2人はポストマンをフィーダーとして利用し、パスを受けることができる。

[図8-99]

シューティング・ドリル#32

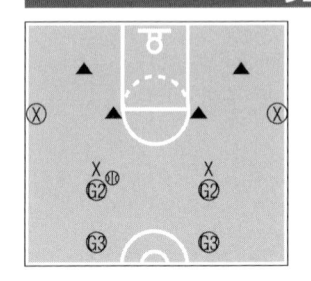

●ガード〜フォワードからパスを受けて2対2

ガードたちは#31と同様のことを行うが、違いは、両サイドのフォワード・ポジションにフィーダーを置くことであり、スクリーンとして4つの椅子を用意することである。ローテーションは#31と同様である。

[図8-100]

シューティング・ドリル#33

●センター〜キー・エリアからの動き

このドリルでは3人のセンターを配置し、C1がC2にパスを出して開始する。3人はショット毎に、C1→C2、C3→C1、C2→C3というようにポジションを交代する。このドリルでは、以下に挙げるショットを練習する。

1. 左右いずれかのゴール下へドライブし、左右いずれかにターンしながら、フック、レイバック、レイアップ、「ダンク」、ツイスト（身体を捻った）等のショットを打つ。

2. 制限区域の外からドライブし、素早いストップからのジャンプ・ショットもしくはフェードアウェイ・ショット。

3. ボールを受けてから左右いずれかにフェイクをし、その反対方向にドリブルを1、2回した後にステ

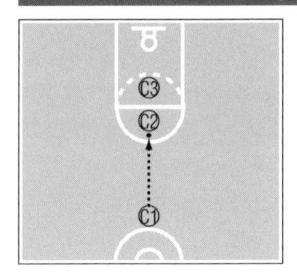

[図8-101]

ップ・バックして素早いジャンプ・ショット、あるいはボールを受けてからフェイクをし、ゴールに正対した
後ジャンプ・ショットのフェイクをして、ドライブする。
4. ボールを受けたら素早くゴールに正対し、クロスオーバーかリバース・ターンをして素早くショット、またはショットのフェイクから素早くドライブ、あるいはドライブのフェイクから素早くステップ・バックしてショット。

シューティング・ドリル♯34

●センター〜キー・エリアでのリターン・パスからのショット

フィーダーを正面に配置し、3人のセンターで行う。フィーダーはポストのC2にパスをする。C2はフランカーであるC1かC3にパスをしてからリターン・パスをキー・ポジションで受けてショットを打つ。リバウンドにはC1、C2、C3の3人全員で行き、リバウンドしたボールはフィーダーに返す。C1→C2、C2→C3、C3→C1とローテーションを行う。

[図8-102]

シューティング・ドリル♯35

●センター〜キー・エリアからのいろいろなショット

♯34と同様に、3人のセンターと1人のフィーダーを配置する。C2はフィーダーからパスを受けたらゴールに正対し、サークル・エリアからショットを打つ。センター3人全員でリバウンドに行き、誰かがショットを決めるまで行う。中央に位置する者がショットを5本決めたら、♯35と同じようにローテーションを行う。

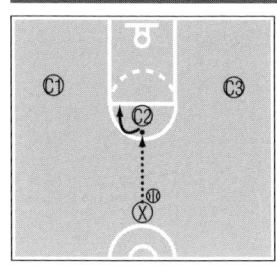

[図8-103]

シューティング・ドリル# 36

●センター〜フォワードからパスを受けてからのショット

　3人のセンターを図のように配置するが、1回終わる毎に3人はそれぞれポジションを交代する。C3はC2にパスをし、C2はキーの横へ飛び出すC1にパスをする。C1はその場で素早くショットを打つか、その位置からエンドライン方向にカットしてからショットを打つ。このドリルを両サイドで行う。

[図8-104]

シューティング・ドリル# 37

●センター〜ベースラインでフォワードからパスを受けてからのショット

　3人のセンターを図のように配置するが、1回終わる毎に3人はそれぞれポジションを交代する。C3はC2にパスをし、C1は制限区域とサイドラインの中間点でC2からパスを受け、ショットを打つ。これまでのドリルすべてがそうであるように、このドリルも両方のサイドから行う。

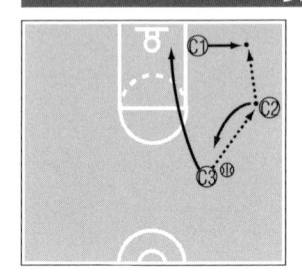

[図8-105]

シューティング・ドリル# 38

●センターの1対1

　3人のセンターを図のように配置するが、1回終わる毎に3人はそれぞれポジションを交代する。最初、ディフェンスする者は積極的に手出しはしないが、徐々にゲーム状況を想定して激しくしていく。

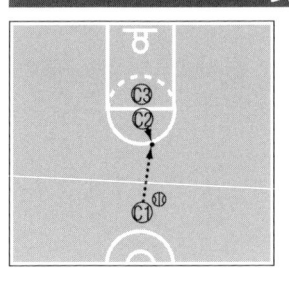

[図8-106]

シューティング・ドリル♯39

●センターのティップ・イン

シューター役を1人と3人のセンターを配置する。シューター役の者は、図に示されるようにいろいろな位置からショットを打ち、はずれたボールをセンター3人がティップしてショットを入れるまで続ける。ショットを入れる度に、3人はポジションを変える。

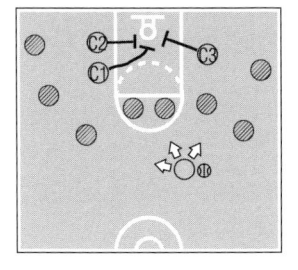

[図8-107]

シューティング・ドリル♯40

●センターのスリー・ティップ・アンド・イン

C1はゴール横のポジションからボールをバックボードの高いところへ当て、逆サイドへと素早く移動し、それをC2にティップして返す。C2はC1と同様にティップし、逆サイドへとまた素早く移動してC3にティップする。C3も同様のことを行うが、逆サイドに移動したらティップ・イン・ショットをねらう。このドリルはC3のショットが決まるまで続けられ、ショットが決まったらローテーションを行う。

[図8-108]

FREE-THROW SHOOTING DRILLS
フリースロー・ドリル

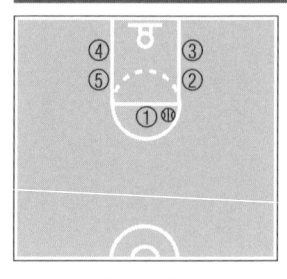

　ゲームの勝敗がフリースローの成否によって決する場合は数多く見られるので、チームとしてフリースローを練習する時間を決して疎かにしてはならない。しかし、この能力を向上させるにはかなりの時間を要する。だからこそ、プレーヤー一人ひとりがそのために時間を割くことは不可欠である。私は、プレーヤー各人にフリースローを毎日最低限50本打つ練習時間を設定し、その成果を報告させている。チームとしてはこの他に、次に示す1つか2つのドリルを取り上げて、練習中に2、3回、5分から10分程度の時間で行っている。

　なお、フリースローに関する技術やそれに対する提案については、個人のオフェンス技術の章を参照のこと。

フリースロー・ドリル#1

●スリー・アット・ア・バスケット

　3人組になり、シューターを交代しながら練習する。シューターが最初のショットを決めたら続けてショットを打つが、ミスしたならば直ちに交代する。このドリルでは5組程度のグループを競争させ、1つのグループが6本連続で決めたらコールし、直ちに右回りで次のゴールへと移動する。その際、ボールはフリースローライン上に置いて移動する。

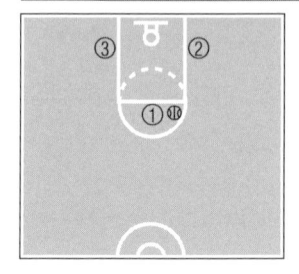

[図8-109]

フリースロー・ドリル#2

●チーム・コンペティション

　このドリルは1チーム5人とし、10本連続で決めて移動する以外は、#1と同様である。通常、各チームは2人のフォワード、2人のガード、1人のセンターで構成するが、変化を持たせるために、時には身長毎に5人組を組んだり、他の方法によってチームを構成することもある。

[図8-110]

フリースロー・ドリル♯3

●ビフォー・シャワーリング

　練習の終わりにチームの全員が図のように並び、コーチの厳しい目が注がれ、チームメイトから気さくなヤジが飛ばされる状況の中でフリースローを打つ。

　プレーヤーは代わる代わるフリースローラインに立ち、ワン・アンド・ワンのやり方でショットを打つ。2本とも成功すればその日の練習は終わりになるが、2本目をミスしたら全力でコートを1周し、1投目からミスをしたらコートを全力で2周し、いずれの場合も列の後ろについてやり直しをする。

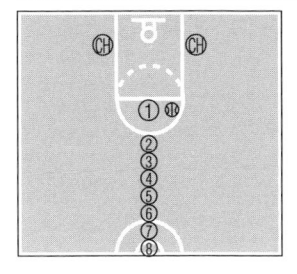

[図8-111]

DRIBBLING DRILLS
ドリブル・ドリル

　これまで、パス・アンド・レシーブやシューティングについていろいろなドリルを図で示しながら説明してきたが、ドリブルも、ストップ、ターン、ピボットというファンダメンタルへ繋がることを考えれば軽視すべきではない。プレーヤーは、ドリブルの方法と同時にそれをいつ行うのかを学ばなければならない。ドリブルのし過ぎはかえってチーム・プレーを損なうからである。ドリブルを終えたら、パスかショットのいずれかが適切に行われるべきであるが、どちらを選択するにせよ、その前にはクィック・ターンかストップ・アンド・ターンが実施される。

強調すべきポイント
1. 常に頭と視線を上げておく。
2. コントロール・ドリブルを用いるときは、ボールを低く弾ませ、肘を体に密着させ、ペースと方向をいつでも変えられるように腰を落として膝を曲げる。
3. スピード・ドリブルを用いるときは、ボールを高く弾ませながら前方に突き出し、速やかに直進する。
4. ドリブルを終えてクィック・ストップやストップ・アンド・ターンをしたら、ボールをコントロールし、身体のバランスを保ってパスかショットを行う。
5. 視野を広くしコート全体を見渡す。

ドリブル・ドリル#1

●スピード・レース

　3人ずつ5列に並び、各列の先頭の者がボールを持つ。スタートの合図でドリブルをし、逆側のエンドラインを踏んで引き返し次の者にパスをして、列の後ろにつく。各列の人数が同数ならば、ドリルを開始した位置に先頭の者が戻った組が勝ちとなる。このドリルは、左手だけか右手だけか、あるいは両手交互に、というような条件を付けて実施しても良い。

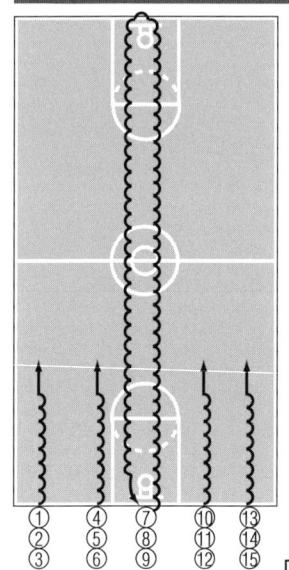

[図8-112]

ドリブル・ドリル #2

●スピード・リレー

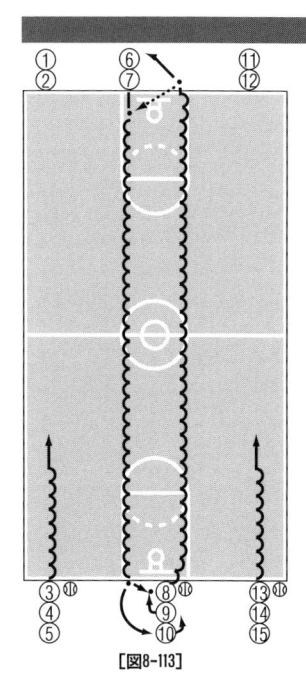

5人のグループを3チーム作り、一方のエンドラインに先頭の者がボールを持った3人が、逆側のエンドラインに2人が位置する。スタートの合図で逆側のエンドラインまでドリブルをし、ラインを踏んでパスをする。先頭の者がドリルを開始した位置に戻った組が勝ちになる。左手、右手と交互に行う。

[図8-113]

ドリブル・ドリル #3

●コントロールとスピード

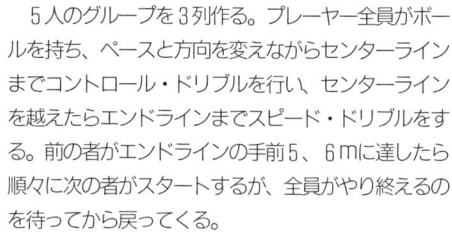

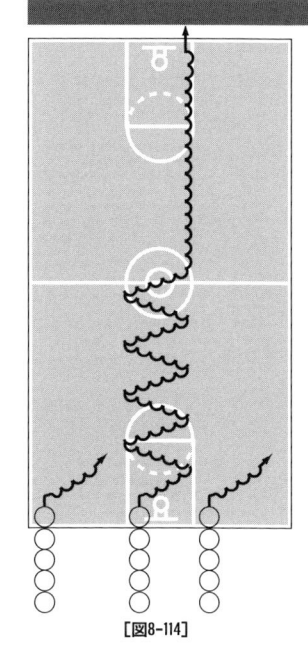

5人のグループを3列作る。プレーヤー全員がボールを持ち、ペースと方向を変えながらセンターラインまでコントロール・ドリブルを行い、センターラインを越えたらエンドラインまでスピード・ドリブルをする。前の者がエンドラインの手前5、6mに達したら順々に次の者がスタートするが、全員がやり終えるのを待ってから戻ってくる。

[図8-114]

ドリブル・ドリル#4

●ウィーク・ハンド・ドライブ

各組の先頭の2人がボールを持ち、図のように並ぶ。各列の先頭の者はゴールへと勢い良くドライブするが、この場合非利き手でドリブルをしショットをする。シューターは自分でリバウンドし、自分の列の次の者に適切なパスをしてから逆側の列の後ろにつく。ボールを持った次の者は、前の者がショットを打ったら直ちにドライブを開始する。

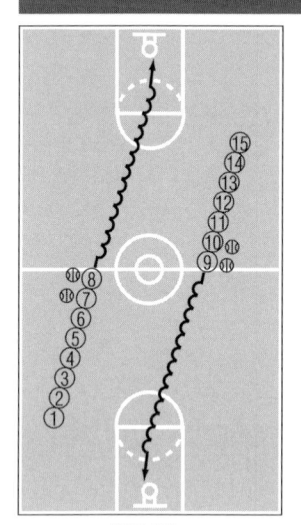

[図8-115]

ドリブル・ドリル#5

●コントロール

3人のグループが5列に並び、各列の先頭の者がボールを持つ。コーチの笛の合図で各列が一斉にスタートし、ペースと方向に変化をつけたコントロール・ドリブルを行う。ドリブラーは互いに攻撃し合うが、身体接触をしてはならない。2度目の笛が鳴ったら、次の者に素早くパスをし、自分の列の後ろへ素早く走る。同じように次のグループがドリルを続ける。

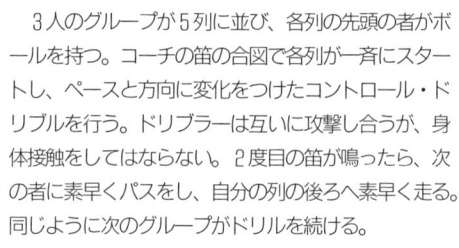

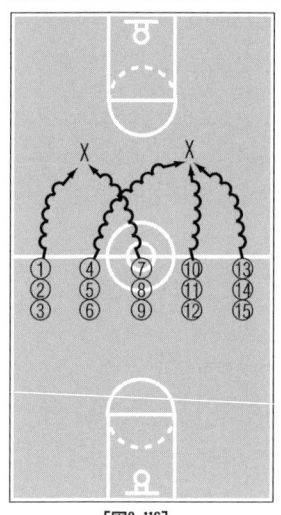

[図8-116]

ドリブル・ドリル#6

● イン・アンド・アウトのコントロール

　チームを2グループに分け、フリースロー・サークルとセンター・サークルにそれぞれ円を描くように並ばせる。ボール保持者は並んでいる者たちの間をできるだけ速くドリブルし、1周したら次の者にボールを渡し、その者がいた場所に並ぶ。両手を交互に使うことを強調し、全員がやり終えるまで続ける。

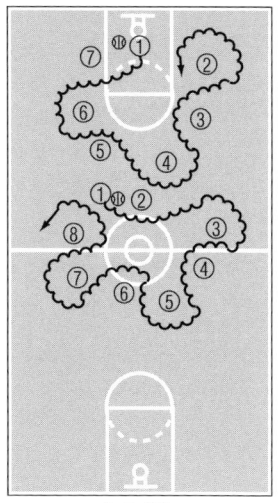

[図8-117]

ドリブル・ドリル#7

● スター・エクスチェンジ

　5人のグループを3チーム作り、プレーヤーは3つのサークルの周りに図のように位置する。ボール保持者は、まずピボットをしてから次にサークルをドリブルで横切って図のように正面に位置する者の前まで行き、素早くストップとターンをしてから、ハンド・オフ・パスをする。パスを受けた者は同じことを行う。

[図8-118]

ドリブル・ドリル#8

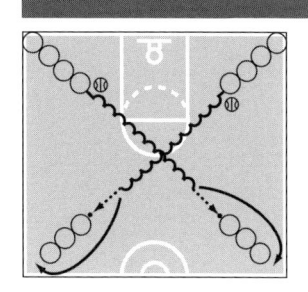

● 2ライン・クロス

　プレーヤーを4グループに分け、各2列が対面するように並ぶ。スタートの合図で、ボールを持った2組の先頭の者が勢い良くドリブルをし、対面の列の先頭の者にハンド・オフ・パスをし、その列の後ろにつく。ドリブラー同士は、ぶつからないようにうまくすれ違わなければならない。このドリルでは、2人のドリブラーにより困難な状況を与えるために、交差しそうな地点に椅子を1つないし2つ置くこともある。

[図8-119]

ドリブル・ドリル #9

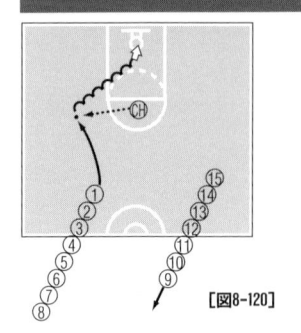

●リトライブ・アンド・ドライブ

　図のように2列に分かれ、コーチはフリースローラインに各々位置する。コーチの転がしたボールを先頭の者は素早く拾い上げ、低い姿勢でピボットを1回素早く行ってからドリブルをしてショットを行う。シューターがショットを自分でリバウンドした後は、ボールをコーチに返し、逆側の列の後ろにつく。コーチは必要に応じてボールをもう一つ使い、ボールが戻されないうちに次の者をスタートさせても良い。

[図8-120]

ドリブル・ドリル #10

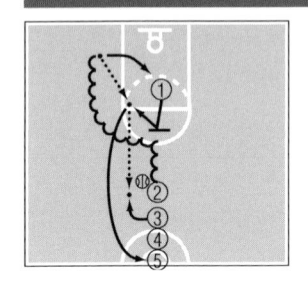

●ドライブ・アンド・パス・バック

　プレーヤーは5人一組になり、その内の1人はポストに位置する。ポストマンは1、2歩前に出て、自分に勢い良く向かってくるドリブラーに対しスクリーンをセットする。ドリブラーはそのスクリーンを利用して左右いずれかの方向へドライブしてゴールに向かい、ターンし、パスを受けるために飛び出してくるポストマンの顎の高さにパスをする。ドリブラーが次のポストマンになり、ポストマンは列の後ろにつく。

[図8-121]

ドリブル・ドリル #11

●サイドからフェイクしてドライブ

　3チームに分かれ、3つのゴール毎に図のように位置する。2人は同時にスタートし、一方はキー・エリアのほうへフェイクしてからゴールへドライブし、他方はゴールのほうへフェイクしてからキー・エリアへとドライブする。ドライブ後は、素早くストップしてターンし、パスを戻すかショットを打つ。ショットを打ったら自分でリバウンドするが、いずれも自分の列にパスを戻したら逆側の列の後ろにつく。

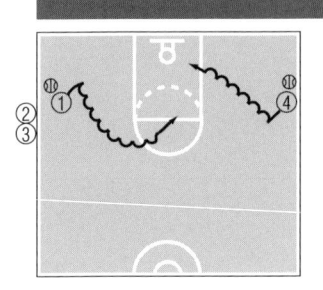

[図8-122]

ドリブル・ドリル #12

●フロントからフェイクしてドライブ

　プレーヤーは5人一組になり、通常の2つのガード・ポジションに位置する。先頭の者はフェイクしてから左右いずれかの方向にドライブし、ショットかストップ・アンド・ターンをし、パスを戻して逆側の列の後ろにつく。

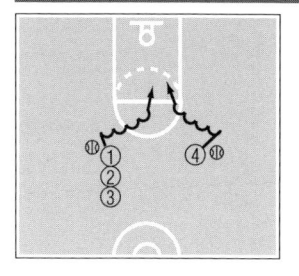

[図8-123]

ドリブル・ドリル #13

●キー・エリアを横切ってターン・イン

　プレーヤーは2グループに分かれ、各グループは図に示したように位置し、サークル内に2つの椅子を用意する。両サイドの先頭の者は、エンドライン方向にフェイクしてからキーのトップへとドライブし、2つの椅子の間をすり抜けて逆サイドの者にパスをし、その列の後ろにつく。

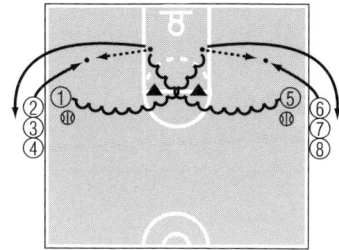

[図8-124]

ドリブル・ドリル #14

●ドリブル・タッグ

　プレーヤー一人ひとりがボールを持ち、ドリブルのコントロールを失わずにどのくらいチームメイトにタッチできるかをハーフコートで行う。チームメイトの信用を得るために、センター・ラインかその他のラインから簡単に出てしまうことなく、コートに留まらなければならない。

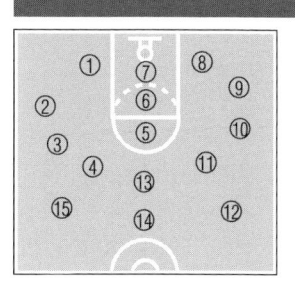

[図8-125]

STOPS, TURNS, AND PIVOTS DRILLS
ストップ・ターン・ピボット・ドリル

　前述したように、一般に、ターンとは、ドリブラーがディフェンスのプレッシャーを受けてドリブルを終えてしまった後の動きであり、ピボットとは、パスを受け取ったオフェンス・プレーヤーがディフェンス・プレーヤーをかわしてショットを打ったりドライブするための動きである。

　ストップとターンを素早く行うために、特に強調される事柄は以下の通りである。

1. 頭を上げてボディ・バランスをしっかり保ち、両足を広げ、両膝を曲げ、腰を落として背筋を伸ばす。
2. 摩擦を上手に利用するために両足の裏をコートに密着させる。
3. ボールはディフェンスから遠い方の腰の位置に引き付ける。
4. 身体接触を恐れるあまりバランスを失ってトラベリングをしない。
5. ドリブルをしているときはいつでも気を抜くことなく、レシーバーに素早くボールを渡す準備をする。
6. 常にドリブラーのそばを通過するトレーラーを用意し、ドリブラーはストップとターンをタイミング良く素早く行う。
7. ストップをしないうちにターンし始めないように注意する。

　ディフェンス・プレーヤーと対峙しているところでパスを受け、その後ピボットを行うときに強調する事柄は以下の通りである。

1. ボールをキャッチするまでボールを見続ける。
2. ボールを受けたら直ちにディフェンス・プレーヤーを肩越しに見る。
3. 足を正しく使ってピボットをする。
4. 両足の上の正しいポジションに頭を置き、ボディ・バランスをしっかり保つ。
5. ゴールに正対するために、ピボットするときはボールを体に引き付け顎の下に置く。また、ドライブするまでボールは体のディフェンスから遠いほうの側に引き付けておく。
6. ボールでフェイクをするときは手首だけで行い、両肘は体に付けておく。また、頭でも適切なフェイクを行う。

*

　シューティングやドリブルでの多くのドリル、また、コンディショニング・ドリルの#9はストップ、ターン、ピボットを組み合わせたものであり、それらのドリルを行うときはストップ、ターン、ピボットというファンダメンタルを注視し、正しく行わせるべきである。

ストップ・アンド・ターン・ドリル♯1

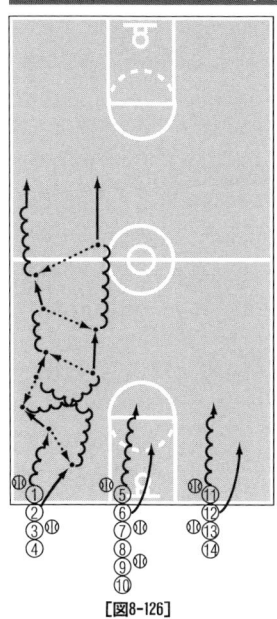

●2人組でストップ・アンド・ターン

プレーヤーは図のようにエンドライン沿いに1人置きにボールを持って並ぶ。ボール保持者はペースと方向を変化させながら2、3mドリブルをしてストップとターンを素早く行い、タイミング良く近づいて来るパートナーにハンドオフ・パスをする。パートナーはボールを受けたら同じことを行い、2人でエンドラインまで進んで行く。各列の次のペアは、前のペアがセンターラインを越えたらスタートする。トレーラーには早すぎず、遅すぎず、適切にタイミングを合わせる責任がある。

[図8-126]

ストップ・アンド・ターン・ドリル♯2

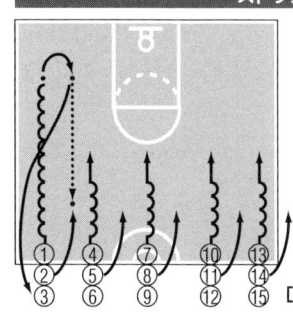

●インサイド・ターン・アンド・パス・バック

3人グループを5組作り、図のように並ぶ。ボール保持者たちは勢い良くドリブルしながらフリースローラインまで行き、そこで素早くストップしてインサイド・ターンをし、自分の列の次の者に正確にパスを返して、列の後ろにつく。ターン時には、左右の足を交互にピボット・フットとして用いながら練習する。

[図8-127]

ストップ・アンド・ターン・ドリル♯3

●クロス・オーバー・アンド・パス・バック

2グループに分かれ、図のように並ぶ。2人のボール保持者はドリブルで前進し、フリースロー・サークル内で交差して逆側に行って素早くストップし、逆側の列の次の者を確認してからパスをし、その列の後ろにつく。

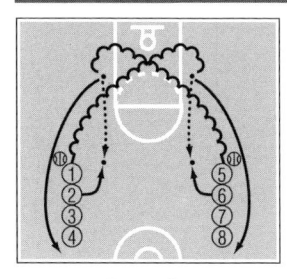

[図8-128]

ストップ・アンド・ターン・ドリル#4

●クロスオーバーしてからトレーラーへパス

5人一組が2列に分かれて、図のように並ぶ。ボール保持者はドリブルで前進し、フリースロー・サークルを斜めに横切り逆サイドに行ったらストップし、ターンをする。逆側の列の先頭の者はサイドライン方向にフェイクをしてからタイミング良くパスを受け、ドリブルをしストップとターンを素早く行い、逆側の列の次の者にパスをして、その列の後ろにつく。

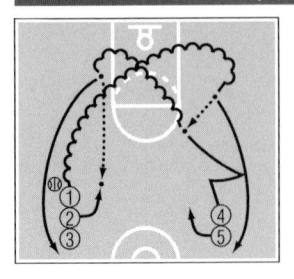

[図8-129]

ストップ・アンド・ターン・ドリル#5

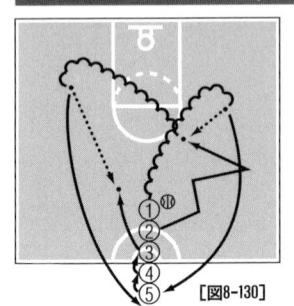

●ストレート・ライン(トレーラーへのパス)

5人一組で図のように並ぶ。ボール保持者はゴールへとドリブルをし、フリースロー・サークルのトップで左右いずれかに方向を変えてから素早くストップとターンをし、トレーラーにパスをして、列の後ろにつく。トレーラーはフェイクを行いながらパスを受けるタイミングを計り、パスを受けたらドリブルでサークルを斜めに横切って素早くストップとターンを行い、次の者にパスをして列の後ろにつく。

[図8-130]

ピボット・ドリル#1

●サイドからのリバース・ドライブ

5人一組となって、図のように位置する。②は①にパスをして①の位置へ移動する。①はインサイド・フット(ゴールに近いほうの足)を前に出してディフェンスから遠いほうの肩の位置でパスを受ける。①はパスを受けたら直ちに外側の足を後方へ回し、インサイド・フットでピボットを行って、ゴールへ素早くドライブする。ショットを打ったら自分でリバウンドし、次の者にパスを戻して列の後ろにつく。

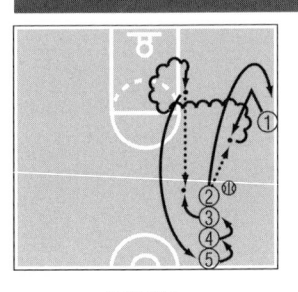

[図8-131]

ピボット・ドリル#2

●サイドからドライブしてゴールに正対

このドリルは#1と同じ要領で行うが、違いは、パスを受けたレシーバーがゴールに正対し、そしてフェイクしてドライブするところである。その際のピボット・フットは、右利きならば左足になるし、左利きならば右足になる。

図のようにコートの右サイドではインサイド・フットによるリバース・ターンを、左サイドではクロス・オーバー・ステップを用いることになる。

[図8-132]

ピボット・ドリル#3

●ポスト・ムーブズ

5人一組となるが、フリースロー・サークルの両側にポストマンを配置する。2人のポストマンは一度ゴールへカットしてからパスを受け、すぐさまリバース・ターンからの動きやピボットをしてゴールに正対してからその他のいろいろな動きを行い、次の者にパスをして列の後ろにつく。パサーは1回ずつ交互にポストマンにパスを入れるが、パスをしたら逆方向にフェイクをしてからポストマンの位置へと移動する。

[図8-133]

ピボット・ドリル#4

●フォワード・ピボット・アンド・ドライブ・バイ・ア・プレッサー

図のように5人ずつ3組に分かれ、各組の人数が多い方の列の先頭の者がボールを持つ。ボール保持者は自分と向き合っている者にパスをして突進する。パスを受ける者はどちらか一方の足を前に出し、後ろ足を素早く後方に回してこのプレッサーを通過させる。その後、ドリブルをし、自分と向き合っていた列の次の者にパスをして、その列の後ろにつく。

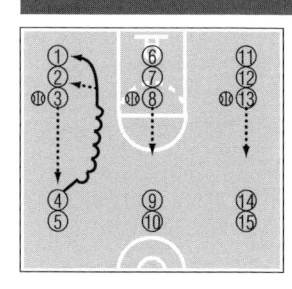

[図8-134]

DEFENSE DRILLS
ディフェンスドリル

　ゲームではオフェンスもディフェンスも正しく行わなければならないので、両者は同等に重要であるということを決して忘れてはならない。そしてまた、オフェンスではいろいろなタイプのショット、パス、レシーブ、ピボット、ドリブルなど、ボールを保持して行わなければならないプレーは無数にあるので、たくさん練習することが求められることも事実である。だからこそ、簡単にプレーさせないために、マークマンがボールを保持する前にディフェンスをするのだ、ということが絶えず強調されなければならない。ショット、ドライブ、パスあるいはカットのできるトリプル・スレットの構えを取ることのできる地域で、マークマンにボールをレシーブさせないことに全力を傾けなければならない。このことを強調するために適している最善の方法は、ハーフコートを用いたスクリメージの中でのチーム状況を考慮したディフェンス・ドリルである。ただし、如何なるドリルであれ、ディフェンス・ドリルを行うときに注意しなければならないことは、得点にすぐに結び付く危険が高い地域にはボールを保持したオフェンス・プレーヤーを踏み込ませない、ということである。

強調すべきポイント
1. ディフェンスをするのはマークマンが危険地域でボールを保持する前である。
2. ディフェンスをすることにプライドを持ち、それを一層向上させる。
3. 正しいポジショニングとボディ・バランス。
4. ボールの所有権を奪取するまで気を抜くことなくプレッシャーをかけ続ける。
5. マークマンとボールの両方が見渡せるポジションを維持する。

ディフェンス・ドリル＃1

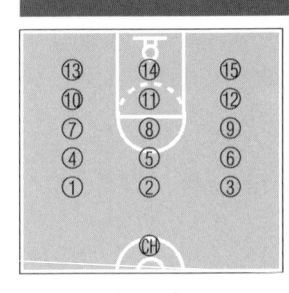

[図8-135]

●シグナルによるスクワッド・スライディング

　チームの全員がコーチと正対し、図のように整列する。プレーヤー一人ひとりは、あたかも目の前のオフェンス・プレーヤーを守っているかのように適切なディフェンス・スタンスを取って、コーチを注視する。コーチが動く方向を指で合図したら、プレーヤーはボディ・バランスを適切に維持しながら全員が一斉にその方向へ移動する。コーチは間髪を入れずに数秒間プレーヤー全員を動かし続け、数秒間休憩させた後に再開する。プレーヤーは、両足を交差したり、頭を動かしたり、前屈みにならないようにしなければならないし、ボディ・バランスを適切に保って、常に片足を床に着け、ハンズアップし、バランスを崩すことなく素早く方向転換しなければならない。

ディフェンス・ドリル#2

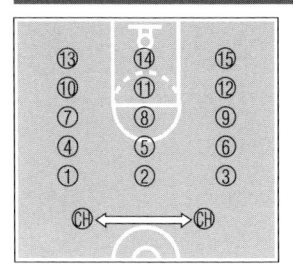

●ボールの動きに合わせたポジショニング

このドリルは、#1と同じ要領で行うが、違いは、2人のコーチがパスをし合ったり、ボールを保持するコーチがドリブルしたり、ショットのふりをしたり、ボールを保持しないコーチがカットのフェイクをしたりするのに合わせて素早く移動することである。

[図8-136]

ディフェンス・ドリル#3

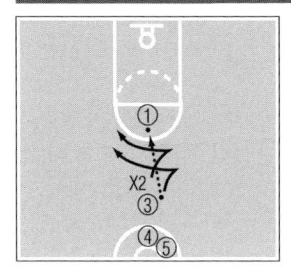

●パッサーがカットしたときのディフェンス

5人一組で図のように並ぶ。ボール保持者の③がポストマン①にパスをしたら、③はポストマンと目を合わせながら、X2をできるだけ早く振り切ってパスをもらおうとカットを繰り返す。X2はそれをさせないようにしっかりつく。ディフェンスを行った者が次はポストマンになり、オフェンスを行った者が次はディフェンスを行い、ポストマンはパスを返して列の後ろにつく。このドリルは両サイドでも行う。

[図8-137]

ディフェンス・ドリル#4

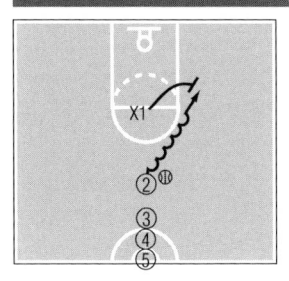

●ドリブラーのディフェンス

5人一組となり、図のように並ぶ。ボール保持者②のドリブルをディフェンス・プレーヤーX1が止める。ドリブラーをやった者が次はディフェンス・プレーヤーになり、ディフェンスを行った者は列の後ろにつく。ドリブルをする範囲は、ディフェンス・プレーヤーの4、5m以内に限定する。

[図8-138]

ディフェンス・ドリル#5

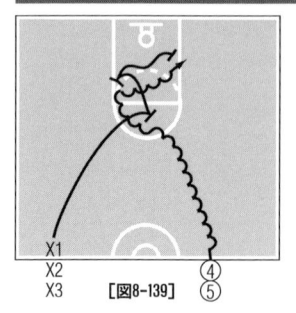

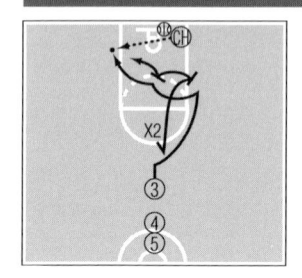

●ドリブラーを止めるディフェンス

プレーヤーは、図に示されるようにディフェンスを行う3人とオフェンスを行う2人とに分かれる。コーチの合図でドリブラーとディフェンス・プレーヤーは一斉にスタートするが、ディフェンス・プレーヤーはドリブラーの前に立ちはだかり、ショットに簡単には行かせないようにする。ディフェンス・プレーヤーがボールを保持したら、2人はそれぞれ逆側の列の後ろにつく。

[図8-139]

ディフェンス・ドリ#6

●アウト・フロントからのカッターに対するディフェンス

プレーヤーは、図に示されるように並び、コーチはボールを持ってゴール下に立つ。コーチはオフェンス・プレーヤー③がノーマークならばパスを入れる。オフェンスを行った者が次はディフェンスを行い、ディフェンスを行った者は列の後ろにつく。

[図8-140]

ディフェンス・ドリル#7

●サイドからのカッターに対するディフェンス

ポストマンがボールを持ち、#6と同じ要領で行う。

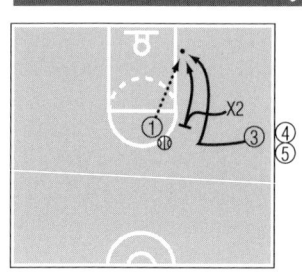

[図8-141]

ディフェンス・ドリル#8

●アウトサイドの2人のカッターに対するディフェンス

♯6を2対2で行う。

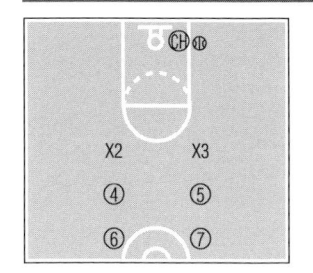

[図8-142]

ディフェンス・ドリル#9

●1対1のディフェンス

　プレーヤーはポジション毎にペアを組み、それぞれのポジションで1対1を行う。1つのゴールを2ないし3組で使うが、プレーするのは1組だけとする。ボール保持者に5回の攻撃権を与え、5回の内に何点決められるか競争させる。得点が決まらなければ攻撃権を1回失い、ディフェンス側のファウルはショット時かそうでないかに応じて2点か1点とし、オフェンス側のファウルは攻撃権を1回失うものとする。

[図8-143]

ディフェンス・ドリル#10

●ジャンプ・シューターに対するディフェンス

　プレーヤーは5人一組となり、図に示されるように並ぶ。ボール所持者②はドリブルで前進し、サークル内でジャンプ・ショットを打つが、ディフェンス・プレーヤーX1はそれを簡単に打たせないように守る。

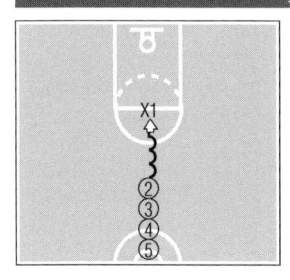

[図8-144]

ディフェンス・ドリル #11

●ポストマンに対するディフェンス

ポストマン3人が図のように並ぶ。ボール保持者③は図のように弧を描きながら動き、チャンスがあれば②にパスを入れる。ディフェンス・プレーヤーX1はそれを簡単にさせないようにする。パスが通ったら、プレーヤーは役割を変える。

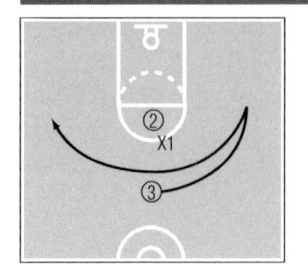

[図8-145]

ディフェンス・ドリル #12

●2対2（ガード同士）

ガードはペアを組み、図のように並ぶ。オフェンスを行った2人が次にディフェンスを行うが、ディフェンスを行った2人は、次のペアがプレーを終えるまで1回待つ。

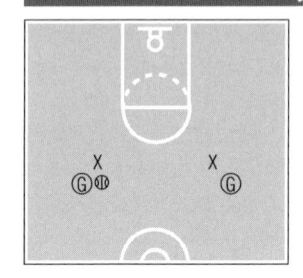

[図8-146]

ディフェンス・ドリル #13

●2対2（ガード、ポスト）

ガードとポストマンが同じサイドでプレーする。オフェンスを行ったペアが次のディフェンスを行う。

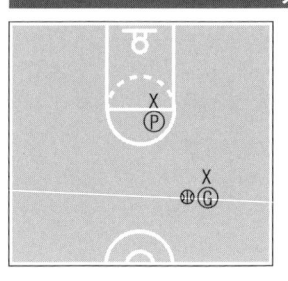

[図8-147]

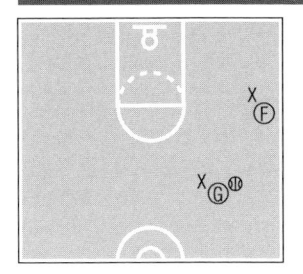

ディフェンス・ドリル #14

●2対2（ガード、フォワード）

　ガードとフォワードが通常のポジションで一緒にプレーする。いつものローテーションを行う。

[図8-148]

ディフェンス・ドリル #15

●3対3（2人のガード、ポスト）

　ガード2人とポストマン1人で行う。いつものようにローテーションを行う。

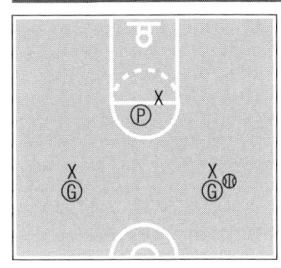

[図8-149]

ディフェンス・ドリル #16

●ストロング・サイド（ガード、フォワード、ポスト）

　ガード、フォワード、ポストマンが通常のポジションに位置し、それぞれにディフェンス・プレーヤーがつくが、オフェンス・プレーヤーはミドルラインを越えないようにする。1回毎にオフェンスとディフェンスを交代する。

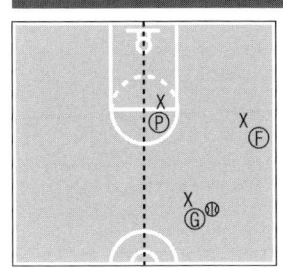

[図8-150]

ディフェンス・ドリル #17

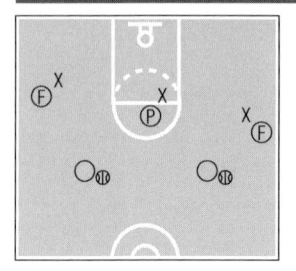

[図8-151]

●チェッキング（フォワード、ポスト）

　フォワード2人とポストマン1人が通常のポジションに位置し、それぞれにディフェンスがつく。残りのプレーヤー2人はガードのポジションに立ち、ショットを打つかフォワードかポストにパスを入れる。5回ぐらい続けてプレーを行う。オフェンスを行ったプレーヤーはディフェンス、ディフェンスを行ったフォワード2人はシューターかパサー、シューターかパサーだった2人はオフェンスを行う。

ディフェンス・ドリル #18

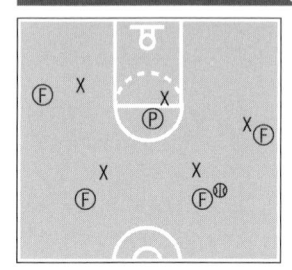

[図8-152]

●チーム・チェッキング

　5人のオフェンス・プレーヤーと5人のディフェンス・プレーヤーがそれぞれチームとなってコートに入り、残り1チームはコートの外で待機する。オフェンス側は数回パスをした後にショットをねらう。オフェンス側はカットを使わず、ショットがあったらリバウンドに行く。ディフェンス側はボールの移動に応じて動き、マークマンとボールとの位置関係に注意してディフェンスを行う。ディフェンス側もショットがあったらリバウンドに行く。5回ショットをしたら、オフェンス側が次にディフェンスを行い、ディフェンス側だったチームはコートの外に出て、待機していたチームが次のオフェンスを行う。

ディフェンス・ドリル #19

● ドライビング・ショットのブロック

5人一組で3グループになり、各グループで1つのゴールを使う。ディフェンスをする者は、オフェンス・プレーヤーを先にスタートさせ、ファウルをしないでショット・ブロックを試みる。オフェンスを行った者は次にディフェンスを行い、ディフェンスを行った者は列の後ろにつく。

[図8-153]

ディフェンス・ドリル #20

● ポストからのブロック・ショット

2グループに分かれ、それぞれ別のゴールを使用する。ディフェンス側のポストマンPは「シフト」とコールして、ドライバー②のショット・ブロックに行き、ドライバーについていた×1はポストマンPのディフェンスをしに行く。交代はいつものように行う。

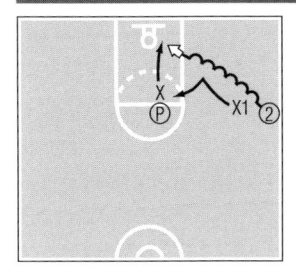

[図8-154]

ディフェンス・ドリル #21

● エンドライン・プレスの2対2

このドリルは3組のペアを利用する。ガードのプレーヤーの運動量は他のプレーヤーのそれよりも多くなるが、全員がオールコートで同じようにプレッシャーをかけられるようにすべきである。残りのプレーヤーは、コートの逆サイドで別の練習を行う。

ディフェンスは、スローインされたボールがコート内に入るまでレシーバーに2人で対処し、パサーにはプレッシャーをかけないでおく。ときにはこのパターンを変えて、パサーを邪魔しに行っても良い。オフェンス側はロング・パスを使わず、センターラインまでボールを運ぶ。オフェンスを行った2人が次にディフェンスを行い、ディフェンスを行った2人は1回休みとなり、待機していたペアが次のオフェンスを行う。

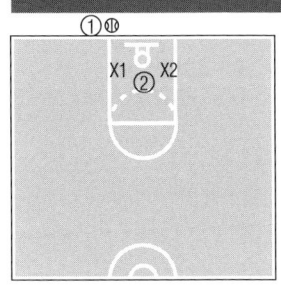

[図8-155]

ディフェンス・ドリル♯22

●エンドライン・プレスの3対3

3人一組の3グループを使うが、このドリルの要領は♯21と同様である。

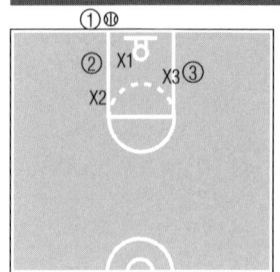

[図8-156]

ディフェンス・ドリル♯23

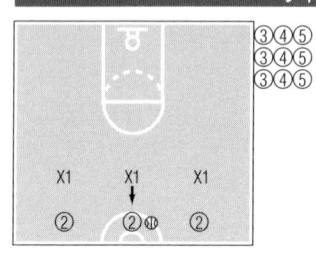

●ハーフコート・プレスの3対3

チームを3人一組で5グループに分け、図で示すような状況からスタートする。ディフェンスを行うX1のグループはオフェンスを行う②のグループにプレッシャーをかける。フィールド・ゴールによる得点を含め、何等かの理由で②のグループがボールの所有権を失ったら、X1のグループと攻守を交代し、センターラインまでボールを進めるX1のグループに対してプレスをする。この場合、X1のグループのロング・パスは禁止する。X1と②のグループがセンターラインに到達したら、③と④のグループはすぐにコートに入り、同様のことを繰り返す。X1と②のグループはサイドラインの外の列の後ろへこの順番で移動する。③と④のグループの次には、⑤対①、②対③、④対⑤という順序でこのドリルは続けられるが、チームで話し合ってこの順番を変えても良い。

[図8-157]

ディフェンス・ドリル♯24

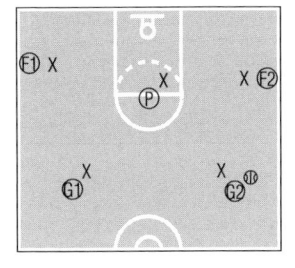

●4対4のウィーブ

　4人一組で3グループに分け、各グループがオフェンスを行ったらディフェンス、ディフェンスを行ったら待機、というように交代しながら行う。ディフェンス側は、自分のマークマンに押し込まれたり、間を抜かれたりしてはならないし、その一方で素早いバック・カットをカバーしなければならない。ときには、フリースロー・エリアに、スクリナーではなくてレシーバーかパサーとしての役割をしてもらうポストマンを1人置いても良いし、ディフェンス・プレーヤーが避けなければならない危険物としてポスト・ポジションに椅子を1つ置いても良い。

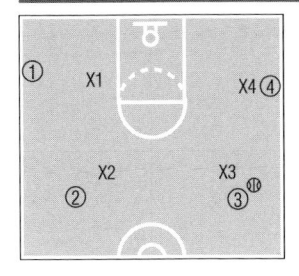

[図8-158]

ディフェンス・ドリル♯25

●5対5のウィーブ・アンド・プレス

　5人一組で3グループに分け、オフェンス側は4人のウィーブを行い、ポストマンはレシーバー、パサー、スクリナーとして機能させる。オフェンス側が得点したら、直ちにディフェンス側はゾーン・プレスを仕掛けるが、得点できずにボールの所有権を失ったら、ファストブレイクを出させないように、ディフェンス側はマンツーマン・プレスを仕掛ける。

[図8-159]

ディフェンス・ドリル♯26

●5対5のポジショニング

　5人一組で3グループに分け、オフェンス側はパスだけでカットはしないようにする。チームメイトにパスをする前にオフェンス・プレーヤーは、ボールを持ったらショット、ドライブ、パスのいずれかのフェイクをする。ディフェンス・プレーヤーは、ボールやマークマンの位置に応じて、常に正しいポジションをとるように心掛ける。

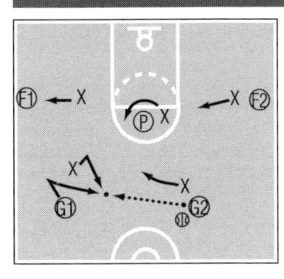

[図8-160]

ディフェンス・ドリル #27

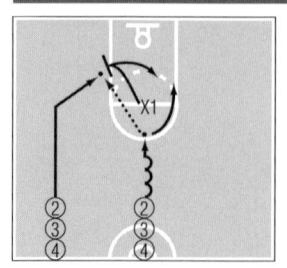

● ハーフコートの2対1

プレーヤーはペアを組み、オフェンスを3回やったらディフェンス・プレーヤーと交代する。ディフェンス・プレーヤーはフリースローラインに位置し、ボール保持者にフェイクをかけたり、はったりをかけたりするが、もう一方のカッターの存在も確認しておく。ヘルプが来るまで、オフェンス側にショットをさせず、オフェンスを遅らせることがディフェンス・プレーヤーの責任である。

[図8-161]

ディフェンス・ドリル #28

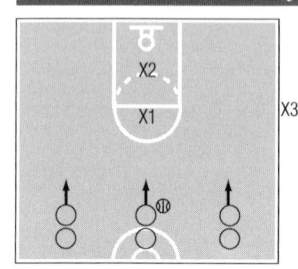

● ハーフコートの3対2

3人一組で5グループに分かれる。1つのグループは、他の4グループが各々3回オフェンスを行うまでディフェンスをやり続ける。3人のディフェンス・プレーヤーは、オフェンス側が新しくなるたびにX1からX2、X2からX3とローテーションをしてポジションを交代する。ディープマンX2はショットを防ぎ、アウトマン①はミドルマンとミドルマンからパスを受けなかったカッターのディフェンスを行う。

[図8-162]

ディフェンス・ドリル #29

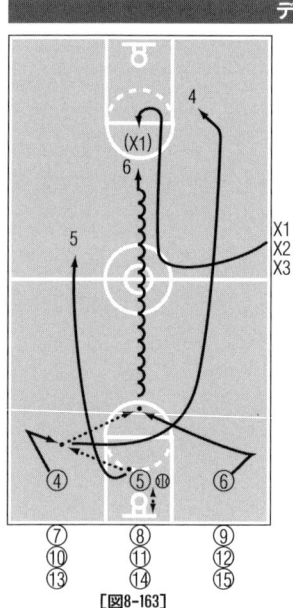

● フルコートの2対1

3人一組で5グループに分かれ、図に示されるように1グループがディフェンスとして入る。オフェンスの3人組がスタートしたら、1人のディフェンス・プレーヤーがサイドラインから飛び出しセンター・サークルを踏んでからフリースローレーン・エリアへと下がる。オフェンス側のミドルマンは、最初にボールをボードにぶつけてリバウンドし、グループの他の2人の内の1人にパスをし、センターラインまで来たらセーフティになる。ディフェンスをやり終えたら、ディフェンス・プレーヤーはサイドラインに戻り、新しいオフェンスの組がスタートし、次のディフェンス・プレーヤーが飛び出してくる。ディフェンス側の3人全員はチームで決めた回数をやり終えたら交代する。

[図8-163]

ディフェンス・ドリル♯30

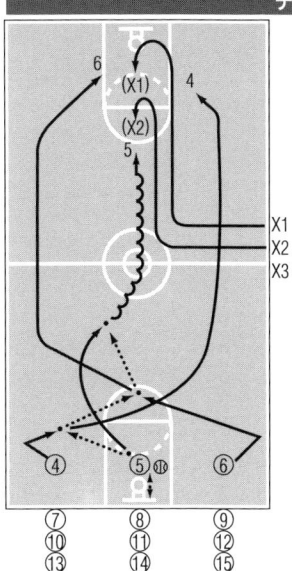

●フルコートの3対2

　このドリルの要領は♯29と同様である。違いは、図に示されているように2人のディフェンス・プレーヤーがコートに入ることと、オフェンス側の3人は得点できる地域に入ったら3回以内のクィック・パスで良いショットが打てるようにプレーすることである。1つのプレーが終わり、ディフェンス側のディープマンがサイドラインへ移動したら、次のオフェンスがスタートする。この時、ディフェンス側のフロントマンがディープマンとなり、サイドラインにいた3番目のプレーヤーがフロントマンとなる。ディフェンス側の3人はチームで決めた回数を終えたら交代する。

[図8-164]

ディフェンス・ドリル♯31

●ハーフコート・スクリメージ

　相当数のハーフコート・スクリメージを行う中で強調すべき点は、実際のゲームで最も出場時間の長いプレーヤー8人に対し、その日の練習で特に強調しなければならない事柄を徹底させることと、1日おきにディフェンスとオフェンスを行わせることである。

＜強調すべきポイント＞

1. 次の対戦チームのオフェンスを想定したディフェンス。

2. カンファレンスで最も強敵となるチームのオフェンスを想定したディフェンス。

3. ストーリングやボール・コントロール、ダブル・ポスト、ウィーブ、桁外れの長身を有するポストマン、ブロックやスクリーンを多用してくるゲームなど、対戦チームのいろいろなタイプのオフェンスを想定したディフェンス。

4. 対戦チームのオフェンスに対するプレッシング・ディフェンス、得点した後のゾーン・プレス、得点できず相手方にボールが渡ったときのマンツーマン・プ

[図8-165]

レス。時には、ゾーン・プレスを練習したいときは、敢えてオフェンス側に得点させることがある。そのほうがゲームにより近い状況の中でプレスを試すことができ、プレスをより効果的に練習することができる。

5. オフェンスで最もトラブルを引き起こす原因を見つけ出し、修正するための、レギュラー・オフェンスに対するディフェンス。

6. アウトサイドからのいろいろなタイプのセット・ショットやジャンプ・ショットが打たれた後のリバウンド。

ディフェンス／その他のドリル

リバウンディング・ドリル#3	●チェッキング・ザ・シューター
リバウンディング・ドリル#4	●インサイド・チェッキング
リバウンディング・ドリル#10	●チェッキング・ザ・ドライバーズ
リバウンディング・ドリル#13	●チーム・チェッキングA
リバウンディング・ドリル#14	●チーム・チェッキングB
コンディショニング・ドリル#6	●ディフェンシブ・スライディング
コンディショニング・ドリル#7	●1対1（カッター）
コンディショニング・ドリル#8	●1対1（ドリブラー）
コンディショニング・ドリル#18	●3対3・ウィズ・ブレイク
コンディショニング・ドリル#19	●ベースライン・マンツーマン・プレス
コンディショニング・ドリル#20	●ベースライン・スリーマン・ゾーン・プレス
コンディショニング・ドリル#25	●1対1・コンディショナー
コンディショニング・ドリル#26	●2対2コンディショナー
コンディショニング・ドリル#27	●3対2コンディショナー
パッシング・アンド・レシービング・ドリル#7	●チェイサー・イン・サークル
パッシング・アンド・レシービング・ドリル#8	●2チェイサーズ・イン・サークル
シューティング・ドリル#7	●1対1
シューティング・ドリル#17	●1対1ーフォワード
シューティング・ドリル#18	●1対1ーサイド・ポスト
シューティング・ドリル#29	●1対1ーガード・ウィズ・ポスト
シューティング・ドリル#30	●1対1ーガード・ウィズ・フォワード
シューティング・ドリル#31	●2対2ーガーズ・ウィズ・ポスト
シューティング・ドリル#32	●2対2ーガーズ・ウィズ・フォワーズ

FASTBREAK DRILLS
ファストブレイク・ドリル

このドリルで強調すべきポイント
1. 早くパスアウトし、ファストブレイクの機会をより多く作る。
2. 正確さを失わずにスピードとクィックネスを獲得する。
3. トレーラーとセーフティによって適切なフロア・バランスを維持する。
4. 前方を見続ける。
5. 確率の高いショットが容易く得点できるショットで終える。
6. レーンを正しく埋めながら走ることを学習する。
7. ディフェンスからオフェンス、オフェンスからディフェンスへ素早く切り替える。
8. ディフェンスへの対応を学習する。

他の重要なドリル
1. ボールを用いるすべてのコンディショニング・ドリル。特に、スリー・マン・パラレル・レーン、スリー・マン・ウィーブ、ロング・パス・フロム・ボード、ダウン・ザ・ミドル・フロント・アンド・サイド、ターン・アンド・ドライブ、ロング・パス（A、B）、3対2コンディショナー、チーム・ウィーブ。
2. バックボードにボールを当て、素早いリバウンドから開始するすべてのドリル。
3. 2対1と3対2のディフェンス・ドリル。
4. 第4章で示されたファストブレイクのパターンとフィニッシュの仕方。

*

　最初は、スタートやフィニッシュのすべてのパターンを学習し、それらが習慣化するまで指示するほうが良い、と私は思う。次に、誰かにアウトサイドからショットを打たせて、そのリバウンドの状況からファストブレイクを練習させるべきである。プレーヤーは前もってショットの成否を予想できなかったり、どこにボールが落ちるかが分かっていないので、こういったやり方は、できるだけ素早く対応したり、できるだけ素早くボールを進めたり、といったプレーヤーの反応を高める上で必要である。プレーヤーが無意識的に反応し始めるそのときが、ディフェンスを付け始める時期である。ただし、ディフェンスはいくつかの決まったパターンだけにし、オフェンスはまずそれらに対応するべきである。私が用いるいくつかの簡単なディフェンスのやり方は次の通りである。
1. ショットをした者が自由にディフェンスを行う。
2. シューターが反対側のフリースロー・サークルまでディフェンスをし、両方のエンドラインにいる者が自分のエンドラインからセンターラインまでをディフェンスする。
3. 各エンドラインに2人のディフェンスを配置する以外は、2と同様である。
4. 3人がオールコートで自由にディフェンスをする以外は、2と同様である。

5. 固定したオフェンス・チームを作り、第5章の「ファストブレイク・オフェンス」で示されたように、オフェンス・チームがボールを失うときはディフェンス側になり、ボールの所有権を獲得するときはいつでもディフェンス側がファストブレイクを出す。

ファストブレイク・ドリル#1

●ファイブマン・コンティニュイティ

①がショットを打ち、②がリバウンドして③か⑤にパスアウトする。④は②からのパスを受けなかった③か⑤のいずれかのためにスクリーンをかける。この図では、②は③にパスをし、③は⑤にパスをし、⑤はコートの中央をドリブルしている。③と④はレーンの外側を埋めながら走り、①と②は⑤の後ろ側から両サイドのレーンを埋めながら走る。⑤がサークル・エリアに到達したら、フランカーである③か④にパスをし、そこに留まる。ショットを打たなかった逆サイドのフランカーがリバウンドをし、①か②にパスアウトしたら、⑤はパスを受けなかった者のためにスクリーンをかける。同じパターンで戻ることになるが、ポジションはそれぞれ変わることになる。

われわれのチームは15人なので、1グループが数分間これを行っている間は、次のグループはコートの外で待機し、3番目のグループはこの間フリースローの練習を行う。

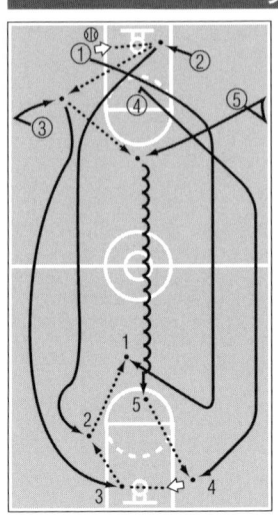

[図8-166]

ファストブレイク・ドリル#2

●チーム・オプションズ

ボールの所有権をリバウンドや得点の後で獲得する度に、プレーヤーはパターン通りに動くことやレーンを適切に埋めることを学ばなければならない。これらのスタートとフィニッシュに関するオプションを含んだいくつものパターンは、第4章の「ファストブレイク」で図示されている。

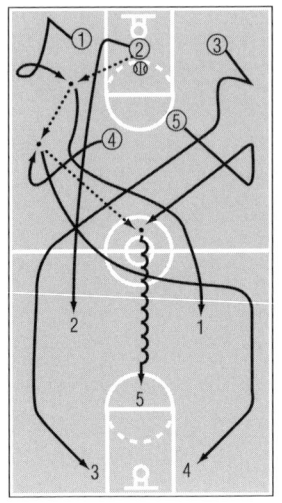

[図8-167]

SCRIMMAGING
スクリメージ

　第2章の「練習について」やディフェンス・ドリル#31でも考えを述べてきたが、このドリルは、間違いなく練習プログラムの中でも極めて重要な部分である。ハーフコート・スクリメージは、以下の事柄を向上させるために不可欠である。
1. レギュラー・チーム・オフェンス
2. レギュラー・チーム・ディフェンス
3. フロア・バランスとタイミング
4. 特別なオフェンス・プレーとその組み立て
5. 特別なディフェンスの組み立て

　フルコート・スクリメージは、以下の事柄を向上させるために不可欠である。
1. 身体的コンディション
2. オフェンスからディフェンス、ディフェンスからオフェンスへの素早い反応
3. 状況のあらゆる変化に対する素早い対応
4. 実戦的なゲーム・コンディションの経験
5. ファストブレイク
6. 「ハーフコート・スクリメージ」で言及された5つのポイントすべて

　スクリメージ・プログラムについて、われわれのチームにとって大変重要だと考えられる前述したいくつかの事柄を、私は以下に再度強調しようと思う。
1. オフェンスとディフェンスの両方がともに無視されてはならないが、ある日の練習でオフェンスを強調したならば、次の日はディフェンスを強調しなければならない。
2. ゲームに使う7、8人のプレーヤーを決定したならば、そのプレーヤーはオフェンスに力点を置いた練習日には、その大半の時間をオフェンスに費やすべきであり、ディフェンスに力点を置いた練習日には、その大半の時間をディフェンスに費やすべきである。
3. チームワークの向上のために断然最適なのがスクリメージ練習であり、スクリメージ練習を行っている間はチームワークを絶えず強調しなければならない。
4. フルコート・スクリメージ練習を行っている間は、自制心、疑わしいジャッジに対する寛容な態度、得点に繋がったパスへの謝意とチームメイトが行った素晴らしいプレーに対する賞賛の習慣化、チームメイトへの非難の禁止、ルール変更への対応、突発的な状況への対応、といった事柄を向上させるに相応しい種々の機会が提供されている。

　これらの中でも特にメンタル面や情緒面に順応することは、身体面の適応が重要であるのと同様に、プレーヤーが自分の可能性に最大限アプローチして行く上で不可欠なものである。

THE THREE-POINT GOAL
スリー・ポイント・ゴール

　この新しいルールに関しては、ここ何年間か論議され試されてもいたが、1986-87シーズンから採用の運びとなった。コーチの多くはこのルールに好意的であるように思えるが、彼らの本心は、約6.02m（19フィート9インチ）という距離はあまりにも近すぎる、ということであろう。個人的には、私も彼らと同意見であり、最低限6.4m（21フィート）は必要だと思っている。ともあれ、1986-87シーズンは格好の試金石となろう。もしこのルールがゾーン・ディフェンスの使用を抑制するために採用されたのだとしたら、それは好ましくない、と私は思っている。ただ、もしディープ・ポストでの激しい身体接触を伴うプレーやカット時のファウルを減少させることにあったとしたら、このルールは採用するに値する。おそらく後者の考えが採用の理由であると思うが、このルールはわずかではあるけれどもディフェンスを広げさせることで、上背はないが素早さのあるプレーヤーに活躍の場を与えたり、機動力のあるプレーヤーにドライブが可能な空間を広げることになろう。

　バスケットボールは身体的強靭さ（フィジカル・ストレングス）や腕力よりも体力や機動力のゲームである、と考えているので、このルールがそのようなプレー・スタイルへと連れ戻してくれるのではないか、と私は期待している。

付録

1 私のお気に入りのチーム　　　MY FAVORITE TEAMS

　私はコーチを引退してから数年経つ。NCAAチャンピオン勝ち取った10チームの中でも、私が個人的に気に入っているチームはどのチームかを頻繁に尋ねられる。私にはそれがどのチームなのかわからないという非常に単純な理由のため、いつも答えることを拒んできた。私がその特別な時間をコーチングに割いてきたチームが、私のお気に入りのチームであるように思う。

　また、私はお気に入りのプレーヤーについても頻繁に尋ねられた。そして、答えを同じように拒んできた。ルイス・アルシンダー、キース・エリクソン、ゲイル・グッドリッチ、ウォルト・ハザード、ウィリー・ノールズ、カーティス・ロウ、ビル・ウォルトン、シドニー・ウィックス、ジャマール・ウィルクスなどのその他の有名なプレーヤーのほうが、練習を楽しんでいたラルフ・ジャッケル、エディー・シェルドレイク、ジョージ・スタニッチ、ダン・ブラッグ、ジョン・ムーア、ボブ・アーチャー、ディック・バントン、エド・ホワイト、アレン・ハーリング、コンラド・バーク、ジョン・グリーン、ピート・ブラックマン、ジョン・エッカー、ケニー・ワシントン、ダグ・マッキントッシュ、マイク・ウォーレン、ジョン・バリーなどのその他多くのプレーヤーのように比較的知られていないプレーヤーよりも、気に入っているなどということは決してない。

　私が今までコーチしてきた中で、アルシンダー（カリーム・アブドゥル・ジャバー）は最も価値のあるプレーヤーであり、ビル・ウォルトンがその次のプレーヤーであった。それでも、ウォルトンはアルシンダーよりも多くのことができた。マイク・ウォーレンほど利口なプレーヤー、ウォルト・ハザードほどパスの上手なプレーヤー、ゲイル・グッドリッチやキース・エリクソンほど精神力の強いプレーヤー、ジャマール・ウィルクスほどフロアーの中でも外でも問題一つ起こしたことのないプレーヤーをコーチしたことはなかった。

　UCLAでの27チームの中でも5つのチームが、私に非常に個人的な満足をもたらしてくれた。そのチームを年代順に示す。

1. 1948-49年

　この年は、UCLAの3年契約での初年度のチームであり、良いスタートを切りたかった。ここでは練習やプレーの条件が非常に厳しく、バスケットボールにおける一般市民の支持がミッドウェスト・カンファレンスで慣れ親しんできた状況と全く異なっていた。われわれは、このカンファレンスで最終戦を戦うことができるチームに選ばれた。しかし、私自身はこのような新しい周囲の環境になじめず、非常に単純に苦しんでしまった。

それゆえ、このカンファレンスで勝利することにすべての魅力を感じ、今までのUCLAの中で最も素晴らしい成績（22勝7敗）でシーズンを終えることができた。この結果によって、私自身のライフ・スタイルに合わない場所であっても気持ちを楽にすることができた。

プレーヤーが私を受け入れてくれ、今まで親しみのなかったファストブレイクという新しいフィロソフィーが本当に最高のものを与えてくれたのである。私は、自分がコーチングした最初のUCLAのチームに異常なまでの誇りを持っていた。そして、それは今もなお持ち続けている。

2. 1961-62年

1948-49年から1961-62年の間にも、多くのチームが私にすばらしい喜びを与えてくれたが、1961-62年のチームはそのようなチームほど良い成績ではない（18勝11敗）が、お気に入りのチームに挙げられる。

シーズンの最初はあまり良くはなく、大変惨めなスタートを切った。その中に3点差以内の惜敗がいくつかあったけれども、シーズンを通して一定の進歩を続け、NCAAトーナメントに進出した。その準決勝で、翌日チャンピオンシップを勝ち取ったシンシナティ大に82-80で負けたが、ここまでできたことによって証明されたように、トーナメントのときには全米のどのチームよりもおそらくすばらしいチームになっていた。このゲーム、残り時間わずか2、3秒で80-80の同点、われわれはボールを所有しており、最後のショットを打とうとしていた。しかし、ここでボールの所有を失ってしまい、シンシナティ大のプレーヤーがゲームを決めるショットを決め、試合が終了した。

このチームは、ナショナル・チャンピオンがあと数秒で手に届くところまできていたように、シーズン中であっても多大な進歩が可能であることを私に証明してくれたチームである。

3. 1963-64年

このチームは私が最初にNCAAチャンピオンを取ったチームであり、この無敗のシーズン（30勝0敗）を送ったチームは、私を限りなく個人的に満足させてくれたチームの一つとなった。しかし、私の記憶によると特別な意義のある要因も持っていたチームである。

過去のチャンピオンと比較しながら話すと、このチームは今まですべてのNCAAチャンピオンの中で最も身長の低いチームであり、群を抜いて興奮させるゾーン・プレスを用いて、非常に多彩で魅力のある全勝チームのうちの一つであった。さらに、それぞれのプレーヤーが非常に様ざまで対照的な個性を持っていたにもかかわらず、とことんチーム・プレーに徹した典型的なチームでもあった。私が信じていた最高の可能性にまで潜在能力をほぼ発揮したチームであった。

1963-64 年

キース・エリクソン、ジャック・ハーシュ、フレッド・スローター、ゲイル・グッドリッチ、ウォルト・ハザードがどのゲームでもスターターであったが、強豪のデューク大とのチャンピオンシップのゲームでは特にケニー・ワシントン、ダグ・マッキントッシュなど、スターターでない他のプレーヤーが言葉では言いつくせないほどチームに貢献した。

4. 1969-70 年

このチームは「The Team Without」と呼ぶのに相応しいチームであった。4年連続 NCAA チャンピオンを勝ち取るべきチームであったことも忘れない。しかし、勝利をもたらす土台になる条件は私にとって重大な意味をもっていた。

他の素晴らしい数人のプレーヤーとともにゲームを支配していたアルシンダーが卒業してしまい、バスケットボール界ではわれわれのチームがそれを克服することなどできないと思っているものがほとんどであった。UCLA の今年のチームは昨年までとは全く異なったチームだと相手チームの数人のコーチが公然と話していたほどである。

前年のチームからアルシンダーがいなくなったことにより、スティーブ・パターソンが非常に上手にプレーすることのできるハイ・ポスト・オフェンスにオフェンス・システムを戻した。カーティス・ロウとシドニー・ウィックスはこのチームで見事なフォワードのペアを組み、ジョン・バリーとヘンリー・ボビーはお互い非常によく補ってガードのペアを組んでいた。もちろん、ジョン・エッカーとケニー・ブーカーのようなスターターでないプレーヤーやその他のプレーヤーもまた重要な役割を果たしていた。

彼らがこれまでチームで用いてきたオフェンスやディフェンスのスタイルよりも

1969-70 年

新しいスタイルに完全に適応したこと、またアルシンダーのようなプレーヤーがいなくなってもうまく順応したことに多大な誇りを持っていた。

そう、これらの若いプレーヤーと彼らの達成したことに私は限りない誇りを持ち、これからもずっと持ち続けるであろう。

5. 1974-75 年

この年のナショナル・チャンピオン・チームは、他のチャンピオン・チームと異なるいくつかの特別な特徴を持っている。最初の1964年のチームとこの最後の1975年のチームは、最初の子どもと一番最後の子どもが生まれたような非常に特別なものであった。

この1975年のチームは、私が今までコーチしてきたすべてのチームと同じ様に、素晴らしく若いプレーヤーから構成されていた。彼らは、シーズンを通してコートの上でも外でもトラブルを起こさず、周囲でも本当に喜ばれていた。こうしたことによって、彼らはすでに美しい記憶と永遠の地位を私の心にとどめているのであり、チャンピオンシップは単なる飾りにすぎなかったのである。

彼らがチャンピオンシップを勝ち取るとは期待されていなかったが、彼らはまるでそれを知らなかったかのようにプレーをした。非常に重要であったいずれのゲームでも勝利を収めようと、幾度となく苦境の中から抜け出そうと際限のない勇気や決断を見せた。

デビッド・マイヤースは、ケガによってハンディを負っているときでさえも、コートの端から端まで真のオール・アメリカンらしいプレーをした。ピート・トルゴヴィッチは優れたプレーヤーであり、厳しいプレッシャーのもとでベストを尽くした。アンドレ・マッカーターとラルフ・ドロリンガーはシーズンが進むにつれて安

1974-75年

定して成長をしていき、チャンピオンシップのゲームで厳格なケンタッキー大に対して華々しいパフォーマンスを見せてくれた。若いマーカス・ジョンソンとリチャード・ワシントンはプレーにいらだちを見せたが、偉大な将来を秘めていることを示していた。ジミー・スピランスとウィルバート・オリンデは時に見事なプレーを見せ、ケイシー・コーリス、ギャビン・スミス、マービン・トーマス、レイ・タウンゼント、ブレット・ブロマンの無名の5人はゲームでプレーするべきプレーヤーの向上のために来る日も来る日も貢献した。

　期待されていなかったことよりも期待されたことを成し遂げる方が困難であったとしても、もし才能が豊かであったとしても、アルシンダーやウォルトンによって導かれたどのチームも、私に最も個人的な満足を与えてくれた5つのチームに入っていないことに注目してもらいたい。

　われわれがより良い機会に直面するたびに、私はそのすべてを勝ち取るためのよい機会に直面したと思うことができた。けれども、そういう年に限って個人的に厳しく練習を課したかもしれない。それは、満足感よりも安心感が毎年のシーズン前に欲しかったからである。

1964-65 年

2　UCLAの歴代チャンピオン 10 チーム　　THE TEN UCLA NATIONAL CHAMPIONSHIP TEAMS

1. 1963-64 年（30 勝 0 敗）

このチームについては前述しているので、ここでは省略する。

2. 1964-65 年（28 勝 2 敗）

　1963-64 年のチームからゲイル・グッドリッチとキース・エリクソンのたった 2 人のスターターが残っただけで、異常なプレッシャーの中、NCAA のディフェンディング・チャンピオンとしてのシーズンが続いた。しかし、フレディー・ゴス、エドガー・レイシー、マイク・リン、ダグ・マッキントッシュ、ケニー・ワシントンの頑張りによって、このチームはナショナル・チャンピオンを守り抜くことができた。

　2-2-1 から 1-2-1-1 へとプレッシング・ディフェンスを変化させて行い、そのディフェンスはすばらしく向上した。エリクソンはこのエキサイティングなディフェンスにおいて偉大なセーフティー・マンの一人として確立した。エリクソンがケガをし、イリノイ大との開幕戦に負け、その後のロード・ゲームでもアイオワ大に負けたことは、チャンピオンシップを勝ち取るための試練にすぎなかった。

　ケニー・ワシントンは控えのプレーヤーであったが、強豪のミシガン大と対戦したチャンピオンシップ・ゲームにおいて 1964 年のデューク大との決勝で見せたパフォーマンスを思い出させるような輝きのあるプレーをした。控えのプレーヤーであったマイク・リンも良いプレーをした。ゲイル・グッドリッチの輝かしいプレーもまた忘れられないものであり、MVP は彼に贈られるべきであった。

1966-67 年

3. 1966-67 年（30 勝 0 敗）

　このチームは最も経験が乏しく最も若い5人のスターター（2年生が4人、3年生が1人）によってチャンピオンシップを勝ち取った。

　1敗もすることなく、非常に満足するものであり、しかも私を2年連続全勝のシーズンを送ったたった一人のコーチとしてくれたのである。その上、非凡な身長と才能を持ったスーパースターのルイス・アルシンダーがいながら、他のプレーヤーが自分のアイデンティティーを失うことなくプレーすることができ、チームが私独自のプレー・スタイルに合わせることを学んでくれたことにも私は喜びを感じていた。

　私が今までコーチしてきた中で最もスマートなプレーをするプレーヤーの一人であり、リーダーシップを持った3年生ガードのマイク・ウォーレン（178 cm）は、経験と自信を積んでいく間に、4人もの2年生を試合で安定させることに計り知れない能力を持っていた。ルシアス・アレンは素晴らしい能力を見せつけ、リン・シャックルフォードのコーナーでのショットがアルシンダーのインサイドでの力強さを増し、ケニー・ハイツの多彩なプレーが際だっていた。

4. 1967-68 年（29 勝 1 敗）

　1967年のチャンピオン・チームにおけるスターターに、新たに2人のスターター（1965年のチャンピオン・チームにおけるエドガー・レイシー、マイク・リン）が加わったため、非常に優れたチームになると期待されていた。それにも関わらず、以前のチャンピオン・チームの2人（レイシー、リン）がスターターに戻ることによって、今までスターターであったプレーヤーはスターターとしての地位を失い、コーチングという観点から苦難の年になると思われた。さらに、連覇の期待からく

1967-68 年

る内面のプレッシャーが、それを確実なものにしていた。

　それゆえ、5万5千人以上の観衆を集めたアストロ・ドームでヒューストン大 (71-69) に 47 連勝をストップさせられ、またアルシンダーが目に深刻な負傷を負い、さらに際だったプレーヤーであるエドガー・リンがチームから去って行ったにもかかわらず、1964 年と 1965 年、1967 年と 1968 年の 2 つの異なった状況の中で UCLA を 2 年連続チャンピオンにしたこのチームに私は非常に喜びを感じた。

　またしても、長身のルイス・アルシンダーと小さなマイク・ウォーレンがチャンピオンシップでのプレー・レベルで要求される最も重要な要因（才能、リーダーシップ）を担っていた。シャックルフォード、リン、アレン、ハイツ、ニールセン、他のプレーヤーも貢献していた。

5. 1968-69 年（29 勝 1 敗）

　このチームは 3 年連続してチャンピオンシップを勝ち取った最初のチームであり、連覇のプレッシャーがあったにもかかわらず、周囲の期待に応えた。

　カンザス大は偉大なウィルト・チェンバレンを擁してもチャンピオンになれず、オハイオ州立大は偉大なルーカス、ハブリチェック、ノーウェルを擁してもたった一度しかチャンピオンになれず、シーグフリードのチームであるサンフランシスコ大はビル・ラッセルやすばらしいサポート・プレーヤーがいても 2 度しかチャンピオンになれず、際だったプレーヤーであるジョージ・マイカンを擁してもディポール大は一度もチャンピオンになれなかったのである。このことは、周囲の期待に応えることがいかに難しいかを示している。

　ルイス・アルシンダーの非凡な身体能力は、この成績において非常に重要な要因となっていたが、それは個人の記録よりも、チームの勝利のために一途に取り組ん

1968-69 年

だことから生じる彼の自然な意欲であった。

　ケニー・ハイツ、リン・シャックルフォード、ビル・スウィークは3年生として役割を果たし、ジョン・バリー、カーティス・ロウ、シドニー・ウィックスの新人のプレーが将来に勇気を与えてくれた。

6. 1969-70 年（28勝2敗）

　このチームについては前述しているので、ここでは省略する。

7. 1970-71 年（29勝1敗）

　非常に元気のある若いプレーヤーたちから、驚くほどの冷静さ、信じられないほどの勇気、けたはずれな規律の厳格さがシーズン全体を通してこのチームに見られた。素晴らしく、攻撃的なディフェンスができることや際だったリバウンドの能力の根底にある上述の気質によって、UCLA の過去4年間、また7年のうちに6回もわれわれが熱望したチャンピオンシップを勝ち取ることができた。

　通常、見出しは当然のようにすばらしい活躍をした2人、シドニー・ウィックスとカーティス・ロウであるが、スティーブ・パターソン（ビラノバ大に対するチャンピオンシップ・ゲームでのプレー）、ヘンリー・ビビー（ある状況で決めた素晴らしいショット、オレゴン大とのゲームでの勝敗を決定づけるスティール）、ケニー・ブーカー（負けられない南カリフォルニア大との最初のゲームでのプレー）、テリー・ショフィールド（多くの勝利に結びついたゾーンに対するアウトサイド・ショット、キーとなったスティール）、ジョン・エッカー（オレゴン大戦でのプレッシャーのかかった中で決めたフリー・スロー、他の状況での素晴らしいディフェンシブ・プレー）、ラリー・ファーマー（NCAA 地区決勝におけるロングビーチ州立大戦での勝利を決定づけた残り時間わずかでの重大なリバウンド）、リック・

1970-71 年

ベッチュリー、ジョン・チャップマン、アンディー・ヒル、ラリー・ホリフィールドの毎日の練習での貢献が、このチームに究極の達成をもたらしたのである。

そう、このチームは、最も気の利いたプレーヤーの集まりであった。

8. 1971-72 年（30勝0敗）

このチームは非常に若く、経験が乏しいうえに、ここ数年の UCLA における素晴らしい成功によって確かに非現実的なプレッシャーがかなりかかっていた。そして、バスケットボールの知識のない人々は1971-72年のブルーインズ（UCLAのニックネーム）の成功を予測し、期待していた。

この無敗のチャンピオンは、チームワークの向上、ハード・ワークに対する若者の熱心さ、チーム・コンセプトを真に具現化するアルシンダーのようなもう一人のスーパー・スターであるビル・ウォルトンのチーム・プレーの結果であった。

このチームはセット・オフェンスのオプション、素早いアウトレット・パス、ファストブレイクの正確性、素晴らしいチーム・ディフェンスを有し、採用したプレス・デフェンスにかなり熟練していた。私がコーチしてきたいずれのチームよりもこのチームが最も多彩なプレーができた。

ビル・ウォルトンは力強いプレーヤーであった。ヘンリー・ビビー、グレッグ・リーもインサイドのプレーヤーであり、ラリー・ファーマー、トミー・カーティスはアウトサイドに強いプレーヤーであった。私が今まで経験した大学プレーヤーの中で最も素晴らしいプレーヤーのウォルトンとキース（ジャマール）・ウィルクスの2人は、優秀なリバウンド・チームの土台をなしていただけでなく、彼らの非自己中心的な態度によってチームメイトが鼓舞されていた。

ヘンリー・ビビーは安定感がありハッスルし、トミー・カーティスは時に真の火

1971-72 年

付け役となり、スワン・ネイターはウォルトンをタフにさせ、チームをプレッシャーから解き放ち、ラリー・ホリフィールドは時にプレーで輝きを見せた。ビンス・カーソン、ジョン・チャップマン、ゲイリー・フランクリン、アンディー・ホールは毎日の練習の中で貢献していた。

　私はヘッド・マネジャーであるレス・フリードマンについても述べるべきであると思う。彼は多くのヘッド・マネジャーの歴任者の中でも非常に多大な役割を果たした一人であった。

9. 1972-73 年（30 勝 0 敗）

　38 年間のコーチングにおいてはじめて私はゲームでミスを起こしてしまい、穏やかながら精神的な面で問題が生じた。その問題は、75 連勝にまで達した信じられないほどの連勝を維持すること、そんな空前の期間トップにい続けたことから生じるプレッシャー、UCLA バスケットボールに関係するいくつかの書籍の出版によってもたらされたさらなる負担とも関係していた。私の経験の中で最も「挑戦」しなければならないシーズンが 1973 年のシーズンであると思い、私の個人的な生活のすべてを賭けた。

　最終的な結果は非常に喜ばしいものであり、われわれすべてのチャンピオン・チームの中でも最も重要なチームの中の一つとなった。

　メンフィス州立大とのチャンピオンシップ・ゲームにおけるビル・ウォルトンの素晴らしいパフォーマンス、多くの状況、特にサンフランシスコ大とインディアナ大との NCAA トーナメントのゲームにおけるトミー・カーティスのひらめきや効果的なプレー、キース（ジャマール）・ウィルクスのいつもなめらかで輝きのあるプレー、ラリー・ファーマーの素晴らしいオールラウンドで安定したプレー、ラ

1972-73 年

リー・ホリフィールドの多くの輝くスティールや際だったプレー、グレッグ・リーのウォルトンやファーマーへの美しいロブ・パス、デビッド・マイヤースの安定した重要となる効果的なプレー、スワン・ネイターの素晴らしいユーモアと絶え間ない努力、ビンス・カーソン、ケイシー・コリンズ、ラルフ・ドロリンジャー、ゲイリー・フランクリン、ピート・トルゴヴィッチ、ボビー・ウェッブの知られざる毎日の貢献を決して忘れることなどできるものではない。

10. 1974-75 年（28勝3敗）

このチームについては前述しているので、ここでは省略する。

＊

これらの偉大なチームを構成していたプレーヤーに加えて管理・経営スタッフやアシスタント・コーチもまたプレーヤーたちの成長や究極の成功において計り知れないほど貢献した。

ここでそれらアシスタント・コーチのすべての名前を挙げることはできないが、彼らには才能があり、私に多くの忠実な助言をしてくれた。前述したチームの少なくとも3チームの成功において重要な部分を支えてくれたそれぞれの人物に贈り物を贈呈しなければならないと思っている。それら人物とは、1950年代初期、私のために仕えてくれたジェリー・ノーマン、1950年代後半に仕えてくれたデニー・クラム、1960年代初期に仕えてくれたゲイリー・カニンガムである。また大学院生であり、偉大な新人のルイス・アルシンダーの期待をにない毎日練習のパートナーをしてくれたフランク・アーノルドとジェイ・カーティーである。

訳　注

ジョン・ウドゥン氏について

＊1　ネイスミス記念バスケットボール殿堂(Naismith Memorial Basketball Hall of Fame)

バスケットボールの考案者であるネイスミス博士の功績を讃え、その発祥の地、マサチューセッツ州スプリングフィールドに1948年に設けられた。1985年6月30日、スプリングフィールド市中心街に規模を拡大して再オープンした。全米には、「バスケットボール名誉の殿堂」と命名されたものは幾つもあるが、その中でも考案者の名を冠し、規模や展示内容の充実度に加え、プロ、大学、高校等を男女ともに全米規模でカバーしている点で上記のものが最も権威がある。ウドゥンは、1960年にプレーヤーとして、1972年にはコーチとして殿堂入りしている。なお、後述の"Indiana Basketball Hall of Fame"は、インディアナ州インディアナポリスの「高校バスケットボール名誉の殿堂」のことである。

＊2　ヘルムス競技財団（Helms Athletic Foundation）

1936年にポール・H.・ヘルムス（Paul H. Helms）によって設立された。ヘルムス賞は、世界中の最優秀チームやプレーヤーの栄光を讃えて毎年贈られる（Helms World Trophy）。

＊3　素晴らしい成績

1932年、パデュー大学卒業後、ウドゥンはケンタッキー州デイトンの高校に英語の教師として赴任した。2年後には、生まれ故郷のインディアナ州サウスベントのサウスベント・セントラル高校で再び英語の教師となった。この間、バスケットボールはもとより、野球やテニスのコーチも行っている。1942年から1945年までの4年間、ウドゥンは第二次世界大戦に動員され、海軍中尉として除隊する。除隊後、直ぐにインディアナ州立教育大学の体育主事（アスレティック・ディレクター）として2年間を過ごすことになる。これら高校での11年間と大学での2年間でのバスケットボール・コーチとしての彼の戦績は、256勝56敗という輝かしいものであった。そして、1948年に、それらの戦績により、請われて中西部から西海岸のUCLAにヘッドコーチとして就任することになる。

＊4　UCLA(University of California, Los Angeles)

カリフォルニア大学ロサンゼルス校。1868年に創立されたカリフォルニア大学の分校として、1919年にロサンゼルス中心部に開校した。その後、学生数の増加に伴い、1929年に現在のロサンゼルス西部のウエストウッドに移転した。3万人を越す学生数を有し、1万人以上の大学院生もかかえる。最近では、若干レベルが低下したとはいえ、学業面でも伝統的に全米のトップレベルの評価がなされている。

＊5　NCAA(National Collegiate Athletic Association)

全米大学競技協会。全米の大学競技スポー

ツ全体に関与する統括団体。

推薦文

＊1　ウドゥンの著作
『プラクティカル・モダン・バスケットボール』（初版1966年）の他に、"They call me coach"（初版1972年、Word Books: Texas）と"Wooden"（初版1997年、Contemporary Books:Illinois）の2冊がある。
まえがき

＊1　「黄金律」（the Golden Rule）
キリスト山上垂訓中の一節である、「すべて人にせられんと思うことは、人にもまたそのごとくせよ」（マタイ伝7：12）のこと。

第1章

＊1　ウェブスター（Webster）
アメリカの辞書編集者、著述家のノア・ウェブスターが編集した、アメリカで最も権威があるとされる英語辞典のこと。

＊2　ソロモンの知恵（that of Solomon）
ソロモンとは紀元前のイスラエル王のこと。「ソロモンの知恵」とは聖書外典の一つである。ただし、そこで用いられている「知恵」とは理論的な知識ではなく、人間のわきまえるべき「たしなみ」のことである。

第2章

＊1　スカル・セッション（skull session）
[skull：頭蓋骨]
コーチがチームのプレーヤーを集めて行う戦術研究、または新戦法の訓練のこと。

＊2　スクリメージ（scrimmage）
もともとはラグビー、あるいはアメリカンフットボールの用語。アメリカンフットボールでは、同一チームの2組の間で行われる練習試合（非公式）のことをいう。バスケットボールでは、ハーフコートやオールコートを用いた5対5のゲーム形式の全体練習のこと。

＊3　シーズン開幕後のゲーム・スケジュール
本書の初版が上梓された1966年当時、ゲームは金曜日か土曜日に行われるのが常であった。しかし、現在では、それ以外の曜日にも行われている。

＊4　リード・プロテクション（lead protection）
ゲーム終了までリードを維持し、勝利に導くための作戦のこと。おもにゲームの終了間際に行われる。

＊5　フリーランス（free lance）
[free lance：自由契約者]
パターンオフェンスのようにプレーヤーの配置や動きをパターン化するのではなく、ディフェンスに応じた状況判断によって、スクリーニング、カッティング、パッシングをうまく機能させておこなう攻撃法のこと。

＊6　『バスケットボールの方法』
John Bunn, Basketball Methods. New York: The Macmillan Co., Inc., 1939．

＊7　フロート（float）
マンツーマン・ディフェンスにおいて、ボールの移動に伴ってディフェンス・プレーヤーがボールを持っていない自分のマークマンから離れて、ボール保持者のほうへに重点的に寄ってヘルプ・ポジションをとること。

＊8　セーフティ
オフェンスからディフェンスに切り替わったとき、相手にファストブレイクを出されないように備えるプレーヤー、またはその

役割のこと。原著の中でウドゥンは、このことに関して"プロテクター（protector）"という言葉を使用している。

＊9　ウィーブ（weave）

サイドライン付近からコート中央を横切りながら、パスを出した相手の後ろ（または前）を通って交差する動きを、3人以上のプレーヤーが循環的に連続させること。または、その動きを使ったオフェンスのこと。

＊10　アルシンダーの入学

全米高校界のスーパー・スターであった、ルイス・アルシンダー（カリーム・アブドゥル・ジャバー）がウドゥンのUCLAを選択したことについて、ウドゥン自身は、ある時、次のように答えている。「周知のように、私（ウドゥン）は彼（アルシンダー）とは接触しなかった。私は彼の高校のコーチと接触を持った。しかし、われわれが最初の2つのNCAA選手権優勝を果たしていなかったならば、アルシンダーはわれわれに興味を持つことはなかったであろう。」

＊11　ウォルト・チェンバレン（Wilt Chamberlain）

[1936～1999] カンザス大時代、チャンピオンシップ・ゲームへと進出し、惜しくも再々延長で敗れてしまうが、それでもMVPを受賞する。卒業後、プロチームへ入団。プロ14年間でフィラデルフィア、サンフランシスコ、再びフィラデルフィア、ロサンゼルスとチームを渡り歩く。得点とリバウンドに関して他の追随を許さないほど秀でたものを持っていた。その間、1試合で100得点、連続18本ショット成功、リバウンド55本、1シーズンで4000得点など、ほかにも多くの輝かしい記録を残す。後述のビル・ラッセルとはよきライバルであった。

1978年、バスケットボール殿堂入り。

＊12　ジョージ・マイカン（George Mikan）

[1924～] イリノイ州ジョリエット生まれ。高校時代まったく経験なしでディポール大に進み、長身（2m08cm）を生かして名将レイ・メイヤーのもとバスケットボールを始める。1948年、NBAのミネアポリス・レイカーズに入り、背番号が99番だったので"ビッグナンバー99"と呼ばれた。ゴール周辺の彼の圧倒的な有利さを排除するために、制限区域の幅が1.83mから3.66mへと広げられたことはよく知られている。1959年、バスケットボール殿堂入り。

＊13　ビル・ラッセル（Bill Russell）

[1934～] ルイジアナ州モンロー生まれ。サンフランシスコ大出身。ボストン・セルティックスの黄金期を支えた伝説のセンター。ディフェンスとブロックショットはそれまでのプロゲームのイメージを一新するほど強烈だった。7回連続（1960～1966）を含む10度のNBAチャンピオンにセルティックスを導き、自らも5回のリーグMVPに輝いた。1980年には"NBA史上最も偉大なプレーヤー"に選出された。

セルティックス在籍時に3シーズンほどプレーヤー兼任でコーチをつとめ、また引退後はシアトル（1974～1977）とサクラメント（1987～1988）でヘッド・コーチをつとめた。1974年、バスケットボール殿堂入り。

＊14　ストール・オフェンス（stall）

[stall：時間稼ぎをする]

得点をすることよりも、時間を経過させることに重きを置く攻撃法。僅差のゲームで終了間際に使うことが多い。

＊15　ハッシュマーク（hash mark）

[hash mark：年功袖章]

422

かつてNCAAのルールで規定されていた、センターラインから1〜2mのサイドライン上にあるマークのこと。1986-1987年のシーズンからなくなった。

*16　**トラッパー**（trapper）
トラップ（trap：罠）をかける役割を担うプレーヤーのこと。

*17　**インターセプター**（interceptor）
ボールのインターセプトをねらう役割を担うプレーヤーのこと。

*18　**フォー・コーナー・オフェンス**（four corner offense）
ストール・オフェンス（前述）、あるいはディレイド・オフェンス（後述）を具体的に展開する一種のフォーメーション・プレーのこと。1960年代前半にディーン・スミスがコーチをつとめるノースカロライナ大が用いだした。コート中央にポストマンが位置するのが主流であるが、ときにはポイントガードが"チェイサー"となり、コート中央をドリブルで逃げる場合もある。

*19　**ギャップ**（gap）
隙間のこと。この場合、ディフェンス・プレーヤー間のスペースこと。

*20　**リバース**（reverse）
コートの一方のサイドから他方のサイド（逆サイド）へと移動すること。

*21　**エルビン・ヘイズ**（Elvin Hayes）
[1945〜] ヒューストン大出身。ターンアラウンド・ショットを得意とし、アグレッシブなディフェンスをみせた。NBA史上、4番目の最多試合出場（1,303試合）、2番目の最多出場時間（50,000分）の記録を残す。プロ10年目にしてワシントン・ブレッツで悲願のNBAチャンピオンを獲得する。1990年、バスケットボール殿堂入り。

第3章

*1　**リバース・ターン**（reverse turn）
いわゆるバック・ターンのこと。ウドゥンは「リバース」（reverse）という用語の使用についてコートの一方のサイドから他方のサイドへと移動するときにも用いている。

*2　**10秒ルール**
かつてNCAAバスケットボールにはショット・クロックがなく、そのつもりなら1点リードしたチームが残り時間のすべてをストーリングすることができた。そこで、消極的なバスケットボールに制限を加える目的で1932年にこのルールが制定され、センターラインを設けてゲームのテンポを速め、よりアグレッシブなゲーム展開が図られた。

*3　**片足で踏み切るジャンプ・ショット**
現在ではあまりお目にかかれない形態であるが、本書では主要な技術に位置づけられている。ちなみに、ジャンプ・ショットは、1940年のNCAA全米選手権大会において、ワイオミング大学のケニー・セイラーズ選手が行ったのが最初であるとされている。

第4章

*1　**ストロング・サイド**（strong side）
両方のゴールを結んだミドル・ラインによってゴールを縦に二分したときの、ボールがあるほうのサイドをいう。ストロング・サイド・カットとは、ストロング・サイドで行われるカットのこと。

*2　**ウィーク・サイド**（weak side）
両方のゴールを結んだミドル・ラインによってゴールを縦に二分したときの、ボールがないほうのサイドのこと。ウィーク・サ

イド・カットとはウィーク・サイドで行われるカットのこと。

＊3　**セーフティ**
オフェンスからディフェンスに切り替わったとき、相手にファストブレイクを出されないように備えるプレーヤー、またはその役割のこと。原著の中でウドゥンは、このことに関して"プロテクター（protector）"という言葉を使用している。

＊4　**トレーラー**（trailer）
オフェンスにおいて、ボールラインの後方から追いかける役割を担うプレーヤーのこと。

＊5　**ボタンフック**（button hook）
[button hook：鉤（カギ）形の器具]
アメリカンフットボールでは、パスレシーバーが急に曲がってパスを受ける攻撃をいうが、同じような動きを指している。

＊6　**ディープ・ポスト**（deep post）
ゴールに近いことを示すのに"ディープ"という言葉を使用している。いわゆるロー・ポストと同義。

＊7　**ダウン・レーン**（down lane）
フリースローレーンに対する位置関係を示すときに"レーン"という言葉を使用している。ゴール寄りのレーンのこと。

＊8　**スプリット・カット**（split cut）
[split：裂く、分割する]
ポストマンを利用して、2人のプレーヤーが交差しながらカットするプレーのこと。シザース、スプリット・ザ・ポストともいう

＊9　**フランカー**（flanker）
[flanker：側面にあるもの]
アメリカンフットボール用語。攻撃側のハーフバックのこと。

＊10　**ブラインド・スクリーン**
（blind screen）
スクリーナーがディフェンス・プレーヤーの視野に入らないところからセットするスクリーンのこと。

＊11　**オフサイド・カット**（off side cut）
ボールがあるほうのサイド、すなわちボール・サイドに対して、ボールがないほうのサイドをオフ・ボール・サイド、あるいはオフ・サイドという。ここでは、オフ・サイドのサイド・ポストからカットしてくるC1の動きを指していると思われる。

＊12　**ダイアゴナル・パス**
（diagonal pass）
[diagonal：対角線]
コートを斜めに横切るパス。コートの対角線上を通るパス。

＊13　**スイング**（swing）
[swing：弧を描くように大きく動かす]
コート上を大きく弧を描くように移動すること。

第5章

＊**ローマーやフリーランサー**（roamers or free lancers）
[roam：歩きまわる／free lancer：自由契約]
自由に動きまわる役割を担ったプレーヤーのこと。

第6章

＊1　**ディレイド・オフェンス**（delayed type）
攻撃に時間をかけ、ゲームのテンポを緩やかにしたり、敵の攻撃回数を少なくしようとするオフェンスのこと。当時のNCAAのルールには、攻撃時間に制限がなかったので、このようなオフェンスが主流となって

いた。その後、45秒以内にショットを打たなければならなくなり（45秒ルール）、現在ではそれが35秒へと短縮されている。国際ルールでは30秒であり、NBAでは24秒である。

＊2　ストーリング・オフェンス(stall type)

ディレイド・オフェンスと同じ意味。得点をすることよりも、時間を経過させることに重きを置くオフェンスのことで、特に僅差のゲームで終了間際に使うオフェンスのこと。

＊3　ボール・コントロール・オフェンス(ball control offense)

ディレイド・オフェンス、ストーリング・オフェンスと同じ意味。可能な限り長い時間、ボールを保持するオフェンスのこと。当時のNCAAのルールには、攻撃時間に制限がなかったので、このようなオフェンスが主流となっていた。その後、45秒以内にショットを打たなければならなくなり（45秒ルール）、現在ではそれが35秒へと短縮されている。国際ルールでは30秒であり、NBAでは24秒である。

＊4　ディフェンス・スライド(defensive slide)

左右それぞれの足を交差させずに、床の上を滑らせるように足を運んで移動するフットワークのこと。

＊5　ギャンブル(gamble)

危険をともなったプレーのこと。自らのプレーが成功すればよいが、失敗したときにすぐ相手がチャンスになってしまうプレーのこと。

＊6　ブラフ(bluff)

敵のプレーヤーをだますこと。

＊7　ボクサーズ・スタンス(boxer's stance)

足に前後差をつけて構えるスタンスのこと。

＊8　マークマンのストロング・サイド

マークマンのフリーフット側、すなわち軸足と反対側の足のサイドのこと。

＊9　リトリート(retreat)

ディフェンス・プレーヤーがスライド・ステップを使って後ろに下がること。

＊10　カット・アウェイ(cut away)

あるポジションから離れていくカットのこと。スクリーナーがスクリーンをセットした後、ゴール方向へカットする動き、パスをしたプレーヤーがパスをした方向とは反対の方向へカットする動きのこと。ここでは後者のこと。

＊11　カット・バック(cut back)

あるポジションに戻っていくカットのこと。スクリーナーがスクリーンをセットした後、ゴール方向へカットする動き、パスをしたプレーヤーがパスをした方向とは反対の方向へカットする動きのこと。ここでは後者のこと。

＊12　集中力を乱すために声を発する

現在ではテクニカル・ファウルになる。相手のショットの確率を少しでも下げるために模索している姿が窺える。

＊13　シフト(shift)

本来のマークマンではないオフェンス・プレーヤーをピック・アップするときに使う。スクリーン・プレーに対するディフェンスのスイッチのこと。スクリーナーとカッターのディフェンス・プレーヤーが、それぞれマークマンを代えること。

＊14　ステップ・アウェイ(step away)

後方へステップすること。ステップ・バックのこと。

＊15　スイッチ・バック(switch back)

一度スイッチした後、元のマークマンへ戻ってディフェンスすること。

＊16　**シザーリング**(scissoring)
2人のプレーヤーが交差すること。ここではスクリーン・プレーに対するディフェンスの一つであるスライド・スルーのこと。カッターのディフェンスがスクリーナーとスクリーナーのディフェンスの間を通ってスクリーンをすり抜ける動きのこと。スイッチと違ってマークマンの関係は変わらない。

＊17　**スプリット・ザ・ポスト**(split the post)
センターへパスを入れ、2人のアウトサイド・プレーヤーがそこを利用して交差しながらカットするプレーのこと。

＊18　**クロッシング・オフ・ザ・ポスト**(crossing off the post)
スプリット・ザ・ポストと同じ意味。

＊19　**セミ・ゾーン**(semi zone)
戻っているプレーヤーだけでファスト・ブレイクに対処するために一時的に組むゾーンのこと。

＊20　**オーバープレー**(overplay)
オーバー・ディフェンスと同じ意味。

第7章

＊1　**アングル・シューター**
バックボードの横からショットをするプレーヤーのこと。

＊2　**オーバーロード**(overload)
ある場所において人数の上で優位になるために、ディフェンス・プレーヤーの数よりも多くオフェンス・プレーヤーを配置させること。

＊3　**タイト・マンツーマン**(tight man to man defense)
敵にぴったりと近寄りマークするマンツーマン・ディフェンスのこと。Hard-nosed

＊4　**スイッチング・マンツーマン**(switching man to man defense)
すべてのスクリーンに対してスイッチで対応するマンツーマン・ディフェンスのこと。ただし、スイッチによるミス・マッチを防ぐ場合には、スライド・スルーを行う場合もある。

＊5　**シザー・スルー**(scissor through)
シザーリングと同じ意味。

＊6　**ストレート・スイッチング・マンツーマン・ディフェンス**(straight switching man to man defense)
どんな状況においてもすべてスイッチで対応するマンツーマン・ディフェンスのこと。

＊7　**トップ・オブ・ザ・キー**(top of the key)
フリースローサークルの外側周辺のこと。

＊8　**チェイサー**(chaser)
アウトサイドのオフェンス・プレーヤーを追いかけまわす役割をもったディフェンス・プレーヤーのこと。

＊9　**ジャック・ラムジー**(Jack Ramsay)
ポートランド・トレイルブレイザーズをはじめフィラデルフィア・76ers、セント・ジョセフ大学のヘッド・コーチを歴任した。20年以上にも及ぶNBA、NCAAのヘッド・コーチ時代に数々のチャンピオンシップを獲得した。その中で、このポートランド・トレイルブレイザーズもチャンピオンに導いた。また、現在はテレビの解説者をつとめている。

＊10　**フローティング・マンツーマン**(floating man to man)
　インサイドを中心に防ぐため、自分のマークマンから離れてボールあるいはゴール

の方向へ寄ったポジションをとるマンツーマン・ディフェンスのこと。

*11 **サギング・マンツーマン**(sagging man to man)
ディフェンス・プレーヤーがボールの移動に伴って、マークマンから離れてボール・サイド側に寄ってヘルプ・ポジションをとること。

*12 **スリー・メン・アウト・オフェンス**(three men out offense)
センターをフリースローレーン内に配置せず、フォワード2人とガード3人のプレーヤーをアウトサイドに配置したオフェンスのこと。

*13 **アウト・オブ・バウンズ・ポジション**(out of bounds position)
戦術的なプレーをともなうスロー・インのときにオフェンスが配置するポジションのこと。

*14 **ローリング**(rolling)
相手を巻き込むようにバック・ターンすること。

*15 **ピボット・オフェンス**(pivot offense)
センター（ポスト）・プレーヤーを中心にして攻撃するオフェンスのこと。

*16 **フィル・ウールパート**(Phil woolpert)
1955、56年と連続してサンフランシスコ大学をNCAAチャンピオンに導いたコーチ。黒人選手を本格的にリクルートした先駆的存在であった。

*17 **レッド・オーバック**（Red Auerbach)
[1917～] ニューヨーク州ブルックリン生まれ。1950年にボストン・セルティックスのヘッド・コーチに就任し、1959～1966年まで8年連続でNBAチャンピオンに輝き、"ボストン王朝"と呼ばれる黄金期を築いた。コーチとしての才能・力量は素晴らしく、通算1,037勝548敗という戦績を残している。1968年、バスケットボール殿堂入り。1980年には"史上最高のコーチ"に選出された。

第8章

* **コンディショニング・ドリル**
この一連のドリルのタイトルは、原文では"Floor length"と記されている。一般的な辞書的定義は、「床に届く長さの」であり、そのまま用いたのでは日本語として馴染まないため、以下に続く内容から考えて、ここでは「コンディショニング・ドリル」とした。

ドリル一覧
DRILL

リバウンディング・ドリル

#1●スリーメン・フィギュア・エイト／*329*
#2●チーム・パス・アンド・ムーブ／*329*
#3●チェッキング・ザ・シューター／*330*
#4●インサイド・チェッキング／*330*
#5●オフェンシブ・ティッピング／*330*
#6●タイミング・アクロス・ザ・ボード／*331*
#7●ワン・オフェンシブ・ティッパー／*331*
#8●アクロス・ザ・ボード(2人組)／*331*
#9●ダブル・トライアングル・ウィズ・パス／*332*
#10●チェッキング・ザ・ドライバーズ／*332*
#11●ファインディング・ザ・レシーバー／*332*
#12●リバウンド競争／*333*
#13●チーム・チェッキング(A)／*333*
#14●チーム・チェッキング(B)／*333*

コンディショニング・ドリル

#1●スタート／*335*
#2●イージー・ランニング・アンド・ホッピング／*335*
#3●チェンジ・オブ・ペース・アンド・ディレクション／*335*
#4●ハーフ・コート・スプリント／*335*
#5●コントロール・ドリブル、スピード・ドリブル、ウィーク・ハンド・ドリブル／*336*
#6●ディフェンシブ・スライディング／*336*
#7●1対1(カッター)／*336*
#8●1対1(ドリブラー)／*336*
#9●ドリブル、ストップ・アンド・ターンのハンド・オフ／*337*
#10●ドリブルのクィック・スタート・アンド・ストップ／*337*
#11●パラレル・レーン／*337*
#12●ウィーブ(タイト・アンド・ルーズ)／*338*
#13●ダウン・ザ・ミドル／*339*
#14●フロント・アンド・サイド／*339*
#15●ターン・アンド・ドライブ・スルー・ピンチ／*340*
#16●ロング・パス（A）／*340*
#17●ロング・パス（B）／*341*
#18●3対3・ウィズ・ブレイク／*341*
#19●ベースライン・マンツーメン・プレス／*342*
#20●ベースライン・スリーメン・ゾーン・プレス／*342*
#21●インサイド・ターン(ワン・レーン)／*342*
#22●インサイド・ターン(クロッシング・レーン)／*343*
#23●ダイアゴナル・ロング・パス／*343*
#24●ロング・パス・フロム・ザ・ボード／*344*
#25●1対1コンディショナー／*344*
#26●2対2コンディショナー／*345*
#27●3対2コンディショナー／*345*
#28●チーム・ウィーブ／*346*

パス・アンド・レシーブ・ドリル

#1●トライアングル／348
#2●ダイアゴナル／349
#3●サークル・アラウンド／349
#4●サークル・ムービング／349
#5●ダブル・サークル・ムービング／350
#6●アラウンド・アンド・バック／350
#7●チェイサー・イン・ザ・サークル／350
#8●2チェイサーズ・イン・ザ・サークル／351
#9●ミート・ザ・バウンス／351
#10●クロス・コート・スナップ／351
#11●ガード・ツー・リバーサー／352
#12●ガードからポストへ、ポストからガードへ／352
#13●ポストにパスを入れてツーメン・プレー／352
#14●ポストにパスを入れてフォワードへのスクリーン／353
#15●ポストにパスを入れてフォワードとカットオフ／353
#16●ポストにパスを入れてガードへスクリーン／354
#17●ポストにパスを入れて反対サイドのダウン・レーンでスクリーン／354
#18●ポストにパスを入れてダウン・レーンでスクリーン／355
#19●ポストにパスを入れてガード・クロスからスクリーン／355
#20●ポストにパスを入れてダウン・レーンでスクリーン／356
#21●ポストにパスを入れて2人のガードと2人のフォワードのクロッシング／356
#22●ポストにパスを入れてガードのクロス・アンド・リクロス／356
#23●ガードがフォワードにパスして・ツー・スクリーン・アンド・ロール／357
#24●フォワードがガードにパスしてスクリーン・アンド・ロール／357
#25●フォワードがガードにパスした後リバースしてリターン・パスを受ける／357
#26●ボックス・エクスチェンジ／358
#27●ガードがアウトサイドでリターン・パスを受ける／358
#28●往年のガード・アラウンド／358
#29●ガードからフォワード、フォワードからセンター、センターからガードまたはフォワード／359
#30●ガードからフォワード、フォワードからガード、ガードからセンターまたはフォワード／359
#31●ウィーク・サイド・ポスト／359
#32●サイド・ポストでのパス連続(ポストなし)／360
#33●サイド・ポストでのパス連続(チームで)／360
#34●クロス・スクリーン／361
#35●バック・ドア・カット／361

シューティング・ドリル

#1●カットしてゴール下でショット／363
#2●サイドからのドライブ・ショット／363
#3●フロントのドライブからのショット／364
#4●5人一組のシューティング／364
#5●3人のシューターと2人のリバウンダー／365
#6●クィック・スポット／365
#7●1対1／365
#8●それぞれがボールを持ってシューティング／366
#9●チーム・ナイン・ホール・ゴルフ・

パー18／366
#10●フォワード・ドライブ／366
#11●フォワードのゴール下へのドライブ／367
#12●フォワードのサイド・ポストからのショット／367
#13●フォワードのリバース・ドライブ／368
#14●フォワードのリバース・カット／368
#15●フォワードのカットバック／368
#16●フォワードのクロス・アンダー／369
#17●フォワードのサイドからの1対1／369
#18●フォワードのサイド・ポストからの1対1／369
#19●フォワード〜ポストからのリターン・パスを受けてからのショット／370
#20●フォワード〜ロブ・パスからの"ダンク"／370
#21●ガード〜ドリブルからのジャンプ・ショット（キー・エリア）／370
#22●ガード〜サイド・ポストからのジャンプ・ショット／371
#23●ガード〜スクリーンを利用したショット／371
#24●ガード〜ポストからのリターン・パスを受けてからのショット／371
#25●ガード〜ハイ・ポストでカットオフ／372
#26●ガード〜カット・イン・アンド・バック／372
#27●ガード〜ロブ・パスからショット／372
#28●ドリブル・ドライブからのショット／373
#29●ガード〜ポストからパスを受けて1対1／373
#30●ガード〜フォワードからパスを受けて1対1／373
#31●ガード〜ポストからパスを受けて2対2／374
#32●ガード〜フォワードからパスを受けて2対2／374
#33●センター〜キー・エリアからの動き／374
#34●センター〜キー・エリアでのリターン・パスからのショット／375
#35●センター〜キー・エリアからのいろいろなショット／375
#36●センター〜フォワードからパスを受けてからのショット／376
#37●センター〜ベースラインでフォワードからパスを受けてからのショット／376
#38●センターの1対1／376
#39●センターのティップ・イン／377
#40●センター・スリー・ティップ・アンド・イン／377

フリースロー

#1●スリー・アット・ア・バスケット／378
#3●ビフォー・シャワーリング／379
#2●チーム・コンペティション／378

ドリブル・ドリル

#1●スピード・レース／380
#2●スピード・リレー／381
#3●コントロールとスピード／381
#4●ウィーク・ハンド・ドライブ／382
#5●コントロール／382
#6●イン・アンド・アウトのコントロール／383
#7●スター・エクスチェンジ／383
#8●2ライン・クロス／383
#9●リトライブ・アンド・ドライブ／384
#10●ドライブ・アンド・パス・バック／384
#11●サイドからフェイクしてドライブ／384
#12●フロントからフェイクしてドライブ／385
#13●キー・エリアを横切ってターン・イン／385
#14●ドリブル・タッグ／385

ストップ・アンド・ターン・ドリル

#1●2人組でストップ・アンド・ターン／387
#2●インサイド・ターン・アンド・パス・バック／387
#3●クロスオーバー・アンド・パス・バック／387
#4●クロスオーバーしてからトレーラーへパス／388
#5●ストレート・ライン（トレーラーへのパス）／388

ピボット・ドリル

#1●サイドからのリバース・ドライブ／388
#2●サイドからドライブしてゴールに正対／389
#3●ポスト・ムーブズ／389
#4●フォワード・ピボット・アンド・ドライブ・バイ・ア・プレッシャー／389

ディフェンス・ドリル

#1●シグナルによるスクワッド・スライディング／390
#2●ボールの動きに合わせたポジショニング／391
#3●パサーがカットしたときのディフェンス／391
#4●ドリブラーのディフェンス／391
#5●ドリブラーを止めるディフェンス／392
#6●アウト・フロントからのカッターに対するディフェンス／392
#7●サイドからのカッターに対するディフェンス／392
#8●アウトサイドの2人のカッターに対するディフェンス／393
#9●1対1のディフェンス／393
#10●ジャンプ・シューターに対するディフェンス／393
#11●ポストマンに対するディフェンス／394
#12●2対2（ガード同士）／394
#13●2対2（ガード、ポスト）／394
#14●2対2（ガード、フォワード）／395
#15●3対3（2人のガーズ、ポスト）／395
#16●ストロング・サイド（ガード、フォワード、ポスト）／395
#17●チェッキング（フォワード、ポスト）／396
#18●チーム・チェッキング／396
#19●ドライビング・ショットのブロック／397
#20●ポストからのブロック・ショット／397
#21●エンドライン・プレスの2対2／397
#22●エンドライン・プレスの3対3／398
#23●ハーフコート・プレスの3対3／398
#24●4対4のウィーブ／399
#25●5対5のウィーブ・アンド・プレス／399
#26●5対5のポジショニング／399
#27●ハーフコートの2対1／400
#28●ハーフコートの3対2／400
#29●フルコートの2対1／400
#30●フルコートの3対2／401
#31●ハーフコート・スクリメージ／401

ファストブレイク・ドリル

#1●ファイブマン・コンティニュイティ／404
#2●チーム・オプションズ／404

インデックス
INDEX

＊：訳注付（P.420～）

【英数字】

1-2-1-1ハーフ・コート・プレス／295
1-2-2／ゾーン／290
1-2-2ゾーン・プレス／294
1-2-1-1ハーフ・コート・プレス／295
1-3-1ゾーン／287
1-3-1ゾーン・プレス／296
10秒ルール／99*
2-1-2ゾーン／287
2-1-2ゾーン・プレス／294
2-2-1ゾーン／290
2-2-1ゾーン・プレス／293,319
2-3ゾーン／289
2対1のディフェンス（アウトナンバー）／276
3-1-1トラップ・ディフェンス／64
3-1-1フル・コート・プレス／295
3-2ゾーン／288
3アウト・2イン／225
3対2のディフェンス（アウトナンバー）／276
T・ゾーン／290
UCLAのオフェンスの原則／152
UCLAのセット・オフェンス／170
UCLAのセット・ディフェレス／298
UCLAシングル・ポスト／172
UCLAダブル・ポスト／183
UCLAのゾーン・プレス／306
UCLAのファストブレイク／153

【ア】

アウト・オブ・バウンズ／207,249
アウト・オブ・バウンズ・プレー／206
アウト・オブ・バウンズ・プレーに対するディフィンス／316
アウト・オブ・バウンズ・ポジション／306*
アウト・オブ・ポジション／154
アウトサイド・ターン／96
アウトナンバー／154,275

アシスタント・コーチ／24
アルシンダー・アジャストメント／62
アングル・シューター／283

【イ】

インサイド・ターン／95
インターセプター／65*
インターセプト／248

【ウ】

ウィーク・サイド・カット／150*
ウィーク・ハンド／110
ウィーブ／62*,225
ウィーブに対するディフェンス／314
ウィービング・オフェンス／285
ウォームアップ／49

【エ】

遠征／75

【オ】

オーバー・プレー／277*
オーバー・ロード／283*
オーバーラップ／286
オフ・ガード／173
オフ・ハンド／117
オフ・ハンド・ドリブル／103
オフ・フォワード／173
オフェンス・リバウンド／240
オフサイド・カット／186*

【カ】

カッターに対するディフェンス／267
ガードの動き／142
ガード・ポジションでのディフェンス／264
カット・アウェイ／267*
カット・アクロス・ザ・トップ・オブ・ザ・キー／150
カット・バック／267*

【キ】

ギブ・アンド・ゴー／192,218,260
ギャップ／166*
ギャンブル／257*
ギャンブル・ディフェンス／291
休息／148

【ク】

クィック・ハンド／308
クィックネス／91

432

クローズイン・ショット／*125,128*
クロス・スクリーン／*137*
クロスオーバー／*238*
クロスオーバー・ステップ／*154*
クロスオーバー・ドリブル／*102*
クロッシング・オフ・ザ・ポスト／*275**
【ケ】
ゲーム／*46*
【コ】
コーチ／*3*
交代／*51*
コンディショニング／*41*
コントロール・ドリブル／*100*

【サ】
サギング・マンツーマン／*298**
【シ】
シザー・スルー／*285**
シザーリング／*273**
指導の原則／*9*
シフト／*271*,273*
シフトバック／*298*
シャッフル／*227*
ジャンプ・ショット／*122*
ジャンプ・ショット(片足踏切)／*125**
ジャンプ・ストップ／*94*
ジャンプボール／*245*
シューターに対するディフェンス／*270*
シューティング・ハンド／*121*
ショート・フック／*128*
ショート・ポスト／*176*
食事／*48*
ショット／*116*
ショルダー・パス／*110*
シングル・スペシャル・オフェンス／*195*
シングルポスト／*173*
シンシナティ・スタイル・イン・1962／*212*
【ス】
スイッチ／*273*
スイッチング・ディフェンス／*285*
スイッチ・バック／*273**
スイッチング・マンツーマン／*285**
スカウティング／*56*
スカル・セッション／*20**

スクリーン・アンド・ロール／*143,175,186, 196,201,218,220,222*
スクリーンに対するディフェンス／*271*
スクリメージ／*32*,36*
ステップ・アウェイ／*272**
ストール・オフェンス／*63**
ストーリング・オフェンス／*253**
ストップ／*94*
ストライド・ステップ／*128,268*
ストライド・ストップ／*94*
ストレート・スイッチング・マンツーマン・ディフェンス／*285**
ストレート・パス／*106*
ストロング・サイド／*259**
ストロング・サイド・カット／*150**
ストロング・ハンド／*103,110,117*
スピード・ドリブル／*101*
スプリット・カット／*178**
スプリット・ザ・ポスト／*275**
スペシャル・セット／*201*
スライド／*268*
スライド・スルー／*273*
スリー・アウト／*218*
スリー・メン・アウト・オフェンス／*303**
スローイン／*242*
【セ】
セーフティ／*62**
成功のピラミッド／*13*
セット・オフェンス／*7*
セット・ショット／*119*
セット・プレー／*202*
セミ・ゾーン／*275**
セレクション／*54*
センター・アウェイ／*215*
センターの動き／*143*
戦略／*64*
【ソ】
ゾーン・アタック／*187*
ゾーン・ディフェンス／*282*
ゾーン・プレス・アタック／*192,193*
ゾーン・プレス・ディフェンス／*292*

【タ】
ターン／*95*

ダイアゴナル・パス／198*
タイト・マンツーマン／284*
タイムアウト／51
ダイヤモンド・アンド・ワン・ディフェンス／72
ダウン・レーン／178*
ダンク／131
タンデム・ディフェンス／276
【チ】
チェイサー／290*
チェンジ・オブ・ディレクション／91
チェンジ・オブ・ペース／91
【ツ】
ツー・ハンド・オーバーヘッド・パス／109
ツー・ハンド・セット・ショット／119
【テ】
ディープ・ポスト／176*
ティップ／241
ティップ・パス／111
ディフェンシブ・リバウンド／316
ディフェンス・スライド／255*
ディフェンス・リバウンド／237
ディレイド・オフェンス／253*,313,299,303
【ト】
トップ・オブ・ザ・キー／287*
トライアングル／316,317
トライアングル・ポジション／150
トラッパー／65*
ドリブラーに対するディフェンス／267
ドリブル／99
ドリブル・チェンジ／102
トリプル・スクリーン／211
トレーニング／44
トレーラー／155*

【ナ】

【ノ】
ノー・ポスト／218

【ハ】
ハーフタイム／52
ハイ・ダブル・ポスト・オフェンス／225
ハイ・ドリブル／101
ハイ・ロー・ポスト／63

ハイ・ロー・ポスト・オフェンス／65
バウンス・パス／106
パサーに対するディフェンス／267
パス／105
パス・アンド・カット／142,188,260
バック・ドア・スペシャル／71
ハッシュマーク／64*
パッシング・ゲーム／105
ハンドオフ／107
【ヒ】
ピック・アンド・ロール／142
ヒップ・パス／110
ビハインド・ザ・バック・ドリブル／102
ビハインド・ザ・バック・パス／112
ピボット／96
ピボット・オフェンス／315*
ピボット・オフェンスに対するディフェンス／315
【フ】
ファストブレイク／7
ファストブレイクに対するディフェンス／313
フェイク／89
フェイス・ガード／61
フェード・アウェイ／128
フォーコーナー・オフェンス／65*
フォワードの動き／143
フォワード・ポジションでのディフェンス／263
フォワード・リバース／194
フック・パス／111
プッシュ・ショット／241
プッシュ・パス／108
フットワーク／258
ブラインド・スクリーン／185*
ブラッフ／257*,276
フランカー／183
フリー・スロー／132
ブリーフィング／49
フリップ／107
プレス・アタック／192
フリーランサー／245*
フリーランス／59*
プレッシング・ディフェンス／318
プレス・ディフェンス／283
フローティング・マンツーマン／298*

434

フロート／*61**
ブロッキング・ハンド／*113*
【ヘ】
ベースボール・パス／*110*
【ホ】
ボール・コントロール・オフェンス／*7,8, 254*,285,306*
ボール・コントロール・ゲーム／*61,153*
ボール・コントロール／*197,283,313,319*
ボール・ハンドリング／*93*
ボクサーズ・スタンス／*259**
ポストでのディフェンス／*265*
ボタンフック／*174*,194,220,224*
ボックス・アンド・ワン／*73,290*
ボディ・バランス／*88,257*

【マ】

マネジャー／*28*
マンツーマン・ディフェンス／*281*
マンツーマン・プレス・アタック／*194*
マンツーマン・プレス・ディフェンス／*290*

【ラ】

【リ】
リーチバック・ショット／*130*
リード・プロテクション／*36*,117*
リード・プロテクション・オフェンス／*197*
リトリート／*262**
リバース／*70**
リバース・T・ゾーン／*290*
リバース・ターン／*96**
リバウンド／*236*
リバウンドのトライアングル・ポジション／*150*
【ル】
ルーズボール／*248*
【レ】
レイ・バック・ショット／*130*
レシーブ／*113*
練習／*31*
【ロ】
ロー・ドリブル／*100*
ローマー／*245**
ローリング／*315**
ロール・パス／*111*

ロッカー・ステップ／*128*
ロッカー・モーション／*124*
ロブ・パス／*107*

【ワ】

ワン・スリー・ワン／*63,221*
ワン・スリー・ワン・オフェンス／*65*
ワン・ハンド・セット・ショット／*121*

監訳者あとがき

　本書は、『John R. Wooden, Practical Modern Basketball. 3 rd ed., Allyn & Bacon, Massachusetts, 1999.』の全訳である。周知のように、本書の著者ウドゥンは、プレーヤーとしてもコーチとしても、その経歴は傑出しているばかりか、素晴らしい人格と博学さを兼ね備えることで、まさに本場アメリカを代表するコーチである。それは、つい最近、全米バスケットボール・コーチ協会（National Association of Basketball Coaches）から"Coach of Century"（今世紀の最も偉大なコーチ）として表彰されたことにも表れている（NABC(2000) COURTSIDE. 8-7, p. 4）。

　本書の初版は1966年であり、その後1980年に第2版が、1988年に第3版が、それぞれハードカバー（casebound）で上梓されたが、今回は、1988年のものにビル・ウォルトンの推薦文が加えられ、写真等を若干現代風なものにしてリニューアルされた最新版を扱った。原書名を直訳すれば、『実戦現代バスケットボール』となろうが、訳書名を敢えて『ジョン・ウドゥン UCLA バスケットボール』としたのは、NCAAのバスケットボールを語るときに、現役最後の12年間で10回の全米制覇という20世紀のバスケットボール史上最高の偉業を成し遂げた、この偉大なコーチ、ウドゥンに最大級の敬意を表したためである。

　本書の著者ジョン・リチャード・ウドゥンは、1910年10月14日インディアナ州マーチンズビルに生まれた。暖かな陽光が1年中降り注ぐカリフォルニアとはほど遠い、冬は雪と寒さにすべてが封じ込められるインディアナ州が彼の故郷であった。幼い頃からバスケットボールに魅せられ、並々ならぬ才能を発揮していた若きウドゥンは、地元パデュー大学に進学し、3度のオールアメリカンに輝くという偉業を達成して、4年生の時には全米最優秀選手に選ばれ、彼はまず選手として名声を得ることとなった。卒業後、英語教師の傍ら、デイトン中央高校、サウスベント中央高校、インディアナ州立教育大学などでヘッドコーチを務めた彼は、259勝56敗という成績を引っさげて中西部から西海岸のUCLAに移り、1964年に初めてNCAAの優勝を果たしている。それからというもの、UCLAは想像を絶する勢いで勝ち続け、75年に引退するまで27年間で620勝147敗、勝率8割8厘、生涯通算885勝203敗、勝率8割1分3厘という驚異的な数字を残している（"1997-98 UCLA Basketball Media Guide", pp.138-139.）。これらのことから、彼に与えられた称号は「伝説的コーチ」「コーチの神様」であり、ときにはロサンゼルス西部のキャン

パスの地名をもじって「ウェストウッドの魔法使い」と敬愛を込めて呼ばれてもいた。コーチとしての彼は、コーチが身につけるべき基本的な資質のすべてを有していたと言っても過言ではない。感情を滅多に人前に表さず、誰もが認める紳士であり、優れた教師であり戦術家であり、その反面、試合が逼迫するときにはポケットに忍ばせた十字架に手をやる敬虔なキリスト教信者でもあった。なお、現役を退いたウドゥンは、現在では「UCLA 名誉（emeritus）ヘッドコーチ」という栄誉に浴している。

　本書の他にもウドゥンは、"They call me coach"（Word Books, Texas, 1984）と"Wooden"（with Steve Jamison, Contemporary Books, Illinois, 1997）の2冊を上梓しているが、本書は、彼の人生そのものであるバスケットボールの全貌を著したものであり、まさに、ウドゥンがライフワークとした「UCLA バスケットボール」はここに結晶していると言っても過言ではない。それは、技術や戦術に傾倒したこれまでの技術解説書等とは一線を画し、バスケットボールのコーチの職務を多面的に取り上げ、コーチングの基礎理論と実用的知識を詳説し、成功を収めたコーチングを UCLA という素晴らしいチームを通して総括した点にある。この意味で、第1章と第2章はバスケットボールのコーチングおよびチームやトレーニング（練習）のマネジメントに関する基礎理論、第3章から第8章までは実際のコート上のオフェンスとディフェンスの実践的な指導に関するものから練習ドリルまでが網羅されていることで実用編ともみなすことができる。いずれの章においても、バスケットボールのコーチングについてのウドゥンが熟考を重ねた種々の知識がちりばめられ、バスケットボールについての慧眼の持ち主としてのウドゥンが看取できる。特に、第1章「私のコーチング・フィロソフィー」で述べられている「成功のピラミッド」は、コーチに従事する者にとっては金科玉条的指針とでも言うべきものである。ウドゥンのコーチング・フィロソフィーを概観できるこの基本的考えを表した図は、勤勉さ、友情、忠義、協調性、そして熱意という土台の基に、頂上には成功が燦然と輝くピラミッドを形成しており、プレーヤーが他のプレーヤーと競争して勝つことよりも自分自身のために最善を尽くすことの重要性や、チームにおける協働を強調することで、能力そのものの発達よりも個人としての性格や情緒の発達こそが人間としての成功をもたらすことが強調されている。このことは、職業としての地位が確立され、かつ「商業主義」が隆盛し「勝利至上主義」が横行した当時の米国大学スポーツ界において、その渦中に身を置いた彼の立場からは注目すべきことである。また、第2章「コーチングに関する諸問題」の特徴の一つは、今風の言葉で言えば、「チームマネ

437

ジメント」に言及していることであり、そのために「規律（discipline）」に関する事柄が重要視されていることにある。彼は常々「規律」を「バスケットボールにおいて最も重要な教義の一つ」（"They call me coach", p.168）と見做していた。このことは、現役を退いてからも彼にNCAAの競技規則等についてお伺いをたて、彼の判断を仰いでいる全米バスケットボール・コーチ協会（NABC）の機関誌の記事からも窺うことができる。また、第4章「チーム・オフェンス」では、今やオフェンスのハイ・ポストを用いたモーションとして定番となっているいわゆる「UCLAカット」の原型とあらゆるオプションを見ることができる。そして、第7章「チーム・ディフェンス」では、破竹の連勝街道を突き進んでいた常勝チームUCLAの代名詞とでも言うべき、ゲーム開始と同時にすべてにおいて相手を圧倒し、封じ込めてあっという間に大差をつけてしまう凄まじい1-2-1-1ゾーンプレスの内実を詳細に窺うことができる。

　このようないくつもの先駆的で独創的な注目すべき事柄は、1960年代から70年代にかけて、大学としてのUCLA自体の高い評価やカリフォルニアという開放的な土地柄等により、極端なリクルート活動をせずとも黙っていても全米各地からアルシンダーやウォルトンのような優秀な選手を集めることが可能であったからこそ成し得たという訳ではない。「目標に向かってあらゆる面で100％の努力を」することで、彼が「己が達しうる最高点に達するために、能力の限界内ですべてを尽くしたと自覚できる充足感を通してのみ手にすることができる」という「真の成功」の定義づけを自ら実践したことは、本書を精読すれば一目瞭然である。だからこそ、本書がバスケットボールの研究者や現場の指導者だけでなく、これからバスケットボールのプレーヤーとして育っていく子どもたちにとって、さらに他種目のコーチたちにとっても刺激的で貴重な文献であることが理解されよう。そして、ウドゥンという偉大なコーチの理論と実践によってもたらされた知識をわが国の現状と重ね合わせる中で、興味深い数々の問題意識を日本の指導者の間に喚起することが期待できると確信するがゆえに、本書の出版は時宜に適していると断言できるのである。本書の出版に当たって、このようなウドゥンのバスケットボールへの破格の愛情や余人の追従を許さない真摯な取り組み方、並びに実戦での戦い方の鬼気迫る迫力を汲んで戴ければ、望外の喜びである。

　翻訳作業は、「ジョン・R.ウドゥン氏について」「推薦文」「まえがき」「第1章」「第2章」「第3章」「第8章」を内山君が、「第4章」「第5章」を杉浦君が、「第6章」「第7章」「付録」を柴田君が、それぞれ担当し、内山君が

全体を通して推敲したものを私が整理し最終原稿として完成させた。何分にも原文の文体には彼独特の言いまわしが多数見受けられ、作業は難渋を極めたが、あくまでも読み易さに徹するという編集方針に従った。以下、翻訳に際して訳者側の採ったいくつかの訳出上の措置について簡単に記しておきたい。

- 著者の意向を慮り、論旨を損なわない範囲で、内容が重複する箇所および不要と思われる部分は一部割愛した。
- 原著では本来「第6章 ディフェンシブ・バスケットボール」であるところを「第6章 個人のディフェンス」と「第7章 チーム・ディフェンス」に分けて構成した。
- 各章において章のまとまりを考え、内容の順番を前後させた。
- 図を原著にしたがって忠実に書き替えた。

ウドゥンの姿勢に倣い、訳者一同、目標に向かって努力したつもりであるが、分かりにくい表現や不適切な表現など不備な点が多々あると思われる。読者諸兄の叱声を賜れば幸甚である。

最後に、本書の出版に当たって、翻訳を勧められ細部にわたり編集の労を執っていただいた大修館書店の粟谷　修氏、また、翻訳家の松崎広幸氏には訳文の適切で緻密な検討から全体を通して種々の貴重なご助言を頂戴した。この場をお借りして両氏に深甚なる感謝を申し上げたい。併せて、索引の作成を手伝って戴いた筑波大学大学院生の山口良博君にも感謝の意を表したい。

2000年6月

武井　光彦

[監訳者]
武井光彦（たけい　みつひこ）
1942 年神奈川県生まれ
1965 年東京教育大学体育学部卒業
筑波大学名誉教授

[訳者]
内山治樹（うちやま　はるき）
1957 年福井県生まれ
1980 年筑波大学体育専門学群卒業
1984 年筑波大学大学院博士課程体育科学研究科単位取得退学
1984 年埼玉大学教育学部助手
1989 年同大学教育学部助教授
現在、筑波大学教授
担当：「ジョン・R．ウドゥン氏について」「推薦文」「まえがき」「第 1 章」「第 2 章」「第 3 章」「第 8 章」

杉浦弘一（すぎうら　こういち）
1969 年大阪府生まれ
1993 年筑波大学体育専門学群卒業
1995 年筑波大学大学院修士課程体育研究科修了
現在、福島大学准教授
担当：「第 4 章」「第 5 章」

柴田雅貴（しばた　まさき）
1971 年愛知県生まれ
1994 年筑波大学体育専門学群卒業
1996 年筑波大学大学院修士課程体育研究科修了
現在、日本女子体育大学准教授
担当：「第 6 章」「第 7 章」「付録」

ジョン・ウドゥン UCLA バスケットボール
© Mitsuhiko Takei & Haruki Uchiyama 2000
NDC783/xii,439p/22cm

初版第1刷	2000年7月10日
第5刷	2022年7月1日

著者	ジョン・ウドゥン
監訳者	武井光彦
発行者	鈴木一行
発行所	株式会社 大修館書店

〒113-8541 東京都文京区湯島2-1-1
電話03-3868-2651（販売部）03-3868-2299（編集部）
振替 00190-7-40504
［出版情報］https://www.taishukan.co.jp

装丁者	井之上聖子
表紙イラスト	落合恒夫
印刷所	図書印刷
製本所	図書印刷

ISBN978-4-469-26448-7　　Printed in Japan

Ⓡ本書のコピー、スキャン、デジタル化等の無断複製は著作権法上での例外を除き禁じられています。本書を代行業者等の第三者に依頼してスキャンやデジタル化することは、たとえ個人や家庭内での利用であっても著作権法上認められておりません。